Rolf Bergmeier

Kaiser Konstantin und
die wilden Jahren des Christentums

Rolf Bergmeier

Kaiser Konstantin und die wilden Jahren des Christentums

Die Legende vom ersten christlichen Kaiser

Alibri Verlag
Aschaffenburg

2010

Rolf Bergmeier, Jahrgang 1940, Studium der Alten Geschichte und Philosophie an der Gutenberg-Universität Mainz. Seit zehn Jahren liegt sein Forschungsschwerpunkt auf der Spätantike (4./5. Jahrhundert).

Die Goldmünze auf dem Titelbild zeigt Konstantin und den Sonnengott Sol mit der typischen Strahlenkrone. Die Historiker nennen diese Form der Abbildung „Comes"- oder „Gefährten"-Darstellung. Prägeherr ist der Kaiser, der im Regelfall auch die Themen zur Gestaltung der Münzen vorgibt. Entsprechend stehen die Motive auf Münzen im Dienste der Propaganda des amtierenden Princeps. Diese heidnische Goldmünze wurde 313 u.Z. in Ticinum (Italien) geprägt, ein halbes Jahr, nachdem Konstantin in der Schlacht an der Milvischen Brücke („in diesem Zeichen siege") angeblich christlich geworden ist.

Alibri Verlag
www.alibri.de
Aschaffenburg
Mitglied in der Assoziation Linker Verlage (aLiVe)

Erste Auflage 2010

Umschlaggestaltung: Claus Sterneck
Druck und Verarbeitung: GuS Druck, Stuttgart

ISBN 978-3-86569-064-7

Inhaltsverzeichnis

Sechstes Buch

Spätantike Forschung unter Kuratel? ....

Anlagen

Exkurse

Anhang

Bibliographie

Viertes Buch

Konstantin I. 101

Fünftes Buch

Von 310 bis 380. Siebzig Jahre Religionsgetümmel. Ein Fazit 213

Meiner Frau Ursula, die mir sechs Jahre lang den Rücken freigehalten hat und stets anregender Diskussionspartner gewesen ist.

Einleitung

Von der traurigen Pflicht der Historiker

Ubi dubium, ibi libertas.
Wo der Zweifel ist, da ist
die Freiheit.

Eine „traurige Pflicht“ sei es, schrieb der geistreiche englische Historiker Edward Gibbon um 1775, eine über zwei Jahrtausende geprägte christlich-historische Perspektive in Frage zu stellen, um die wissenschaftlich-historische Epoche nach vorne zu holen: „Der Theolog mag dem angenehmen Berufe folgen, die Religion zu beschreiben, wie sie vom Himmel niederstieg [...] Eine traurigere Pflicht ist dem Historiker auferlegt. Er hat die unvermeidliche Mischung von Irrthum und Verderbtheit zu entdecken, welche sie während eines langen Aufenthaltes auf Erden [...] annahm.“[1] Die Mahnung Gibbons, der ohnehin überall zu beobachtenden kirchlichen Imprägnierung der abendländischen Geschichte nicht durch wissenschaftliche Demutsgesten auch noch eine höhere Weihe zu verleihen, hat bis heute Gültigkeit, besonders in Bezug auf das spätantike vierte Jahrhundert, das in der christlich orientierten Literatur gerne und ein wenig pauschal als das „christliche Jahrhundert“ gekennzeichnet wird. „Christlich“ deshalb, weil zu Beginn dieses Jahrhunderts Konstantin, der „erste christliche Kaiser“, regiert und am Ende Kaiser Theodosius, der das Christentum zur Reichsreligion erhebt. Dazwischen herrscht ein gewaltiges religiöses Tohuwabohu, über das die meisten Althistoriker wenig zu berichten wissen und zu dem die christliche Literatur sich gerne ausschweigt.

„Groß“ werden sie genannt, die beiden Kaiser. Sie haben ihre imposanten Attribute für ihre Verdienste um den Durchbruch des Christentums erhalten und die Mehrheit der deutschen Althistoriker zweifelt nicht daran,

1 E. Gibbon, The Decline and Fall of the Roman Empire, 1776-1788; ND: Verfall und Untergang des Römischen Reiches, 2004, S. 237 (Auszug).

dass sie zu Recht als *Imperatores Christianissimi*, allerchristlichste Kaiser, in den Geschichtsbüchern erwähnt werden. Dies zu beweisen haben Dutzende von Althistorikern einen Berg von Konstantin-Biographien geschrieben und sich mächtiger Worte bedient, um die Christlichkeit Konstantins und seine Bedeutung für die christliche Kirche gebührend hervorzuheben: Ein „weltgeschichtliches Ereignis" sei seine Bekehrung zum Christentum im Jahre 312 („in diesem Zeichen siege") gewesen, eine „konstantinische Wende" habe nach Jahren des Martyriums und des Leidens vieles zum Guten gewendet. Und so feiern die Historiker Konstantin in regelmäßigen Publikationen und ehrfurchtsvollen Ausstellungen als „ersten christlichen Kaiser" und auch der Vatikan mag nicht nachstehen und gedenkt seiner in prachtvollen Gemälden im Sala di Constantino des Vatikanischen Palastes.

Die „Wende" zum Christentum scheint allerdings von nur kurzer Dauer zu sein. Denn nach Konstantins Tod im Jahre 337 droht das Christentum die Kontrolle über sich zu verlieren. Fern von Rom wachsen in Kleinasien und Nordafrika machtvolle christliche Konfessionen auf, die sich gegenseitig schmähen und zu eliminieren suchen. Allerortens werden Häretiker gesucht und gefunden und um Konstantins angeblich christliches Erbe steht es nicht gut. Sein kaiserlicher Kollege Theodosius, im Jahre 379 an die Macht gekommen, schafft schließlich, nach fast einem halben Jahrhundert Streit, Ordnung. Er bringt die „Wende" zu Ende und diktiert dem Volk die Konfession ins Stammbuch: „Nur diejenigen, die diesem Gesetz folgen, sollen, so gebieten wir, katholische Christen heißen dürfen; die übrigen, die wir für wahrhaft toll und wahnsinnig erklären, haben die Schande ketzerischer Lehre zu tragen."[2] Gemeint ist mit diesem Diktat nicht das Christentum als solches, sondern nur eine christliche *Strömung*: die trinitarische.[3] Die übrigen christlichen Konfessionen werden als häretische Abweichungen von der Wahrheit verfolgt, ebenso – ein wenig später – die Juden und die Heiden.

2 Glaubensedikt des Kaisers Theodosius vom 28. Februar 380.

3 In diesem Buch werden Christen, die an die Wesensgleichheit von Gottvater, Sohn und Heiligem Geist glauben, „Trinitarier" genannt. Man kann sie mit den Angehörigen der heutigen großen katholischen/evangelischen Kirchen in Deutschland vergleichen. In Gegnerschaft zu den „Trinitariern" stehen die „Arianer", die Jesus nicht als wesensgleich anerkennen. Die Arianer wachsen ab 318 u.Z. zu einem gefährlichen Konkurrenten der Trinitarier auf (vgl. Kap. 3).

Mit diesem Edikt des Jahres 380, bekannt unter dem Kurznamen *Cunctos populos*, verbünden sich Staat und Kirche zu einer Allianz, die – mit einigen Dutzend weiterer Erlassen abgesichert – als unbeschränkt meinungsbildende Staatskirche in das Mittelalter stürmt. Sie löst die angeblich dekadente antike Kultur ab und setzt an ihre Stelle die Hoffnung auf ein ewiges Leben und die Furcht vor dem Jenseits. Das Diesseits ist nunmehr der Warteraum armer Sünder, ein mühevolles Jammertal und wer recht tut, zieht sich in die Einöde zurück. Und da das Irdische seine eigentliche Bedeutung verloren hat, antike Bildung und Freude den neuen Herren verdächtig sind, trocknen die öffentlichen Schulen und Bibliotheken aus, verlernen die Menschen das Lesen und Schreiben, verlieren die Wissenschaften den Resonanzboden und wissen die Bildhauer nicht mehr, wie man eine Körperskulptur modelliert. Kurzum, das christliche Abendland beginnt mit dem Analphabetismus und wer glaubt, die Beschreibung trumpfe unberechtigt zu Lasten der kirchlichen Leistungen auf, sollte sich einmal mit der antiken Kultur befassen und damit, was im siebten Jahrhundert davon noch übrig geblieben ist.[4]

Dies also ist der historische Rahmen dieses Buches, in dem unser Publikumsliebling, Konstantin I., die Hauptrolle spielen wird. Wir werden die „unzweifelhafte“ Christlichkeit Konstantins ins Verhör nehmen und im streitbaren Diskurs mit der Forschung offenzulegen suchen, was die Historiker dazu an Richtigem, Merkwürdigem und Wunderbarem zu sagen haben. Dass dabei auch über das Christentum gesprochen werden muss, das im vierten Jahrhundert ein wenig anders daherkommt, als in den Katechismen und den meisten Konstantin-Biographien beschrieben, versteht sich. Daher steht das Kapitel „Wilde Jahre – Das Christentum zur Zeit Konstantins“ als Grundlagenkapitel im Buch ganz vorne.

Und noch einiges mehr werden wir uns genauer ansehen müssen, von dem man annehmen sollte, dass es wie selbstverständlich in eine wissenschaftlich begründete Konstantin-Biographie einfließt: Die antiken Texte beispielsweise, die Konstantin als einen edlen christlichen Ritter ausweisen. Dazu gibt es einiges zu sagen, auch im Hinblick darauf, was aus den Texten des vierten Jahrhunderts geworden ist, nachdem sie in den klöster-

4 Die Rolle der Völkerwanderung und die Behauptung, die „dekadente“ antike Kultur habe sich selbst aufgelöst, können an dieser Stelle nicht behandelt werden. Beide Hypothesen sind vom Verfasser für den Bereich der Literatur widerlegt worden (Die spätantiken Literaturquellen. Bestand und Verfall der antiken Literatur, 2009).

lichen Kopierstuben des frühen Mittelalters handschriftlich vervielfältigt wurden. Es geht dabei um die Frage, ob und in welchem Umfang antike christlich-kirchliche Texte für wissenschaftliche Studien überhaupt nutzbar sind. Das ist ein heißes Eisen, denn der christlich-antike Kirchenschriftsteller Eusebius, ein Zeitgenosse Konstantins und dessen Biograph, hat ganz wunderbare Elegien über Konstantin geschrieben, die die Konstantinforschung beispiellos beeinflusst haben. Der Leser ahnt schon: Auch hier muss Grundlagenarbeit geleistet werden, die über das Bisherige hinausgeht. Das Kapitel „Unsichere Kandidaten. Über die Zuverlässigkeit antiker Textquellen" steht daher an zweiter Stelle des Buches, bevor wir Konstantin, zutreffender die Altertumswissenschaften im Verbund mit der Theologie, zu Worte kommen lassen. Denn der schreibfaule Konstantin hat uns kein einziges Wort hinterlassen.

Am Ende des Buches stehen Bewertungen. War er nun christlich, der „große" Kaiser Konstantin, oder nicht? Ist nun das Christentum *eo ipso* die *Via triumphalis* vorwärtsgestürmt oder haben andere Kräfte den Weg geebnet? Und: Wie wissenschaftlich ist eigentlich noch die deutsche Konstantinforschung?

Abschließend noch ein Wort zur Methode: Das Buch widerspricht. Nicht, um die althistorischen Deutungsexperten zu verärgern, sondern um der historischen Aufrichtigkeit willen. Es ist eine Trivialität, aber dennoch wert, sich zu erinnern: Neues setzt die Zertrümmerung des Alten voraus. Fortschritt entsteht über die Kritik am Bestehenden. Zweifel ist das Lebenselexier der Wissenschaft. Wir wissen aber auch, Experten öffentlich zu widersprechen, ist nicht ungefährlich. Die „Schlange Eitelkeit" (Nietzsche) redet auch auf Habilitierte ein, die es gar nicht mögen, öffentlichem Widerspruch ausgesetzt zu werden. Sie greifen dann zu allen lauteren Mitteln, was in Ordnung ist, um den Frechling zur Ordnung zu rufen, und zu unlauteren, was weniger fein ist. Das Buch braucht also als „Widerrede" einen unverzichtbaren wissenschaftlichen Tiefgang, um im Sturm der Entrüstung nicht an den Felsen altgeschichtlicher Solidarität zu zerschellen.

Um das vorliegende Werk dennoch auch für interessierte Laien lesbar zu halten, die nicht mit den antiken Kirchenhistorikern unter dem Kopfkissen einschlafen, werden Detailerörterungen am Ende des Buches präsentiert. Sie ergänzen dort im „Exkurs" den Text und sind für den besonders neugierigen Leser gedacht. Der Autor versichert, dass es sie zu lesen lohnt. Ebenso werden Zitate aus lateinischen und griechischen Originaltexten kurz und übersetzt angeboten und Quellenangaben – wo immer vertretbar

– vollständig zitiert, um möglichst viele Leser zu erreichen. Das wäre ja nicht das schlechteste aller Ergebnisse, wenn es gelänge, einen größeren Leserkreis für die faszinierende „Alte Geschichte" zu gewinnen.

Der Autor ist Althistoriker und Philosoph, eine eher seltene Spezies im universitären Raum. Bei seiner Suche nach der historischen Wahrheit wird die Ehrfurcht des Althistorikers vor der antiken Kultur immer wieder durchschimmern und das Bedauern, dass gerade diejenigen, die *ex professo* Bedeutung und Ansehen der antiken Kultur hochhalten müssten, diese gedankenlos auf dem Altar einer vermeintlich überlegenen neuen Kultur opfern. Als Philosoph ist der Autor seiner Fakultät, der Mutter aller Wissenschaft, dankbar. Sie leistet nach wie vor unerbittlich die Knochenarbeit der Wahrheitsfindung und ringt besessen um die Eindeutigkeit der Begriffe. Beides, eine von konfessionellen Vorverurteilungen freie Suche nach der Wahrheit wie auch etwas mehr Sorgfalt bei der Formulierung von Begriffen, täte der Konstantinforschung gelegentlich gut.

Erstes Buch

Wilde Jahre

Das Christentum zur Zeit Konstantins des Großen

Schier endlose vierhundert Jahre haben sie gebraucht, die Bischöfe, bis sie sich endlich auf Gott geeinigt haben: Am 1. November 451 werden in der Euphemia-Kirche in Chalkedon (heute Istanbuler Stadtteil Kadiköy) die letzten Bausteine in das metaphysische Monument eingefügt: Gott erhält zwei Naturen, „vollkommener Gott und vollkommener Mensch, wesenseins mit dem Vater nach seiner Gottheit und mit uns nach seiner Menschheit; kundgetan in zwei Naturen ohne Vermischung, Wandlung, Scheidung oder Trennung".[5] Das ist keine Formel für den braven Kirchengänger aus Castrop-Rauxel. Wer diese philosophische Konstruktion versteht, hebt sich von der Masse ab. Er ist religiöse Elite.

Der Weg zu diesem christlichen Gott ist steinig und wer über das vierte und fünfte Jahrhundert, gar über einen *christlichen* Kaiser, forschend schreiben möchte, muss den Weg des Christentums von einem Bündel Konfessionen zu einer Staatskirche kennen. Wer dagegen das vierte Jahrhundert aus der Perspektive und in der Terminologie des 20. Jahrhunderts betrachtet, hat die Schlacht um die historisch-wissenschaftliche Redlichkeit schon verloren.

Die Trinität fiel nicht vom Himmel. Anderenfalls hätte es nicht vierhundert Jahre der Diskussion bedurft. Auf den beiden Konzilen von Nicäa (325) und Konstantinopel (381) werden die dicksten Steine aus dem Weg geräumt und die Wesenseinheit von Gottvater, Sohn und Heiligem Geist dogmatisch in der Lehre verankert. Bis dahin aber tobt ein wilder Religionskrieg, der von den meisten Historikern unterschätzt, häufig sogar nicht richtig wahrgenommen wird.

---

5 Vgl. H. Chadwick, Die Kirche in der antiken Welt, übers. von G. May, 1972, S. 238.

Das ist kein Krieg zwischen Heiden[6] und Christen. Dafür gibt es keinen Anlass. Die römischen Bürger können mit ihrem Polytheismus gut leben und Jesus würde auch noch in das Götter-Elysium passen.[7] Der 70-jährige Krieg des vierten Jahrhunderts ist eine innerchristliche Schlacht mit Drohungen, Verwünschungen und mancher Leiche. Das Schlachtfeld ist der Osten des Reiches. Der lateinisch sprechende Westen hält sich weitgehend heraus. Letzteres hat weniger mit Klugheit zu tun als mit der Entfernung Roms zu den theologisch-intellektuellen Hochburgen Antiochia und Alexandria. Der Bischof von Rom, ab dem fünften Jahrhundert „Papst" genannt, sitzt mit einer kleinen Minderheit ergebener Christen in einer Hochburg heidnisch-kultureller Überlegenheit, vom theologisch-intellektuellen Geschehen weit entfernt, und zeigt sich bis zur Mitte des vierten Jahrhunderts an den Feinheiten theologisch-philosophischer Spitzfindigkeiten wenig interessiert. Sein Fehlen auf allen wichtigen Konzilen des vierten Jahrhunderts hat den Fluss der Entwicklungen nicht erkennbar beeinflusst.

6 Die erste Definition von „Heidentum" finden wir im „Carmen contra Paganos" (Anthologia latina, hrsg. von Fr. Buecheler/A. Riese, ^{2}1894, Bd. 1,1, S. 20-25; vgl auch Hermes 4, 1870, S. 350-364). In der dortigen Aufzählung heidnischer Orte, Halbgötter, Sibyllen, Nymphen, Haine, Höhlen etc. sind auch die gesamte Götter/Göttinnenwelt sowie die orientalischen Mysterienreligionen enthalten. Diese Kulte bilden, in Abgrenzung vom Judentum und den „häretischen" Christen, das „Heidentum" (Grenze fließend). Der Begriff „heidnisch" ist inhaltlich identisch mit „pagan" (= ländlich), jedoch durch das Christentum diffamiert worden. Er „ist ein Kampfbegriff [...] Er denunziert die gesamte Antike [...] und unterschlägt, dass die hoch kultivierten Menschen des alten Griechenland und des römischen Weltreiches, der Ägypter, der Inder und Chinesen, zum Teil Jahrtausende vor der Entstehung des Christentums, eine tiefe Gläubigkeit, Theologie und Philosophie praktizierten und berückend schöne Kunstwerke [...] schufen" (M. Jung, Augustinus, 2003, S. 133/135). In diesem Buch werden beide Begriffe synonym verwendet.

7 Der Polytheismus ist, in Verbindung mit die Assimilierung fördernden Maßnahmen (wirtschaftliche Kooperation, Bildungsangebot an die Elite, Verleihung des Bürgerrechts etc.) *der* Schlüssel zum Erfolg des Imperium Romanum. Mit Truppen alleine hätte Rom ein solch heterogenes Riesenreich niemals beherrschen können.

1 Klarstellung: Was ist „Christentum“? Was ist „Alte Kirche“?

Beginnen wir mit einer Klarstellung: Bis heute ist das auch in althistorischen Kreisen gepflegte Bild der christlichen Kirchengeschichte des vierten Jahrhunderts von der Vorstellung geprägt, eine etablierte christliche Kirche, gerade dem Ur-Christentum entwachsen, sei, gestählt im Martyrium ihrer von verruchten Kaisern gequälten Helden, kraft ihrer Idee, unbeirrt, gottermächtigt und letztlich unaufhaltsam auf der *Via triumphalis* vorwärtsgeschritten. Die wenigen Häresien seien als Abweichungen von der Norm zwar erwähnenswert, aber ohne nachhaltige Bedeutung für die christlich-kirchliche und politische Entwicklung gewesen.

Derartige Banal-Erklärungen verlocken zu angreifbaren Formulierungen. So spricht der Bonner Theologe Wilhelm Schneemelcher in Bezug auf das erste Jahrhundert davon, dass die „Einheit der Kirche“ erhalten geblieben sei und meint wenig später, dass „kleine, über das Reich verstreute Gemeinschaften [...] diese eine Kirche“ gebildet hätten.[8] Aber von „Kirche“ im heutigen Sinne kann zu diesem Zeitpunkt überhaupt noch nicht gesprochen werden. Mit solcher Terminologie wird der Grundkonflikt des ersten Jahrhunderts zwischen Juden- und Heidenchristen ebenso verdeckt, wie die Tatsache, dass bereits die Gemeinden des ausgehenden ersten Jahrhunderts untereinander in Konflikt liegen. Paulus hätte sich manchen Brandbrief an die Gemeinden ersparen können, wenn es nicht so gewesen wäre. Ähnlich fragwürdig formuliert der Mainzer Ordinarius für Alte Geschichte, Heinz Bellen, in seiner Spätantike-Dokumentation, wenn er von „der Wiedereingliederung der Arianer in die Kirche“[9] spricht. Er suggeriert mit dieser Ter-

---

8 W. Schneemelcher, Urchristentum, 1981, S. 205-207.

9 H. Bellen, Grundzüge der römischen Geschichte. Die Spätantike von Konstantin bis Justinian, 2003, S. 44f. Die antiken Kirchenhistoriker des 4. und 5. Jahrhunderts, Sozomenos, Theodoret, Sokrates, Eusebius, Laktanz, geben keine klare Definition, was sie unter „Kirche“ verstehen. Der Begriff wird sowohl

minologie, dass es zur Zeit Konstantins und im vierten Jahrhundert eine anerkannte orthodoxe „Kirche“ gegeben habe und die Arianer exotische, rebellische Vögel aus Nordafrika, folglich Abweichler gewesen seien, weil sie Jesus nicht als gottgleich anerkannten. Eine irrige Hypothese, wie wir noch sehen werden, da die Arianer im vierten Jahrhundert auf dem besten Weg sind, die politische und ideologische Macht im christlichen Festungswerk an sich zu reißen.

Der Begriff „katholische Kirche“ wird erstmals im zweiten Jahrhundert verwendet. Ignatius von Antiochia schreibt in seinem Brief an die Smyrnäer (Kap. 8): „Wo Jesus Christus ist, auch die katholische Kirche ist.“ Das heißt, dass das einzige Attribut zur Definition „katholische Kirche“ die Anwesenheit von Jesus Christus ist. Da zu diesem Zeitpunkt das Wesen Jesu noch nicht bestimmt ist (gottähnlich oder gottgleich), kann der Begriff auf *alle* Konfessionen angewendet werden, die an Jesus als Propheten/Gott glauben, auch dann, wenn sie sich gegenseitig als „häretisch“ diskriminieren. „Kirche“ ist also zu diesem Zeitpunkt ein Terminus im ursprünglichen Sinne der *ecclesia*-Versammlung, ein Platzhalter für alle sich auf Jesus beziehenden Ideen und Konfessionen, ohne dass eine institutionelle Struktur, ein „Grundgesetz“ (Neues Testament) oder grundlegende Rituale gemeinsam und einvernehmlich definiert sind. Ja noch nicht einmal der Gottesbegriff ist gemeinsames Gut. Der Begriff „Kirche“ ist damit für die spätantike Forschung mangels theologischer Ausprägung erläuterungsbedürftig.

Diese Klarstellung gilt im vermehrten Umfang auch für den Begriff „Christentum“, der in der gesamten althistorischen Literatur weitgehend unkritisch aus dem heutigen theologischen Sprachgebrauch übernommen wird. So nennt der Althistoriker Manfred Clauss in seiner Konstantin-Biographie den römischen Kaiser einen „Christen“ und fügt eine Definition des Christseins im vierten Jahrhundert an: „Um als Christ bezeichnet zu werden, genügte der Anschluß an die Lehre oder das einfache Bekenntnis.“[10] Die Deutung ist richtig und verführerisch falsch zugleich. Denn das Tückische an dieser Formulierung ist, dass der Begriff „Lehre“ nicht spezifiziert und damit suggeriert wird, das Christentum des vierten Jahrhunderts sei, getragen von einer einvernehmlich anerkannten Lehre, eine Art „Block“

in der Richtung interpretiert, dass das gesamte Christentum, wie auch die „Orthodoxie“ darunter verstanden werden kann. Auch der Begriff „Orthodoxie“ ist weder definiert noch erlaubt er eine Abgrenzung gegenüber anderen Richtungen.

10 M. Clauss, Konstantin der Große und seine Zeit, ^{3}2007, S. 100.

gewesen, der sich in einer mehr oder weniger geschlossenen Eintracht gegenüber dem heidnischen Staat habe durchsetzen müssen und können.

Ein solches Verständnis von einem angeblich homogenen Christentum kommt zwar den offiziellen kirchlichen Lehrbüchern entgegen, entspricht aber nicht der Wirklichkeit des vierten Jahrhunderts, wie wir unter anderem an der im vierten Jahrhundert hoch umstrittenen Gottessohnfrage erkennen können und werden. Und wie schon bei der nachlässigen Definition des Begriffes „Kirche“ verführt eine Wischi-Waschi-Interpretation des Terminus „Christentum“ die Historiker zu angreifbaren Formulierungen, so wenn Heinz Bellen sein orthodoxes Verständnis von der Entwicklungsgeschichte des Christentums offenlegt und von „arianischen und anderen Irrlehren“ spricht, die „Konstantins Wunschvorstellung von der einen katholischen Kirche widersprochen“ hätten. In diesem einen Satz ist Angreifbares für ein ganzes Kapitel enthalten. Wir werden dies an anderer Stelle zu klären haben.

Der Schwachpunkt des „Christentums“ des vierten Jahrhunderts ist die immer noch fehlende endgültige Ausformulierung der Lehre. Dieser Mangel ist ein ganz wesentliches Kennzeichen der frühen christlichen Bewegungen, soweit die evolutionäre Entwicklung einer Idee überhaupt ein Schwachpunkt ist. Das Christentum kommt mangels gesicherter Gründerzeit-Überlieferung aus einem jüdisch-christlichen Nebel heraus, mäandert und verzweigt sich im Laufe der ersten vier Jahrhunderte vielfach und wohin der Weg führen wird, ist zu Beginn des vierten Jahrhunderts noch völlig ungewiss. Eine feste, zweifelsfrei aus authentischen Überlieferungen abzuleitende Glaubensregel über Jesus, seine Beziehungen zu einem Gottvater und über das Wesen Gottes gibt es in der frühchristlichen Kirche noch nicht. Zwar werden in den damals gängigen Schriftensammlungen die auch in anderen Religionen bekannten triadischen Formeln neben- und miteinander genannt,[11] aber diese Formeln sind von einer Trinitätslehre, die die Beziehungen der personalen Elemente untereinander definiert, noch weit entfernt. Der Theologe Manfred Jacobs zählt eine ganze Litanei von Theologen und Gemeinden auf, die sich in der Wende vom zweiten zum dritten Jahrhundert nicht schlüssig sind, „wie und in welcher Weise die Gottheit Jesu Christi verstanden“ werden muss. Der Bischof Dionys von Alexandria (ca. 200-265), so fährt Jacobs fort, habe die Meinung vertreten,

11 Die bekannteste altägyptische Trias ist die von Isis (mit dem Götterkind auf dem Schoß), Osiris (ptolem. Sarapis) und Horus. Im jüngeren Rom bilden Jupiter, Juno und Minerva eine Trias.

der „Sohn sei bezüglich des Wesens dem Vater 'fremd' und verhalte sich zu ihm ähnlich wie der Weinstock zu seinem Gärtner".[12]

Der Streit wird durch die Auslegungsfähigkeit des Neuen Testamentes gefördert, in dem sich sowohl Aussagen finden, die die Einheit und Gleichheit von Gottvater und Sohn betonen: „Ich und der Vater sind eins" (Joh 10,30), als auch solche, die die Unterordnung des Sohnes ausdrücken: „Der Vater ist größer als ich" (Joh 14,28), „ich bin nicht in meinem eigenen Namen gekommen, sondern er hat mich gesandt" (Joh 8,42). Zwar wird im Laufe des zweiten und dritten Jahrhunderts zunehmend eine noch ungefähre Dreifaltigkeits- und Dreieinigkeitslehre entwickelt, aber dass die Drei in irgendeinem Sinn gleich groß, numerisch *ein* Wesen oder drei in Einem sind, gleich ewig, alle ungeschaffen, alle allmächtig, alle unbegreiflich, wie das von den großen christlichen Kirchen heute gelehrt wird, daran hat damals noch niemand gedacht. Keiner der frühchristlichen Apologeten lehrt, der Vater, der Sohn und der heilige Geist seien gleich ewig, gleich an Macht, Rang und Weisheit. Die Religionswissenschaftler sind sich weitgehend einig: „Vor Nicäa war die christliche Theologie im großen Ganzen subordinatianisch."[13] „There is no theologian in the Eastern or the Western Church before the outbreak of the Arian Controversy [in the fourth century], who does not in some sense regard the Son as subordinate to the Father."[14] So herrscht in diesen Zeiten in den christlichen Gemeinden eher

12 M. Jacobs, Die Reichskirche und ihre Dogmen, 1967, S. 20-25.

13 Robert M. Grant, Gods and the One God, 1986, S. 109/156/160 (Übers. durch den Autor).

14 Richard P.C. Hanson, The Search for the Christian Doctrine of God: The Arian controversy 318-338, 1988, S. 64. Harry R. Boer: „Justin und die anderen Apologeten lehrten demnach, dass der Sohn ein Geschöpf ist. Er ist ein hohes Geschöpf, ein Geschöpf, mächtig genug, die Welt zu erschaffen, und dennoch nur ein Geschöpf. In der Theologie wird dieses Verhältnis des Sohnes zum Vater Subordination genannt. Der Sohn ist untergeordnet, im Verhältnis zum Vater zweitrangig, von ihm abhängig und wurde von ihm hervorgebracht" (A Short History of the Early Church, 1976, S. 110). M. Werner: „Wo auch immer im Neuen Testament das Verhältnis zwischen Jesus und Gott, dem Vater, in Betracht gezogen wird, [...] wird es eindeutig als Subordination aufgefasst und dargestellt [...] Alle großen vor-nicänischen Theologen vertraten die Subordination des Logos im Verhältnis zu Gott" (The Formation of Christian Dogma, 1957, S. 125). H. Küng: „Die meisten Theologen der zweiten Hälfte des dritten Jahrhunderts blieben auf der Linie der Logostheologie, [...] subordinatianisch verstanden: der Logos [ist] dem Vater unter- und nachgeordnet" (Das Christentum, S. 217).

die große „göttliche“ Orientierungslosigkeit. Man ist auf Jesus konzentriert und auf ihn als „Sohn Gottes“. Aber das sagt wenig, hat kaum etwas mit Trinität zu tun, ist auch unspektakulär, denn auch die römischen Kaiser sind Söhne der Götter.

Als Folge des Fehlens genuiner Jesus-Worte und mangels originärer Texte der Apostel und Jünger treten zahlreiche Evangelisten, Kirchenväter, vom Glauben beseelte Literaten, aber auch ideologische Schreihälse auf. Unter deren Einfluss lösen die Phantasie, die Exegese, das „Hineinhorchen“, das „Hinter-die-Worte-schauen“ das ursprüngliche, nur mündlich überlieferte Wort ab und der alleinige Gott der Juden beginnt sich in einer mühsamen und verstiegenen Begriffsakrobatik aufzulösen. Der 16-jährige sprachgewaltige Friedrich Nietzsche beschreibt die neue Generation von Gott-Dramaturgen als „von den Schwingen ihrer ungezügelten Einbildungskraft getragen, [die] sich als Gesandte der höchsten Götter ausgaben“.[15] Nietzsche dürfte sich dabei auf die erste ökumenische Bischofskonferenz von Nicäa im Jahre 325 bezogen haben, in der über Monate über das Wesen Jesu debattiert wurde.

Wir können also aus der Kirchengeschichte selbst erkennen, dass Grundbegriffe wie „Kirche“, „Alte Kirche“, „Christentum“ und „orthodox“ zum Zeitpunkt Konstantins I. noch weitgehend nebulös und bekennerhaft vorbelegt sind. Sie können das frühe Christentum nicht wirklich charakterisieren und sind folglich ohne wissenschaftliche Reflexion nicht in die historische Debatte übertragbar. Die mannigfaltigen christlichen Bewegungen des zweiten bis vierten Jahrhunderts erweisen sich als verschiedenartige religiös-ideelle Entwicklungslinien des Christentums, ohne von „Häresie“ und „Orthodoxie“, von „Norm“ oder „Abweichung“ sprechen zu können, da es keiner christlichen Richtung gelingt, sich über „Herrenworte“, den Überlieferungen von Jesus selbst, oder über Testate der Jünger und Apostel oder mit Hilfe originärer Textdokumente des ersten Jahrhunderts als die „wahre“ Konfession des Religionsgründers Jesus zu konstituieren. Der Kirchenhistoriker W.H.C. Frend charakterisiert das wogende Gemenge, das sich damals hinter „Christentum“ verbirgt, in angelsächsisch-nüchterner Form: „It is difficult to point to any time after the Ascension when it [the Christanity] was truly one.“[16] In einem Satz: Das Christentum sucht sich. Es existiert nur im Plural. Wer glaubt, mag in der Suche einen dem Historiker verborgenen roten Faden göttlicher Wahrheit finden, aber wir

15 F. Nietzsche, Die Kindheit der Völker, 1861.
16 W.H.C. Frend, The Early Church, ^{2}1969, S. 13.

wissen, wenn Gläubige von „Wahrheit“ sprechen, gilt es auf der Hut zu sein. Jedenfalls ist deren „Wahrheit“ nicht mehr Sache der Wissenschaft.

Es ist daher unhistorisch, von „Alter Kirche“ zu sprechen, wie dies in Theologiekreisen gerne geschieht,[17] um den Eindruck einer Kontinuität vom ersten bis ins vierte Jahrhundert zu wecken. „Alt“ sind viele Entwicklungslinien und ob die trinitarische Linie, die Jesus (und den Heiligen Geist) als wesensgleich mit Gottvater bewertet, die „älteste“ ist, mag angesichts des jüdischen, streng monotheistischen Bekenntnisses des Religionsgründers und der erst spät erfolgenden Dogmatisierung des Trinitätsgedankens zweifelhaft bleiben. Es ist eine Großtat des Theologie-Professors Walter Bauer (1877-1960), die traditionelle und bis in die neueste Zeit perpetuierte Darstellung von einer „Alten Kirche“ einer Kritik unterzogen und Theologen und Historiker vor der Versuchung gewarnt zu haben, in den beliebten und irreführenden Begriffen von Orthodoxie und Häresie zu argumentieren.[18]

Ebenso irreführend ist es, für die Konfessionen, Gemeinden, Presbyter und Bischöfe der ersten vier Jahrhunderte den Begriff „christlich“ zu verwenden, ohne ihn durch erläuternde Zusätze aus der pauschalen Nivellierung der heutigen Begriffsterminologie herauszulösen. Weder gibt es eine theologische und organisatorische Einheit, die die Gemeinden überregional vernetzt, noch stimmen sie in der Gottesdienst- und Taufordnung überein, noch eint sie eine anerkannte, gemeinsame textliche oder schriftliche Überlieferung von Schriften und apokryphen Legenden. Und wenn Laktanz, Kirchenhistoriker des frühen vierten Jahrhunderts und Schöpfer der weltweit bekannten Vision Konstantins „In diesem Zeichen siege“ vor der Schlacht an der Milvischen Brücke im Jahre 312, den Definitionsrahmen des Christseins recht großzügig zieht und Christsein in einer Art von Minimalkonsens als einen Gegensatz zum Götterkult kennzeichnet,[19] der durch die Verweigerung des Opfers an die Götter dokumentiert werde, so bleibt

17 Karl S. Frank, Grundzüge der Geschichte der Alten Kirche, ^{3}1993; H. Lietzmann, Geschichte der Alten Kirche, ND 1999; Adolf M. Ritter, Alte Kirche. Kirchen- und Theologiegeschichte in Quellen, 1982.

18 W. Bauer, Rechtgläubigkeit und Ketzerei im ältesten Christentum, 1934, ND ^{2}1964.

19 Laktanz, divinarum institutionum 7,26. Siehe auch Tertullian, de idololatria 24,3 (Definition über Gegnerschaft zu lex nostra ... propria Christianorum). Später definiert Laktanz das Christsein in Form von aufeinander aufbauenden Stufen (Laktanz, de ira dei 2,2-6), ohne jedoch den Kern des Christentums anzusprechen, der die christliche Religion beispielsweise von der jüdischen Religion entscheidend absetzt.

der Begriff „Christ“ dennoch inhaltslos und nichtssagend. Denn gegen den Götterkult wenden sich auch die christlichen „Häretiker“, die Arianer, Donatisten, Gnostiker und Marcioniten, die „Ketzer“ und die Juden, ohne als „Christen“ anerkannt zu werden.

Gleichermaßen unhistorisch ist es, von einer kontinuierlichen Aufwärtsentwickung des Christentum, von einem „unaufhaltsamen, siegreichen Vormarsch“, gar von einer „Thronbesteigung des Christentums in einer heidnischen Welt“[20] zu sprechen oder eine Kontinuität von den Ereignissen am Tiber im Oktober 312 u.Z. (Schlacht an der Milvischen Brücke) bis zum „neuen David Theodosius“ im Jahre 380 zu entdecken, wie dies der US-Althistoriker Charles M. Odahl tut.[21] Stattdessen erkennt der Historiker: Der Weg zur späteren Staatskirche ist holperig, von Rückschlägen und Verwerfungen gekennzeichnet und auch im vierten Jahrhundert kaum geeignet, einem römischen Kaiser das Gefühl zu geben, auf der siegreichen Seite zu stehen. Wenn eine Religion, wie der Potsdamer Althistoriker Pedro Barceló erkennt, „fast drei Jahrhunderte lang [...] ein Schattendasein am Rande der römischen Gesellschaft geführt“ hat,[22] dann ist es schwer vorstellbar, dass sie den Kaiser eines Weltreiches animieren kann, sich zu ihr zu bekennen, wie dies nahezu alle Althistoriker annehmen.

20 T. Keim, Der Übertritt Konstantins des Großen zum Christentum, 1862, S. 1.
21 C.M. Odahl, Konstantin and the Christian Empire, 2004, S. 279.
22 P. Barceló, Constantius II. und seine Zeit, 2004, S. 168.

2 Bekannte Zahlen: Der Anteil der Christen

Über die Stärke der christlichen Bewegung der ersten vier Jahrhunderte geistern die wildesten Gerüchte herum: Durch die Verfolgungen sei das Christentum zu einer robusten und beherrschenden Größe aufgewachsen, als „Religion der Nächstenliebe“[23] habe es die Armen, Sklaven und Verfolgten in großer Zahl integriert. Der Kirchenschriftsteller Tertullian (150-230) hält sich nicht mit Zahlen auf und reklamiert „Bürgergemeinde, Marktflecken, selbst Heerlager, Stadtbezirke, Dekurien, den Palast, den Senat, das Forum“ für die Christen und belässt den Heiden lediglich die Tempel.[24] „Wir können“, fährt Tertullian fort, „eure Armeen zählen: Es wird sich zeigen, dass es in einer einzigen Provinz mehr [Christen] gibt.“ Und Eusebius, Kirchenhistoriker des frühen vierten Jahrhunderts, meint gar, die Christen seien das „stärkste, unausrottbare und unbesiegbare Volk“.[25] Der Althistoriker Konrad Kraft schließt sich in den 1970er Jahren den antiken Autoren an und behauptet, der Osten sei um 312/315 „bereits zum Großteil christianisiert“ gewesen.[26]

---

23 Logisch und epistemologisch gesehen stehen sich „Nächstenliebe“ und Polytheismus näher als „Nächstenliebe“ und Monotheismus, da die *Duldung des Andersseins* unverzichtbare Grundlage der Nächstenliebe ist. Diesem Idealbild kommt der Polytheismus, der die Partizipation *vieler* Götter und die Integration *anderer* Zeremonien erlaubt, am nächsten. Der Monotheismus ist dagegen ideologisch auf Ausschluss, Bekehrung, Mission und damit letztlich auf Intoleranz und Gegnerschaft ausgerichtet. Die Geschichte des Christentums und des Islams bestätigen diese dem Monotheismus inhärente Eigenschaft, auch wenn es außerhalb ideologisch-dogmatischer Ummantelung viele Beispiele gelebter Nächstenliebe gibt. Die gibt es natürlich auch ohne Religion.

24 Tertullian, apologeticum 37,4-5.

25 Eusebius, Kirchengeschichte 1,4. Siehe auch Justin, dialogus cum Tryphone Judaeo. 117,3-5; Irenäus, adversus haereses 1,10 („Die Kirche erstreckt sich über das ganze Weltall bis an die äußersten Grenzen der Erde“).

26 K. Kraft, Das Silbermedaillon Constantins d.Gr., in: H. Kraft, Konstantin der Große, 1974, S. 317.

Adolf Harnack ist wohl der erste Theologe, der trotz magerer archäologischer, papyrologischer und epigraphischer Quellenlage der Ausbreitung des Christentums in den ersten vier Jahrhunderten mit wissenschaftlicher Akribie zu Leibe rückt. Er legt um 1900 eine detailreiche Untersuchung *Die Mission und Ausbreitung des Christentums* vor[27] und fasst am Ende seines Werkes den Inhalt seiner Arbeit graphisch in verschiedenen Farbtönungen zusammen. Die Karten zeigen die ungefähre Dichte der christlichen Bevölkerung: Das Gebiet, in dem das Christentum im vierten Jahrhundert am stärksten vertreten ist, ist Kleinasien; etwa die Hälfte der Bevölkerung Kleinasiens ist danach christlich. Allerdings macht Harnack keine Angaben, ob diese Daten für den Anfang des vierten Jahrhunderts, für die Mitte oder – was wahrscheinlicher ist – für die beiden letzten Jahrzehnte gelten, nachdem das Christentum zur Staatskirche avanciert. Im sogenannten Abendland sind dagegen riesige Gebiete zur Charakterisierung einer weit überwiegend heidnischen Bevölkerung weiß gezeichnet. Für das Reich insgesamt kann der Schluss gezogen werden, dass der Großteil des römischen Imperiums „heidnisch" ist: Mittel- und Norditalien, Gallien, Nord- und Westspanien, Britannien, Belgien, Germanien, Noricum, Kreta, Mazedonien, die Küsten des Schwarzen Meeres, Sardinien, Sizilien, Palästina, Phönikien, Arabien, Mesopotamien. Nur ein spärlicher Anteil von Christen unterbricht die heidnische Monotonie.

Zur Ermittlung eines über alle Reichsteile hinweg gültigen Durchschnittswertes an Christen verweist Harnack auf diverse Schätzungen, die zwischen fünf und fünfzig Prozent der Bevölkerung liegen.[28] Jacob Burckhardt glaubt, dass „ein Zwölftel der Wahrheit am nächsten" komme.[29] Jochen Bleicken spricht von „höchstens ein Viertel der Reichsbevölkerung"[30] und von einer breiten „Mißstimmung gegen die Christen", so dass die Behörden „zur Befriedigung der Massen" gegen die Christen vorzugehen gezwungen gewesen seien.[31] Andere Autoren wie Friedrich W. Korff, Elisabeth Herrmann-Otto, Klaus M. Girardet, Ramsay MacMullen, Paul Veyne

27 A. Harnack, Die Mission und Ausbreitung des Christentums in den ersten drei Jahrhunderten, 1902.

28 A. Harnack, Die Mission und Ausbreitung des Christentums in den ersten drei Jahrhunderten, 1902, S. 537-546.

29 J. Burckhardt, Die Zeit Konstantins des Großen, ^{3}1998, S. 145.

30 J. Bleicken, Verfassungs- und Sozialgeschichte des Römischen Reiches, ^{3}1994, S. 204-205.

31 J. Bleicken, Verfassungs- und Sozialgeschichte des Römischen Reiches, ^{3}1994, S. 164-165.

und Frank Trombley haben sich des Themas auch angenommen und schätzen die Zahl der Christen zur Zeit Konstantins auf ca. zehn Prozent der Gesamtbevölkerung.[32] Die Mehrheit der modernen Historiker geht also für das vierte Jahrhundert von einem etwa zehnprozentigen Anteil der Christen an der Gesamtbevölkerung aus. Die Behauptung von Konrad Kraft, der „Osten“ sei bereits um 312/315 „zum Großteil christianisiert“ gewesen, repräsentiert also weder die Ergebnisse der Forschung, noch wird die Hypothese von der kunsthistorischen Forschung bestätigt, die konstatiert, dass christliche Motive bis 312 in der öffentlichen Kunst keine Rolle gespielt haben.[33]

Behauptungen von einem angeblich bedeutsamen Aufwuchs in der Notzeit der zweiten Hälfte des dritten Jahrhunderts, wie ihn Burckhardt, Geffcken und W.H.C. Frend zu beobachten meinen,[34] müssen mit Vorsicht betrachtet werden, da die Überlieferung höchstens regional begrenzte Schätzungen erlaubt. Und Vermutungen, die Christenverfolgung unter Kaiser Diokletian (reg. 284-305) zu Beginn des vierten Jahrhunderts sei eine Antwort auf die wachsende Anzahl der Christen gewesen, werden durch die Überlieferung ebenfalls nicht unterstützt.[35]

32 F.W. Korff im Vorwort zu: Celsus. Gegen die Christen. Älteste Streitschrift gegen das Christentum vom Jahre 178 u.Z., übers./erl. von Th. Keim, 1873, ND 1984, S. 16. E. Herrmann-Otto, Konstantin der Große, 2007, S. 170; K.M. Girardet, Die Konstantinische Wende und ihre Bedeutung für das Reich. Althistorische Überlegungen zu den geistigen Grundlagen der Religionspolitik Konstantins d.Gr., in: E. Mühlenberg (Hrsg.), Die Konstantinische Wende, 1998, S. 9-122; R. MacMullen, Christianizing the Roman Empire: AD 100-400, 1984, S. 109f.; P. Veyne, Als unsere Welt christlich wurde, 2008, S. 11. Der Kirchenhistoriker C. Markschies zitiert diese Zahl zwar mit einem Fragezeichen, versäumt aber die Zweifel hinreichend zu begründen. (Zwischen den Welten, Frankfurt 1997, S. 24, ND unter dem Titel: Das antike Christentum, 2006). F. Trombley, Overview: the geographical spread of Christianity, in: The Cambridge History of Christianity, Hrsg. von M. Mitchell/ F. M. Young, 2006, Bd. 1, S. 302-313.

33 J. Deckers, Die frühchristliche und byzantinische Kunst, 2007, S. 10.

34 J. Burckhardt, Die Zeit Konstantins des Großen, 1898, S. 306; J. Geffcken, Der Ausgang des griechisch-römischen Heidentums in: Religionswissenschaftliche Bibliothek 6, 1929; W.H.C. Frend, Martyrdom and persecution in the early church, 1965.

35 Zu *reichsweiten* Christenverfolgungen ist es in den dreihundert Jahren von Augustus bis Diokletian nur gelegentlich gekommen. Im Allgemeinen verfahren die Regierungsstellen nach dem trajanischen Standpunkt „conquirendi non

Damit sollen die Christengemeinden nicht klein geredet werden; zehn Prozent von fünfzig Millionen Einwohnern sind immerhin noch fünf Millionen Christus-Gläubige. Und geht man von einer unregelmäßigen Verteilung aus, dann ist es sehr wahrscheinlich, dass einzelne Gebiete auch einen Anteil von fünfzig Prozent Christen erreichen, während andere Regionen kaum christliche Gemeinden vorweisen können. Dennoch, nach dreihundert Jahren Christentum hat diese Religion Mühe, mehr als zehn Prozent der Einwohner des Imperium Romanum von ihrer Botschaft zu überzeugen.

Dabei spiegelt selbst dieser geringe Prozentanteil die weitgehende Nachrangigkeit der Christen im öffentlichen Leben nur unzureichend wieder. Denn die Forschung differenziert nicht nach christlichen Konfessionen. Das Christentum wird als ein mehr oder weniger homogener Block dargestellt, was, wie wir noch sehen werden, nicht der Realität entspricht.

Geringe Resonanz: Rom

Die Hauptstadt Rom, *caput mundi* der damaligen Welt, ist bis tief in das vierte Jahrhundert, von wenigen gut organisierten christlichen, meist griechisch sprechenden Enklaven abgesehen, heidnisch, wie sich aus zahlreichen Münzen und epigraphischen Funden ableiten lässt. Konstantin soll diese traditionell römisch-heidnische Haltung im Jahr 326 erfahren haben, als er anlässlich der Feier des 20-jährigen Regierungsjubiläums vom römischen Volk „mit frechen Ausrufen" attackiert wird.[36] Aber dieser Zorn hat sich vermutlich weniger an einer wie auch immer gearteten religiösen Einstellung Konstantins entzündet als vielmehr an seiner Entscheidung, mit Konstantinopel ein *Roma nova* zu gründen.

Eusebius berichtet in seiner „Kirchengeschichte" von lediglich 154 christlichen Klerikern und mehr als 1.500 Witwen und Armen, die zur Zeit des römischen Bischofs Cornelius (251-253) von der städtisch-christlichen Gemeinde zu betreuen gewesen seien.[37] Edward Gibbon und Adolf Har-

---

sunt" – aufspüren soll man sie nicht (Plinius, epistulae 10,97). Die in Kirchen- und Märtyrergeschichten überlieferten Christenverfolgungen sind meist heftig übertrieben Verfolgungen *lokaler* Kräfte.

36 Libanios, oratio 19,19. Das opus wurde von Libanios im Jahr 387 verfasst. Ob die geschilderten Umstände historisch zuverlässig sind, mag dahingestellt bleiben.

37 Eusebius, Kirchengeschichte 6,43.

nack schließen aus einem Brief des Cornelius an Bischof Fabius von Antiochia aus der Zeit um 251 u.Z. auf eine Gesamtzahl von 30.000 bis 50.000 stadtrömischer Christen bei vermutlich ca. einer Million Bewohnern. Die grobe Schätzung wird von R.M. Grant bestätigt, der seinerseits mit 15.000 bis 20.000 Christen rechnet. Der Kirchengeschichtler Manfred Jacobs spricht von 7.000 bis 20.000 Christen in Rom bei einer Einwohnerzahl von ca. 700.000.[38] Selbst wenn man die größeren Prozentzahlen zugrunde legt, hat Rom Mitte/Ende des dritten Jahrhunderts also weniger als fünf Prozent christliche Bürger.

Die Ursachen für den geringen Erfolg des Christentums sind nicht nur in der stolzen römischen Tradition zu suchen, sondern auch in der Politik: Das Volk blickt auf ein „Goldenes Zeitalter" zurück, auf eine Phase des Friedens, Rom hat sich unter Augustus zu einer Stadt in Marmor verwandelt, das Volk wird mit Getreidespenden, Seeschlachten, Marsspielen und Gladiatorenkämpfen unterhalten,[39] die Unterstützung der Götter hat Rom zum Mittelpunkt eines Weltreiches werden lassen und die römischen Reichsbürger sind stolz auf das Erreichte. Rom ist saturiert, denkt heidnisch und es gibt keinen Grund, die Religion zu wechseln.

Geringes Ansehen: Religion der Fischer

Die Christen haben dagegen ein geringes gesellschaftliches Ansehen. Sie gelten als ungebildet, unrömisch, mit einer die religiöse Gemeinschaft zersetzenden Gesinnung,[40] als Fanatiker, die obskure Praktiken verfolgen. Sie werden von der antiken Intelligenz schon alleine wegen der holprigen lateinischen Bibel-Übersetzungen (*sermo piscatorius* – Fischersprache) verachtet. Tacitus äußert sich im „Christenkapitel" seiner Annalen recht abfällig über die „Chrestianos", ebenso Plinius der Jüngere und Sueton.[41]

38 A. Harnack, Die Mission und Ausbreitung des Christentums, [4]1902, S. 493-500 (Harnack bleibt undeutlich); E. Gibbon, 2004, S. 283. R.M. Grant, Christen als Bürger im Römischen Reich, 1981, S. 17. M. Jacobs, Das Christentum in der antiken Welt, 1987, S. 117.

39 Augustus, Res Gestae 18,22-23.

40 A. Wlosok, Die Rechtsgrundlagen der Christenverfolgungen der ersten zwei Jahrhunderte, in: R. Klein (Hrsg.), Das frühe Christentum im Römischen Staat, 1971, S. 282. Siehe auch: Ders., Gymasium 66, 1959, S. 14-32.

41 Tacitus, Annalen 15,44; Plinius, epistulae 10,96,8 („verworrener Aberglaube"); Sueton, Nero 16,2 („Menschenschlag mit schädlichem Aberglauben"). E. Koe-

Augustinus berichtet, um 355 hätte „fast der gesamte römische Adel“[42] an den heidnischen Riten teilgenommen

Im Einklang mit der Überlieferung kennzeichnet der Althistoriker Adolf Lippold die römische Aristokratie „um 300 [als] fast geschlossen heidnisch“,[43] während Jean-Marie Salamito für den Zeitraum von 312-338 unter siebzehn namentlich erwähnten Präfekten zwei christliche und für den Zeitraum von 395-423 unter 29 Präfekten neun christliche ermittelt.[44] Noch Mitte des vierten Jahrhunderts besetzt Kaiser Konstantius II. hohe Staatspositionen vorwiegend mit Angehörigen der heidnischen Aristokratie, weil sie „wegen ihrer Bildung und Erfahrung hochqualifiziert und unentbehrlich“[45] sind und „heidnische Beamte vielfach [...] qualifizierter erscheinen als christliche Emporkömmlinge“.[46] Die Machtträger des Reiches, Senat, Legionen und Aristokratie, sind also bis in die zweite Hälfte des vierten Jahrhunderts heidnisch gesinnt und denken nicht daran, den bewährten, ehrwürdigen und philosophisch unterfütterten Staatskult nebst seiner Hochkultur aufzugeben. Dies um so mehr, da sie die christlichen Theorien von einem Gottessohn, der sich selbst am Kreuz richtet, als „barbarisch“ empfinden und eher belustigt zur Kenntnis nehmen.[47]

Erst zum Ende des vierten Jahrhunderts, nachdem das Christentum zur Staatsreligion erklärt worden ist, soll sich eine unbestimmte Anzahl römischer Senatoren zum Christentum bekannt haben, wie an Hand des Briefwechsels des Ambrosius mit dem Stadtpräfekten von Rom, Symmachus, und mit Kaiser Valentinian II. vermutet werden könnte, der auf die „große

---

stermann bezeichnet die nach seiner Ansicht falsche Bedeutungszuordnung für „Chrestiani“ (Annalen) im Sinne „Christen“ als den „folgenschwersten Irrtum“ des Tacitus (Ein folgenschwerer Irrtum des Tacitus, Historia 16, 1967, S. 456-469); Ders., Cornelius Tacitus Annalen, Heidelberg 1968, S. 10.

42 Augustus, confessiones 8,2.

43 A. Lippold, Die Historia Augusta, hrsg. von G.H. Waldherr, 1998, S. 233.

44 J.M. Salamito, Christianisierung und Neuordnung des gesellschaftlichen Lebens, in: Die Geschichte des Christentums. Altertum, Bd. 2, 2005, S. 773.

45 P. Barceló, Constantius II. und seine Zeit, 2004, S. 195. Vgl. auch Symmachus, Dritte Relatio 7 (Konstantius' Personalpolitik).

46 R.v. Hähling, Die Religionszugehörigkeit der hohen Amtsträger des Römischen Reiches seit Konstantins I. Alleinherrschaft bis zum Ende der Theodosianischen Dynastie (324-450 bzw. 455 n.Chr.), 1978, S. 503. Vgl. auch: M. Clauss, Reallexikon für Antike und Christentum 13, 1986, 1073-1113.

47 Vgl. Celsus, Gegen die Christen. Älteste Streitschrift gegen das Christentum vom Jahre 178 n.Chr., übers. von T. Keim, 1873, ND 1984, I, 2 (S. 64 u.a.).

Zahl christlicher Senatoren"[48] hinweist. Aber solche Angaben aus christlichen Quellen sind mit Vorsicht zu genießen, zumal Kaiser Theodosius zu diesem Zeitpunkt den Senat ermahnt, die Bindung an die Überlieferung der Ahnen aufzugeben[49] und vermutlich eine nicht geringe Anzahl von Namenschristen eingerechnet sind, die aus purer Nützlichkeit die Religion gewechselt haben.[50]

Ergebnis: Beachtliche Minderheit

Im Ergebnis kann festgehalten werden: Zu Beginn von Konstantins Alleinherrschaft, also ab 324, stellen die Anhänger der christlichen Religion im Imperium „nur eine, wenn auch schon beachtliche Minderheit" dar.[51] Ohne Berücksichtigung lokaler und zeitlicher Schwankungen dürfte der durchschnittliche Anteil der Christen zwischen 300 und 350 u.Z. im gesamten Imperium bei fünf bis fünfzehn Prozent gelegen haben.

Die relativ wenigen Christen rekrutieren sich eher aus der einfachen Stadtbevölkerung als aus der Aristokratie. Die Elite denkt bis tief in das vierte Jahrhundert hinein heidnisch. Sie fühlt sich der von den Ahnen übernommenen Kultur, ihrer Philosophie, der Kunst und der beeindruckenden Ingenieurtechnik verpflichtet und empfindet die christliche, noch kulturkonturenlose Religion als einen Angriff auf die Tradition der Väter.

Das Heer dürfte bis weit in das vierte Jahrhundert hinein überwiegend heidnisch eingestellt gewesen sein. Die Soldaten, gleich ob Legionäre oder Auxiliare aus den Provinzen, rekrutieren sich vor allem aus der Landbevölkerung, die noch lange der Christianisierung hartnäckigen Widerstand leistet („pagan" in seiner Doppelbedeutung ländlich und heidnisch). Kaiser Diokletians und Kaiser Julians Stabilisierungsmaßnahmen des antiken

48 Symmachus Dritte Relatio 1-2 (Symmachus spricht im Namen des Senates); Ambrosius, epistula 72. Siehe auch: R. Klein, Der Streit um den Victoriaaltar, 1972, S. 46f. und 116f.

49 Zosimus beschreibt die Konfrontation zwischen Kaiser und den Senatoren (Historia nova 4,59,1-3).

50 Vgl. W. Daut, Die halben Christen unter den Konvertiten und Gebildeten des 4. und 5. Jahrhunderts, Zeitschrift für Missions- und Religionswissenschaften 55, 1971, S. 171-188.

51 K. Baus/E. Ewig, Die Kirche von Nikaia bis Chalkedon, 1979, S. 4. Vgl. auch L.v. Hertling, in: Zeitschrift für katholische Theologie 62, 1934, S. 243-253.

Kultes zu Beginn und Mitte des vierten Jahrhunderts sind nur unter dieser Voraussetzung verständlich.

Die Durchschnittszahl von fünf bis fünfzehn Prozent Christen subsummiert *alle* christlichen Konfessionen. Da sich aber einige, teils mächtige Konfessionen weit von dem Kerngedanken des heutigen Christentums (Trinität) entfernt haben, folglich nach damaligem und heutigem Verständnis nicht-christlich sind, müssen selbst diese Durchschnittszahlen mit kritischem Abstand betrachtet werden. Die nach heutigem Verständnis christlich-trinitarische Konfession dürfte vermutlich etwa die Hälfte der Gesamtchristen ausgemacht haben, also bestenfalls fünf bis zehn Prozent. Solche Daten und Umstände können einen Kaiser, der erst noch die Gesamtherrschaft erringen muss, kaum für das Christentum einnehmen. Ohne Heer, ohne einen den Sieg garantierenden Gott und gegen die Masse der Bevölkerung hat er keine Chance, den Sieg über seine Konkurrenten zu erringen und die Einheit des Reiches zu sichern.

3 Verfemt und verschwiegen: Die christlich-arianische Konfession

Sie kommt nicht überraschend, die Auseinandersetzung um den Sohn Gottes. Seit dreihundert Jahren schwelt der Streit, wie Jesus zu verstehen sei. Bisher hat die Weltgeschichte von diesen theologischen Rangeleien zwischen den christlichen Gemeinden keine Notiz genommen, da die neue Minderheiten-Religion kaum als Schlagzeile im täglichen Geschäft wahrgenommen wird. Nun aber, nachdem sich die römischen Kaiser im Jahre 313 auf mehr Toleranz geeinigt haben und die christlichen Konfessionen sich unter dem Sammelbegriff „Christentum“ als *religio licita* frei bewegen können, bricht der Streit offen aus und sein Lärm ist bis in die kaiserlichen Residenzstädte zu hören. Vergeblich versucht Kaiser Konstantin zunächst die widerborstigen donatistischen Christen zu zügeln. Schließlich gibt er auf und überlässt sie ab 318 dem göttlichen Urteil.

Dann aber geht es richtig zur Sache: Die Arianer klopfen im Osten des Reiches an die bischöflichen Türen und mit der Übernahme der Gesamtmacht durch Kaiser Konstantin im Jahre 324 auch an die kaiserlich-konstantinische Pforte. Der Kaiser hätte aus dem Donatistenstreit lernen und gewarnt sein müssen, dass Christen, gleich welcher Art, zu keinem Kompromiss bereit sind. Er hätte sich zurücklehnen können, um zuzusehen, wie sich die christlichen Bischöfe gegenseitig bekämpfen und neutralisieren. Er hätte darauf vertrauen können, dass am Ende ein zerfasertes Christentum übrig bleibt. Aber so reagiert kein spätantiker Kaiser, wenn Bischöfe um seine Entscheidung nachsuchen, schon gar nicht, wenn er als oberster Priester aller zugelassenen Religionen und Kulte, als *Pontifex Maximus*, den Spielraum für die religiöse Einheit abstecken muss.

Der innerchristliche Konflikt, der sich nun unter Beteiligung römischer Kaiser breitmacht, wird das ganze vierte Jahrhundert beherrschen und auch im fünften Jahrhundert als „germanischer Arianismus“ Einfluss auf die geschichtlichen Abläufe nehmen.[52] Die Gegner sind rasch ausgemacht: Athanasius und Arius. Der erste, Bischof von Alexandria, vertritt die Jesus-ist-Gott-Fraktion des Christentums, die mit der heutigen christlich-trinitarischen Kirchenlehre grundsätzlich übereinstimmt. Der zweite Kontrahent, Arius, ein Priester des alexandrinischen Stadtteils Baukalis, sozusagen ein Untergebener des Athanasius, ist Anwalt der nach ihm benannten arianischen Jesus-ist-kein-Gott-Konfession. Und nichts könnte den *status nascendi* der noch pubertierenden christlichen „Kirche" besser beschreiben als die Tatsache, dass der alexandrinische Bischof nicht in der Lage ist, einen Presbyter seiner Gemeinde zur Ordnung zu rufen.

Der Arianismus, der in den Augen der bischöflichen Gegner daran leidet, dass ihr Urheber nur ein Presbyter ist, geht von der jüdisch geprägten (und späteren islamischen) Vorstellung aus, dass nur der Vater Gott ist. Jesus sei zwar ein präexistentes Geschöpf, aber eben ein Geschöpf, das einen Anfang hat und nicht gleicher Substanz mit Gott sei. Er sei geschaffen, durch den Willen des Vaters, vor aller Zeit, aber dennoch in der Zeit. Seine Macht, seine Weisheit und sein Wissen seien begrenzt. Jesus sei zu einer gewissen Zeit zwar mit göttlichen Kräften ausgestattet, jedoch dadurch nicht Gott geworden. Nur der Vater allein sei Gott, transzendent und unerkennbar, alleine ungezeugt, ewig, weise, gut und keiner Veränderung unterworfen.[53] Diese Kernsätze machen den fundamentalen Unterschied

---

52 Die Germanenstämme werden ab Mitte des 4. Jahrhunderts arianisch christianisiert. Während der Völkerwanderung kommen diese Stämme (Burgunden, Vandalen, Ostgoten, Westgoten, Langobarden) in Gebiete des römischen Reichs, die zum Teil von trinitarischen Christen bewohnt sind. Es kommt dabei zu Akkulturationen, aber auch zu Unterdrückungen. Die arianischen Vandalen verfolgen in Afrika trinitarische Christen, während im Westgotenreich in Spanien arianische und trinitarische Christen vermutlich bis zur islamischen Eroberung nebeneinander existieren. Bei den Langobarden wird der Arianismus erst 662 vom trinitarischen Katholizismus abgelöst. Zur Bedeutung des „deutschen" Arianismus vgl. H.v. Schubert, Geschichte der christlichen Kirche im Frühmittelalter, 1921, ND Hildesheim 1976. Zum Arianismus im Vandalenreich vgl. G. Maier, Amtsträger und Herrscher in der Romanica Gothica, Historia EZ 181, 2005, S. 287-288. Zum gotischen Arianismus vgl. Theodoret, Kirchengeschichte 4,37; K. Schäferdiek, Der gotische Arianismus, in: Theologische Literaturzeitung 129, 2004, S. 587-594.

53 Die Vorstellungen des Arius sind im Wesentlichen nur über die Werke seines Gegners Athanasius erschließbar. Vgl. Opitz Werke 3/1, Urkunden 1,6 und 30. Zum Streit: Theodoret Kirchengeschichte 1,4; Sokrates 1,6. Zuverlässige Angaben über den Beginn des arianischen Streites besitzen wir nicht. Eusebius

zur damaligen und heutigen trinitarischen Gottes-Lehre deutlich: Zwischen Christus und allen anderen irdischen Geschöpfen besteht nur ein marginaler Unterschied, während der Unterschied zu Gott unendlich groß ist und Christus nur deshalb Sohn Gottes ist, weil Gott ihn als Sohn angenommen hat.

Das ist eine offene Kampfansage an die Trinitarier. Ihr Chefideologe Athanasius nimmt den Kampf auf und wird später eine Schmähschrift *Contra Arianos* mit neunzig Kapiteln gegen die „Feinde voller Bosheit und Ränkesucht" entwerfen. Darin wirft er Arius vor, mit seiner „christusfeindlichen Häresie" den Menschen den erlösenden Gott zu rauben, wenn er Christus auf die Seite der Geschöpfe ziehe. Christus selbst, „der Sohn, der euch frei gemacht hat, [habe] in Wahrheit gezeigt, dass er kein Geschöpf noch auch eines von den gewordenen Wesen" sei.[54]

Die politische Dimension des Arianismus

Die neue christlich-arianische Konfession findet auffallend rasch breite Unterstützung innerhalb der christlichen Gemeinden. Aus dem Vergleich von Synodalbriefen wissen wir, dass eine ganze Reihe von Bischöfen, die bisher mit Ossius, ein Bischof aus dem fernen spanischen Cordoba und einer der markantesten Gegner des Arianismus, gegen die arianischen Vorstellungen gestimmt haben, ab Mitte der 20er Jahre dem arianischen Wortführer, Bischof Eusebius von Caesarea, und seinem Namensvetter Eusebius aus der kaiserlichen Residenz in Nikomedia religiöse Gefolgschaft leisten.[55] Konstantin wird sich als Folge gezwungen sehen, im Jahre 325 das berühmte Konzil von Nicäa einzuberufen, das das nicänisch-trinitarische Glaubensbekenntnis beschließt (Jesus ist gottgleich) und auf das an anderer Stelle eingegangen wird.

versichert, dass er „wie aus einem kleinen Funken ein mächtiges Feuer" entstand (Vita Constantini 2,61,4-5); Hieronymus nennt das Jahr 321. H.G. Opitz (Die Zeitenfolge des arianischen Streites, in: Zeitschrift für neutestamentarische Wissenschaft 33, 1934, S. 131-159) und W. Schneemelcher (Zur Chronologie des arianischen Streites, in: Theologische Literaturzeitung 79, 1954, S. 93-400) plädieren für das Jahr 318.

54 Athanasius, apologia adv. Arianos 1,2; passim.

55 R. Lorenz weist dies für 15 bis 16 Bischöfe durch Vergleich der Unterschriften zweier Synodalbriefe aus den Jahre 324/325 und aus den 30er Jahren nach (R. Lorenz, Das vierte Jahrhundert [Osten], 1992, S. C 137).

Der Zulauf zur neuen christlich-arianischen Konfession ist, unberührt vom Konzil von Nicäa, so stark, dass die Mitte des vierten Jahrhunderts einberufenen reichsweiten Synoden/Konzile entweder paritätisch besetzt oder sogar arianisch dominiert werden. Dies gilt für das von Kaiser Konstantius II. und seinem Bruder Konstans im Herbst 342 einberufene Konzil von Sardica (Sofia/Bulgarien), an dem etwa 90 nicänische und 80 arianisch gestimmte Bischöfe teilnehmen, für das Konzil von Arles (353), wie auch für das von mehr als 300 Westsynodalen besuchte Konzil zu Mailand (355). Auf diesem Konzil beharken sich die Bischöfe dermaßen, dass Kaiser Konstantius II. das Konzil in seinen Mailänder Palast verlegt und den Vorsitz übernimmt. Erbost tobt der Kaiser: „Genug mit dieser Narretei, mein Wille allein ist in dieser Angelegenheit kanonisches Gesetz. Die Bischöfe von Syrien sind nicht so widerspenstig, wenn ich Befehle gebe. Entweder ihr gehorcht, oder ihr geht in die Verbannung!“ Darauf soll er sein Schwert geschwungen haben, worauf die verängstigten Bischöfe im Schlussdokument Athanasius zum Hochverräter gestempelt haben sollen. Sechs Verweigerer werden verbannt.[56] Diesmal haben sich die Arianer durchgesetzt. Der Bischof von Rom ist unauffindbar.

Man mag einwenden, dass das Konzil von Mailand durch die Drohungen des Kaisers verfälscht worden ist. Das ist sicherlich richtig. Aber auf der anderen Seite gilt es zu bedenken, dass die Christgläubigen der damaligen Zeit ganz anderen Drohungen ausgesetzt gewesen sind als nur der Verbannung. Jedenfalls vermitteln uns die Märtyrergeschichten den Eindruck, als sei es gang und gäbe gewesen, bekennende Christen, in Pech gekleidet, als Fackeln zu verheizen oder sie *ad bestias* zum öffentlichen Vergnügen den Löwen zum Fraß vorzuwerfen.

Es folgen weitere Konzile, auf denen durchweg eine arianische Subordination von Jesus unter den Vater vertreten wird. Details tun hier nichts zur Sache. Im Mai 357 kommt es auf dem Konzil von Sirmium insofern zu einer Wischiwaschi-Verständigung, dass der Sohn als „dem Vater ähnlich, entsprechend der Heiligen Schrift“ bezeichnet wird. Aber bereits wenige Jahre später wird das nicänisch-trinitarische Glaubensbekenntnis über Bord geworfen.[57]

Athanasius, der Stein des Anstoßes, greift nicht mehr ein. Er verfolgt seit 355 die Entwicklung aus einem Versteck in der ägyptischen Wüste.

56 Athanasius, historia arianorum 31-33; 46; 76.

57 Tatsächlich ist der Ablauf noch verworrener, weil der Streit auch um eine Ähnlichkeit Jesu „κατά πάντα, in allem“ und „nach der Schrift“ geführt wird.

Erst Kaiser Julian, ausgerechnet ein Heide *par excellence*, wird ihm im Jahre 362 die Rückkehr erlauben.

Die Vermutung ist nicht unbegründet, dass die Mehrheitsverhältnisse der Bischofskonferenzen ein Spiegelbild der Gemeinden sind, folglich die arianischen und trinitarischen Strömungen Mitte des vierten Jahrhunderts etwa gleich stark gewesen sein dürften. Zwar verliert der Arianismus in der zweiten Hälfte des vierten Jahrhunderts an Geschlossenheit, aber ob sich die Zersplitterung in mehrere arianische Richtungen in eine Stärkung der trinitarischen Bewegung umgesetzt hat, ist mangels Daten nicht nachprüfbar. Angesichts der unbegrenzten Streitlust der Bischöfe scheint eine solche Parteienverschiebung mit „Wechselwählern" eher unwahrscheinlich.[58] Die Spaltung eines linken politischen Flügels in mehrere Fraktionen hat noch nie zu einer Stärkung des rechten Flügels geführt. Berechtigter scheint dagegen die Erwartung, dass sich der Prozess der Zersplitterung des Christentums analog zur Verzettelung des Heidentums einfach fortgesetzt hätte, wenn nicht andere Kräfte ordnend eingegriffen hätten.

Jedenfalls bekennen sich Ende des vierten Jahrhunderts der halbe Orient, Gallien, Spanien und Nordafrika, samt der mächtigen germanischen Stämme, die um das Jahr 500 das westliche Mittelmeer beherrschen werden, mehrheitlich zum germanischen, spanischen oder byzantinischen Arianismus, während der übrige Westen einschließlich Italien unter der Führung des traditionell heidnischen Senates und der heidnischen Aristokratie weithin heidnisch orientiert ist mit einer starken christlichen Minderheit ohne nachweisbare konfessionelle Präferenzen.

Die arianischen Kaiser

Die politische Dimension des Arianismus lässt sich auch an der Zahl der Kaiser, die sich arianisch bekennen, ablesen. Denn diese bestimmen nach dem Ansehensverlust der traditionellen Priesterschaften mehr denn je den religiösen Kurs des Imperium Romanum. Beginnen wir mit Kaiser Konstantin I. (reg. 306-337), der gegen Ende seiner Regierungszeit den christlich-trinitarischen Führer Athanasius verbannt und sich vom Ortsbischof Eusebius von Nikomedia arianisch taufen lässt. Diese Taufe „auf dem Sterbebett", bei der sich die rauen Kerle der Armee angeblich mitten im Proze-

58 Die christlichen Kirchenhistoriker des 5. Jahrhunderts Sokrates und Sozomenus beklagen in ihren „Kirchengeschichten" die Streitlust der Bischöfe.

dere zurückziehen, um christlichen Priestern demütig Platz zu machen, wird uns an anderer Stelle noch beschäftigen (Kapitel 19). Jedenfalls weisen eine Fülle von Textüberlieferungen Konstantin als arianischen Christen aus – übrigens ebenso wie seine einflussreiche Halbschwester Konstantia, die offenbar besonders energisch für den arianischen Glauben wirbt –, soweit man überhaupt im Fall Konstantin von „Christ“ im heutigem Sinne sprechen kann.[59]

Konstantins Sohn Konstantius II. (reg. 337-361), ein „argwöhnischer und hinterhältiger Kabinettspolitiker“ mit einem „Übermaß an Herrscherbewußtsein“[60] greift massiv zugunsten der Arianer in die Kirchengeschäfte ein, setzt allenthalben arianische Bischöfe ein, zwingt Ende der 50er Jahre auf dem Konzil von Arles die päpstlichen Legaten und auf dem Konzil von Sirmium den Papst Liberius selbst, die Lehre des Arius zu unterschreiben und drückt den Arianismus als allein zulässige Konfession durch.

Dessen Nachfolger, Kaiser Julian (reg. 361-363), der sich einerseits wohltuend von den soldatischen Haudegen im Purpurmantel unterscheidet, sich andererseits aber zu einem überflüssigen Feldzug gegen die Perser hinreißen lässt, ist Konvertit und tritt zum Heidentum über. Seine Regierungszeit ist vom Versuch der Revitalisierung der griechisch-römischen Philosophie und der heidnischen Kulte geprägt und nur von kurzer Dauer. Er stirbt am 26. Juni 363 auf dem Feldzug gegen die Perser, nach Auffassung des hoch geachteten und viel gefeierten griechischen Professors der Rhetorik Libanios durch einen christlichen Meuschelmord, während die christlichen Schriftsteller ein Gottesurteil zitieren.[61] Julian wird von den

59 Über die arianische Taufe Konstantins berichten mehrere Autoren des 4./5. Jahrhunderts: „Am Ende seines Lebens wurde Konstantin von Euseb [...] getauft und fiel zur arianischen Glaubenslehre ab“ (Hieronymus, chronicon). Rufin führt den arianischen Einfluss auf „perversi sacerdotes“ zurück (Kirchengeschichte 10,12 u. 16). Gelasios v. Kyzikos berichtet in Kirchengeschichte 3,12-13, dass der Priester „Eutokios“ das Vertrauen Konstantins gewann, vermutlich um zu begründen, warum sowohl Konstantin wie sein Sohn Konstatius II. nicht christlich-trinitarisch, sondern arianisch dachten. Zum Arianismus von Konstantia vgl. Rufin, Kirchengeschichte 10,12; Theodoret 2,2; Philostorgios, Kirchengeschichte 1,9. Zur Taufe auch: Theodoret 2; Sozomenos 2,27,34 u. 3,1; Sokrates 1,25,39 u. 2,2.

60 E. Stein, Geschichte des spätrömischen Reiches I, 1928, S. 205ff.

61 Libanios, oratio 18/24; vgl. N.H. Baynes, The death of Julian the Apostate in a Christian legend, in: Journal of Roman Studies 27, 1937, S. 22ff; I. Hahn, Der

heidnischen Autoren durchgängig positiv gewürdigt. So spricht Eutropius von ihm als einem hervorragenden Mann, der das Reich vorzüglich verwaltet hätte, wenn er nur mehr Zeit gehabt hätte.[62] Auch die zeitgenössischen Historiker Ammianus Marcellinus und Zosimos loben Julian in höchsten Tönen. Anders dagegen das Bild, das christliche Autoren zeichnen: Julian wird von Prudentius als „treulos gegen Gott" bezeichnet, von Theodoret als „hässliches, stinkendes Schwein" und von Hieronymus als „wütender Hund", dessen früher Tod die verdiente Strafe für sein Heidentum gewesen sei. Bilder und Inschriften des Julian werden vernichtet und sein Name geschändet. Die Kirche wird dafür sorgen, dass der kultivierte und gebildete Julian der *damnatio memoriae* verfällt und mit dem Namen „Apostata" – der Abtrünnige – gebrandmarkt wird.

Erst mit Kaiser Jovian (reg. 363-364), einem 8-Monate-Kaiser, scheint eine gemäßigte christlich-trinitarische Epoche anzubrechen. Jovian, der die religiösen Fragen mit großer Vorsicht angeht, hebt zwar Teile der antichristlichen Gesetze seines Vorgängers auf, ohne jedoch die heidnische Religionsausübung zu beeinträchtigen. Die Urteile über die religiöse Disposition von Jovian sind folglich uneinheitlich: Der spätantike Historiker Eunapius berichtet, Jovian habe die heidnischen Neuplatoniker und die Berater Julians Maximus und Priscus geehrt[63] und Sokrates, Kirchenschriftsteller des fünften Jahrhunderts, meint, Kaiser Jovian habe heidnische Begräbnisriten für seinen Vorgänger Julian nachvollziehen lassen.[64] Auf der anderen Seite publiziert der Kirchenschriftsteller Theodoret, ebenfalls fünftes Jahrhundert, einen Brief des Bischofs Athanasius an Kaiser Jovian, der die Nähe des Kaisers zum nicänischen Credo belegen soll.[65] Das Bild des 8-Monate-Kaisers bleibt also verschwommen, weil die Quellen kein gesichertes Bild dieses Winterkaiser zu entwerfen erlauben.

Jovians Nachfolger, das Bruderpaar Valentinian I. (364-375) und Valens (364-378), vertreten entgegengesetzte religiöse Richtungen. Der Westkaiser Valentinian I. ist religiös indifferent, während der Ostkaiser Valens

ideologische Kampf um den Tod Julians des Abtrünnigen, in: Klio 38, 1960, S. 225ff.

62 R. Klein (Hrsg.), Julian Apostata, 1978, S.10ff.

63 Eunapius, Sardianus Vita sophistarum – Leben der Sophisten, „Maximus/Priscus".

64 Sokrates, Kirchengeschichte 3,26.

65 Theodoret, Kirchengeschichte 4,3.

sich ausdrücklich zum Arianismus bekennt. Beide Kaiser betreiben, im Vergleich mit Konstantius II., jedoch eine moderate Religionspolitik.

Wir schreiben das Jahr 378 und ziehen Bilanz: Rechnet man die Regierungsjahre aller Kaiser nach Konstantin I. bis zur Alleinherrschaft des Theodosius I. zusammen, dann kommen wir auf eine Gesamtregierungszeit von 88 Kaiserjahren. Von diesen entfallen 55 Kaiserjahre auf Herrscher mit arianischer Gesinnung. Dies entspricht etwa 63 Prozent. Die trinitarischen Kaiser decken etwa 30 Prozent der Gesamtzeit ab. Der Rest verteilt sich auf Kaiser mit heidnischer oder indifferenter Gesinnung. Damit wird sowohl die politische Bedeutung des Arianismus für das vierte Jahrhundert sichtbar, wie auch der kritische Zustand, in dem sich das Christentum zu dieser Zeit befindet.

Konstantin I. haben wir in diese Rechnung nicht einbezogen. Sein religiöses Bekenntnis werden wir noch zu untersuchen haben.

4 Das Christentum steht in Flammen

Das vierte Jahrhundert ist weniger durch einen bipolaren Gegensatz von Heiden und Christen gekennzeichnet, als durch den Konflikt *dreier* einflussreicher Religionsparteien: Arianer, Trinitarier und Heiden. Über die Heiden gibt es nicht viel zu vermelden. Sie empfinden keinen Hass gegen die neue Lehre, sondern nur Missachtung. Kaiser Julian (reg. 361-363), der sich um die jahrhundertealte Hochkultur des römischen Reiches sorgt und als Folge die Renaissance des antiken Kultes einzuläuten versucht, bekämpft nicht das Christentum, sondern entzieht christlichen Lehrern lediglich die Befugnis zu lehren. Alles andere hätte seiner philosophisch orientierten, toleranten Geisteshaltung widersprochen. Ansonsten holt Julian den exilierten trinitarischen Scharfmacher Athanasius wieder ins Land, mit Hintergedanken, wie der antike Historiker Ammianus Marcellinus vermutet, denn Kaiser Julian habe aus Erfahrung gewusst, dass „die wilden Tiere den Menschen nicht so feindlich gesinnt seien wie die Christen untereinander“ (22,5), dennoch: Athanasius darf predigen. Eine Denkweise größtmöglicher Toleranz, gegenüber der das Verhalten des christlich-arianischen Konstantius II. (reg. 337-361) und das des christlich-trinitarischen Theodosius (reg. 379-395) empfindlich abfällt.

Ansonsten tobt mehr als fünfzig Jahre der Religionskrieg zwischen Arianern und Trinitariern, der „die beiden Reichshälften auch kirchlich-theologisch zu spalten droht“,[66] schreibt der Theologe und Kirchengeschichtler Manfred Jacobs. Und die feindliche Unnachgiebigkeit wie auch die verletzende Wortwahl lassen ahnen, was kommen wird, wenn eine der beiden Seiten an die Macht gelangt. „Ihr lügt, wenn Ihr Euch Christ nennt; denn Ihr seid Christis neuester Feind. Ihr seid der Vorläufer des Antichrist“, wirft Hilarius von Poitier (gest. 367) in einem mutigen Donnerbrief Kaiser Konstantius II. vor[67] und polemisiert in *Contra Arianos vel Auxentium Me-*

66 M. Jacobs, Die Reichskirche und ihre Dogmen, 1967, S. 33/37.

67 Hilarius von Poitier, Contra Constantinum Imperatorem 1, 4-7.

diolanensem gegen die Arianer. Bischof Athanasius meldet sich natürlich auch zu Worte. Er veröffentlicht fast ein Dutzend Reden und Streitschriften gegen die Arianer, in denen er keinen Zweifel lässt, dass die Arianer Ketzer und Söhne des Teufels sind. In seiner *Apologia adversus Arianos* legt er richtig los: Die „reine, heilige Wahrheit" werde von den „hinterlistigen Lügen und Verleumdungen" der häretischen Gegner bedroht; diese seien voller Niedertracht und Ruchlosigkeit, „ohne Anstand und Würde". Die weltliche Macht sei erkauft worden und schändlich sei es, dass keiner der „Ruchlosen" angeklagt werde.

Selbst der Tod des Arius gibt Anlass für einen unappetitlichen Schauerroman: „Als er den kaiserlichen Palast verließ [...] wuchs der Schrecken, der aus dem Bewußtsein seiner Bosheit erwuchs, ergriff ihn, begleitet von einer gewaltigen Erleichterung seiner Eingeweide. Er fragte deshalb, ob ein geeigneter Ort in der Nähe sei, und eilte [...] dorthin. Bald danach wurde er von einer Mattigkeit überwältigt, und zusammen mit seinen Entleerungen fielen seine Eingeweide heraus, gefolgt von einem schweren Blutsturz, gefolgt von den kleineren Eingeweiden. Darüber hinaus wurden seine Milz und seine Leber mit dem Blutstrom heraus gespült, so dass er fast augenblicklich starb."[68]

Augustinus (354-430 u.Z.) sieht sich noch zu Beginn des fünften Jahrhunderts gezwungen, in mehreren polemischen Schriften gegen Arianer, Manichäer und Donatisten um den Vorrang der trinitarischen Kirche zu kämpfen.[69] Seine im Jahre 422 verfasste Ambrosius-Vita beschwört noch fast auf jeder Seite den „Wahnsinn" und die „Raserei" der Arianer.[70] An anderer Stelle beklagt Augustinus sogar die Verfolgung der christlich-tri-

68 Sokrates, Kirchengeschichte 1,38.

69 Gegen die Arianer: Augustin, Contra sermonem Arianorum, Contra Maximinum; vgl. Hans-J. Diesner, Kirche und Staat im ausgehenden vierten Jahrhundert, 1964, S. 22-45. Gegen die Manichäer: Contra Faustum Manichaeum und Acta seu disputatio contra Fortunatum Manichaeum; vgl. M.v. Albrecht (Hrsg.), Die römische Literatur, ^{2}1994, 1318-1353. Dort auch: Gegen die Donatisten: Aurelius Augustinus, Ad Donatistas post conlationem. Siehe auch: Des heiligen Kirchenvaters Aurelius Augustinus ausgewählte Schriften, Bibliothek der Kirchenväter, Bd. 9, 1917, S. 405-421. Weitere Schriften gegen die Donatisten: R. Nickel, Lexikon der antiken Literatur, S. 16.

70 Paulinus Mediolanensis, Vita sancti Ambrosii, übers. von M. Pellegrino, Rom 1961. Ilona Opelt füllt rund 100 Seiten mit Beispielen für die Beschimpfung der Arianer durch trinitarische Christen (Die Polemik in der christlichen lateinischen Literatur, 1980).

nitarischen Kirche durch den christlich-arianischen Kaiser Valens als eine Art von Christenverfolgung.[71] Auf dem Höhepunkt dieser Entwicklung konstatiert Hieronymus (342-420), Bischof und Schöpfer der lateinischen Bibel „Vulgata“: „Die Welt erwachte mit einem Stöhnen und entdeckte, dass sie arianisch war.“[72] Die dramtischen Ereignisse widerlegen den Potsdamer Althistoriker Pedro Barceló, der in seinem 2004 erschienenen Werk *Constantius II. und seine Zeit* akribisch die christlichen Grabenkämpfe in der Mitte des vierten Jahrhunderts schildert, damit einen lesenswerten und wichtigen Beitrag zum Verständnis der Geburtswehen des Christentum im vierten Jahrhundert leistet, aber die arianische Bewegung als eine eher nachrangige „Sonderkirche“ einstuft, die sich mit einer orthodoxen „Mehrheitskirche“ streitet.[73]

Dreihundert Jahre nach dem Tode des Religionsgründers verlaufen immer noch tiefe unüberwindbare Gräben quer durch eine noch amorphe christliche Dogmenlandschaft, die alle Sprüche über den „triumphalen Aufschwung“ des Christentums widerlegen. Noch gibt es kein anerkanntes christliches Lehr- oder Gesetzbuch, das in der Lage wäre, über Tausende von Kilometern Einheitlichkeit zu bewirken. Noch verwirrt die Vielzahl antiker Kanonslisten. Noch schwankt die christliche Gotteslehre zwischen einfach, zweifach und dreifach hin und her. Noch toben heftige Kämpfe über Dogmen, Lebensformen, Autorität und Ethik. Noch wird die Frage, was „Christ“ ist, von „einem beständigen Prozess der Neudefinition christlicher Identität begleitet“.[74] Noch ist jegliche Manifestation nur eine Teilmeinung im breiten Malstrom der christlich-kirchlichen Geschichte.

Auch hängt die bäuerliche Bevölkerung weiterhin an den alten heidnischen Sitten, gilt der Kaiserkult als ein Akt patriotischer Gesinnung. Die alten Götter und die häuslichen Gottheiten leben unverändert fort, die Provinzen huldigen den Feen, Wald- und Berggöttern und den Flussnymphen, die Anatolier verehren die Große Mutter und die Syrer erkennen im Himmels- und Sonnengott die leitende Hand. Römisch-hellenistische, persische und indische Kultbrocken verbinden sich mit christlich-jüdischen

71 Augustinus, de civitate dei 18,52. Erst mit dem Edikt Kaiser Justinians des Jahres 543 („Feinde der Seelen“, Corpus Juris Civilis 27,1,1f.) scheint die arianische Gefahr gebannt.

72 Zit. nach: I. Ortiz de Urbina, Nizäa und Konstantinopel, 1964, S. 152.

73 P. Barceló, Constantius II. und seine Zeit, 2004, S. 21.

74 P. Gemeinhardt, Das lateinische Christentum und die antike pagane Bildung, Studien und Texte zu Antike und Christentum, Bd. 41, 2007, S. 132.

und der mächtig nach vorne tretende Schutzgott Sol, ein synkretistisches Gebilde aus antikem Helios, persischem Mithras und romanisierter Comes-Gottheit,[75] hält seine schützende Hand über Teile des Imperiums. Dieser Herrscher des Lichtes ist auf dem weiten Weg von Ägypten (Sonnengott Re) über Syrien im römischen Reich angelangt und erwartet dort Aufwartung und Verehrung der Kaiser. Er lenkt, eine Strahlenkrone auf dem Haupt, täglich von Osten kommend, seine von vier Rossen gezogene Quadriga über den Himmel, um abends in einem goldenen Nachen über den Welt-Ozean wieder zu seinem Ausgangspunkt zurückzukehren. Da ihm auf dieser Reise nichts verborgen bleibt, was auf der Erde geschieht, gilt er als übermächtig. Sol begleitet fast alle römischen Kaiser und wächst im dritten und vierten Jahrhundert zum „unbesiegbaren Sonnengott" und persönlichen Begleiter der Kaiser auf.

Viele, die sich christlich nennen, haben vermutlich einen inneren Frieden zwischen der Jesus-Religion und den heimischen Gottheiten geschlossen. Sie sind trinitarisch, arianisch, semi-arianisch, semi-trinitarisch, donatistisch oder synkretistisch, schicken die Kinder auf die alten heidnischen Schulen und verehren heidnische Hausgötter. Manfred Jacobs spricht in diesem Zusammenhang von dem „Vulgärchristentum" christlicher und halbchristlicher Gemeinden, die sich gerne den orientalischen, hellenistischen, gnostischen und ägyptischen Einflüssen geöffnet hätten: Es „treten menschliche, heilige Gestalten zwischen Gott (Christus) und die Gläubigen. Es entstehen Mittlerwesen, Heilige, die dem Menschen näher stehen als Gott, weil sie menschlich sind [...] Die Grenze zwischen 'christlich' und 'nicht-christlich' läßt sich dabei kaum ziehen."[76]

Die Gebildeten fühlen sich weiterhin mit den alten Religionsphilosophien im Stile eines Ciceros und den sprachlich hoch entwickelten griechischen Autoren verbunden. Ihnen sind die meist ungelenk geschriebenen

---

75 Die Soldaten der 3. (syrischen) Legion begrüßten bereits 69 u.Z. den Sonnengott (Tacitus, historiae 3,24,3). Aber auch Jupiter, Apollo und Baal tragen Züge des Sonnengottes. Die Frage, ob auch Christus im 4. Jahrhundert eine romanisierte Version des Sonnengottes wird, wird uns noch beschäftigen (Kap. 21). Vgl. auch: E. Schwartz, Kaiser Konstantin und die christliche Kirche, 1913, ND 1936, S. 9; M. Wallraff, Christus versus Sol. Sonnenverehrung und Christentum in der Spätantike, Jahrbuch für Antike und Christentum, Erg.-Band 32, 2001; James G. Frazer, The Worship of the Sun among the Aryan Peoples of Antiquity, 1925; G. Wissowa, Religion und Kultus, S. 359f.; Latte, Römische Religionsgeschichte, S. 342f.

76 M. Jacobs, Das Christentum in der antiken Welt, 1987, S. 47ff.

christlichen Schriften roh und barbarisch und die aufdringlichen Missionsprediger eher peinlich. Selbst Hieronymus bekennt in einer schwachen Stunde, dass er die hebräischen Propheten ganz ungenießbar fände.[77] Das Volk besucht weiterhin die alten Theater. Gladiatorenkämpfe, Tierhetzen und Wagenrennen sind nach wie vor beliebt und heidnische Feste, abergläubische Sitten und Praktiken (Amulette, Opfer, Wahrsagerei) haben Hochkonjunktur. Viele „christliche" Kinder besuchen heidnische Schulen, weil nur diese das umfangreiche griechisch-römische Bildungsgut anbieten und der Besuch antiker Bildungsstätten gehört zum guten Brauch eines Bildungsbürgertums. Man kann ja schlecht das gesamte griechisch-römische Kulturerbe mitsamt dem dreistufigen Schul- und Akademiewesen über Bord werfen.

Die Bevölkerung möchte zwar glauben und hoffen, aber nicht zwangsläufig christlich. Unberührt von den spitzfindigen Interpretationen über Gottes Wesen und müde der „Infinita disputandi libido" der Priester, der maßlosen Lust zu disputieren,[78] versteht der Mann auf der Straße nicht mehr, was das Problem ist. Warum sollten die Bürger nun plötzlich zu Dogmatikern werden, wo doch der Synkretismus seit jeher die Stärke des römischen Reiches gewesen ist?

Die kunterbunte Lage des Christentums ist schließlich so hoffnungslos verfahren, dass selbst Eusebius, der christliche Berichterstatter am Hofe Konstantins, klagt: „Da aber infolge zu großer Freiheit unser Sinn zu Stolz und Lässigkeit sich kehrte, indem der eine den anderen beneidete und beschimpfte und wir uns [...] im Wortstreit wie mit Schwert und Speer bekämpften, Vorsteher mit Vorsteher zusammenstießen und Laien gegen Laien sich erhoben, unaussprechliche Heuchelei und Verstellung den höchsten Grad ihrer Bosheit erreichten, da begann das göttliche Strafgericht [in Gestalt der diokletianischen Verfolgungen]."[79]

77 Hieronymus, epistula 22,30: „Wenn ich begann, einen Propheten zu lesen, stieß mich die ungebildete Sprache ab".

78 Aus einem Brief des Volusian (um 412) an Augustinus, epistula 135,1: „Jene Leute suchen die Wahrheit aufs Geradewohl." Nie sei man weiter von der Wahrheit entfernt, als wenn man geglaubt hätte, sie erkannt zu haben. Volusian fragt im gleichen Brief, ob es plausibel sei, dass der Weltenherrscher seinen himmlischen Thron verlasse, monatelang im Bauch einer Jungfrau verharre, um die Regierungsgeschäfte aus einem Menschenkörper heraus zu führen.

79 Eusebius, Kirchengeschichte 8,1.

Damit bietet sich Mitte des vierten Jahrhunderts dem Historiker ein diffuses christlich-religiöses Bild, das die in der Literatur gepflegte These einer ursprünglichen, apostolisch gesicherten und auf Jesus rückführbaren Kirche in Frage stellt. *Eine* „alte" Kirche gibt es nicht, bestenfalls alte Kirche*n*. Und eine „orthodoxe", gar „katholische" Kirche, die sich den „Irrlehren" und „Häresien", die es „wagten [...] mit frecher Stirne der Lehre der Wahrheit eine falsche [...] entgegenzusetzen",[80] auch nicht. Der Historiker Ernst Kornemann wird später schreiben, die bitterste Enttäuschung für Konstantin habe darin bestanden, dass er keine reichseinheitliche Kirche, sondern eine durch Kämpfe [...], theologische Streitereien [...] und um Fragen der Verfassung völlig zerrissene Gemeinschaft vorgefunden habe.[81]

Auch der Basler Theologe und Kirchenhistoriker Martin Wallraff widerspricht der Vorstellung eines monolithischen christlichen Blockes: „Selbstverständlich war auch die christliche Kirche nicht der monolithische Block, als den sie sich manchmal ausgab". Aber dann fährt er unter Missachtung historischer Tatsachen fort: „Doch sind innerchristliche Differenzierungen [...] nicht im entferntesten zu vergleichen mit der Breite des Spektrums, das sich unter dem Begriff Sonnenverehrung fassen läßt, [...] die nie das Maß an Geschlossenheit und überregionaler Verfaßtheit [entwickelt hat], das sich im Christentum schon im dritten Jahrhundert abzeichnet."[82] Diese anhand der vorliegenden Daten und Quelltexte nicht nachvollziehbare Kohärenz-Theorie ist vermutlich dadurch zu erklären, dass in der Habilitationsschrift, vorbehaltlich korrekter Zählung, nicht einmal das Wort „Arianismus" fällt und Zahlen über die regionale und konfessionelle Verteilung der Christen im römischen Reich nicht offengelegt werden. Tatsache ist, dass das Christentum sowohl hinsichtlich der Fülle „häretischer" Varianten wie auch im Hinblick auf die Härte und Tiefe der theologischen Auseinandersetzungen die Streitigkeiten innerhalb des Sol-Blockes weit in den Schatten stellt. Anderenfalls hätte es ab 380 weder der theodosianischen Erlasse bedurft, um die christlich-häretischen Konfessionen auszumerzen, noch hätten Athanasius und Hieronymus Grund zur Klage gehabt, dass sich der Arianismus

80 Eusebius, Kirchengeschichte 3,32.

81 E. Kornemann, Römische Geschichte, Bd. 2, ^{5}1963, S. 381.

82 M. Wallraff, Christus versus Sol. Sonnenverehrung und Christentum in der Spätantike, 2001, S. 202.

„wie ein riesiges wildes Tier" über die Erde verbreitet habe und „die Welt mit einem Stöhnen entdeckte, dass sie arianisch" geworden sei.[83]

Alle Versuche, die überquellende Vielfalt zu zügeln, sind mangels einer anerkannten Autorität vergeblich. Rom ist weit und die Musik spielt in Nordafrika, während „sich die wenigen christlichen Gemeinden andernorts im Westen lange Zeit fast ausschließlich aus orientalischen Zuwanderern griechischer Sprache rekrutieren".[84] Vor allem in der römischen Provinz Africa Proconsularis entwickelt sich das lateinische Christentum, vermutlich aus jüdisch-christlichen Gemeinden in Alexandria, und nicht in Rom, Gallien oder Spanien. Dort, in Afrika, leben und wirken die großen christlichen Denker, die dem Christentum Geist und spezifischen Charakter geben. Dort aber entstehen auch die großen innerchristlichen Konflikte, die sichtbar machen, dass es an allen Ecken und Kanten an einer Autorität, die in die christliche Vielfalt ordnend und leitend eingreifen könnte, fehlt und dass eine breit anerkannte, katholische „Kirche", die den wilden Strom der Überzeugungen und Visionen kanalisieren könnte, nicht existiert.

Eine reichsweite Vorrangstellung des römischen Bischofs ist bis in die zweite Hälfte des vierten Jahrhunderts faktisch nicht nachweisbar. Zwar spricht Ignatius von Antiochia von der „Vorstandschaft in dem Gebiet von Rom", auch preisen Irenaeus und Tertullian die römische Kirche als von Petrus und Paulus begründet und fordern mehr oder weniger offen eine „katholische", also universale Lehrautorität ein.[85] Aber dies sind Einzelmeinungen, die in der späteren Kirchengeschichte über Gebühr hervorgehoben werden und nicht mit den immer lauter werdenden Ansprüchen von Alexandria und Antiochia korrespondieren. Diese Bischofssitze haben historisch und geographisch eine deutlich engere Beziehung zum Ur-Christentum als das ferne Rom, dem Sitz heidnischer Götter und Schmelztiegel aller Reli-

83 Athanasius, historia arianorum 3 („wildes Tier"). Hieronymus zit. nach: I. Ortiz de Urbina, Nizäa und Konstantinopel, 1964, S. 152.

84 Claude Lepelly, Rom und das Reich 44 v. Chr. – 260 n. Chr. Die Regionen des Reiches, 2006, S. 105. Lepelly lehrt Alte Geschichte an der Universität Paris X.

85 Ignatius-Briefe; Irenäus, adversus haereses 3,3,2; Tertullian, de praescriptione haereticorum 36. Warum der Bischof von Antiochia ausgerechnet den Bischof von Rom zum „1. Bischof" vorgeschlagen haben soll, bleibt rätselhaft, zumal sich im weiteren Verlauf zeigen wird, dass sich Antiochia nicht von Rom reinreden lässt. Auch sind Ignatius' Auslassungen zur „katholischen" Kirche, zum führenden Stand der Bischöfe und zur Gliederung der Kirche verdächtig spätkatholisch.

gionen des Reiches. Warum also sollten die Gemeinden in Antiochia und Alexandria den tausend Meilen von Jerusalem entfernt residierenden Bischof von Rom als Lehrautorität, der angeblich „die apostolische Tradition in besonderem Maße“ repräsentiere, wie Erich Caspar meint,[86] anerkennen, wo doch *Jesus selbst* nicht weit von Antiochia und Alexandria gelehrt und gelebt hat? Zumal der römische Bischof, wie wir noch sehen werden, bei den kirchendogmatisch entscheidenden Konzilen des vierten Jahrhunderts (325/381) durch Abwesenheit auffällt.[87]

Der arianische Streit ist ein christeninterner *Existenzkampf* mit völlig offenem Ausgang. Er weist alle Elemente eines typischen Parteienstreit auf: Es gibt Programme, die sich in ihren Versprechungen gegenseitig überbieten, Parteiführer mit Hausmächten, Propagandaschlachten mit apologetischen und anti-gegnerischen Schriften, Schmähungen der Gegner und Parteiausschlüsse. An vorderster Front, sowohl theologischer wie denunziatorischer Art, erkennen wir den Führer der trinitarischen Richtung, Athanasius, der seinen christlich-arianischen Gegnern vorwirft, sie seien „mit Schmutz und Gottlosigkeit jeder Art angefüllt“ und ihre Lehre sei „wie der Auswurf eines Hundes“, um an anderer Stelle zu wiederholen, die Arianer „wälzen sich wie Schweine und Hunde in ihrem eigenen Kot“.[88]

86 E. Caspar, Geschichte des Papsttums, Bd. 1 „Römische Kirche und Imperium Romanum“,1930, S. 17.

87 E. Caspar führt weitere Belege für die angeblich frühe Vorrangstellung des römischen Bischofs an (u. a. das „Muratorische Fragment“ als Vorläufer des Neuen Testamentes), die jedoch im Verhältnis zu drei kirchenhistorischen Tatsachen eher als nachrangig zu bewerten sind: (1) Die Bischöfe der großen christlichen Gemeinden in Nicäa, Antiochia und Alexandria haben sich bis zum Ende des 4. Jahrhunderts vom römischen Bischof nicht hineinreden lassen. (2) Der gesamte Westen von Italien bis Spanien spielt in der Entwicklungsgeschichte des Christentums gegenüber dem Osten eine nachrangige Rolle und (3) die höchst strittige Diskussion um die Trinität findet weitgehend ohne Beteiligung des Bischofs von Rom statt. Erneut muss Markschies widersprochen werden, der nebulös von einer „identitätsbildenden Kraft“ spricht, ohne diesen Term mit Inhalt zu füllen (Kaiserzeitliche christliche Theologie und ihre Institutionen, 2007).

88 Athanasius, historia arianorum 2,9; 8,80. „Schweine und Hunde“ aus: Athanasius, orationes contra arianos – Vier Reden gegen die Arianer 2,1. Die umfangreichen anti-arianischen Schriften des Athanasius entstanden alle nach 357: Apologia adversus arianos (357), historia arianorum (358); de synodis (nach 359).

Sichtbares äußeres Zeichen dieses Zerwürfnis ist eine Flut von Konzilen, sechzehn alleine zwischen 306 und 359,[89] in deren Mittelpunkt immer wieder das Wesen Gottes steht. Diesem erbitterten Jahrhundertstreit fehlt jede Form von Heiligkeit. Beschimpfungen gehören zum täglichen Geschäft und offenbar werden die Streitigkeiten der Christen im Theater zur Zielscheibe von Satirikern und Possenreißern, wie Eusebius berichtet, „das Schauspiel [... habe] ein so großes Maß an Sinnlosigkeit [erreicht], dass nunmehr mitten in den Theatern der Ungläubigen das Heilige der göttlichen Lehre den schändlichen Spott ertragen“ müsse.[90]

Die antiken Quellen jener Jahre sind voll von Beiträgen und Stellungnahmen zu diesem „Krieg der Konfessionen“. Es sind Dokumente des Hasses von Christen gegen Christen, die die modernen Beiträge zur „konstantinischen Wende“ mengenmäßig weit in den Schatten stellen. Der Theologe Johann A. Möhler kommentierte schon 1827 die damalige besorgniserregende Situation: „Die katholische Kirche steht am Rande des Verderbens.“[91] Und Oswald Spengler meint um 1920: „Zehn Jahre mehr und diese [arianische] Kirche wäre eine geschichtliche Tatsache von Dauer geworden.“[92]

Dass dieser Konflikt in der modernen christlich-kirchlichen Literatur nicht unnötig aufgewärmt wird, versteht sich. Allzu sehr könnte die über zwei Jahrtausende gepflegte These vom siegreichen Vormarsch des Christentums unter einer offenen Anerkennung der Vielfalt der christlichen Strömungen leiden. Eine Bewegung erhält keinen Lorbeerkranz, wenn sie dreihundert Jahre nach ihrer Gründung immer noch in Hader zerfällt. Daher wird man auch mit Nachsicht auf die kurz gehaltenen Anmerkungen in den offiziellen Veröffentlichungen der christlichen Kirchen schauen. Im katholischen Katechismus des ausgehenden 20. Jahrhunderts, fast tausend Seiten stark, liest man von der fundamentalen Dissonanz innerhalb des Christentums lediglich einen Satz: „Im Laufe der Jahrhunderte musste die Kirche diese Glaubenswahrheit gegenüber mißdeutenden Irrlehren verteidigen und klären.“ Der evangelische Katechismus, nicht minder voluminös, ergänzt

89 Bibliothek der griechischen Literatur, Bd. 65 (hrsg. von P. Wirth/A. Keller), 2005, Anh. 5.

90 Eusebius, Vita Constantini 2,61,4.

91 J.A. Möhler, Athanasius der Große und die Kirche seiner Zeit besonders im Kampf mit dem Arianismus, 1827, S. XIV.

92 O. Spengler, Der Untergang des Abendlandes, ND 1979, S. 804.

reichlich wortkarg, die kirchliche Trinitätslehre sei „das Resultat eines langen Reflexionsprozesse" gewesen.[93]

Und so erobert die These vom unaufhaltsamen, gottgeführten und siegreichen Vormarsch des Christentums und von der „Thronbesteigung des Christentums in einer heidnischen Welt"[94] auch die Geschichtsschreibung. Am Ende verfestigt sich in der althistorischen Literatur der Eindruck, dass die Kaiser des vierten Jahrhunderts kaum etwas anderes im Sinne hatten, als dem trinitarischen, sprich „katholischen"[95], Christentum zum Siege zu verhelfen. Dass die christliche Welt damals unmittelbar vor einem Schisma steht,[96] dass dieses Schisma nicht durch die verfeindeten Bischöfe, sondern nur durch die Eingriffe der Statsmacht verhindert werden kann, dies alles versinkt im Taumel weltanschaulicher Ergriffenheit.

93 Kath. Katechismus, 1993, Nr. 464; Ev. Katechismus, [6]2000, S. 222.

94 T. Keim, Der Übertritt Konstantins des Großen zum Christentum, 1862, S. 1.

95 K. Bringmann macht reichlich Gebrauch von dem Begriff „katholisch" (Die konstantinische Wende. Zum Verhältnis von politischer und religiöser Motivation, 1995, S. 21-47; zuletzt in: Schlange-Schöningen (Hrsg.), 2007, S. 109ff). Der Begriff kann, wie bereits begründet, zur damaligen Zeit keiner Konfession zugeordnet werden.

96 Harnacks Beurteilung, die Kirche sei „international" gewesen und habe gleichsam als „starke Macht" hinter den spärlich christianisierten Gemeinden gestanden, wird vom kircheninternen Streit und von den Texten der christlichen Zeitzeugen selbst widerlegt (Die Mision und Ausbreitung des Christentums in den ersten drei Jahrhunderten, Bd. 1, 1924, S. 995). Zuletzt zum innerchristlichen Zerwürfnis: M. Clauss, Der Kaiser und sein wahrer Gott, 2010.

Zweites Buch

Unsichere Kandidaten

Über die Zuverlässigkeit antiker Textquellen

Es bedarf keiner weiteren Erklärung, dass schriftliche Quellen die Fundgrube des Historikers sind, um Sachverhalte aufzuklären. Dies gilt für die Alterumswissenschaften ohnhin, die ohne die Aufzeichnungen antiker Autoren, wie Caesar und Tacitus, nur ein lückenhaftes Bild über das damalige Gallien und Germanien hätten gewinnen können. Noch mehr gilt die Aussage für das vierte Jahrhundert, das von zeitgenössischen Texten weitgehend ausgeräumt worden ist. Das, was übrig geblieben ist, gewinnt damit eine herausragende Bedeutung für die Beschreibung dieses Jahrhunderts.

Nun ist das vierte Jahrhundert nicht irgendein Jahrhundert. Denn in diesem Jahrhundert soll sich das Christentum aufgrund seiner moralischen Überlegenheit durchgesetzt haben und der Übergang der verlotterten antiken Diesseits-Gesittung (Dekadenz-Theorie) zur überlegenen christlichen Jenseits-Kultur eingeleitet worden sein. Staat und Kirche finden sich zu einer Allianz globalen Zuschnitts zusammen und manche meinen, dass damit das Elend der Staatskirche begonnen habe. Andere sehen die Fusion als den krönenden Abschluss einer nicht aufzuhaltenden Entwicklung. Jedenfalls ist das vierte Jahrhundert das Tor zum „christlichen Abendland" und wer dort was und unter welchen Umständen schreibt, kann uns nicht gleichgültig sein.

Und wie beim Lesen moderner Autobiographien ohne Anstrengungen erfahrbar ist, sind Schriftquellen nicht unbedingt zuverlässig. Diese Allerweltsweisheit führt dazu, dass Quellen einer umfassenden Text-, Herkunfts- und Überlieferungskritik unterworfen werden müssen, bevor man sich ihnen anvertraut. Diese Vorsicht ist gegenüber Büchern und Zeitschriften besonders geboten, die einer epocheweiten Kontaminierung ausgesetzt sind. Kein Historiker käme auf den Gedanken, nationalsozialistische Texte oder linientreue Werke aus der Feder von DDR-Autoren unbesehen als Quellen historischer Wahrheit zu zitieren.

Nun kennen wir eine weit zurückliegende Epoche, in der die Bücherangebote per Staatsdekret radikal reduziert und die Inhalte des Restes in klösterlichen Kopierstuben auf Systemverträglichkeit kontrolliert werden. Wir sprechen vom Übergang der Spätantike in das Mittelalter oder genauer vom Übergang des vierten Jahrhunderts in das sechste. Wer also über die Spätantike schreibt, muss sich der Problematik der Textüberlieferung bewusst sein, muss wissen, dass seine „Originalquellen" vielfach aus kirchlichen Kopierstuben stammen, dass der Historiker nicht auf Originale des vierten Jahrhunderts zurückgreift, sondern sein Wissen aus Kopien bezieht, meist aus dem 9. bis 12. Jahrhundert. Dazwischen liegt eine Zeit der Säuberung und Ausrichtung auf die neue Kulturform. Und nur ein treuherziger Schelm wird annehmen, dass dies keine Auswirkung auf die moderne Geschichtsforschung gehabt habe.

5 Die Literaturbestände bis ca. 400 u.Z.

Beginnen wir mit den Städten des antiken Imperium Romanum. Verglichen mit den Städten des Frühmittelalters sind sie wahre Geisteshorte. Im Rom, Athen und Neapel des vierten Jahrhunderts schreibt und liest beinahe ein jeder oberhalb der Schicht der Versorgungsempfänger. Zahllose Gesetzestafeln, Erlasse, Weihe- und Grabinschriften, Soldatenbriefe sowie Papyri-Funde aus der antiken Müllkippe der ägyptischen Stadt Oxyrhynchos mit allerlei wichtigen und nichtigen Verwaltungsakten lassen auf eine hohe Anzahl von römischen Bürgern schließen, die des Lesens und Schreibens mächtig sind. In einer Gesellschaft, in der die literarische Tätigkeit das Tor zum Eintritt in die gehobene Gesellschaft bildet, ist das Lesen und Schreiben Pflicht. Und ein dreiteiliges öffentliches Schul- und Akademiewesen sorgt dafür, dass Viele in den Genuss dieses Vorzuges kommen.

Der Bestand an Titeln und Büchern muss gewaltig gewesen ist. Edward Parsons schätzt den Bestand an griechischsprachigen Büchern für das Jahr 350 u.Z. auf eine Million Titel.[97] Hinzu kommt der lateinsprachige Bestand, so dass wir von mehreren Millionen Titeln ausgehen können, die noch im vierten Jahrhundert innerhalb des Imperium Romanum im Bestand oder im Umlauf sind. Nimmt man an, dass jedes Werk durchschnittlich zehnmal kopiert worden ist – um 100 u.Z. ist in Rom die Startauflage für eine private Gedenkschrift von eintausend Exemplaren belegt[98] – dann dürfte die Gesamtzahl der antiken Schriftrollen eher im zweistelligen Millionen-

97 E.A. Parsons, The Alexandrian Library. Glory of the hellenic world. Its rise, antiquities, and destructions, 1967, S. 121. Die Zahl ist nicht utopisch. So berichtet Seneca, dass ein Schriftsteller Didymos alleine 4.000 Schriftrollen verfasst habe (epistula 88,37 „ad Lucilium").

98 Plinius berichtet um 100 u.Z. von einer Gedenkschrift, die tausendmal kopiert und „per totam Italiam provinciasque" verteilt worden sei (epistula 4,7,2). Zu den Zahlen siehe auch J. Krüger, Oxyrhynchos in der Kaiserzeit, 1990; H. Blanck, Das Buch in der Antike, 1992.

bereich gelegen haben, die im ganzen Reich verteilt gewesen sind.[99] Diese Hochrechnung wird durch eine Untersuchung von Naphtali Lewis über das Ausmaß der Papyrusproduktion im Ägypten der frühen Kaiserzeit gestützt, die zu dem Ergebnis kommt, dass die Produktion „ohne Zweifel in die Millionen von Rollen pro Jahr“ gegangen ist.[100]

Bildung für alle

Überraschend ist, dass Bildung in der Antike nicht nur ein Privileg einer schmalen aristokratischen Schicht ist, sondern offensichtlich von einer relativ breiten Klasse des Bürgertums rund um Lehrer, Schriftsteller, Sekretäre, Bibliothekare, Vorleser, Stenographen, Korrektoren, Buchhändler und gebildete Sklaven im gesamten Reich getragen wird.[101] Plinius spricht in diesem Zusammenhang von den „sordidos pullatosque“, von einfachen Leuten in schmutziger Toga, die ihm zuhören und Befangenheit und Respekt erzeugen.[102] Cicero schreibt, er habe die Zeugenaussagen in dem Prozess des Catilina abschreiben, in ganz Italien verteilen und in alle Provinzen senden lassen, „so dass es keinen Ort im römischen Reich gab, wohin sie nicht gelangt“ seien.[103] Horaz behauptet, dass Kopien seiner Werke bis an die Reichsgrenzen verbreitet worden seien,[104] Ovid und Sextus Propertius glauben, dass sie in der ganzen Welt gelesen werden[105] und der Historiker Plinius wundert sich, dass es in Lugdunum (Lyon) Buchhändler gibt, die seine Schriften an diesem abgelegenen Ort verkaufen.[106] Es überrascht daher nicht, wenn der römische Dichter Juvenal (ca. 60-130), Entdecker der Bitte an die Götter, „mens sana in corpore sano“ zu gewähren, die anti-

99 Die Kopierkosten sind kein Hindernis für eine reichsweite Distribution gewesen. L. Friedländer (1922, S. 223f.) belegt die geringen Kosten für die Kopien (Schreibsklaven) und weist auf die hohe Geschwindigkeit hin, mit der Kopien hergestellt wurden (50 Schreiber arbeiten parallel nach Diktat).

100 N. Lewis: [...] „amounting, beyond doubt, to millions of rolls per annum“ (Papyrus in classical antiquity, 1974, S. 102). Beschreibung der Papyrus-Produktion bei Plinius, naturalis historia 13,76-77.

101 So erwähnt Plinius mehrere Sekretäre und Vorleser (epistula 8,1; 9,34/36).

102 Plinius, epistula 7,17,9.

103 Cicero, pro Sulla 42 f.

104 Horaz, Carmina 2,20,13 f.

105 Ovid, Tristia 4,9,19-24 (Briefe aus der Verbannung); Sextus Propertius, Elegiae 2,7,18.

106 Plinius, naturalis historia 35,11.

ke Bildung preist: Jetzt besitze der ganze Erdkreis griechische und römische Bildung, Gallien habe Rechtsanwälte ausgebildet und schon spreche man in Thule davon, einen Professor für Rhetorik anzustellen.[107]

Bildung ist „in", die Kunst der Rhetorik vor Gericht und in der Öffentlichkeit ist hochgeachtet und niemand gelangt „sine eloquentia" zur Macht.[108] Man spricht zwei Sprachen und wer etwas auf sich hält, lässt seine Kinder zumindest die ersten beiden Stufen des dreigliedrigen Schulsystems – die Grundschule für Schreiben und Rechnen, die fortführende Schulung in Grammatik (Studium antiker Autoren) – studieren. Die dritte Stufe, die dreijährige Schulung in Rhetorik, bleibt begüterten Klassen vorbehalten.

Als Folge dieses Bildungsangebotes ist der antike Bürger aus mittleren und gehobenen Ständen an allen denkbaren Themen von der Rhetorik über die Medizin bis zu philosophischen Diskursen interessiert. Die beeindruckende Themenbreite führt uns der damals bewunderte Historiker Marcus T. Varro (116-27) vor,[109] der von Caesar beauftragt wird, eine Sammlung der römisch-griechischen Literatur anzulegen.[110] Die umfangreichen und alle Themen der damaligen Zeit abdeckenden Werke Varros sind zwar nur noch fragmentarisch oder durch Zitation in anderen Werken überliefert, aber dennoch können wir uns aus den Resten einen Überblick verschaffen, welche Themen in der damaligen Zeit *en vogue* gewesen sind, und der ist faszinierend: Abgesehen von einer religionsgeschichtlichen Begründung des römischen Staatskultes werden alle damals bekannten weltlichen und wissenschaftlichen Themen behandelt.[111]

In einer solchen bildungshungrigen Gesellschaft sind öffentliche Bibliotheken und private Hausbibliotheken ein Statussymbol. Die römischen Kaiser errichten prestigeträchtige Bibliotheken, deren Gründungen bis in

107 Juvenal 15,110f. Thule galt damals als das „Ende der Welt". Vgl. auch Ovid, Tristia 10,128 u. Plinius, epistulae 9,11,2.

108 Tacitus, dialogus 37,3f. Vgl. auch: „Sie fördert endlich auch die Macht der Rede; [...] Denn dadurch stehen die Griechen über den andern Völkern, und die Gebildeten über den Ungebildeten; zudem ist es dadurch allein möglich, dass Einer über Viele die Herrschaft gewinnt" (Diodors Griechische Weltgeschichte, Bd. 1, 2007, 1,2,6).

109 Zur Bewunderung von Varro vgl. Plinius, naturalis historia 7,30 (115); Cicero, ad Atticum 13,36,3; Augustinus, de civitate dei 6,2.

110 Sueton, Caesar 44,2.

111 Vgl. dazu die Literaturliste „Varro" von R. Hanslik, Der Kleine Pauly, 1979, Bd. 5, Sp. 1131-1140.

die Zeit Julians (reg. 361-363) überliefert sind und vermutlich jede Stadt und jedes wohlhabende Haus dürfte eine oder mehrere Bibliotheken gehabt haben. Bibliotheken, die auf Feldzügen und in Kriegen in die eigenen Hände fallen, sind begehrte Kriegsbeuten und dienen der Aufrüstung der eigenen Bibliothek oder als Gastgeschenke. Reichsweit gilt: Jeder Herrscher, jede Stadt, die auf sich hält, verfügt über eine oder mehrere öffentliche Bibliotheken. Das Handbuch der theodosianischen Staatsverwaltung, die *Notitia dignitatum*, verzeichnet Mitte des vierten Jahrhunderts alleine für die Stadt Rom 28 öffentliche Bibliotheken.[112]

112 Etwa um 350-370. Unter den alten Quellen der institutionellen/infrastrukturellen Einrichtungen Roms steht das Regionenverzeichnis der Stadt Rom obenan. Es ist in einer älteren Version unter dem Titel *Curiosum urbis Romae regionum XIV cum breviariis suis* und einer jüngeren *Notitia dignitatum* überliefert (vgl. Forma urbis Romae regionum XIV, hrsg. von H. Jordan, 1874).

6 Der Literaturverfall ab dem 5. Jahrhundert und seine Gründe

So ist die Lage im vierten Jahrhundert, bevor vieles, was Auskunft über die Spätantike geben könnte, im Büchersturm des fünften Jahrhunderts untergeht. Die gängige Auffassung, die Völkerwanderung habe die Bücher und die römisch-griechische Kultur hinweggefegt, die Barbaren, vor allem also die Germanen, seien aus den Höhlen und Waldverliesen gekrochen, hätten die zivilisierten Länder überfallen und deren Kultur vernichtet, ist nicht haltbar. Das Verhältnis von Römern und Germanen ist über Jahrhunderte hinweg durch den Prozess der Akkulturation geprägt und es gibt zahllose Belege dafür, dass die germanischen Völker nicht nur die Thermen und die römische Rechtsprechung begierig übernommen haben.

Will man den Beginn des Generalangriffs auf die Bücher an einem Datum festmachen, dann drängt sich das Jahr 380 auf. In diesem Jahr verbinden sich christlich-trinitarische Konfession und Staat zu einer unheiligen Allianz und bemächtigen sich der geistigen und künstlerischen Welt. Die gesamte antike Kultur ist in Gefahr, „und zwar nicht, weil sie überwunden wäre, sondern weil sie der Gewalt weichen muss“, wie der evangelische Kirchenhistoriker Manfred Jacobs in anerkennenswerter Deutlichkeit anmerkt.[113] Kaiser Theodosius (reg. 379-395), ein spanischer Feldherr in römischen Diensten, eher ein Haudrauf als feinsinniger Marc Aurel, lärmt in einer rüden Rede „An alle Völker“, nunmehr habe es mit der religiösen Toleranz ein Ende und es sei nur noch dem Gott der christlich-trinitarischen Konfession zu huldigen: „Die diesem Gesetz folgen, sollen die Bezeichnung katholischer Christ beanspruchen, die anderen aber, nach unserem Urteil Unsinnige und Verrückte, sollen die schimpfliche Ehrenminderung der Häresie erleiden.“ Wie beim Militär üblich, folgt dem Befehl die Androhung des Rohrstockes für den Fall des Ungehorsams: „und sie sollen

113 M. Jacobs, Die Reichskirche und ihre Dogmen, 1987, S. 49.

fürs erste durch ein göttliches Gericht, dann aber auch durch die Ahndung unseres richterlichen Einschreitens [...] bestraft werden".[114]

Und weil „fremde Götter" für die neuen Herren unakzeptabel sind, werden etwa ab 390 die heidnischen Götter zur Jagd freigegeben. Diese aber haben die gesamte Kultur, von der Philosophie bis zur Poesie, begleitet. Folglich reicht es nicht, die Götter zu verfolgen, sondern die gesamte öffentliche Kultur muss in die Bestimmung der neuen Kirche übergehen, und zwar ohne jegliche „falsche" Nachsicht.

Diese Leitlinie ist nicht neu. Mühelos ist der Nachweis führbar, dass die christlichen Konfessionen seit langem entschiedene Gegner der antiken Literatur sind: Der christliche Apologet Tatian lehnt bereits um 170 u.Z. in seiner „Rede an die Hellenen" die gesamte griechische Bildung als unnütz und unmoralisch ab. Sein Gesinnungs- und Zeitgenosse Tertullian (150-230) rät an, die antike Schulbildung wohl zu erlernen, aber nicht zu lehren.[115] Ihm folgt Basilius von Caesarea (330-379), der die antiken Autoren nur als Stichwortgeber für christliche Argumentionen zu nutzen empfiehlt und diese Einstellung in seiner vielfach rezipierten Schrift *Mahnwort an die Jugend über den nützlichen Gebrauch der heidnischen Literatur* (Ad adolescentes) zum Ausdruck bringt: Es gehe darum, die antiken Autoren wie eine Biene beim Honigsammeln zu nutzen.[116] Johannes Chrysostomos (349-407), Bischof von Konstantinopel, hält um 400 u.Z. einen triumphierenden Rückblick: Die Philosophen und Redner der Heiden seien lächerlich und hätten niemand mehr überzeugen können. „Ihre Schriften werden so gering geschätzt, dass ihre Bücher vor kurzem vom Erdkreis ausgelöscht wurden/schon vor langer Zeit verschwanden, die meisten wurden bei ihrem ersten Erscheinen zerstört."[117]

114 Codex Theod. 16,1,2. Vgl. Sozomenos, Kirchengeschichte 7,4.

115 Tertullian, de idololatria 10.

116 Des heiligen Kirchenlehrers Basilius des Großen ausgewählte Schriften Bd. 2. Der Philologe W. Jäger nennt die Schrift die „Magna Charta aller christlichen höheren Bildung" (Das frühe Christentum und die griechische Bildung, 1963, S. 60). Der Begriff ist bereits von H.v. Schönebeck 1939 vorbelegt worden, der das Toleranzedikt von 311 so bezeichnet (Beiträge zur Religionspolitik..., ND 1967, S. 4). Vgl. auch R. Klein, 1999, S. 617-637, und den Brief Origines' an Gregor, man müsse sich das Wissen der Heiden aneignen, wie die Israeliten die goldenen und silbernen Gefäße beim Auszug aus Ägypten (Origines, epistula ad Greg.).

117 Johannes Chrysostomos, Liber in S. Babylam et Contra Gentes 11, zit. aus: Schatkin/Harkins, Saint John Chrysostom, Apologist. Discourse on Blessed

Diese literaturfeindliche Grundhaltung wird in den folgenden Jahrhunderten gesteigert, zugleich auch verfeinert. Bücher können ab 380 u.Z. im Allgemeinen nur überleben, wenn sie die neue Lehre verkünden oder unverfängliche Alltagspragmatik anbieten. Lediglich einem engen, gebildeten Christenkreis wird die Lektüre ausgewählter Passagen empfohlen, sozusagen in propädeutischer Funktion für eine bessere Erkenntnis des Gotteswortes und als Hilfsmittel der theologischen Argumentation und der Predigt.

Schüchterne Versuche einzelner Klöster, ausgehend vom Kloster Vivarium des Cassiodor (554 u.Z.), das antike Schriftgut als wertvolle Überlieferung zu retten, ersticken im päpstlichen Unverständnis. Bald zeigt sich, dass das eher liberale Denken eines Cassiodors und das orthodox-dogmatische Handeln des Papsttums nicht vereinbar sind. Cassiodors Kloster wird 583 aufgelöst und „die Päpste unterdrücken mit ihrer Autorität jede Beschäftigung mit den Werken antiker Autoren und lassen nicht gelten, was Cassiodor von diesen behauptet".[118] Die Schriften der heidnischen Autoren, so die nach-cassiodorische, orthodoxe Meinung, seien absolut unwichtig und verabscheuungswürdige Produkte ungläubiger Schreiberlinge. Aus diesem Verständnis heraus wird im sechsten Jahrhundert das sogenannte *Decretum Gelasianum* geboren, das in einem ersten Schritt rund sechzig Werke und vierzig antike Autoren verdammt.[119] Das Dekret ist Vorläufer des berüchtigten *Index librorum prohibitum*, der in seiner 32. Ausgabe im Jahre 1966 ca 4.000 Titel umfasst.

Was dennoch übrig bleibt wird in die Klöster- und Bischofsbibliotheken überführt, ein Konservierungsverfahren, das dazu beiträgt, die Öffentlichkeit vom antiken Buchmarkt weitgehend auszuschließen und die Weitergabe des tradierten Wissens „fast ausschließlich innerhalb der Kirchen- und Klosterorganisation" zu vollziehen.[120] Es handelt sich bei dieser selektiven Übernahme mit nachfolgender Verbannung hinter Klostermauern nicht um

Babylas and against the Greeks. Demonstration against the Pagans that Christ is God, in: Fathers of the Church 73, Washington, DC, 1985. In dieser katholischen Übersetzung heißt es „... that their books disappeared a long time ago...". Im griechischen Original liest sich der Text etwas anders: „... dass ihre Bücher *vor kurzem vom Erdkreis* ausgelöscht wurden".

118 Zit. nach Hafner, Cassiodor, ein Leben für kommende Zeiten, 2002, S. 82.

119 Decretum Gelasianum de libris recipiendis et non recipiendis, hrsg. und übersetzt von Dobschütz 1912, Kapitel 5.

120 Prinz, Von Konstantin zu Karl dem Großen, Entfaltung und Wandel Europas, 2000, S. 538.

eine Rettungsaktion, wie gerne verfälschend behauptet wird, sondern um die Ausmerzung der antiken Literatur unter gleichzeitiger Aussortierung des Kirchennützlichen für die Zwecke des Klerus.

Am Ende sehen wir uns einer beispiellosen Schadensbilanz gegenüber: Der Bestand, der uns im fünften und sechsten Jahrhundert übergeben wird, ist im Vergleich zu dem, was sich vor dem Jahr 380 in den staatlichen und privaten Bücherarchiven befunden hat, lächerlich klein, manche meinen ein Tausendstel. Von mehreren Millionen Werken der ersten Hälfte des vierten Jahrhunderts erreichen nur Bruchteile das sechste Jahrhundert.[121] Noch im vierten Jahrhundert sind die Bibliotheken mit Hunderttausenden von Büchern gefüllt, demgegenüber bringen es die Klosterbüchereien des siebten bis neunten Jahrhunderts auf höchstens 300 bis 500 Bände.

Georg Wissowa spricht von einem „Trümmerfeld" und der Mainzer Archäologe German Hafner vergleicht den überlieferten Bestand mit den Ruinen des *Forum Romanum*, die nur eine blasse Wiedergabe der ursprünglichen Pracht seien.[122] Eine „beispiellose Lücke" sei dies, schreibt der Gräzist Hartmut Erbse, eine Zeit der Erschlaffung und Verödung, in der nur die kirchliche Literatur und Bildung weiterblüht, habe die Verbindung mit der Literatur der Vergangenheit bedroht.[123] Das vielstimmige Erbe der Antike, die großen Werke, die Philosophien und Historien, die den Blick der Menschen auf die Welt und sich selbst schärfen und klären, die Bücher über Menschen und Götter, Körper und Seele, Medizin und Psyche, Philosophie und Poesie, fast alles versinkt in einem Wirbel religiöser Themen, reichlich ausgestattet mit schaurigen Berichten über die Leiden der Märtyrer und Sünder. Die Neuproduktion säkularer Werke und das Kopieren

121 Die Bestände der großen Klosterbibliotheken stammen fast alle aus einer späteren Zeit nach 750 u.Z.

122 G. Wissowa, Bestehen und Vergehen in der römischen Literatur, 1908, S. 4; Hafner, Cassiodor, ein Leben für kommende Zeiten, 2002, S. 97. Beispiele für das „Trümmerfeld": Die Autorenregister bei Plinius (Naturalis historiae) nennen rd. 500 Autoren, von deren Werken kaum etwas überliefert ist. Das Geschichtswerk des Livius ab urbe condita ist zu drei Vierteln, die Historiae des Tacitus zur Hälfte verloren und von den 90 Bühnenstücken des Aischylos sind lediglich sieben erhalten. Von den 123 Stücken des Sophokles sind gleichfalls nur sieben und von den 88 des Euripides achtzehn überliefert. Diese Restbestände sind meist während der Renaissance restauriert worden. Dagegen ist die Kirchenliteratur fast unversehrt überliefert.

123 H. Erbse, Überlieferungsgeschichte der griechischen klassischen und hellenistischen Literatur, in: H. Hunger u. a., ^{2}1988, S. 243.

klassischer Texte kommt faktisch zum Erliegen,[124] weil letztere im Generalverdacht sündigen Heidentums stehen.

Dieser Sachverhalt des dramatischen Literaturverfalls ist in der philologischen Forschung unbestritten. Der Grazer Altphilologe und Byzantist Hans Gerstinger resümmiert in seinem lesenswerten Werk *Bestand und Überlieferung der Literaturwerke des griechisch-römischen Altertums*: „Der Standpunkt des Christentums zur alten Literatur ist [...] natürlich, dass all jene Autoren, deren Werke inhaltlich der christlichen Weltanschauung entgegengesetzt waren, abgelehnt wurden [...] Damit war [...] das Schicksal solcher Werke besiegelt, sie waren dem Untergang geweiht, [...] alles ist verloren, darunter Werke höchster literarischer, inhaltlicher und künstlerisch-ästhetischer Bedeutung."[125] Selbst ein Standardwerk wie die *Histoire des bibliothèques françaises* kommt 1989 zu dem Schluss: „Les bibliothèques médiévales sont une création ex nihilo."[126] Georg Wissowa, ein hoch angesehener Philologe und Herausgeber der *Realenzyklopädie der classischen Altertumswissenschaft*, ergänzt: „Nicht in dem viel gescholtenen Mittelalter, sondern hier an der Grenze zweier Zeiten liegt die große Grabstätte der untergegangenen Literatur; [...] gegenüber der Masse dessen, was hier zugrunde ging, kommt dasjenige, was das Mittelalter an überkommenem Gute verlor, nach Zahl und Wert kaum in Betracht."[127]

Ebenso unstrittig ist, dass die Neuproduktion säkularer Werke ab dem fünften Jahrhundert fast völlig zum Erliegen kommt und der Kopierdienst seine Arbeit außerhalb der Klostermauern einstellt. Damit hauchen alle nicht-kirchlichen Bibliotheken und alle kommunalen und privaten Kopierdienste außerhalb des byzantinischen Einflussbereiches ihr Leben aus. Was von nun an im Westreich zwischen Griechenland und Spanien, England und Nordafrika weitergegeben wird, wird vorher durch die Mühlen des klösterlichen Kopierdienstes gedreht.

Aus dieser Zeit absoluter Dominanz der christlichen Kirche also stammen die überlieferten Werke, denen sich der Historiker heute anvertraut, um einen Einblick in die Geschichte des vierten Jahrhunderts zu gewinnen.

---

124 O. Mazal, Griechisch-römische Antike, Bd. 3/1, 2003, S. 229.

125 H. Gerstinger, Bestand und Überlieferung der Literaturwerke des griechisch-römischen Altertums, 1948, S. 24, 10-11.

126 Histoire des bibliothèques françaises, Bd. 1: Les Bibliotheques Medievales du VIe Siècle a 1530, de André Vernet, 1989, S. XXI.

127 G. Wissowa, Bestehen und Vergehen in der römischen Literatur, 1908, S. 14-15.

Er muss sich zeitgenössischen Texten überlassen, deren Autoren unverhohlen eingestehen, die Welt aus einem dogmatisch-engen, weltanschaulichen Blickwinkel betrachten zu wollen. Er muss auf Kopien antiker Autoren zurückgreifen, die nahezu alle in den Schreibstuben der christlichen Klöster entstanden sind. Und er muss begreifen, dass kein Kirchenhistoriker und kein bischöflicher Autor damals das Ziel verfolgt hat, die objektive Wahrheit weiterzugeben.

Das bedeutet nicht, dass alles verworfen werden muss. In der Renaissance wird manches aus arabischen, maurischen und byzantinischen Quellen zusammengetragen, das den Sturm im lateinischen Westen überstanden hat. Auch wird es später möglich, überschriebene Texte wieder lesbar zu machen. Ein kleiner Teil der antiken Literatur kann also als unverfälschte Botschaft genutzt werden. Dazu zählen aber gewiss nicht die kirchlichen Schriften aus dem vierten Jahrhundert. Und mit denen haben wir es im vorliegenden Falle hauptsächlich zu tun.

7 Die Fälschung antiker Textquellen

Bereits der Zusammenbruch der privaten und öffentlichen Bibliotheken ab dem fünften Jahrhundert legt dem Historiker fast unüberwindbare Steine in den Weg herauszufinden, was damals tatsächlich geschehen ist. Seine Aufgabe wird noch mühsamer durch ein Phänomen, das die Literaturwelt des frühen Mittelalters besonders prägt: die Textfälschung. Sie macht weder vor den sakralen noch vor den säkularen Werken Halt. Der protestantische Theologe Adolf von Harnack (1851-1930) räumt ohne Zögern ein, dass nahezu die gesamte christliche Literatur ab dem fünften Jahrhundert manipuliert worden sei, weil „sie den beiden Grundsätzen, welche die byzantinische Kirche ausgebildet hat, das Dogma von der ewigen Homousie des Sohnes Gottes mit Gott und das Dogma von der Homousie des Sohnes Gottes mit der menschlichen Natur [325, 381 und 451 u.Z. dogmatisiert] nicht standhalten konnte [...] Die vor-nicänische Literatur war somit in der byzantinischen Kirche [...] dem Untergang geweiht [...] Der Ausfall, der so entstand, mußte Anlass zu Fälschungen[...] geben."[128]

Der österreichische Altphilologe Wolfgang Speyer ergänzt: „Ähnlich wie Priester heidnischer Tempel [...] versucht haben, das Ansehen ihrer Heiligtümer durch erfundene Gründungsorakel, Inschriften und literarischen Trug zu steigern, haben Christen besonders im ausgehenden Altertum und im Frühmittelalter Taten und Leiden der Märtyrer und Heiligen erfunden sowie Privilegien in Form von Papstbriefen und Dekalen gefälscht, um dadurch das Ansehen, den Einfluß, den Ruhm und zugleich die wirtschaftliche Lage [...] zu mehren."[129]

---

128 A. Harnack, Geschichte der altchristlichen Literatur bis Eusebius, Teil 1/ Halbbd. 1, Leipzig 1893, ND ^{2}1958, S. XXXVI/XLVI. Zum Umfang der Fälschungen vgl. W. Speyer, Die literarische Fälschung im heidnischen und christlichen Altertum, 1971.

129 W. Speyer, Die literarische Fälschung im heidnischen und christlichen Altertum, 1971, S. 308. Vgl. auch I. Döllinger, Die Papst-Fabeln des Mittelalters, ein Beitrag zur Kirchengeschichte, 1863.

Eine ellenlange Reihe antiker und mittelalterlicher Kirchenvertreter heißt die Zwecklüge gut, wenn sie im Kampf mit anderen christlichen, gnostischen und häretischen Konfessionen dem guten Zweck, der einzig wahren Heilsbotschaft oder dem Ansehen und wirtschaftlichen Vorteil dient. Sie alle können sich auf Paulus berufen: „Wenn aber Gottes Wahrhaftigkeit infolge meines Lügens um so stärker zu seiner Verherrlichung hervorgetreten ist, warum werde ich dann noch als Sünder gerichtet?“[130] Hieronymus, neben Ambrosius ein christlicher Leuchtturm des vierten Jahrhunderts, gibt für die Fälschungen sogar die Regel vor: Wenn in heidnischen Büchern Überflüssiges über die Götter oder die Liebe stehe und das Profane überbetont werde, so solle dies beim Kopieren gestrichen werden.[131]

Diese Verpflichtung zur „Aktualisierung“ und „Christianisierung“ antiker Texte gilt natürlich auch für die von klösterlichen Kopisten des sechsten bis neunten Jahrhunderts bearbeiteten Texte.[132] Die Klöster sehen sich dem Dilemma gegenüber, nicht nur heidnisches Textmaterial aussortieren oder umschreiben zu müssen, sondern auch vor-trinitarische Schriften des vierten Jahrhunderts in eindeutig trinitätskonforme Texte umsetzen zu müssen.

Dabei betreiben die christlichen Fälscher ihr Handwerk keineswegs schüchtern oder zögerlich. Gerade im Kampf um die Vorherrschaft innerhalb und außerhalb des zerstrittenen Christentums wird mit harten Bandagen gekämpft. Die Fälscher nutzen bedenkenlos das gesamte Repertoire, um die Fälschungen zu verdecken: Einschub erfundener Texte in echte Schriften, angebliche Originalbriefe, Edition eines Werkes unter einem bekannten Namen oder angeblich vertraulich erhaltene Informationen sind gängige Mittel und Methoden, um den Leser von der Richtigkeit der Darstellung zu überzeugen. „Je bestimmter die Form, in der die Angabe auftritt, desto schwindelhafter ihr Inhalt“, meint Günther Jachmann und Wolfgang Speyer ergänzt, man könne für derartige Fälschungen geradezu eine Regel aufstellen: Je genauer die Angaben seien, desto falscher seien sie.[133]

130 Römerbrief 3,7.

131 Hieronymus, epistula 21,13,4/6 („An Damasus“). Eine Fülle biblischer Fälschungsbeispiele liefert N. Brox, Falsche Verfasserangaben, 1975, S. 92/93.

132 K. Büchner unterstützt diese Vermutung (Überlieferungsgeschichte der lateinischen Literatur des Altertums, in: H. Hunger, Geschichte der Textüberlieferung der antiken und mittelalterlichen Literatur, Bd. 1, 1961, S. 349).

133 G. Jachmann, Gefälschte Daten, in: Klio 35, 1942, S. 60-88. W. Speyer, Die literarische Fälschung im heidnischen und christlichen Altertum 1971, passim.

Da kann dann schon einmal eine Kreuz-Erscheinung, ein ergreifend religiöser Brief oder ein erniedrigender kaiserlicher Bußgang zu einem Bischof in den Text einfließen, ohne dass der Leser erkennen kann, ob der Bericht authentisch oder die Wahrheit im Rahmen des späteren Kopierdienstes misshandelt worden ist. Insoweit ist die Anmerkung des Philologen Karl Büchner nicht nachvollziehbar, die „böswillige Entstellung der Texte [sei] in den seltensten Fällen anzunehmen [...] höchste pietas und fides [hätten] auch das Unverstandene bewahrt“[134].

Ganz so treuherzig scheinen sich die damaligen Autoren allerdings selbst nicht eingeschätzt zu haben. Ihr Treueverständnis bezieht sich auf Gott und nicht auf die wenig geachtete Diesseits-Szenerie. So sind die meisten Bischofslisten gefälscht, ebenso die heroischen Märtyrerakten, die besser Märtyrerlegenden heißen.[135] In letzteren wird eine paranoide Sucht dokumentiert, die angeblich besonders dichte Gottesbeziehung durch eine überzogene Darstellung von Leiden zu überhöhen, ein christeneigentümlicher Drang, der in der abstoßenden, jegliche Intimität menschlichen Leidens verletzenden öffentlichen Darstellung der Kreuzigungsszenen Jesu ihren einsamen Höhepunkt findet. Keine Mutter, kein Vater käme auf den Gedanken, den im Krieg gefallenen, von Granaten zerschundenen Sohn als Leichnam öffentlich auszustellen. Die christliche Kirche aber kennt kein Pardon. Je entwürdigender der Anblick, desto besser.

Als Beispiel für die pathologische Sucht, Leiden darzustellen, mag Eusebius mit einer anrüchigen und detailreichen Beschreibung eines zum „Baumtod“ verurteilten Delinquenten sein: „Aller Beschreibung aber spotten die Qualen und Leiden, welche die Märtyrer in der Thebais erduldeten. Anstatt der Kralle zerrissen Scherben ihren ganzen Körper, bis der Tod eintrat. Frauen wurden an einem der beiden Füße festgebunden und, den Kopf nach abwärts, mit gewissen Maschinen hoch in die Luft gezogen und boten so mit ihren völlig nackten und unbekleideten Körpern allen, die zusahen, den schändlichsten und allergrausamsten und unmenschlichsten

134 K. Büchner, Überlieferungsgeschichte der lateinischen Literatur des Altertums, in: H. Hunger, Geschichte der Textüberlieferung der antiken und mittelalterlichen Literatur, Bd. 1, 1961, S. 422. Das in der Alten Geschichte gerne gebrauchte Argument, die Kirchenschriftsteller des 4. Jahrhunderts hätten nicht „zu dick auftragen“ können, weil Zeitgenossen die Fälschung bemerkt hätten, sticht nicht. Die nachfolgenden Kopisten in den Kirchenbibliotheken konnten ohne Sorge vor Zeitzeugen im „gottgefälligen“ Stil fälschen.

135 Vgl. R. Knopf, Ausgewählte Märtyrerakten, hrsg. von G. Krüger, ^{3}1929.

Anblick. Andere wurden an Bäume und Stämme gebunden und fanden auf diese Weise den Tod. Man zog nämlich die stärksten Äste mittels gewisser Maschinen hart aneinander, befestigte an jedem je ein Bein der Märtyrer und ließ die Äste wieder in ihre natürliche Lage zurückschnellen. Dadurch sollten mit einem Male die Glieder der Unglücklichen [...] auseinandergerissen werden. Und all das trieb man nicht etwa einige Tage oder nur kurze Zeit, sondern volle lange Jahre hindurch. [...] Das Richtschwert wurde stumpf und als unbrauchbar zerbrochen, und die Henkersknechte mußten sich vor Ermüdung gegenseitig ablösen.“[136] Ausgerechnet in der abgelegenen ägyptischen Felswüste um das zerstörte Theben, in der sich Fuchs und Hase Gute Nacht sagen und die vom antiken Geographen Strabon nur *en passant* mit einigen ärmlichen Ortschaften erwähnt wird, soll diese Orgie von Blut und Leiden stattgefunden haben, die später von weiteren Kirchenhistorikern aufgegriffen und ausgemalt wird.

Von gleicher zweifelhafter Qualität sind die Märtyrerbriefe des Ignatius von Antiochia. Sie sind derart verfälscht, dass sich schon im ausgehenden vierten Jahrhundert „die neuere Patristik über ein Jahrhundert bemühte, die echte Fassung wiederherzustellen“.[137] Noch übler sind die pseudoisidorischen Fälschungen, die umfangreichste und einflussreichste kirchenrechtliche Fälschung des neunten Jahrhunderts.[138] Unverfroren auch die „Konstantinische Schenkung“, eine faule Frucht des vierten und fünften Jahrhunderts, der zufolge Kaiser Konstantin zum Dank für die Heilung von der Lepra die westliche Reichshälfte und immaterielle Privilegien an Papst Silvester übertragen habe und zum Dank von Papst Silvester I. ge-

---

136 Eusebius, Kirchengeschichte 8,9,1-4.

137 H.G. Beck, Überlieferungsgeschichte der byzantinischen Literatur, in: H. Hunger, Geschichte der Textüberlieferung der antiken und mittelalterlichen Literatur, Bd. 1, 1961, S. 495.

138 Diese Fälschung ist im 9. Jahrhundert im heutigen Ostfrankreich entstanden. Die schiere Menge an Texten, die die Fälscherwerkstatt hervorgebracht hat, ist beeindruckend. Allein die Dekretalensammlung des Isidorus Mercator, die dem Projekt den Namen gegeben hat, umfasst mehr als 700 Seiten (vgl. Fuhrmann, Einfluss und Verbreitung der pseudoisidorischen Fälschungen, 3 Bde., Schriften der MGH 24.I-III. 1972-1973. Auch Zechiel-Eckes, Auf Pseudoisidors Spur. Fortschritt durch Fälschungen? MGH Studien und Texte 31, 2002, S. 1f.).

tauft worden sei.[139] Ein Schwindel, der weithin Glauben fand und auch im Investiturstreit zur kirchenrechtlichen Argumentation genutzt wurde.

Vermutlich eine Fälschung ist auch der „Bußgang" des frommen römischen Kaisers Theodosius im Jahre 390. Danach soll der Kaiser nach einem Massaker an mehreren Tausend Bürgern von Thessaloniki[140] der Forderung des Mailänder Bischofs Ambrosius gefolgt sein, unter demütigenden Umständen Buße zu tun, um wieder „zum Tisch des Herrn" zugelassen zu werden:[141] „Der Kaiser [...] saß jammernd in seinem Palast und vergoß Ströme von Tränen [...] Er raufte sich [...] die Haare aus, schlug an seine Stirne, benetzte den Boden mit seinen Tränen."[142] Acht Monate soll das tränenreiche Spektakel gedauert haben. Was für ein Schmarren, den uns der Kirchenhistoriker Theodoret da auftischt. Ein solcher herzzerbrechend reuiger Herrscher dürfte wohl der Phantasie des Theodoret entsprungen sein.

Das gilt übrigens auch für die von Sozomenos, ebenfalls fünftes Jahrhundert, berichtete Zurückweisung des Kaisers vom Abendmahl (um 388), weil dieser sich angeblich nicht in die Reihe normaler Gläubiger habe einreihen wollen[143]. Da hatten die Kirchenschriftsteller des fünften Jahrhunderts wohl noch eine Scharte auszuwetzen, nachdem Kaiser Theodosius im Februar 380 mit seinem Erlass *Cunctos populos* – für jedermann sichtbar

139 Liber Pontificalis Actus Silvestri; Zon. 13,2,1-35. Obwohl die Schenkung bereits 1001 von Kaiser Otto III. als Fälschung verworfen und die Fälschung um 1440 von Nikolaus von Kues/Lorenzo Valla erneut nachgewiesen wird, bleibt sie bis über das Ende des Mittelalters hinaus Bestandteil des Kirchenrechts (Valla, De falso credita et ementita Konstantini donatione declamatio, hrsg. und übersetzt von Christopher B. Coleman, New Haven 1922).

140 Theodoret, Kirchengeschichte 5,17-18; Ambrosius, epistula 51,6f.; Rufinus, Kirchengeschichte 11,18; Sozomenos, Kirchengeschichte 7,25; Augustinus, de civitate dei 5,26.

141 Ambrosius, epistula 51. Zum Gesamtkomplex vgl. R. Klein, Symmachus. Eine tragische Gestalt des ausgehenden Heidentums, 1971; H. Leppin, Theodosius der Große, 2003, S. 153-158.

142 Theodoret berichtet, nach einer Rede unter vier Augen (!) habe Ambrosius den Kaiser angewiesen: „Kehre also um [...] übernimm das Band [der Buße], mit dem auch Gott, der Herr aller Dinge, von oben her dich gebunden wissen will" (Theodoret, Kirchengeschichte 5,18). Die Reaktion des Kaisers, der gerade 7.000 Menschen umgebracht haben soll, ist nach Theodoret: „Diesen Worten fügte sich der Kaiser [...] und kehrte seufzend und weinend in seinen Palast zurück".

143 Sozomenos, Kirchengeschichte 7,25.

und ohne die Bischöfe zu fragen – mit grober staatlicher Gewalt bestimmt hatte, wer das religiöse Sagen im Reich hatte.

In der modernen Konstantinforschung wird der burleske Akt nicht angezweifelt. Jedenfalls nicht offen. Der Frankfurter Althistoriker Hartmut Leppin schildert den Vorfall ohne erkennbaren Abstand und wundert sich auch nicht, dass heidnische Autoren den Vorfall nicht erwähnen. Sein Kollege Frank Kolb delektiert sich geradezu in der Ausmalung der poppigen Szenerie. Der Althistoriker Heinz Bellen setzt der schaurigen Story noch eins drauf, bemüht das Alte Testament und vergleicht den büßenden Kaiser mit König David. Und sein Kollege Wilhelm Ensslin verneint lediglich einen politischen Machtanspruch des Bischofs, ohne die Operette zu hinterfragen.[144]

144 H. Leppin, Theodosius der Große, 2003, S. 159; F. Kolb, Herrscherideologie in der Spätantike, 2001, S. 134-137; H. Bellen, Zur Christianisierung der römischen Kaiserideologie von Konstantin bis Theodosius, 1994, S. 15f. Dieser David-Vergleich ist nicht neu, wird von Ambrosius ausführlichst verwendet (epistula 51,7-10) und gewinnt dadurch nicht unbedingt an Glaubwürdigkeit. W. Ensslin, Die Religionspolitik des Kaiser Theodosius d.Gr., 1953, S. 67-73f.

8 Spezialfall „Kirchengeschichten“

Man sollte meinen, dass die fast völliger Zertrümmerung der antiken Literaturlandschaft ab dem fünften Jahrhundert sowie die Belege für eine freie, dem Heilsgeschehen dienende, entstellende Text-Interpretation des Zeitgeschehens ausreichend Anschauungsmaterial liefern, um den Historiker zu mahnen, den Textquellen des vierten und fünften Jahrhunderts mit gehöriger Vorsicht zu begegnen. Man sollte erwarten, dass der Historiker erkennt, dass die Literatur in diesen Jahrhunderten in außergewöhnlichem Umfang der Selektion, Interpolation und Fälschung unterworfen worden ist und dass er seine Belege fortan aus weniger manipulationsgefährdeten numismatischen, epigraphischen und archäologischen Quellen schöpfen sollte. Aber dem ist nicht so. Konstantin und das vierte Jahrhundert sind dank der „Kirchengeschichten“ und der Konstantin-Biographie *Vita Constantini* scheinbar besonders leicht zu erschließen und so wimmelt es in den modernen Konstantin-Biographien von Zitaten aus kirchengeschichtlichen Quellen.

Damit stehen wir mitten in der Lebensgeschichte von Konstantin dem Großen. Denn, was die Historiker von diesem Herrscher zu berichten wissen, holen sie massenhaft aus den Fleischtöpfen der Kirchengeschichtler Laktanz (ca. 250-317) und Eusebius (ca. 265-339). Diese sind zwar Zeitgenossen des Kaisers und damit von herausragendem Interesse für die historische Forschung, leider aber keine Historiker, weder nach antiken, noch modernen Maßstäben. Laktanz und Eusebius schreiben nach eigenem Bekunden voreingenommen, loben den amtierenden Herrscher über die Maßen und beschmutzen das Ansehen seiner Gegner und das seiner Vorgänger nach Kräften. Sie vor allem und die Epigonen des fünften Jahrhunderts, Sokrates, Sozomenos und Theodoret, wuchten Konstantin zum christlichen Felsen in heidnischer Brandung hoch. Die Werke dieser weltanschaulich vorgeprägten Kirchenschriftsteller sind *die* Textquellen der Konstantinforschung und basieren mehr oder weniger alle auf der Urquelle Eusebius.[145] Wer in diesem kirchlich-ideologisch kontaminierten Boden gräbt, um die Architektur einer Epoche zu begründen, muss aufpassen, überhaupt fundamenttragenden Boden zu finden.

Die Mahnung ist nicht neu und weil sie die Grundlagen moderner spätantiker Forschung zu unterspülen droht, ist sie auch besonders unbeliebt. Der namhafte belgische Byzantist Henry Grégoire setzt sich prompt mit seiner Theorie in alle verfügbaren Brennnesseln, die eusebische *Vita Constantini* sei ein Produkt des fünften Jahrhunderts, bestenfalls könne von einer Ur-Vita gesprochen werden, der Rest sei nicht-eusebisch. Das Werk enthalte „so offenkundige Widersprüche, so starke Irrtümer, dass es in ihrer jetzigen Fassung nicht Euseb zugeschrieben werden" könne. Grégoire bezweifelt, dass Eusebius überhaupt der Autor der *Vita* ist und begründet seine Zweifel damit, dass die Schriftsteller des vierten Jahrhunderts das Werk fast ausnahmslos verschweigen.[146] Dieser seit Henri Grégoire zwischen 1930 und 1960 in der Forschung mit Verve geführte Streit um die Autorenschaft und Datierung der *Vita*, der nach Meinung des Althistorikers Joseph Vogt „in kraftvollem Gegenangriff" zugunsten der Authentizität des Eusebius entschieden wurde,[147] bewegt die modernen Historiker nicht mehr. Sie haben ihren Frieden mit der *Vita* geschlossen und der Düsseldorfer Historiker Bruno Bleckmann meint, Einwände gegen deren Authentizität seien „definitiv erledigt".

Damit wird Eusebius ein Blanko-Scheck ausgestellt, der zwar den Historikern ihre geliebten Textquellen erhält, aber der Bibliographiegeschichte der Spätantike/des frühen Mittelalters, wie auch der Lebenserfahrung mit weltanschaulich geprägten Stoffen zuwiderläuft. Mit einem „Basta" können diese Einwände nicht beiseite geräumt werden. Denn offenbar greift die isolierte Diskussion um Autorenschaft und Entstehungszeit zu kurz. Stets lauert das tödliche Gegenargument im Hintergrund, dass nur *Teile*

145 Sokrates, Kirchengeschichte 1,1; Sozomenos 3,2; Theodoret 1,13.

146 Revue de l'Univ. de Bruxelles 1931; Byzantion 13, 1938, S. 561f.; Die Konstantinische Frage, in: H. Kraft (Hrsg.), Konstantin der Große, 1974, S. 357. Entgegnung durch J. Moreau in: Das Problem der Vita Konstantini, Historia 4, 1955, S. 234f. und F. Vittinghoff, Eusebius als Verfasser der „Vita Constantini", in: Rheinisches Museum für Philologie 96, 1953, S. 330f. Vittinghoff hat Geschichte, Philologie und evangelische Theologie studiert.

147 J. Vogt, Die Konstantinische Frage, in: H. Kraft (Hrsg.), Konstantin der Große, 1974, S. 361.

der Werke original und andere später eingeschoben worden seien. Und da niemand nachweisen kann, um welche Teile es sich handeln könnte, verläuft jegliche Diskussion um die Authentizität der Werke im Sande. Damit soll die Berechtigung der „Klein-Klein-Diskussion“ nicht in Frage gestellt werden. Aber sie ist nicht zwingend und muss durch einen anderen und umfassenderen Ansatz ergänzt werden, der die Werke logisch, politisch und in ihrem Verhältnis zu den übrigen unveränderlichen Überlieferungen bewertet.

Den Kirchenschriftsteller Laktanz können wir dabei kurz abhandeln. Er disqualifiziert sich mit seinem Stil selbst. Der zweite Autor, Eusebius von Caesarea, ist für die Konstantinforschung von ungleich größerem Gewicht. Nicht nur, weil er uns eine üppige Konstantin-Biographie überliefert hat, sondern auch eine Reihe von Originaldokumenten, die anscheinend die Zuverlässgkeit seiner Berichte bestätigen.

8.1 Laktanz und das jämmerliche Ende heidnischer Kaiser

Lucius Caecilius Firmianus Lactantius (ca. 250-325), „kein Historiker vom Fach, aber bestrebt, getreulich zu berichten“, wie der österreichische Althistoriker Rudolf Egger meint,[148] wird von Kaiser Diokletian um 284 u.Z. als Rhetoriklehrer in die Residenzstadt Nikomedia berufen. Nach Beginn der großen Christenverfolgung legt Laktanz sein Amt nieder und wird um 317 u.Z. von Kaiser Konstantin zum Erzieher seines Sohnes Crispus in die Kaiserresidenz Trier einbestellt, wo er wohl gegen 325 stirbt.[149]

In seinem Werk *De mortibus persecutorum*, geschrieben um 313/319[150], befasst sich Laktanz mit dem jämmerlichen Ende aller Kaiser, die die Chri-

148 R. Egger, Das Labarum, die Kaiserstandarte der Spätantike, in: Österreichische Akademie der Wissenschaften, Phil.-Hist. Klasse, Sitzungsberichte, Bd. 234, 1960, S. 3.

149 Zur Person Laktanz siehe: J.L. Creed, Lactantius De mortibus persecutorum, Oxford 1984.

150 A. Alföldi plädiert für ein frühes Datum (The Conversion of Konstantine, 1948, S. 45). A. Wlosok rechnet etwa 314/315 (L. Caecilius Firmianus Lactantius Restauration und Erneuerung. Die lateinische Literatur von 284 bis 374 u.Z., 1989, S. 377-379). A.S. Christensen datiert das Werk auf 313/316 (Lactantius the Historian. An Analysis of the De Mortibus Persecutorum, Co-

sten verfolgt haben. Die Absicht, den grässlichen Tod der heidnischen Kaiser als zwangsläufige Folge von Gottes Rache zu zeichnen, prägt das Werk und gibt ihm über weite Strecken den Charakter einer Schmähschrift. Zwar betont Laktanz, dass er keine Tatsachen entstelle,[151] macht sich aber von der damals gebräuchlichen Form der laxen Geschichtsschreibung nicht frei: Es werden zunächst Leitgedanken und Botschaften für Gut und Böse formuliert und daran die Fakten ausgerichtet. Dies schließt die Verfälschung der Geschichte durch maßlose Übertreibung, weiträumiges Verschweigen missliebiger Fakten und Einfügung von Märchen ein. Als Folge dieser Methode ist die Beschreibung der Personen bei Laktanz völlig überdreht. Was nicht in die christlich-kirchliche Schublade vom „siegreichen Christentum" passt, wird bis zur Groteske entstellt: Nero ist ein ruchloser Tyrann (2,5), Decius ein „verabscheuungswürdiges Ungeheuer" (4,1), Valerian „vom Wahnsinn gepackt" (5,1), Maximianus ein „abscheulicher Kerl" (8,5) und Galerius eine „Bestie (9,2). Lediglich Konstantin ist über alle Zweifel erhaben. Er verfügt über eine „angeborene Sittenreinheit" (Divinae institutiones 7,26), er hätte es also verdient, „allein die Welt zu regieren" (de mortibus persecutorum 8,7). Ansonsten spielen Politik und geschichtliche Hintergründe keine nennenswerte Rolle. Kriege und innenpolitische Probleme sind nur Belege, dass der christliche Gott mit allen heidnischen Kaisern unbarmherzig verfährt.

In der Konstantinforschung wird Laktanz fleißig zitiert, die Glaubwürdigkeit jedoch unterschiedlich bewertet: Theodor Mommsen tritt merkwürdigerweise für die „verständige und ehrliche" Absicht von Laktanz ein, nennt dennoch *De mortibus persecutorum* eine „Parteischrift",[152] während Jacob Burckhardt die Glaubwürdigkeit gering wertet.[153] Und wer sich mit dem Hauptwerk Laktanz' beschäftigt, wird vermutlich zustimmen: Die Lügen und maßlosen Vorverurteilungen, die willkürlichen Einschnitte in

---

penhagen, 1980, S. 119). Moreau dagegen datiert es auf 318/319 (De mortibus persecutorum, 1954, Bd. 1, S. 36). Für die Zwecke dieser Untersuchung ist die Datierung in diesen weiten Grenzen unkritisch.

151 Laktanz, de mortibus persecutorum 52.

152 T. Mommsen, Römische Kaisergeschichte, Mitschrift, 2005, S. 496.

153 Mommsen enthält sich durchaus nicht der Polemik gegenüber Burckhardt, wenn er schreibt: „Die großen Ursachen konnte Laktantius nicht sehen, wie sie sehr oft ein Zeitgenosse nicht sehen kann. Burckhardt aber konnte es noch weniger sehen" (S. 497), zit. nach H. Leppin, Zum deutschen Diokletianbild im 19. Jahrhundert, in: Diokletian und die Tetrarchie – Aspekte einer Zeitenwende, hrsg. von A. Demandt u. a., 2004, S. 201.

der Berichterstattung, die offensichtlich ideologische Ausrichtung allen Geschehens, die Beschimpfungen und Maßlosigkeiten erlauben eigentlich nur einen Schluss: *De mortibus persecutorum* ist als Quelle für eine historische Arbeit weitgehend unbrauchbar. Zumal das Werk, das nur als eine sorglose Kopie aus dem 11. Jahrhundert erhalten ist,[154] auch noch unter dem Verdacht späterer Interpolationen steht. Es ist daher unverständlich, wie der österreichische Althistoriker Rudolf Egger zu dem Urteil gelangen kann, Laktanz sei „bestrebt [gewesen], getreulich zu berichten“.[155] Denn diese Form der Berichterstattung lag nun ganz gewiss nicht in der Absicht des Autors.

8.2 Eusebius und das gottgefällige Leben Kaiser Konstantins

Der zweite Kirchenschriftsteller Eusebius (ca. 260-340), „Vater der Kirchengeschichte“, Bischof von Caesarea (Palästina) und Biograph des Lebens Konstantins, ist vermutlich die am meisten zitierte Quelle des vierten Jahrhunderts.[156] Er arbeitet im Umfeld des Kaisers und ist ein Bewunderer Kaiser Konstantins, den er – in der späteren Phase seines schriftstellerischen Schaffens – als den Verwirklicher der „Reichstheologie“ sieht, der Einheit von Kirche und Reich in Form eines christlich-römischen Weltreiches.[157] In seiner bis 324 reichenden „Kirchengeschichte“ beschreibt er den christlichen Glauben als eine für alle Menschen gedachte Religion.[158] Das

154 Zur Überlieferung vgl. auch A. Städele, Laktanz, De Mortibus persecutorum, Fontes Christani Bd. 43, 2003, S. 8-11.

155 R. Egger, Das Labarum, die Kaiserstandarte der Spätantike, in: Österreichische Akademie der Wissenschaften, Sitzungsberichte, Bd 234, 1960, S. 3.

156 Gute Analyse und Charakteristik von Eusebius bei: T.D. Barnes, Konstantine and Eusebius, Cambridge 1981.

157 Vgl. die Jubelorgie bei Eusebius, Vita Constantini 2,19: „Konstantin bekam wieder den Osten und brachte das römische Reich ganz und ungeteilt, wie es früher gewesen war, an sich, um sofort allen die Botschaft von Gott, dem einzigen Herrscher, zu bringen, als einziger Herrscher im mächtigen römischen Reiche aber auch selbst die gesamte Welt zu leiten.“

158 Wir kennen mehrere Auflagen der Kirchengeschichte. Der Zeitpunkt der verschiedenen Auflagen ist umstritten. Eine erste siebenbändige Ausgabe liegt um 303, d. h. aus der Zeit vor der diokletianischen Verfolgung, vor. Eine wei-

in seinen sadistischen Detailschilderungen (Buch 8-9) über den Heldenmut geschundener Märtyrer unerfreuliche Werk will über die „Einführer einer fälschlich so genannten Erkenntnis“ sprechen, die sich „wie wütende Wölfe schonungslos auf die Herde Christi stürzen“, und „über die stets gnädige und liebevolle Hilfe unseres Erlösers“.[159] Ein Sachbuch ist die eusebische Kirchengeschichte nicht, eher eine Mischung aus historischen Daten, Meinung und Märchenbuch, das den Helden Konstantin in eschatologische Höhen befördert.

Die religiösen Fabuleien vor historischem Hintergrund werden durch eine deftige Verleumdungs- und Beschimpfungskampagne ergänzt, mit der Eusebius im Stile Laktanz' alle Andersdenkenden und vor allem die Nichtchristen überzieht. Kaiser Maxentius, der Widersacher Konstantins und Verlierer der Schlacht an der Milvischen Brücke (312 u.Z.), begeht, so Eusebius, Ehebrüche, missbraucht „gesetzmäßige Gattinnen in der schändlichsten Art“, liefert das Volk der Mordlust seiner Leibwache aus, lässt „in Massen“ Senatoren ermorden, schwangere Frauen öffnen und die Eingeweide neugeborener Kinder durchforschen. Kaiser Maximinus Daia, der „Tyrann des Ostens“ (311-313), so fährt Eusebius fort, „frönt dem Trunke in einem Grade, dass er bei Gelagen des Verstandes und der Sinne nicht mehr mächtig ist und im Zustand der Trunkenheit Befehle erläßt, die er am anderen Tage, wenn er wieder nüchtern wurde, bereut“. Er konnte, so berichtet Eusebius, „durch keine Stadt ziehen, ohne Frauen zu entehren und Jungfrauen zu entführen [...] Die Männer erduldeten Feuer, Schwert, Annagelung, wilde Tiere, Meerestiefen, Abschlagen der Glieder, Brenn-

tere zehnbändige Ausgabe erscheint um 312-314, in den Folgejahren ergänzt durch eine dritte Auflage mit der *damnatio memoriae* des Kaisers Licinius vermutlich um 323. Vgl. A. Dihle, Die griechische und lateinische Literatur der Kaiserzeit, 1989, S. 481f. Hans-G. Beck, Überlieferungsgeschichte der byzantinischen Literatur, in: H. Hunger (Hrsg.), Geschichte der Textüberlieferung der antiken und mittelalterlichen Literatur, Bd. 1, 1961, S. 434. A. Louth plädiert für eine erste vollständige Edition um 312 (The Date of Eusebius' Historia Ecclesiastica, in: Journal of Theological Studies, Oxford, Nr. 41, 1990, S. 111-123); T.D. Barnes, Konstantine and Eusebius, 1981; A. Bigelmaier, Allgemeine Einführung in Eusebius (v. Cäsarea). Das Leben Konstantins, in: Eusebius, ausgewählte Schriften 1, 1913.

159 Eusebius, Kirchengeschichte 1,1-2. Vgl. F. Winkelmann, Die Textbezeugung der Vita Konstantini des Eusebius v.C., 1962; Zur Geschichte des Authentizitätsproblems der Vita Konstantini, Kilo 40, 1962, S. 187ff.

eisen, Ausstechen und Ausreißen der Augen, Verstümmelungen am ganzen Körper, dazu Hunger, Arbeiten in den Bergwerken und Ketten.“[160]

Kaiser Diokletian, der Gründer der Vier-Kaiser-Herrschaft (Tetrarchie), kommt besonders schlecht weg. In seiner Anwesenheit sollen Christen ihres Glaubens wegen auf das fürchterlichste malträtiert worden sein: Es „erging die Weisung, ihn nackt in die Höhe zu ziehen und am ganzen Körper so lange mit Geißeln zu zerfleischen, bis er nachgeben und, wenn auch unfreiwillig, den Befehl [den Göttern zu opfern] ausführen würde. Da er aber trotz dieser Martern unbeugsam blieb – die Knochen waren bereits sichtbar- , mischten sie sodann Essig mit Salz und gossen ihn in die schwärenden Teile des Körpers: Und da er auch dieser Schmerzen nicht achtete, wurde weiter Rost und Feuer herbeigeschafft, und was von seinem Körper noch übrig war, wie Fleisch, das man zum Essen bereitet, von der Flamme aufgezehrt, nicht auf einmal, auf dass er nicht rasch stürbe, sondern nach und nach. Die Schergen, die ihn auf den Scheiterhaufen gelegt, durften ihn nicht eher wegnehmen, als bis er sich, von den Qualen bezwungen, dem Befehle fügen würde. Doch er blieb fest und gab als Sieger mitten unter den Peinen seinen Geist auf.“[161] Mit diesem unsinnig übersteigerten Verriss beginnt die tausendjährige Diskriminierung Diokletians als übler Christenverfolger.

In seinem zweiten, für die Historiker bedeutsameren Werk *Vita Constantini* aus den Jahren um 337/340 verherrlicht Eusebius das Leben Konstantins, der zum Katalysator des unaufhaltsamen Aufstiegs des Christentums avanciert. Auch mit diesem Werk beabsichtigt Eusebius nicht, möglichst objektiv Geschichte zu schreiben. Vielmehr ist der Zweck der Biographie, die mit Details aus dem Leben Konstantins glänzt, „von dem zu reden und zu schreiben, was sich auf [Konstantins] gottgefälliges Leben bezieht“ (1,11). Damit ist die Richtung vorgegeben: Eusebius erfasst die Welt nur sektoral und komponiert gefilterte Informationen unter der Maxime „Gottgefälligkeit“ zu einem neuen Weltbild zusammen. Das ist nicht spätere Interpretation, sondern Aussage von Eusebius selbst. Paul Dräger, Autor einer lesefreundlichen Eusebius-Übersetzung der *Vita* aus dem Jahr 2007, wertet das Werk dennoch als die wichtigste historische Quelle für die Regierungszeit Konstantins. Die Kritik an den Werken des Eusebius weist Dräger zurück und verwahrt sich gegen „eine unreflektierter Übernahme obsoleter Urteile des 19. Jahrhunderts“, die, so Dräger, Eusebius „bis heute

160 Eusebius, Kirchengeschichte 8,14.

161 Vgl. die Märtyrerberichte bei Eusebius Kirchengeschichte 8,2-8.

zu Unrecht abwerten". Der Konstantin-Biographie liege „eine genauestens überlegte Konzeption und eine planvoll ausgeführte Komposition zugrunde, die keine Doppelfassungen, Schichten oder Spuren von Unfertigkeit erkennen" ließen.[162]

Drägers Sympathie, der die *formalen* Aspekte des eusebischen Spätwerkes in den Vordergrund stellt, wird von der Mehrheit der Historiker des 19. und frühen 20. Jahrhunderts mit Blick auf die *inhaltliche* Ausgestaltung der Werke des Eusebius allerdings nicht geteilt.[163] Kein Geringerer als der Basler Gelehrte Jacob Burckhardt (1818-1897) warnt bilderreich vor Eusebius, dem „ersten durch und durch unredlichen Geschichtsschreiber des Altertums" und dem „widerlichsten aller Lobredner" und fährt fort: „Man will sich [...] nicht gerne davon überzeugen, dass [...] ein Zeitgenosse, der den Ereignissen so nahe stand, dass Euseb von Caesarea durch vier Bücher hindurch eine und dieselbe Unwahrheit hundertmal sollte wiederholt haben".[164] Ein Richterspruch, der ihm von Dräger den Vorwurf der „bornierten Urteile" einbringt.[165]

Theodor Mommsen, der Laktanz noch verständnisvoll begutachtet hat, schließt sich dem vernichtenden Urteil Burckhardts an und charakterisiert Eusebius als einen „der verlogensten Skribenten"[166] der Antike. Der Basler Kirchenhistoriker Franz Overbeck (1837-1905) bezeichnet ihn als „Friseur an der hoftheologischen Perücke des Kaisers",[167] für den holländischen Theologen Hendrikus Berkhof ist Eusebius ein „Herold des Byzanzismus", der Vertreter einer Kirche, die so redet und handelt, wie es der Kaiser woll-

162 P. Dräger in einer Veranstaltungsankündigung der Universität Saarland für das SS 2007 (20.5.2007). Ders.: Eusebios. Über das Leben des glückseligen Kaisers Konstantin, 2007.

163 Einer der wenigen Autoren des 19. Jahrhunderts, der Eusebius Glaubwürdigkeit bescheinigt, ist V. Schultze in seinen „Quellenuntersuchungen", in: Zeitschrift für Kirchengeschichte 14, 1894, S. 503f.

164 J. Burckhardt, Die Zeit Konstantins des Großen, [3]1898, S. 326, 355, 368-370.

165 P. Dräger, Eusebios. Über das Leben des glückseligen Kaisers Konstantin, 2007, S. 391 (Fußnote).

166 T. Mommsen, Römische Kaisergeschichte, Vorlesungsmitschrift, 2005, S. 520.

167 Zit. nach: Rudolf von Sinner, Der Monotheismus als politisches Problem. Erik Peterson und die Trinitätslehre, Studientag Programm Vergleichende Religionswissenschaft, 4.2.2000, Landgut Castelen/Augst. Siehe auch Carl Schmitt, Politische Theologie II, 1970, S. 17.

te.[168] Hugo Koch wertet 1913 Autor und Werk ab: Konstantin werde „in einer ans Lakaienhafte grenzenden Bewunderung wie ein byzantinischer Heiliger auf eitel Goldgrund" gemalt.[169] Der Altphilologe Eduard Schwartz (1858-1940), dessen Anmerkungen zu Eusebius sowohl hinsichtlich der grundsätzlichen Kommentare zur Überlieferung antiker Texte wie auch in Bezug auf die Überlieferung der Werke Eusebs auch heute noch lesenswert sind, meint, die eusebische Kirchengeschichte sei „nach mannigfachen An- und Umbauten ein Hymnus auf den Alleinherrscher, dessen sich [...] kein heidnischer Panegyriker hätte zu schämen brauchen".[170] Andreas Alföldi, ungarischer Althistoriker und Numismatiker, Entdecker eines noch zu diskutierenden Christogrammes auf einer Konstantin-Münze aus dem Jahre 315, wertet 1932 die *Vita* als „highly-coloured romance and panegyric, married by rehandling and later interpolation and quite inconsistent with the information of Lactantius".[171] Ludwig Schmidt nennt 1941 Eusebius „wenig zuverlässig",[172] der Philosoph und Pulitzer-Preisträger Will Durant wirft Eusebius im Jahre 1949 literarische „Unredlichkeit"[173] vor, Arnold Gehlen schließt sich 1969 dem abwertenden Urteil an,[174] und R.M. Grant spricht 1980 von einer „tendenziösen Verfälschung der Kirchengeschichts-Darstellung".[175] Soweit die Meinung vieler Wissenschaftler, die meist in der ersten Hälfte des 20. Jahrhunderts publiziert haben.

Die „Originaldokumente" in den Werken des Eusebius

Die meisten Althistoriker der zweiten Hälfte des 20. Jahrhunderts sehen die Dinge allerdings etwas anders. Ihr literarischer Tadel klingt verhalten und gilt vor allem der historischen Undurchsichtigkeit der Werke, dem panegyrischen Stil und den wertenden Urteilen, die Eusebius in seine Werke ein-

168 H. Berkhof, Die Theologie des Eusebius von Caesarea, Amsterdam 1939, S. 21ff. und ders., Kirche und Kaiser, 1947, S. 100 („Herold").

169 H. Koch, Konstantin der Große und das Christentum, 1913, S. 17.

170 E. Schwartz, Eusebius, ND 1999, II/3, IX und LIX.

171 A. Alföldi, The Helmet of Konstantine with the Christian Monogramm, Journal of Roman Studies 22, 1932, S. 9.

172 L. Schmidt, Geschichte der deutschen Stämme bis zum Ausgang der Völkerwanderung, 1940/1941, ND 1969, S. 18.

173 W. Durant, Caesar und Christus. Eine Kulturgeschichte Roms und des Christentums von den Anfängen bis zum Jahre 325 n.Chr., 1949, S. 745.

174 A. Gehlen, Moral und Hypermoral, eine pluralistische Ethik, 1969, S. 35.

175 W. Grant, Eusebius as Church Historian, 1980, S. 164-169.

fließen lässt. Dagegen werden die eingeschobenen „Original"-Dokumente der *Kirchengeschichte* (Buch 10) und die fünfzehn Briefe und Edikte der *Vita Constantini* (Buch 2-4), die dem Gesamtwerk den Eindruck von Authentizität vermitteln sollen, durchgängig als vertrauenswürdig und authentisch beurteilt.[176] Das Urteil stützt sich dabei auf die Untersuchung von Ivar Heikel und auf einen spektakulären Papyrusfund um 1950, auf den weiter unten eingegangen wird.

Die Argumente, die diesen eingestreuten, meist als Original gekennzeichneten Dokumenten Zuverlässigkeit bescheinigen, sind bei allen Historikern im Wesentlichen gleich: Die nachfolgenden Kirchenhistoriker hätten die besagten Dokumente ebenfalls in ihre Werke eingearbeitet, die sprachliche Übereinstimmung weise auf eine gemeinsame Quelle um 340 hin, die „kompositionelle Einbettung" schließe eine nachträgliche Einbettung der Briefe und Edikte aus, zum Zeitpunkt der Niederschrift seien alle Werke noch zugänglich gewesen, so dass eine Fälschung aufgefallen wäre und der ägyptische Papyrus-Fund aus dem frühen vierten Jahrhundert enthalte Teile eines konstantinischen Dokumentes aus der *Vita*.[177] Kurzum:

176 In der Nachkriegsliteratur bestätigen die Zuverlässigkeit: J. Vogt: „deren Echtheit im wesentlichen gesichert ist" (1949, S. 140); H. Lietzmann: „Urkundliche Treue", „Vollkommene Echtheit" (Geschichte der Alten Kirche 3, ²1953/1999, S. 154/801); K. Aland: Echtheit der Urkunden: „was nach der gegenwärtigen Forschungslage unausweichlich ist" (²1991 S. 171). Leppin: „insgesamt zuverlässig" (1996, S. 7, Fußnote 27); Brandt: „weitgehend authentisch" (2006, S. 24); Demandt: „im wesentlichen echt" (2007, S. 75); Bleckmann: „hoher dokumentarischer Wert (2007, S.7); Dräger: „nicht der geringste Zweifel" (2007, S. 390). Zur Auseinandersetzung vgl. auch: Moreau, Zum Problem der Vita Constantini, 1955, S. 244-245; A.H.M. Jones/ T.C. Skeat, Notes on the Genuiness of the Constantinian Documents, in: Eusebius' „Life of Constantine", 1954, S. 196-200; K. Kraft, Kaiser Konstantins religiöse Entwicklung, 1955, S. 160-272; F. Winkelmann, Zur Geschichte des Authentizitätsproblems der Vita Constantini, 1962, S. 178-243.

177 Papyrus Londiniensis 878 und Eusebius, Vita Constantini 2,24-42 (Brief Konstantins an die Bewohner Palästinas, 324). Das Papyrus kann nur dann Beweiskraft für die Authentizität des bei Eusebius abgedruckten konstantinischen Schreibens bekommen, wenn nachgewiesen werden kann, dass das Papyrus *vor* 337, also vor der Veröffentlichung der *Vita* geschrieben worden ist. Anderenfalls kann es sich bei dem Papyrus auch um einen späteren Einschub oder um einen Auszug aus der eusebischen *Vita* (Duplikat) handeln. Dann wäre lediglich eine Fälschung kopiert worden. Die paläographische Altersbestimmung erlaubt jedoch keine derart exakte Datierung des Papyrus. Vgl. im

Der Althistoriker Joseph Vogt habe 1949 den eusebischen Dokumenten zu Recht attestiert, dass „eindringende Untersuchungen über Sprache und Stil, Form und Inhalt [...] die früher geäußerten Verdachtsgründe im wesentlichen beseitigt“ hätten.[178] Die eingestreuten Dokumente stammten aus der Feder Konstantins. Ein „besonderes Juwel“ seien sie daher, meint der schon mehrfach zitierte Paul Dräger und bekräftigt, es bestehe „vom stilistischen als auch kompositionellen Standpunkt nicht der geringste Anlaß“, die Authentizität zu bestreiten.[179] Damit könne die Diskussion um die Authentizität, so der Düsseldorfer Althistoriker Bruno Bleckmann kurz und bündig, „definitiv als erledigt gelten“.[180]

Mit diesem *vere dictum* moderner Althistoriker wären dann wohl auch die Einwände von J. Burckhardt, Th. Mommsen, F. Overbeck, H. Berkhof, A. Alföldi, L. Schmidt, A. Gehlen, W. Durant, R.M. Grant und E. Schwartz „erledigt“, die alle die historische Zuverlässigkeit der Werke Eusebs anzweifeln und mitnichten die „Originaldokumente“ aus dem Verriss herausnehmen.

Übrigen: A.H.M. Jones/T.C. Skeat, Notes on the Genuiness of the Constantinian Documents in Eusebius' „Life of Constantine“, 1954, S. 196-200; F. Winkelmann, Zur Geschichte des Authentizitätsproblems der Vita Constantini, 1962, S. 178-243.

178 J. Vogt, Constantin der Große, 1949, S. 245.

179 P. Dräger, Eusebios. Über das Leben des glückseligen Kaisers Konstantin, 2007, S. 387, 390.

180 B. Bleckmann in der Einführung zu: Eusebius von Caesarea. De Vita Contantini, hrsg. von H. Schneider, 2007, S. 12. Bleckmann führt weitere Gründe für die Berechtigung an, die Vita Constantini -Dokumente als „echt“ einzustufen (S. 40): (1) Ein Fälscher hätte die Christlichkeit Konstantins nicht erst ab 324 illustriert. Kommentar: Unbelegte Hypothese. Niemand weiß, wer wann was zwischen 300 und 900 in die eusebischen Werke einarbeitete. (2) Die Dokumente entsprächen den Formalien der damaligen Bürokratie. Kommentar: Die „Bürokratie“ kann auch eine kirchliche aus den Jahren nach 350 gewesen sein. Außerdem kann in ein formal richtiges Schreiben jeder beliebige Inhalt hinein gepackt werden. (3) Die Dokumente entsprächen dem „Bildungshorizont“ Konstantins. Kommentar: Was ist ein „Bildungshorizont“ und woher kennt Bleckmann ihn? (4) Die „Provenienz“ der Dokumente ließen sich sehr gut mit der Biographie Eusebs verbinden. Kommentar: Was ist eine „Provenienz mit der Biographie“? Natürlich passen Urkunden und *Vita* zusammen. Sie stammen ja (vermutlich) aus derselben Quelle. Die Wahrheit der Aussagen wird damit nicht belegt, da *Vita* und Dokumente gleichermaßen gefälscht sein können.

Dabei kann auch ein wenig geschulter Laie die Manipulation ohne Probleme erkennen: Erstens hängen die eingeschobenen Dokumente häufig in der Luft. Von einer „kompositionellen Einbettung", die eine nachträgliche Einbettung der Briefe und Edikte ausschließe, wie Paul Dräger konstatiert, kann kaum eine Rede sein. Die Urkunden seien, so Agathe Kaniuth, „Unterbrechungen im rhetorischen Flusse des Enkomions, denen es völlig an Rhythmus und klarem Periodenbau" fehle.[181] *Vita* und Urkunden passten nicht zusammen.

Zweitens bekennen sich die antiken Autoren offen zur *selektiven Manipulation*. Eusebius schreibt in seiner *Vita Constantini* ausdrücklich, er wolle „nur von dem reden und schreiben, was sich auf sein [Konstantins] gottgefälliges Dasein bezieht". Er werde das „Passenste auswählen" und „den wahrhaft Glücklichen besingen"[182]. Ähnlich die Einführung zu seiner Kirchengeschichte: „Irgendwo aus der Vorzeit rufen sie wie von ferner Warte uns zu und geben uns Weisung, wie wir [...] den Gang der Erzählung sicher und gefahrlos zu lenken haben."[183] Und so liefert uns Eusebius bis auf eine Urkunde von Licinius[184] ausschließlich christenfreundliche Urkunden aus der Feder Konstantins. Es kann also überhaupt keinen Zweifel geben, dass Eusebius die „Originaldokumente" im Rahmen einer bekenntnishaften Berichterstattung zusammenwürfelt und fortan niemand mangels vertrauenswürdig überlieferter Gegenstimmen das historische Bild zuverlässig rekonstruieren kann. Als Folge dieser tendenziösen Selektion von Fakten, Urkunden und Inschriften serviert uns der Autor eine christlich geschönte Welt, aus der lediglich ebenso einseitige Bilder abgeleitet werden können. Wer diese selektive Berichterstattung als einen Ausweis für die damaligen Verhältnisse nimmt, kann auch gleich die ehemalige DDR aus der Perspektive rein sozialistischer Parteipropaganda beurteilen.

Drittens ist, soweit die Totalfälschung abgelehnt wird, von einer partiellen Textfälschung des Autors, der Übersetzer oder späteren Bearbeiter in den klösterlichen Schreibstuben auszugehen (vgl. Grégoire). Denn kaum eine Epoche ist derart anfällig für die Korrumpierung von Texten wie das vierte bis sechste Jahrhundert, in dem der antagonistische Kampf zwischen paganen und christlichen Religionen tobt und die christliche Kirche sich institutionell wie inhaltlich selbst noch finden und durchsetzen

181 A. Kaniuth, Die Beisetzung Konstantins des Großen, 1974, S. 5.

182 Eusebius, Vita Constantini 1,10-11.

183 Eusebius, Kirchengeschichte 1,3-4.

184 Konstitution über die „restitutio in integrum" der Christen.

muss. Der Einschub oder die Veränderung einzelner Worte, die Fälschung ganzer Passagen und die Erfindung von Dokumenten und Briefen im Stile der pseudoisidorischen Werke oder der „konstantinischen Schenkung“ ist in solchen aufgeregten Zeiten ebenso selbstverständlich wie die Einbindung mystischer Sachverhalte in Form von Erscheinungen und Visionen. Auch Detailverliebtheit ist kein Beleg für eine wahrheitsgemäße Berichterstattung, wie wir schon gehört haben. Es sei an den Philologen Günther Jachmann erinnert, einem Spezialisten auf dem Gebiet der Textkritik und der Erforschung des Altlatein: „Je bestimmter die Form, in der die Angabe auftritt, desto schwindelhafter ihr Inhalt.“[185] Und an den Althistoriker Wolfgang Speyer: „Je genauer die Angaben, desto falscher sind sie.“[186]

Beispiele solcher Art frecher Fälschung von „Originaldokumenten“ gibt es hinlänglich. Ein plumpes Werk ist sicherlich der angebliche Originalbrief Jesu (!) an den Fürsten Abgar von Edessa (9-46 u.Z.), in dem Jesus verspricht, „nach der Himmelfahrt“ Abgar einen Jünger zu schicken. Der Text, angeblich aus dem Staatsarchiv von Edessa, ist beste Fabulierkunst und wird noch nicht einmal in Kirchenkreisen ernst genommen.[187] Jedenfalls erfahren wir aus diesem „authentischen“ Dokument, zu dem Zweifel „definitiv als erledigt“ betrachtet werden müssen, dass der aus kleinen Verhältnissen stammende Zimmermann (?) Jesus schreiben und lesen konnte, sowie die griechiche Sprache beherrschte.

185 G. Jachmann, Gefälschte Daten, 1942, S. 86.

186 W. Speyer, Literarische Fälschung, in: Reallexikon für Antike und Christentum 7,1969, S. 82. In dem Kapitel über den Galerius-Erlass aus dem Jahre 311 (Eusebius, Kirchengeschichte 8,17) fehlt bei der Aufzählung der Mitregenten, die den Erlass herausgegeben haben, Kaiser Maximinus Daia, der letzte noch aktiv die Christen verfolgende Tetrarch. Dies dürfte eine von Eusebius vorgenommen Radierung sein, denn Maximinus Daia folgt im Staatsprotokoll unmittelbar Galerius und es ist fast auszuschließen, dass Galerius in einem öffentlichen Erlass mit verbindlicher Wirkung für alle Regenten zwei seiner Mitregenten als Herausgeber anführt, aber den dritten, Maximinus Daia, auslässt. Dies belegt einmal mehr, dass die Dokumente, wenn sie entstellt sind, eher partiell und seltener in toto gefälscht sind.

187 Eusebius, Kirchengeschichte 1,13,8f. Die Absicht, die Kirche von Edessa an die Apostel anzuknüpfen und ihr apostolisches Ansehen zu verleihen, mag zur Erfindung dieses Briefwechsels/der Abgar-Legende Anlass gegeben haben. Vgl. E. Hennecke, Handbuch zu den neutestamentlichen Apokryphen, 1914, S. 153-165; ders., Neutestamentliche Apokryphen, 1904, S. 76-79.

Als ein weiteres Beispiel wahrscheinlicher Fälschung zitieren die Theologen Carl Andresen und Adolf M. Ritter die „Rede [Konstantins] an die Versammlung der Heiligen“ (*Oratio ad sanctorum coetum*), ein fragwürdiger Anhang der *Vita*, in der Konstantin irgendwann zwischen 314-328 höchst unkaiserlich frömmelt und völlig überraschend vom „Jesus Christus, Gottes Sohn, Heiland, Kreuz“ spricht[188] und damit eine Terminologie und Symbolik verwendet, die zu dieser Zeit noch nicht üblich gewesen ist. Ivar Heikel nennt das Opus ein „oberflächliches, gedankenloses Prunkstück“,[189] das von zahlreichen weiteren Autoren (V. Schultze, C. Weymann, N. Baynes, C.T.H.R. Eberhard) als unecht abgelehnt wird. Auch wenn ein Teil der althistorischen Forschergemeinde die Echtheit der Rede nicht anzweifelt,[190] so darf man dennoch davon ausgehen, dass die Rede völlig oder weitgehend erfunden und später an das Ende der *Vita* angehängt worden ist. Denn nie hätte ein römischer Kaiser, nach eigenem Verständnis und dem der römischen Bürger oberster Priester und Göttersohn, zu sagen gewagt, der Götterglaube sei „wahnwitzig“ und „ein Hohn auf die Götter“. Der Fluch der Götter hätte ihn beim Bau der Konstantin-Helios-Säule und bei den heidnischen Einweihungsfeiern Konstantinopels im Jahre 330 mit vernichtender Wucht eingeholt.[191]

---

188 Eusebius, Vita Constantini, Anhang, 18. Zum Datum: T. Barnes (Constantin's speech to the Assembly of the Saints, in: JThS 52, 2001) plädiert für 325; B. Bleckmann (Ein Kaiser als Prediger: zur Datierung der konstantinischen „Rede an die Versammlung der Heiligen“, in: Hermes 125, 1997, S. 183-203) plädiert für 328; so auch H. Brandt (Konstantin der Große, 2006, S. 130). Die Diskussion um die Datierung ist nur dann gewinnbringend, wenn die Rede in der vorliegenden Form als *authentisch* eingestuft wird. Platzierung in der *Vita*, Stil und Theologie schließen dies jedoch ebenso wie die Überlieferung (Kopien aus Klosterbibliotheken) mit großer Wahrscheinlichkeit aus. (Vgl. zur Authentizität auch den Disput Dörries/Heikel/Kraft.)

189 I.A. Heikel, Kritische Beiträge zu den Constantin-Schriften des Eusebius, 1911, S. 3.

190 An die Echtheit glauben u. a.: H. Kraft (Kaiser Konstantins religiöse Entwicklung, 1955, S. 268); R.P. Hanson (The Oratio ad Sanctos attributed to the Emperor Constantine and the Oracle at Daphne, in: Journal of Theological Studies 24, 1973, S. 505-511); V. Keil (Quellensammlung, S. 182); H. Lietzmann (Geschichte der Alten Kirche, ND 1999, S.113/148); K.M. Girardet, der die Oratio besonders fleißig und ohne Quellenkritik als Beleg für die Christlichkeit Konstantins zitiert (Die Konstantinische Wende, 1998, passim).

191 Hierzu hat es zwischen Heikel und Dörries eine kontroverse Auseinandersetzung gegeben, die von H. Kraft dahingehend kommentiert wird, ein „Kern“

Unglaubwürdig ist auch der im Juni des Jahres 325 von Konstantin an die „Kirchen“ gerichtete Brief (Vita 3,17-20), in dem er sich als „Mitknecht“ der Bischöfe bezeichnet. Das „verhasste Volk“ der Juden hätte ein „gottloses Verbrechen“ begangen, das Osterfest sei hochheilig, nicht-katholisch Gläubige seien „wahnsinnig“, „von Sinnen“ und der „Heiland“ habe den „Tag der Befreiung“ hinterlassen. Das ist vorgezogener Katholizismus pur und hat kaum mehr etwas mit dem römischen Kaiser, dem Herrscher der Welt zu tun, der die Bischöfe nach Belieben exiliert und seit etwa 327 die arianisch-ketzerische Konfession bevorzugt. Der Althistoriker Karl-Leo Noethlichs bestreitet daher – etwas bänglich, dass der „Brief an die Kirchen“ über „jeden Zweifel erhaben“ sei.[192]

Eine Mär wird wohl auch ein Schreiben Konstantins an den persischen Großkönig Schapur II. aus dem Jahr 334 sein, in dem der römische Kaiser den Perser angeblich bittet, für die Christen Sorge zu tragen.[193] Heinrich Kraft nennt dieses fragwürdige Schreiben aus unerfindlichen Gründen „das konstantinischste Schreiben des Kaisers“.[194] Der Althistoriker Heinz Bellen glaubt, Konstantin habe „das Kreuz in Feindesland“ tragen wollen,[195] womit wir bei der beliebten wie unheilvollen Terminologie christlich-kirchlicher Autoren wären. Sein Kollege Klaus M. Girardet, studierter Theologe aus elterlichem Pfarrhaus, setzt allem noch eins drauf. Er begeistert sich an der eigenen Vorstellung, dass Konstantin mit diesem Schreiben an den persischen Großmogul seine Absicht kundgetan habe, die ganze Menschheit (!) zu christianisieren, um eine nagelneue „Menschheitsreligion“, zu schaf-

könne konstantinisch sein, aber es sei „heute nicht mehr möglich, hinter dem verschwommenen Gefasel der ‘Oratio ad sanctos’ die klare, würdige, zielbewußte Sprache Konstantins auch nur durchschimmern zu sehen“ (H. Kraft, Kaiser Konstantins religiöse Entwicklung, 1955, S. 271-272).

192 K.L. Noethlichs, Die Juden im christlichen Imperium Romanum (4.-6. Jahrhundert), 2001, S. 162.

193 Eusebius, Vita Constantini 4,9-13; Sozomenos, Kirchengeschichte 2,15. Die Datierung ist ungewiss. Volkmar Keil spricht von „gegen Ende seines Lebens“ (Quellensammlung, S. 208), Elisabeth Herrmann-Otto tendiert zu einer früheren Datierung (Konstantin der Große, S. 163).

194 H. Kraft, Kaiser Konstantins religiöse Entwicklung, 1955, S. 262.

195 H. Bellen, Grundzüge der Römischen Geschichte, 2003, S. 43. Bellen zitiert vorwiegend Eusebius, allerdings ohne den unverzichtbaren Abstand des Historikers zu seiner anrüchigen Quelle.

fen.[196] Keine liberale, umfassende, wie sie Lessing in *Nathan der Weise* skizziert, sondern eine christliche der Eroberung. Eine gelehrte Frau rettet das angeschlagene Ansehen der Alten Geschichte. Die Trierer Althistorikerin E. Herrmann-Otto fragt zu Recht, warum sich der *Pontifex Maximus*, höchster Amtsträger in der römischen Sakralhierarchie, zuständig für alle zugelassenen Kulte *innerhalb* des Imperium, in die inneren Angelegenheiten der Perser einmischen sollte?[197]

Viertens ist die Bestätigung der eusebischen Werke durch nachfolgende Kirchenhistoriker in Wahrheit keine Bestätigung, denn es ist bekannt, dass diese für ihre Werke Eusebius als „blue print" nutzten. Die Kirchengeschichtler des fünften Jahrhunderts, Sokrates, Theodoret und Sozomenos, geben auch ohne Umschweife zu, dass sie sich alle auf die Berichte des Kirchenschriftstellers Eusebius beziehen.[198] Die zahlreichen Mehrfachbelege aus unterschiedlichen antiken Kirchengeschichten in den kritischen Apparaten der modernen Konstantin-Biographien, die scheinbar die Zuverlässigkeit des Textes bestätigen, sind folglich kaum als Beleg für die Zuverlässigkeit des Berichteten zu werten. Solche Mehrfach-Zitierformen gaukeln dem unbefangenen Leser Authentizität vor, ohne dass dieser die Vater-Sohn-Beziehung der Texte erkennen kann.

Und fünftens müssen die Bücher Eusebius' als ein Ganzes betrachtet werden und diese ganzheitliche Betrachtung erlaubt es kaum anzunehmen, dass ein Autor einerseits sein Werk unter die Herrschaft seiner weltanschaulichen Perspektive stellt, sich zu dieser Einseitigkeit bekennt und in bombastischen Übersteigerungen und Elegien ergeht, dabei ganz offen alle Sachverhalte, die nicht der Erbauung seiner christlichen Leser dienen, übergeht, aber bei der Auswahl zeitgeschichtlicher Urkunden objektiv vorgegangen sein soll. Eine solche Annahme widerspricht der Erfahrung und den antiken Spielregeln, die für die damalige Geschichtsschreibung

---

196 K.M. Girardet (Hrsg.), Kaiser Konstantin d. G., 2007, S. 52. Der Begriff „Menschheitsreligion" wird bereits 1991 von Hans Küng für das Christentum reklamiert (Das Judentum, 1991, S. 442, 448f.).

197 E. Herrmann-Otto, Konstantin der Große, 2007, S. 163.

198 Sokrates, Kirchengeschichte 1,1; Sozomenos, Kirchengeschichte 1,1,12f.; Theodoret, Kirchengeschichte 1,1,4. Die Übernahme vergifteten Materials wird im Falle der ersten bedeutenderen nach-eusebischen Kirchengeschichte des Gelasios vom Ende des vierten Jahrhunderts durch Friedhelm Winkelmann ausführlich dokumentiert (Untersuchungen zur Kirchengeschichte des Gelasios 1963/1966).

gelten: Nicht die historische Wahrheit steht im Vordergrund, sondern die Botschaft.

Authentisch? Noch nicht einmal die theologische Literatur mag dem Urteil der Nachkriegshistoriker uneingeschränkt folgen, Einwände gegen die Echtheit der eingeschobenen Dokumente seien „defnitiv als erledigt“ zu betrachten. So sieht die Theologische Realenzyklopädie die „Original“-Einschübe unter dem Aspekt theologischer Begründungen und zitiert Friedhelm Winkelmann, man müsse Eusebs Werke als „rein theologische Arbeiten“ lesen.[199] Und die Theologen Andresen und Ritter meinen zu den „Juwelen“ (Dräger) in der eusebischen Berichterstattung: „Am schwersten machen die Urteilsbildung sich objektiv gebende Urkunden, Dokumente und Erlasse bis hin zur Münzprägung: Propaganda imperialer Staatsideologie! Briefe Konstantins an christliche Gemeinden lassen sich schwerlich als integrale Dokumente religiösen Selbstzeugnisses erweisen. Gerade ihr dediziertes Bekenntnis zum Christentum weckt Mißtrauen.“[200]

199 Theologische Realenzyklopädie, Bd. 10, S. 541, „Eusebius von Caesarea“.
200 C. Andresen /A.M. Ritter, Geschichte des Christentums I/1, 1993, S. 67.

9 Ergebnis: Literatur zwischen Wahrheit und Mission

Keine Literaturgattung mit historischen Ambitionen hat jemals derart bedenkenlos dem Import des *religiösen* Irrationalismus Vorschub geleistet, derart unverhohlen mit Zusätzen, Streichungen, Erweiterungen und Paraphrasierungen in die geschichtlichen Vorlagen eingegriffen wie die Kirchengeschichten. Weitab von Thukydides, dem antiken Vorbild aller Historiker, dem zur Wahrheitsfindung die kritische Beobachtung und die nüchterne Befragung der Zeitzeugen genügte, gießen die Kirchenhistoriker Laktanz und Eusebius sowie die christlichen Epigonen des vierten und fünften Jahrhunderts ein wahres Füllhorn der Korruption verdächtiger Texte über die Historiker aus, die das Angebot, mangels Alternativen, auch dankbar nutzen. Es wimmelt in der althistorischen Literatur von Zitaten und Belegen aus eben diesen kontaminierten Texten[201] und Rudolf Leeb entzieht seiner im Grunde sehr lesenswerten Dissertation *Konstantin und Christus* den Boden, wenn er in der Einleitung feststellt: „Vorausgesetzt wird im folgenden [...] die Authentizität der Vita Constantini, die heute als erwiesen gilt.“[202]

201 Eine beispielhafte Auswertung der antiken Quellen, die für das 4. Jahrhundert verwendet werden, ergibt folgendes Bild: H. Dörries verwertet in seiner Konstantin-Biographie (1958) neben den Panegyrikern vorwiegend Eusebius, Laktanz, Athanasius und die kirchlichen Urkunden zur Entstehung des Donatismus (v. Soden/v. Kamphausen). H. Brandt listet in seiner Konstantin-Biographie (2006) 34 benutzte Quellen auf. Davon sind 20 kirchliche bzw. kirchengeschichtliche oder panegyrische Quellen. Der Rest sind bis auf Ausnahmen Sammelwerke (Inschriftenverzeichnis CIL, Codex Theod., CJ, ILS etc.). Die *Quellensammlung zur Religionspolitik Konstantins des Großen*, hrsg. von Volkmar Keil (1989), umfasst praktisch nur christliche Quellen. Aus derart einseitigen Quellensammlungen kann natürlich nur ein gleichermaßen einseitiges Urteil gewonnen werden.

202 R. Leeb, Konstantin und Christus, 1992, S. 5.

Aber das kann man nun wirklich nicht sagen, dass die „Authentizität erwiesen“ ist, wenn man die lange Reihe kritischer Stimmen Revue passieren lässt. Sie alle beharren darauf, dass die antiken Kirchengeschichten und die *Vita Constantini* korrumpierte Heldengesänge sind, ideologische Marktschreierei, überzogen von einer üblen Gefälligkeitspatina. Leeb selbst bestätigt diese Einschätzung, wenn er sich wenige Seiten vor seiner „Authentizität“-Formel vorsichtig von der *Vita* zurückzieht: Er wolle „Konstantinforschung möglichst unabhängig vom Konstantinbild Eusebs“ betreiben und nur „unbezweifelbare historische Fakten, Urkunden, Inschriften“ aus Eusebius' Werken verwenden. Für diese Vorsicht läge aber kein Grund vor, wenn „die Authentizität der Vita Constantini [...] als erwiesen“ gälte.[203]

Der Düsseldorfer Historiker Bruno Bleckmann ergänzt sein einschüchterndes Verdikt, Einwände gegen die Authentizität der *Vita* seien „definitv erledigt“: Man müsse Verständnis haben für Eusebius, er erfülle lediglich die panegyrische Forderung, „die gerühmte Person stets hervorzuheben, während seine Gegner als Unpersonen verunglimpft werden, soweit sie überhaupt Erwähnung finden“. Was für eine wunderliche Logik, die behauptet, Einwände gegen die wissenschaftliche Verwertbarkeit eines Textes seien schon dann „definitiv erledigt“, wenn der Autor seinen Helden rühmen und dessen Feinde schmähen möchte! Authentische Geschichtsschreibung heißt doch Streben nach möglichst unverfälschter Widergabe realer Prozesse. Wieso erfüllt Eusebius dann die Kriterien der Authentizität, wenn er panegyrischen, also verfälschenden Kriterien folgt? Und dann schießt Bleckmann ein dickes Eigentor: Die wörtliche Rede des Licinius aus der *Vita* (2,5) sei ein Mittel, der „Erzählung den Schein von Authentizität zu verleihen“ und die rührselige Szene am Totenbett des Konstantius, Vater des Konstantin, im Jahre 306 sei unhistorisch.[204] Also, sind nun angesichts der Scheinauthentizität und der unhistorischen Berichte die Vorbehalte gegenüber der *Vita* berechtigt oder „definitiv erledigt“?

Dem ersten Eigentor folgt ein zweiter Pass ins Abseits. Der Althistoriker Hartwin Brandt erkennt zwar die eusebische Fabulierkunst, entschuldigt sie aber: Man müsse Verständnis für die Verdrehung der historischen Tatsachen zeigen, denn derartige Fälschungen seien „Erinnerungspolitik, die nicht der historischen Grundlagen bedürfe, entscheidend seien vielmehr

203 R. Leeb, Konstantin und Christus, 1992, S. 2.

204 B. Bleckmann, Einführung zu: Eusebius von Caesarea. Die Vita Constantini, hrsg. von H. Schneider, 2007, S. 29, 43, 49.

die Absichten und Interessen der Erinnernden".[205] Weiß Brandt eigentlich, was er da sagt? Mit dieser großzügigen Geste kann der Historiker fortan alle offenen und versteckten Lügen, wie wir sie in vielen Biographien entdecken können, als „im Interesse des Erinnernden" entschuldigen. Es soll ja nicht bestritten werden, dass überall und allerortens Geschichtsfälschung versucht und betrieben wird, aber dafür muss der Historiker ja nun nicht auch noch voller „Verständnis" seine Hand reichen, indem er genau diese der Täuschung überführten antiken Autoren in seiner Konstantin-Biographie überreichlich als Zeugen der Geschichte anführt.

Tatsächlich scheint die Konstantinforschung eine Sorge umzutreiben: Ohne Laktanz, Eusebius und ihre Epigonen Sokrates, Sozomenos und Theodoret könne man kaum eine Konstantin-Biographie schreiben, heißt es. Sie lieferten nun einmal eine Fülle von Daten, die für einen Bildentwurf unverzichtbar seien. Aber heißt das, dass der Historiker ein falsches Modell keinem vorziehen soll? Ist es das, was angestrebt wird: Ein rundes und buntes Werk mit vielen, vielen Filigran-Fußnoten, auch wenn die Bezugstexte tropfnass mit Ideologie durchtränkt sind? Nähern wir uns hier den wirklichen Gründen, warum viele Althistoriker, wie wir noch sehen werden, sich so kirchenkonform verhalten? Eines Sinnes mit der Kirchengeschichte in einer Art und Weise, wie sie für die Philosophie und andere Fakultäten undenkbar wäre?

Es ist die alte Riege der Vorkriegshistoriker, seelenverwandt mit der antiken Kultur, noch immer bewegt durch die Botschaften der Aufklärung, die die Ehre der Wissenschaft rettet: Jacob Burckhardt wirft ein energisches „Nein" zur eusebischen Panegyrik in die Debatte: Eusebius habe nach so zahllosen Entstellungen, Verheimlichungen und Erdichtungen, die ihm nachgewiesen worden seien, gar kein Recht mehr darauf, als entscheidende Quelle zu figurieren."[206]

Der Altphilologe und Kirchenhistoriker Wolfgang Speyer steht Burckhardt zur Seite und lässt keine Milde gegen den zu Beginn des Frühmittelalters überbordenden literarischen Betrug, nicht nur bei der Schaffung neuer „Dokumente", sondern auch in Form verfälschender Kopien älterer Werke, gelten: „Die Fälscher des Mittelalters trieben ihr Handwerk aus kirchenpolitischen Gründen, zur Besitzsicherung, aus Gründen der Pilgerkonkurrenz und Gewinnsucht, zur Religionsbeglaubigung und zur Sicherung

205 H. Brandt, Konstantin der Große, 2006, S. 171 (inh. zit.).

206 J. Burckhardt, Die Zeit Constantins des Großen, 1853, ^{8}1982, Kap. 9.

ihrer Freiheiten."[207] Dies ist keine Hypothese im luftleeren Raum, sondern beglaubigte Wissenschaft, die ihr Urteil auf einer kaum mehr überblickbaren Fülle nachweisbarer Fälschungen von Paulusbriefen, Märtyrerakten, Papstfibeln, Berichten über die Heilung Konstantins von der Pest, über Silvestertaufen und Schenkungsurkunden gründet.

Lassen wir zum Schluss Papst Benedikt XVI. zu Worte kommen, der am 13. Juni 2007 anlässlich einer Generalaudienz in Rom über die Bedeutung des Eusebius für die christliche Kirche sprach. Vor mehreren zehntausend Pilgern erläutert er auf dem Petersplatz die „Konstantinische Wende" und stellt Eusebius als einen Protagonisten jener Zeit vor: „Ein Zeitgenosse dieses Übergangs von der Verfolgungszeit war Eusebius von Cäsarea, der 'Vater der Kirchengeschichtsschreibung' [...] Als Bischof von Cäsarea und Freund Kaiser Konstantins des Großen nahm er auf dem Konzil von Nicäa im Jahre 325 eine wichtige Rolle ein. Und er hat das Credo mitunterschrieben, das wir jeden Sonntag in der Heiligen Messe beten, in dem davon die Rede ist, dass Jesus Christus eines Wesens mit dem Vater ist. [...] Dabei hat Eusebius eine christozentrische Sicht der Geschichte: Christus, das Wort Gottes, der Logos, wirkt in seiner Kirche und in der Geschichte und enthüllt das Geheimnis der Liebe Gottes zu den Menschen."[208]

Soweit Papst Benedikt. Dass Eusebius unmittelbar nach dem Konzil von Nicäa die Wesensgleichheit Jesu mit Gott entschieden und öffentlich ablehnt,[209] erwähnt der Papst nicht.

207 W. Speyer, Die literarische Fälschung im heidnischen und christlichen Altertum, 1971, S. 309/310.

208 Radio Vatikan am 13.6.2007, www.radiovaticano.org/ted/Articolo.asp?c=139069, 10.12.2007.

209 Brief Eusebs an seine Kirche über die Synode von Nicaea (Opitz, Urk. 22).

Drittes Buch

Das dritte Jahrhundert

10 Das Weltreich blickt in den Abgrund

Das Imperium Romanum, seit fünfhundert Jahren Weltmacht zwischen Atlantik und Euphrat, Schottland und Nordafrika, blickt in den Abgrund. Neue Völker drücken aus dem Osten auf die Grenzen des Reiches. Unter dem Ansturm der Goten, Franken, Alemannen, Parther, Quaden und Sarmaten zittert die Grenze nach Germanien, fallen römische Provinzen im Donauraum.

Die Perser, seit Jahrhunderten *der* Gegner Roms, von Alexander in den Jahren 334-331 v.u.Z. in drei Großschlachten bezwungen, von Rom zur Abgabe von Provinzen gezwungen, sind wieder aufgewacht und greifen in das politische Geschehen ein. Der römische Kaiser Valerian (reg. 253-260) gerät im Grenzkrieg mit den persischen Sassaniden in Gefangenschaft und wird in unerhörter Weise gedemütigt. Laktanz berichtet, der Perserkönig habe den römischen Kaiser als eine Art „lebendige Leiter" zur Besteigung seines Pferdes genutzt: „So oft nämlich der Perserkönig Sapor, [...], den Wagen oder das Roß besteigen wollte, musste sich der Römer vor ihm niederkrümmen und ihm den Rücken darbieten; dann setzte ihm der König den Fuß auf den Nacken, indem er ihm unter Hohngelächter vorhielt, das sei die Wahrheit, nicht die Bilder, welche die Römer auf Tafeln und Wände malten." Und als Valerian schließlich in Gundishapur (Iran) stirbt, soll ihm dieHaut abgezogen, diese ausgestopft, mit Zinnober rot gefärbt und in einem Tempel als unverhohlene Warnung an Rom aufgehängt worden sein.[210]

---

210 Laktanz, de mortibus persecutorum 5; Petros Patrikios, fragment 13f., in: E. Winter/B. Dignas, Rom und das Perserreich, 2001, S. 146. Zum persischen

Zusätzlich zu allen außenpolitischen Problemen wütet im Reichsinneren eine Soldateska, die den römischen Senat aushebelt und die Ernennung der Kaiser in die Hand nimmt. Die Straßen sind in einem desolaten Zustand, Räuberbanden verunsichern die Handelswege, die Preise steigen unaufhörlich, Steuern werden ständig erhöht, Felder nicht mehr bearbeitet, die Zahl der Bettler nimmt zu, Piraten auf hoher See sind die Regel, der Handel zerfällt, offener politischer Mord grassiert und der Mittelstand wird unter dem Druck der Abgaben mittellos.

Freche Usurpatoren – vom Heer ernannte Haudegen, die nur für kurze Zeit den Kaisermantel tragen – nutzen die instabile Lage und drohen das römische Reich von innen zu zerfasern. Zwischen 235 und 285 regieren fast fünfzig Kaiser, Gegenkaiser, Regionalfürsten und Usurpatoren, die meisten kaum länger als ein halbes Jahr. Dann werden sie ermordet, um einem Neuen Platz zu machen, der den Soldaten bessere Kriegsbeute verspricht. Das Reich ist der Soldateska ausgeliefert, der römische Staat ist Verfügungsmasse der bunt gewürfelten Legionen, der Senat hat nichts mehr zu bestellen.

Es bilden sich Sonderreiche und legen die Verwundbarkeit des Imperiums offen. Marcus C.L. Postumus (reg. 260-269) ruft gegen den rechtmäßigen Kaiser Gallienus ein gallisches Sonderreich aus, das „Imperium Galliarum". Der Usurpator, von den Truppen ernannt und getragen, wird von fast allen Provinzen Galliens, Hispaniens, Germaniens und Britanniens als neuer Imperator anerkannt. Zur Residenz und zum Sitz der Verwaltung mit eigenem Senat, Konsuln und Prätorianergarde wird Köln (*Colonia Agrippina*) bestimmt. Der abtrünnige Reichsteil kann erst 274 wieder ins römische Reich eingegliedert werden, nachdem Postumus von den eigenen Legionären umgebracht worden ist. Der Usurpator hatte einen schweren Fehler begangen und den siegreichen Soldaten die Plünderung der belagerten Stadt Mainz (Mogontiacum) versagt, was zu dieser Zeit einem Selbstmord gleichkommt. Allzu unsicher ist die auf verschiedenen Münzen beschworene „Fides Militum" – die Treue der Soldaten – geworden.

Als nächstes fordert Palmyra die Großmacht heraus. Palmyra, ein Stadtstaat, „ausgezeichnet durch Lage, Reichtum und angenehmes Gewässer",[211] auf halbem Weg zwischen Euphrat und Mittelmeer gelegen, Sitz des römi-

---

Sieg vgl. die Inschrift Sapurs I. an der Ka'ba-i Zardust (Winter/Dignas, Rom und das Perserreich, 2001, S. 98).

211 Plinius, Naturalis historia 5,88. Zu Palmyra vgl. auch die „Lebensbeschreibung der dreißig Tyrannen" in der Historia Augusta, 4-11.

schen Statthalters des Orients, heute ein zehn Quadratkilometer großes Ruinenfeld unter UNESCO-Schutz, wird von der schönen Araberin Zenobia beherrscht. Die selbst ernannte Königin erobert 270 die Provinzen Arabia und Aegyptus und bedroht damit die Kornkammer des Römischen Reichs. Die Römer kennen keine Gnade: Palmyra wird geplündert und geschleift. Das Ende der stolzen Zenobia ist ungewiss. Einerseits wird berichtet, sie sei auf der Flucht zu den Persern von römischen Verfolgern gefangengenommen worden und habe auf der Überfahrt nach Italien in den Wellen des Mittelmeeres den Tod gesucht. Andererseits ist nachzulesen, die besiegte Herrscherin sowie ihre beiden jüngeren Söhne Herennianus und Timolaus seien 274 beim Triumphzug Aurelians mit goldenen Ketten gefesselt und beladen mit Edelsteinen durch die Straßen Roms geführt und anschließend hingerichtet worden.

Das kecke Aufbäumen Provinzieller ist ein Menetekel, das den Zusammenbruch des ersten tausendjährigen Reiches in blutiger Handschrift zu verkünden scheint. Das immer noch im Glanz der Philosophen und ihrer Städte blühende, in der ganzen damaligen Welt bewunderte wie gefürchtete Reich droht zu versinken. Das Imperium erstickt an der eigenen Größe. Zum Luft holen bleibt keine Zeit.

11 Diokletian. Insolvenzverwalter und Christenverfolger

Aber die Geschichte gewährt dem immer noch glanzvollen und mächtigen Reich weitere zweihundert Jahre Einheit. Es ist ein Aufschub zur Bewährung und wie häufig gebiert die Notzeit große Namen: Diokletian, Konstantin, Theodosius sind die in der Geschichtsschreibung am meisten genannten Kaiser, die in dieser Bewährungsphase versuchen, die gefährdete Einheit des Imperium Romanum zu sichern.

Kaiser Diokletian, ein fünfzigjähriger Aufsteiger, vom Heer am 17. November 284 bei Nikomedia zum Kaiser ausgerufen,[212] bricht in den üblen Malstrom von Verrat, Intrige und Mord ein. Er leistet eine wahre Herkules-Aufgabe: eine umfassende Regierungs-, Münz- und Zollreform, Modernisierung der Rechtsprechung mit durchaus human zu nennender Zielsetzung,[213] Finanzierung einer exorbitanten Verstärkung des Heeres auf 60 bis 75 Legionen, die das Heer nebst Hilfstruppen und Tross auf angeblich mehr als 500.000 Mann aufwachsen lässt,[214] Neugliederung des Reiches in zwölf Diozösen mit straffer Unterstellung neu geschaffener Präfekturen und Vikare[215] und die Eindämmung roher militärischer Allmacht

---

212 O. Seeck, Geschichte des Untergangs der antiken Welt, ³1910-1921/2000, Bd. 1, S. 438.

213 Zusammenfassende Darstellung von A. Demandt in: Diokletian und die Tetrarchie, Tagungsbericht Split, 2004, S. 1-9.

214 T. Mommsen, Das römische Militärwesen seit Diokletian, in: Hermes 24, 1889, S. 195-279. Laktanz schreibt, Diokletian habe die Stärke der Armee vervielfacht (de mortibus persecurorum 7,2). Die in der antiken Literatur genannten Heereszahlen sind vermutlich alle ohne Wert, da die logistischen Probleme für ein Massenheer damals nicht lösbar gewesen sind.

215 Das Reich wird in vier Regionen unter Führung eines *Präfekten* aufgeteilt: Ostprovinzen; Donau- und Balkanraum; Italien und Afrika; Spanien, Gallien und Britannien. Jede Region wird in drei Diozösen unter Führung eines *Vicarius* unterteilt.

durch strikte Trennung von ziviler Verwaltung und militärischer Kommandogewalt. Das alleine reicht aus, um die Mehrheit der kaiserlichen Herrscher nach Augustus blass aussehen zu lassen.

So, als hätte sich Diokletian damit noch nicht genug aufgeladen, reorganisiert er auch noch sich und seine Macht. Er inthronisiert im Jahre 293 eine idealistische, dennoch unter ihm erfolgreich operierende neue Form der Regelung der Macht- und Nachfolgerfrage mit zwei Hauptkaisern, Augusti, und zwei Nachfolgekaisern, Caesares, alle vereint in einer „Tetrarchie". Das Reich ruht nun in einer verfassungsmäßigen Ordnung, die Kontinuität verspricht: Fällt ein Augustus weg, übernimmt der Caesar an seiner Seite sofort seinen Platz. Nach einer Dekade treten die Augusti ab, es rücken die Caesares als neue Augusti auf und die ehemaligen Augusti ziehen sich in ihre Paläste außerhalb der Residenzen zurück. Kaisermord und Usurpation sind überwunden.

Diese weit in die Zukunft weisenden innenpolitischen Reformen müssen noch außenpolitisch abgesichert werden. Ein wesentlicher Bestandteil des diokletianischen Reformwerkes ist daher der Friedensschluss mit dem persischen Sassaniden-Herrscher Narseh im Jahre 298.[216] Mit diesem römisch-persischen Friedensvertrag, in dem der siegreiche römische Kaiser außenpolitisches Fingerspitzengefühl zeigt und auf alle aggressiven oder expansiven Signale verzichtet, gewinnt Diokletian die außenpolitische Freiheit zur Absicherung seiner innen- und militärpolitischen Reformen. Konsequent verknüpft der Kaiser die außenpolitische Abschirmung mit umfangreichen militärischen Grenzsicherungen[217] zu einer planvollen Ostpolitik, von der Konstantin ein Jahrzehnt später profitieren wird. Nur unter der Voraussetzung dieses diokletianischen Friedensschlusses mit den Persern wird Konstantin es sich ein Jahrzehnt später erlauben können, das Imperium mit einem zwölfjährigen Bürgerkrieg, zum alleinigen Zweck der Erringung der Alleinherrschaft, zu überziehen.

Ein weiterer Eckpunkt des diokletianischen Regierungsprogrammes ist die Wiederbelebung des römischen Staatskultes, der in mehrerer Beziehung weit mehr ist als ein „heidnischer Religionskult". Zum einen soll durch die innige Bindung des Herrschers an die römischen Götter, beson-

216 Petrus Patricius, Fragment 14 (Müller, Fragmenta IV, S. 189); vgl. Winter/Dignas, Rom und das Perserreich, 2001, S. 145-149.

217 Zu den Grenzsicherungen vgl. den detailreichen Aufsatz von W. Enßlin, Zur Ostpolitik des Kaisers Diokletian, Sitzungsbericht der Bayer. Akademie der Wissenschaften, Heft 1, 1942, S. 1-83.

ders an den obersten Gott Jupiter,[218] die Machtgrundlage des Kaisers stabilisiert werden. Dieser Gedanke ist nicht neu, wird aber von Diokletian zu einer Gott-Herrscher-Gefährten-Ideologie mit monotheistischer Ausprägung ausgeweitet. Auch davon wird Konstantin profitieren, der die betont enge Beziehung des Herrschers zu Gott freudig übernimmt und zu einem wesensähnlichen Verhältnis mit Gott (*comes*) ausbauen wird.

Gleichermaßen bedeutsam ist die unauflösbare Verknüpfung von Religion, Wertekodex, staatlicher Sozialordnung und Kultur unter dem Dach des Staatskultes. Wer diese Verzahnung nicht kennt oder nicht beachtet, wird nie Verständnis für die Maßnahmen Diokletians (dem „Christenverfolger") oder Julians (dem „Abtrünnigen") bekommen, die den Kult als staatstragende Institution, auch zur Sicherung der antiken Kultur, erhalten wollen.

Die „Große Christenverfolgung"

Es geht also in der Frage der Revitalisierung des römischen Staatskultes unter Diokletian und seinem Verhalten gegenüber den Christen um weit mehr als um die Entweder-Oder-Plattheit „Heide oder Christ", wie sie in der Populär-Literatur gepflegt wird. Es geht in Wahrheit um die Frage, die auch die heutigen christlichen Kirchen bewegt: Bricht die nationalstaatliche Wertegemeinschaft auseinander, wenn die Religion ihren Einfluss verliert? Diokletian antwortet mit „Ja, wir schulden den Göttern *Pietas*, um die daran geknüpften Grundwerte des Staates und seine Kultur zu erhalten" und steht für dieses traditionelle Verständnis von Religion, Kult und Kultur ein. Und weil sich die Christen angeblich nicht einfügen wollen – niemand weiß auch nur annähernd, wieviele es überhaupt sind – sollen sie in der „größten Christenverfolgung" einen triefenden Blutzoll entrichtet haben. Dabei wird in der Literatur unter dem Einfluss einer verfälschenden Kirchengeschichtsschreibung die Auseinandersetzung mit den christlichen Konfessionen völlig überzogen dargestellt. Schauerlich seien die Leiden der Märtyrer gewesen, berichtet der Kirchenhistoriker Eusebius. Zahllose Christen hätten im Martyrium zu leiden gehabt, ihnen sei das rechte Auge mit einem Schwert ausgestochen, sodann mit einem glühenden Eisen ausgebrannt und der linke Fuß an der Kniekehle mit glühendem Eisen gelähmt worden.

218 Umfangreiche Darstellung der Inschriften bei K. Stade, Der Politiker Diokletian und die letzte große Christenverfolgung, 1926, S. 94-108.

Ob aber und in welchem Umfang überhaupt eine diokletianische reichsweite und systematische Christenverfolgung stattgefunden hat, liegt völlig im Nebel.[219] Die historiographischen Quellen (Laktanz, Eusebius, einzelne fragmentarische Berichte spätantiker Autoren) sind tendenziös, im Falle des Laktanz (de mortibus) plump, und machen nur allgemeine, ins Sagenhafte mutierende Anmerkungen, bis auf Ausnahmen ohne konkrete Angaben zu Zeit, Raum und Betroffenen. Epigraphische und archäologische Funde sind karg und erfüllen ebenfalls nicht die Voraussetzungen für eine weltanschauungsfreie Forschung. So bleiben die hagiographischen Quellen, „Heiligschreibungen" und Märtyrerlegenden (*Acta Martyrum*) mit spirituell-religiöser Zielsetzung übrig, die in einer bunten Mischung aus Historie und Fama das Leben der Märtyrer und wunderbare Ereignisse rund um „Heilige" darstellen. Sie dienen der Erbauung der Kleriker und Mönche und stellen historische Fakten hinter den heilig-exemplarischen Charakter der Lebensbeschreibungen zurück. Die wissenschaftliche Anrüchigkeit dieser Quellen führt dazu, dass sie praktisch keinen Eingang in die seriöse historische Forschung gefunden haben.[220]

Die Folge dieser miserablen Überlieferungslage ist, dass kein Historiker vertrauenswürdige und abgesicherte Angaben über die Anzahl der angeblich Hingerichteten machen kann. Es können zwanzig, hundert oder tausend gewesen sein. Eusebius berichtet aus der Zeit der Verfolgungen des Valerian (um 260 u.Z.) von lediglich drei palästinensischen Märtyrern und diese, einfache Bauern, haben das Martyrium herausgefordert. Ägyptische Märtyrer erwähnt Eusebius überhaupt nicht. Zur Zeit Diokletians sollen, so Eusebius, zwar massenhaft Märtyrer zu Tode gefoltert worden sein, aber tatsächlich werden nur etwa ein halbes Dutzend mit Namen oder Daten belegt. Und deren „Martyrien" sind auch noch in eine märchenhafte Welt eingesponnen mit vor Wut schnaubenden Panthern, „deren Rachen durch irgendeine göttliche und geheimnisvolle Kraft versperrt" werden, und Verderben keuchenden Stieren, die von der „heiligen Vorsehung" zurückge-

219 Ausführliche Darstellung bei Kurt Stade, Der Politiker Diokletian und die letzte große Christenverfolgung, 1926. Glänzend widerlegt durch H. Dannenbauer, Die Entstehung Europas, 1959, S. 349-350.

220 W. Kuhoff analysiert die Quellen in einer detaillierten und verdienstvollen Arbeit und lässt den Leser mit vielen Fragezeichen über die historische Verwertbarkeit dieser Quellen zurück (Diokletian und die Epoche der Tetrarchie, 2001, S. 246-296).

drängt werden, so dass die Verfolgten verschont bleiben.[221] Der Staat muss sie deshalb, nach Eusebius, mit dem Schwert hinrichten.

Kein Historiker vermag angesichts solcher Berichte die Verfolgungen auch nur annähernd zu qualifizieren. Kein Historiker ist fähig, die Schauergeschichten regional oder zeitlich beweissicher einzuordnen. Auch die beliebte und gängige Unterscheidung zwischen lokalen und reichsweiten Christenverfolgungen ist völlig aus der Luft gegriffen.

Unabhängig von der suspekten Berichterstattung passt eine angeblich brutale Christenverfolgung zudem überhaupt nicht in das Persönlichkeitsbild, das wir von Diokletian gewinnen können. Als echter Polytheist, der von Jupiter bis zu den ägyptischen Gottheiten Isis und Serapis alle Gottheiten verehrt,[222] gewährt Diokletian dem Reich zwanzig Jahre religiöse Toleranz. Selbst Eusebius kommt nicht umhin, die „Gunstbezeigungen der Herrscher gegenüber den Unsrigen" anzuerkennen. „Sie betrauten sie [die Christen] sogar mit der Leitung von Provinzen und entbanden sie dabei gemäß dem großen Wohlwollen, das sie gegen die Lehre hegten, von der ihre Gewissen beängstigenden Opferpflicht. Was soll man von den Leuten in den kaiserlichen Palästen und den obersten Beamten sagen? Diese ließen es zu, daß die Hofleute, Frauen, Kinder und Sklaven offen in Wort und Tat den Glauben bekannten, und gestatteten ihnen geradezu, sich ihrer Glaubensfreiheit zu rühmen."[223]

Der im Stile republikanischer Tradition schreibende Historiker Aurelius Victor (um 320-390) beklagt zwar, dass sich Diokletian angeblich „Herr" hat nennen lassen, gibt aber zu, dass sich der Kaiser wie ein „Vater" benahm.[224] Die Codices weisen sein Verständnis für die sozial Schwächeren aus.[225] Ebenso wenig passt das besonnene, kluge, auf Ausgleich und Machtteilung bedachte politische Handeln, wie wir es im römisch-persischen Friedensvertrag von 298 (Nisibis) beobachten können, in dem Diokletian auf eine Verfolgung der geschlagenen Perser zugunsten eines poli-

221 Eusebius, Kirchengeschichte 7,12 und 8,7.

222 Inschriften bei K. Stade, Der Politiker Diokletian und die letzte große Christenverfolgung, 1926, S. 94-108.

223 Eusebius, Kirchengeschichte 8,1.

224 Aurelius Victor 39,4-8.

225 Codex Just. 4,13,5 u. 4,10,3 (Freigelassene, Sklaven, Kolonen haften nicht für die Schulden des Herrn); Codex Theod. 13,10,2 (Freistellung der *plebs urbana*); Codex Just. 4,10,12 (Schuldknechtschaft); Codex Just. 9,41,8 (Gegen die Folter).

tisch-strategisch-wirtschaftlichen Ausgleiches verzichtet, zur angeblichen Brutalität Diokletians. Und auch das innenpolitische Konzept Diokletians, nach einer Phase innen- und außenpolitischer Eruptionen und Belastungen für Ruhe im Reich zu sorgen, will nicht zum Bild eines irrationalen Christenjägers passen. Es macht einfach keinen Sinn, nach zwanzig Jahren Toleranz, urplötzlich und ohne politisch relevanten Grund einen neuen Feind zu kreieren und die Kraft des geschwächten Reiches auf die brutale Verfolgung einer vernachlässigbaren Minderheit zu konzentrieren, die zudem auch noch zum Teil (in Heer und Familie) loyal zu ihrem Kaiser steht.[226]

Diokletian der Große

Am 1. Mai 305 legt Diokletian sein Amt nieder. Über die Günde lohnt kaum nachzuforschen. Es sind viele und die antiken Quellen sind alle weltanschaulich vergiftet. Vielleicht lockt ihn das Leben eines Privatmannes in Spalato, dem heutigen Split in Kroatien. Vielleicht treibt ihn sogar das Verantwortungsbewusstsein, die Regeln der Tetrarchie vorbildlich vozuleben und nach zwanzig Jahren, wie geplant, zurückzutreten, um den Cäsaren die Nachfolge zu ermöglichen. Der Althistoriker Frank Kolb listet in seinem 1987 publizierten Diokletian-Werk die in den Quellen genannten Gründe auf und kommt ebenfalls zu keinem andere Ergebnis als dem der vagen Ungewissheit.

Der Rücktritt folgt dem Ritual eines feierlichen Militärspektakels mit Aufmarsch der Legionen und Jupiterverehrung. Mit Tränen beginnt der greise Kaiser seine Ansprache an die Soldaten: Seine Kräfte seien erschöpft, er suche Ruhe nach der Arbeit. Die Herrschaft wolle er auf kräftigere Schultern übertragen und andere zu Cäsaren ernennen.[227] Zeitgleich mit Kaiser Diokletian dankt in Mailand sein Mitkaiser Maximian ab – nicht ganz freiwillig, sondern unter dem Druck Diokletians – und macht damit den Weg für die Ernennung der kaiserlichen Nachfolger frei: Die bisherigen Juniorkaiser, die Cäsaren Galerius (Ost) und Konstantius I. (West), letzterer Vater unserer Hauptperson Konstantin, seit ihrer Ernennung und Adoption am 1. März 293 in ständiger Lauerstellung, das höchste Amt zu erhalten, werden nunmehr zu regierenden Kaisern (Augusti) erhoben.

226 Bereits Burckhardt hatte darauf hingewiesen, dass die angebliche Brutalität der Verfolgungen nicht zum Persönlichkeitsbild Diokletians passt.

227 Laktanz, de mortibus persecutorum 19.

Selbst noch im Rücktritt wird die Größe und das Charisma Kaiser Diokletians deutlich. Während der „große" Konstantin keine Nebenbuhler neben sich dulden mag und alle Konkurrenten, und nicht nur die, mit Gewalt aus dem Wege räumen wird, während dieser hoch gelobte *Imperator Christianissimus* noch nicht einmal den Versuch einer Gewaltenteilung und Kooperation mit Partnerkaisern macht, teilt Diokletian die Macht *in concordia* geradezu brüderlich und schafft es sogar dank seiner charismatischen Ausstrahlung seinen Mitkaiser Maximian, einen befehlsgewohnten Haudegen von wilder Schroffheit, unter Eid zur gemeinsamen Abdankung zu verpflichten.[228] Ein für die römische Kaiserzeit wahrhaft einzigartiger und revolutionärer Vorgang.

So sieht es auch die Antike. In der *Historia Augusta*, einem Fürstenspiegel aus dem fünften Jahrhundert, wird Diokletian als „Vater eines goldenen Zeitalters" bezeichnet (Antonius Heliogabalus 35,4) und Aurelius Victor nennt ihn „optimus rei publicae" (Caesar 39,26). Wohl nicht zu Unrecht, denn mit Diokletian kehren Siegeszuversicht und Stolz in das Imperium Romanum zurück.

Ein „staatsmännisches Genie ersten Ranges" sei Diokletian gewesen, meint der große Althistoriker Theodor Mommsen. Aber ein „Großer" wird Diokletian dennoch nicht. Nicht, weil sich im Nachhinein herausstellt, dass seine Leistung doch nicht so herkulisch gewesen ist, sondern weil sich dieser herausragende Herrscher unter redaktioneller Führung der dogmatisch-verstiegenen Kirchenschriftsteller Laktanz und Eusebius[229] einen Ruf als heidnischer Isegrimm sichert. Und ein solcher, ein Christenverfolger, so das Verdikt ab dem fünften, nunmehr christlichen Jahrhundert, kann unmöglich ein „Großer" gewesen sein. Theodosius, Kaiser von 379-395, ja der ist ein „Großer". Er hat zwar auch verfolgt, aber das waren Heiden, Juden und christliche Häretiker.

---

228 Panegyrici 6 (7) aus dem Jahre 310, 15,4-6 u. 7(6) aus dem Jahre 307, 9,2-6. Zum Forschungsstand vgl. F. Kolb, 1987, S. 143-149. Zum Charakter Maximians vgl. Eutropius (Breviarium 9,27 „unverhüllte Roheit") und Aurelius Victor, epistula 40,10.

229 Laktanz, de mortibus persecutorum 10; Eusebius, Kirchengeschichte, Buch 8,1-3. Das 8. Buch ist das Buch der Märtyrergeschichten.

Viertes Buch
Konstantin I.

Die 1700-jährige Wiederkehr der Ausrufung Konstantins I. zum Kaiser im britannischen York (25. Juli 306) und das Todesjahr 337 haben seit 2006 zu einer wahren Flut von Publikationen geführt. Drei Ausstellungen widmen sich dem spätantiken Herrscher: In York *Constantine the Great. York's Roman Emperor*, in Rimini *Costantino il Grande* und in Trier *Konstantin der Große*. Die großen Ausstellungen werden von einem Berg Konstantin-Monographien begleitet, die ältere Ausgaben ergänzen.[230] Der Betrachter erfährt kaum Neues. Es wird viel Redundantes angeboten, manches Spekulative, aber in einem sind sich alle einig: Konstantin ist der erste christliche Herrscher.

Nun weiß jeder, der sich ein wenig mit Konstantin beschäftigt hat, dass sein Lebensstil wenig christlich ist: Bürgerkriege, Ermordung von Frau und Kindern sowie Verbannung christlicher Bischöfe erscheinen nicht gerade als Ausweis ausschweifender Nächstenliebe. Um dennoch die Christlichkeit Konstantins zu verteidigen, ziehen die Apologeten viele und fein ziselierte Argumente heran, die den grobschlächtigen Umgang Konstantins mit Volk und Familie als mit dem Bild des *Imperator Christianissimus* vereinbar erkären helfen sollen. Aber schon die Herkunft ist wenig christlich.

---

230 M. Fiedrowicz/G. Krieger/W. Weber (Hrsg.), Konstantin der Große, 2006; H. Brandt, Konstantin der Große, 2006; K. M. Girardet (Hrsg.), Kaiser Konstantin der Große, 2007; B. Bleckmann, Konstantin der Große, 2007; F. Schuller/H. Wolff (Hrsg.), Konstantin der Große, 2007; O. Schmitt, Constantin der Große (275-337), 2007; E. Herrmann-Otto, Konstantin der Große, 2007; R. van Dam, The Roman Revolution of Constantine, 2007; H. Schlange-Schöningen (Hrsg.), Konstantin und das Christentum, 2007. Zuletzt im Jahre 2008 der französische Historiker P. Veyne, Als unsere Welt christlich wurde (312-394) und A. Goltz/H. Schlange-Schöningen (Hrsg.), Konstantin der Große: Das Bild des Kaisers im Wandel der Zeiten.

12 Vom Bastard zum Kaiser (306)

Konstantin, Frucht einer außerehelichen Liaison zwischen dem schon erwähnten Konstantius (reg. 293-305) und einer Schankwirtin, wird irgendwann zwischen den Jahren 272 und 288 in Naissus (Serbien) geboren.[231] Der Makel der illegitimen Frucht einer wilden Nacht des Soldaten mit einer etwa 25-jährigen, als Konkubine übel beleumundeten Dame, die später als Heilige in den christlichen Himmel einziehen wird, bleibt haften: Noch im 12. Jahrhundert verurteilt der Historiker und Mönch Zonaras die *amour fou* und bezeichnet Konstantin als „Produkt erotischer Gelüste".

Über die Jugendzeit dieses „Kindes der Liebe" ist wenig bekannt. Konstantins Vater, Konstantius, hat inzwischen standesgemäß und formell geheiratet und seine Frau Theodora gebiert sechs Kinder. Konstantin wächst als Bastard mit sechs Halbbrüdern und -schwestern unter der Obhut seiner Mutter Helena in der luxuriösen *Villa Urbana* in Trier auf. Er wechselt zwischenzeitlich in das oströmische Reich an den Hof Diokletians nach Nikomedia und genießt dort die gute Ausbildung durch seinen Lehrer Laktanz, einen damals 40-jährigen Rhetor und Schriftsteller aus Nordafrika. Konstantin absolviert unter dem Ost-Caesar Galerius seinen Militärdienst unter anderem am Grenzgebiet an der Donau und erhält als Tribun Auszeichnungen für seine kriegerische Tüchtigkeit.

Als ca. 30-Jähriger durchbricht er das gerade etablierte tetrarchische Vier-Kaiser-System der Aufgabenteilung und der geordneten Weitergabe der Macht an adoptierte und damit politisch bestimmte Nachfolger und lässt sich von den Truppen seines verstorbenen Vaters Konstantius am 25. Juli 306 im britischen York zum Augustus proklamieren. Dieses Ver-

---

231 Bischof Ambrosius nennt Helena aufgrund der fragwürdigen Herkunft eine „Herbergswirtin" (Ambrosius, de obitu 42). Das Geburtsdatum ist aus Eusebius, Vita Constantini 4,53 erschlossen: Konstantin habe doppelt so lange gelebt wie Alexander und seine Zeit als Herrscher sei halb so lang gewesen wie seine Lebenszeit; Otto Seeck plädiert für 288 (Geschichte des Untergangs der Antiken Welt, ^{4}1921, Bd. 3, S. 436).

fahren der Inthronisierung eines Kaisers durch eine Heeresversammlung oder durch eine regional operierende Armee ist im dritten Jahrhundert üblich gewesen und hat die Macht des Staates de facto in die Hände einer beutelüsternen Soldatestka gelegt. Konstantin beginnt also seine Regierungszeit mit einem weiteren Makel: Er lässt sich, wie zu den unseligen Zeiten des dritten Jahrhunderts, von den Truppen einsetzen und ruiniert damit das Regierungssystem Diokletians, bevor dieses Zeit hat, sich im vierten Jahrhundert zu bewähren. Für die nächsten zwanzig Jahre wird nunmehr erneut der verderbliche Kreislauf von dynastischer Politik, Usurpation, Mord und Bürgerkrieg in Gang gesetzt.

Konstantin, der später den Beinamen „der Große“ erhalten wird,[232] ist mitten drin in diesem Getümmel. Er beansprucht seit seiner Erhebung zum Caesar im Jahre 306 den Augustus-Titel, kann ihn aber erst im Jahre 310 gewinnen. Damit ist er zwar Herrscher im Westteil des Reiches, muss die Macht im Reich aber mit anderen teilen.

---

232 Datum und Quelle der Zuordnung dieses Attributes ist, anders als bei Theodosius dem „Großen“, ungewiss. Heinz Bellen weist auf Praxagoras in Fragmente Griech. Historiker 219, 6 und 8 hin (Grundzüge, 2003, S. 51). Ähnlich B. Bleckmann, Zwischen Panegyrik und Geschichtsschreibung. Praxagoras und seine Vorgänger, 1999, S. 210. Unabhängig davon, wie zuverlässig die Berichte sind, bleibt festzuhalten: Der heidnische Historiker Praxagoras hätte sicherlich nicht einen *christlichen* Kaiser zum „Großen“ erhoben. Auch der heidnische Kaiser Julian zweifelt die „Größe“ Konstantins an (Ammanius Marcellinus 21,10,8). Wenn Praxagoras tatsächlich das Attribut „der Große“ verwendet haben sollte, dann müsste man schon alleine aus diesem Grunde Zweifel an der Christlichkeit Konstantins haben.

13 Marsch auf Rom (312)

Mitten in das wilde Chaos von Haupt-, Neben- und Unterkaisern schlägt eine Nachricht aus dem Kaiserpalast von Serdica (Sofia) ein: Der todkranke dienstälteste Kaiser Galerius,[233] angeblich bisher Christenfeind Nummer 1, ordnet am 30. April 311 im Namen der mitregierenden Kaiser die Anerkennung der christlichen Bewegungen als *religio licita* im Rahmen der alten römischen Ordnung an. Das Christentum, oder besser die christlichen Konfessionen, werden gleichberechtigt.[234]

Das Edikt sei nicht aus Mitleid mit den Christen erlassen worden, weiß der Kirchenhistoriker des vierten Jahrhunderts, Eusebius von Caesarea, zu vermelden, sondern Folge der Rache Gottes: Eine von Gott verhängte bösartige Krankheit habe Galerius ereilt, „welche an seinem Körper anhub und ihm schließlich ans Leben griff. Inmitten der Teile, die man nicht nennen mag, bildete sich plötzlich eine Erhöhung, sodann ein tiefliegendes, fistelartiges Geschwür. [...] Eine zahllose Menge von Würmern wuchs daraus hervor, und ringsum verbreitete sich Leichengeruch; denn die ganze Masse des Körpers hatte sich infolge der Völlerei schon vor der Erkrankung in einen Fettklumpen verwandelt, der nun faulte und seiner Umgebung einen

233 Zur Krankheit des Galerius: Laktanz, de mortibus persecutorum 33 u. 35; Eusebius, Kirchengeschichte 8,16,1 u. 4-5; Orosius 7,28,12. Nach Laktanz soll es Krebs gewesen sein (So auch Keil, Quellensammlung, 40/41).

234 Der Galerius-Erlass ist durch Laktanz in Latein und durch Eusebius in griechischer Übersetzung erhalten (Laktanz, de mortibus persecutorum 34; Eusebius, Kirchengeschichte 8,17,3-10). Das Edikt wurde im März oder April 311 erlassen; nach Laktanz, de mortibus persecutorum 35,1 wurde es am 30. April 311 in Nikomedien öffentlich angeschlagen. „Religio licita" ist kein Terminus technicus der römischen Rechtssprechung. Der Begriff wird erstmals bei Tertullian, apologeticum 21,1 erwähnt und umfasst die staatliche Duldung und den staatlichen Schutz der Religion. E. Schwartz nennt Konstantin als Urheber des Erlasses, was H. Grégoire als „äußerstes Extrem der Konstantinischen Legende" heftig bestreitet (Die „Bekehrung" Konstantins d.Gr., in: H. Kraft [Hrsg.], Konstantin der Große, S. 192).

unerträglichen und ganz schauerlichen Anblick bot.“[235] Die Story ist zwar nicht ganz logisch, denn diese fürchterliche Rache Gottes erfolgt ja *nach* der Verkündung des christenfreundlichen Erlasses, aber sei es drum, wir leben in der Zeit der Märtyerergeschichten, die von wahnhaften Quäl- und Leidenserzählungen nur so wimmeln.

Die Anerkennung des Christentums als *religio licita* gibt es nicht umsonst. Sie ist mit Auflagen verbunden. Die Christen werden aufgefordert, neben ihrem eigenen Heil auch das des Kaisers in ihre Gebete einzuschließen: „Daher wird es unserer Nachsicht entsprechend die Pflicht der Christen sein, zu ihrem Gott für unser Wohl, für das Wohl des Staates und für ihr eigenes zu beten, damit der Staat in jeder Hinsicht vor Schaden bewahrt bleibt und sie sicher in ihren Wohnungen leben können.“[236]

Bei der Lektüre des Edikts wird rasch klar, dass der greise Kaiser Galerius die Christen als Gesetzesbrecher ansieht, ihnen aber gleichwohl um des innenpolitischen Friedens willen die Hand reicht. Stil und Ton des Ediktes lassen eine pragmatische Duldung erkennen, die den christlichen Strömungen in einem ansonsten weitgehend heidnischen Staatsgebiet gemeinsam mit zahlreichen Religionsrichtungen gewährt wird, und die Absicht, die christlichen Bewegungen zur Bestandssicherung des Reiches einzubinden. So wie schon bisher die griechischen, germanischen und syrischen Gottheiten in den römischen Staatskult integriert worden sind, so soll der christliche Gott Teil des Staatskultes werden. Die Christen können nunmehr – wie alle anderen Konfessionen auch – zu Hause oder in der Gemeinde tun und lassen, was sie wollen, soweit sie nicht die Grundlage des Reiches, den religiösen Kult samt der sozialen, kulturellen und rechtlichen Ableitungen antasten. Mehr ist aus dem Edikt nicht herauszulesen.[237] Fünf Tage nach der

235 Eusebius, Kirchengeschichte 8,16.

236 Laktanz, de mortibus persecutorum 34. Vgl. dazu: Lippold, Die Historia Augusta, 1998, S. 248/249.

237 Der Archäologe Hans von Schönebeck legt mehr in den Text hinein und meint, der Erlass sei zur „Magna Charta des Christentums“ geworden (Beiträge zur Religionspolitik des Maxentius und Konstantin, Klio, Beiheft 43, 1939, ND ^{2}1967, S. 4). Eine enthusiastische Beurteilung, denn die „Magna Charta“ enthält keinerlei religiös-substanziellen Inhalt, geschweige denn eine Klärung der damals umstrittenen Gottesformel. Ruth Stepper kommentiert die Absicht des Galerius zurückhaltender: „Die Christen haben gegen die Gesetze und Regeln der römischen Religion verstoßen, fortwährend und ohne Anzeichen von Einsicht. Der Kaiser und Pontifex Maximus hatte jedoch unbedingt dafür zu sorgen, dass die religiösen Vorschriften eingehalten wurden“ (Augustus

Proklamation des Ediktes stirbt Kaiser Galerius, in einer „zahllosen Menge von Würmern“, wie wir von Eusebius erfahren haben.

Im Sommer des Jahres 312 nutzt Konstantin Schwierigkeiten seines in Rom residierenden Mitkaisers Maxentius, um zum Angriff auf die Alleinherrschaft im Westreich anzusetzen. Maxentius, obwohl „erster“ Kaiser im Westen, dennoch eher ein bewaffneter Lokalfürst der Stadt Rom, hat als Folge der Bekämpfung einer Rebellion in der Provinz Nordafrika die Steuerschraube anziehen müssen und kann nur mit Mühe die Lebensmittelversorgung Mittelitaliens sicherstellen. Um die Nordflanke zu sichern, aber auch um dem Angriff Konstantins zu begegnen, schickt er Teile der Elitearmee (Prätorianer) und einige kampfunerfahrene Truppenkontingente nach Norditalien, um dort strategische Positionen zu besetzen. Der Operationsplan wird von schlechten Vorzeichen begleitet: Unglücksvögel, eine Schar Eulen, beobachten von der Stadtmauer den Auszug des Heeres.[238] Maxentius selbst bleibt in Rom und befragt nach guter römischer Sitte die Sibyllischen Bücher, die eine beruhigende Auskunft zu geben scheinen: Der Feind Roms, so sagen die schlauen Bücher, werde untergehen.[239] Und lassen damit offen, wer der Feind Roms sei.

Konstantin überquert mit einem durch Germanen verstärkten kampferprobten Heer den Col de Mongenèvre, einen Alpenpass auf 1850 Meter Höhe, der die Po-Ebene mit dem mittleren Rhonetal verbindet, nimmt die oberitalienischen Städte Susa, Turin, Mailand und Verona und marschiert, offenbar ohne weitere Feindberührung, nunmehr im Zuge der Via Flaminia, der uralten Militärstraße von Rimini nach Rom, weiter in Richtung Rom.[240] Einen Tagesmarsch vor Rom, in dem verschlafenen Dörfchen Malborghetto, richtet Konstantin am 27. Oktober 312 sein letztes Lager ein.

Maxentius hat sich derweil mit seinem Hauptheer hinter der sechs Meter hohen Aurelianischen Mauer verschanzt, um den Ansturm der konstantinischen Truppen zu erwarten. Eine Entscheidung, die militärisch sinnvoll

---

et sacerdos, Stuttgart 2003). Ob die Christen tatsächlich „fortwährend“ gegen Gesetze verstoßen haben, mag bezweifelt werden. Auch dies ist Teil der christlich-kirchlichen Überlieferung, die den Löwenmut der Christen hervorhebt. Die Masse der Christen dürften vermutlich Zwitter gewesen sein, die sowohl *ihrem* Gott wie dem Staatskult dienten.

238 H. Lietzmann, Geschichte der Alten Kirche, ND 1999, S. 714.

239 Laktanz, de mortibus persecutorum 44,1.

240 Detaillierte Darstellung der Quellen und Kampfhandlungen in Oberitalien bei: W. Kuhoff, Diokletian und die Epoche der Tetrarchie, 2001, S. 898-900.

gewesen wäre, wenn Maxentius auf Entsatz durch fremde Truppen hätte hoffen können. Davon ist allerdings weit und breit nichts zu sehen. Zur Verstärkung der Verteidigung lässt Maxentius die Tiberbrücke Pons Mulvius (Milvische Brücke) unterbrechen und die Stadtmauern verstärken.

14 Vor der Schlacht an der Milvischen Brücke (312)

Im letzten Feldlager des konstantinischen Heeres in Malborghetto geschehen am 27. Oktober 312, unmittelbar vor der Schlacht, wunderbare Dinge. Konstantin, zu diesem Zeitpunkt noch nicht ein „Großer", immer noch Heide, was *naturellement* das Attribut „groß" ausschließt, hat eine Offenbarung, die durch einen Traum bestätigt und erläutert wird. Der christliche Gott, so die antiken Berichterstatter, hätte sich dem Kaiser durch ein Lichtzeichen am Himmel offenbart, ihm versichert, er werde „in diesem Zeichen" siegen und gleich auch noch eine Konstruktionsanweisung für ein neues, bisher in den christlichen Gemeinden nicht bekanntes Christus-Symbol übergeben, das verschlungene X und P, heute bekannt als die übereinander gelegten Anfangsbuchstaben des griechischen Namens „Christus". Zum Gedenken an die himmlische Offenbarung soll Konstantin oder einer seiner Verehrer einen mächtigen vierseitigen Triumphbogen errichtet haben, der die Kreuzung der Via Flaminia mit einer von Veji zum Tibertal führenden Straße überspannt und in Rudimenten heute noch zu sehen ist.

Konstantin, wir folgen immer noch den antiken Texten und den Interpretationen der meisten Althistoriker, wirft nunmehr, Stunden vor der Schlacht, den Glauben an die alten Götter über Bord und vertraut sich dem neuen Schlachtengott Christus an. Denn, so erkennt der Frankfurter Althistoriker Manfred Clauss, Konstantin habe „ein zusätzliches Stimulans für sich und seine Truppen" benötigt.[241] Zwar macht das keinen theologischen Sinn, da Jesus sich ursprünglich einen Ruf als Verkünder der Feindesliebe und nicht als stimulierender Kriegsgott erworben hat – „da sprach Jesus zu Petrus: Stecke dein Schwert in die Scheide" (Joh. 18,10-11) – aber sei's drum, Konstantin erhält einen göttlich-christlichen Freibrief zum großen Schlachten.

241 M. Clauss, Der Kaiser und sein wahrer Gott, 2010, S. 37.

14.1 Träume, Visionen und Symbole vor der großen Schlacht

Konstantin erfreut sich also, anders als sein unbequemer Konkurrent und Gegner Maxentius, ungeteilter Unterstützung durch den gesamten Götterhimmel: Zunächst sorgen die heidnischen Götter Sol, Jupiter, Mars und Victoria dafür, dass Konstantin alle Schlachten zwischen Rhein und Po-Ebene gewinnt.[242] Anschließend ermuntert der christliche Gott, wie wir gesehen haben, Konstantin zur Entscheidungsschlacht vor den Toren Roms. Und weil sich sein verruchter Gegner Maxentius hinter der sechs Meter hohen aurelianischen Mauer verschanzt, zieht Gott den Nebenbuhler, an Ketten gefesselt, aus der Stadt heraus (Eusebius), so dass schließlich – wer wollte daran zweifeln? – Konstantin, von himmlischen Heerscharen unterstützt (Nazarius) – die Schlacht und damit die Macht über Rom gewinnt.

Von all diesen hilfreichen Wundern haben in der historischen Forschung allerdings nur die göttlichen Zeichen, gleich ob im Traum oder am Himmel erschienen, Bestand. Der Rest der Kriegsberichte, die Ketten und das himmlische Ersatzheer, werden von der Forschung nicht weiter erwähnt, obwohl deren Wahrheitsgehalt grundsätzlich nicht geringer zu bewerten ist als der der himmlischen Zeichen. Die Leitartikel zur „Schlacht an der Milvischen Brücke“ werden von zwei Kirchenschriftstellern geschrieben: Laktanz und Eusebius, beide Zeitzeugen des Geschehens am 27. und 28. Oktober 312. Ihre Kriegsberichte und ihre eingehende Schilderung der Visionen und Träume Konstantins sind *die* Belege für die Konversion des Kaisers zum Christentum. Laktanz und Eusebius müssen daher in einer kritischen Auseinandersetzung mit der Religiosität Konstantins als wichtigste Zeugen ganz vorne platziert werden.

242 Die Annahme des Professors für katholische Theologie, Heinrich Schroers, Konstantin habe sich bereits lange vor der Schlacht dem christlichen Gott zugewendet (Konstantins d.Gr. Kreuzerscheinung, 1913, S. 34-35), stützt sich auf eine hypothetische, angreifbare Interpretation der eusebischen Schilderung. Die ansonsten sehr gründliche Analyse der Kreuzvisionen leidet ganz erheblich daran, dass eine ausschließlich eusebische Textinterpretation erfolgt. Parallele Befunde numismatischer, archäologischer und historischer Art fließen ebenso wenig in das Urteil ein wie Kenntnisse über den paganen Monotheismus der damaligen Zeit und die Ergebnisse der Symbolforschung.

Laktanz und das Christus-Monogramm

Alles beginnt mit Laktanz (um 250-325), einem offenbar gelehrten Mann christlichen Glaubens, der trotz seiner umstrittenen Position zur Natur Jesu[243] von späteren Generationen zum „Kirchenvater" ernannt wird. Laktanz wird um das Jahr 284 von dem heidnischen Kaiser Diokletian, dem angeblichen Christenverfolger *par excellence*, als Rhetoriklehrer in die Residenzstadt Nikomedia berufen und um 315 von Kaiser Konstantin zum Erzieher seines achtjährigen Sohnes Crispus am Trierer Hof ernannt. In dieser Zeit könnte Laktanz theoretisch die Gelegenheit gehabt haben, Konstantin in die Grundsätze des Christentums einzuführen.[244] Der Historiker und Archäologe Josef Steinhausen folgert daher, „die Wahl des Laktanz zum Prinzenerzieher [durch Konstantin] bedeutete die Festlegung der christlichen Tendenz des Kaiserhauses".[245] Diese kühne Hypothese wäre nur dann stichhaltig, wenn auch im Hause Diokletian eine „christlichen Tendenz" zu beobachten gewesen wäre. Denn dieser hat ja Laktanz ebenfalls engagiert, obwohl er ein fanatischer Christenverfolger gewesen sein soll. Aus der Tatsache, dass Laktanz zum Hauslehrer für Latein und Griechisch an den kaiserlichen Hof berufen wird, kann man also bestenfalls ableiten, dass Laktanz einen so guten Ruf als Gelehrter genießt, dass er von *jedem* Kaiserhaus gerne berufen wird.

Laktanz verfasst verschiedene Schriften, u. a. eine kleine Schrift *De mortibus persecutorum – Von den Todesarten der Verfolger*, in der er die Leidens- und Todesgeschichten von zehn römischen Kaisern erzählt, die Christen besonders ausgiebig verfolgt haben sollen. Das propagandistische Werk stellt römische Kaiser in denkbar schlechtem Licht dar, wurde aber

---

243 E. DePalma Digeser geht davon aus, dass Laktanz nicht scharf zwischen paganem und christlichen Monotheismus unterscheidet (Lactantius, 1996). Zu diesem Zeitpunkt dürfte L. noch kein klares Bild vom „Gottessohn" gehabt haben, da dieser erst 325 als solcher dogmatisiert wurde. Vgl. auch J. Walter, Pagane Texte und Wertvorstellungen bei Lactanz, Hypomnemata, Band 165, 2006. Walter untersucht in seiner Arbeit, wie Laktanz heidnische Texte und Wertvorstellungen („kunstvolles Netz", S. 327) für die Vermittlung christlicher Vorstellungen verwertet.

244 E. DePalma Digeser, Lactantius and Constantine's Letter to Arles: Dating the Divine Institutes, in: Journal of Early Christian Studies, Vol. 2, Number 1, 1994, S. 32-52.

245 J. Steinhausen, Hieronymus und Laktanz in Trier, Trierer Zeitschrift für Geschichte und Kunst des Trierer Landes 20, 1951, S. 129.

wegen eines Traumes Konstantins im Oktober 312, kurz vor der Schlacht an der Milvischen Brücke, berühmt: „Konstantin ward im Traume ermahnt, das himmlische Zeichen Gottes [*caeleste signum dei*] auf den Schildern anbringen zu lassen und so die Schlacht zu beginnen. Er kommt dem Befehle nach, und indem er den Buchstaben X waagerecht legte/durchkreuzt und die oberste Spitze umbog, zeichnete er Christus auf die Schilde. Mit diesem Zeichen gewaffnet, greift das Heer zum Schwert."[246] Es handelt sich also noch nicht um die berühmte Offenbarung Gottes „In diesem Zeichen wirst Du siegen", deren Berichterstattung einem späteren Autor, dem christlichen Bischof Eusebius, vorbehalten bleibt. Vielmehr geht es um das christliche Symbol Chi-Rho (XP), das Christogramm, das Gott dem Heiden Konstantin erklärt haben soll. Warum Gott dazu einen Heiden auserwählt und nicht den Bischof von Alexandria oder Antiochia, bleibt uns verborgen.

Nun sind Traumerlebnisse in der Antike nichts Ungewöhnliches. Sie werden, gleich ob tatsächlich erfahren oder geschwindelt, zu allen Zeiten mit dem Ziel eingesetzt, Eigeninteressen durchzusetzen und der Öffentlichkeit eine scheinbar kosmisch abgesicherte Botschaft zu übermitteln. Träume und ihre Publizierung sind Propagandamittel und haben den gleichen Bezug zur Realität wie Peterchens Mondfahrt zum Erdtrabanten. Der Kaiser berichtet entweder selbst von seinem Traum oder nutzt Dritte, um wichtige Inhalte zu verbreiten. Dies geschieht in Gesprächen oder durch Ausstreuen von Gerüchten, auch in Flugschriften und Autobiographien, nicht zuletzt in bildlicher Umsetzung der Traumbotschaft. Ein Traum Konstantins ist also als solcher nicht besonders neu oder aufregend.

Laktanz bettet den Traum in eine historische Umgebung ein, die das ganze Traumkapitel 44 als oberflächlich recherchiert ausweist. Er verlegt den Tag des Regierungsantritts Maxentius' auf den 27. Oktober, während Maxentius tatsächlich am 28. Oktober 306 zum Augustus ausgerufen wird. Er lässt den Kaiser im Jahre 312 das fünfjährige Regierungsjubiläum feiern, obwohl Maxentius bereits seit sechs Jahren regiert.[247] Im Widerspruch zu den Geschehnissen siegen zunächst die Truppen des Maxentius und erst nachdem Maxentius sich selbst an die Spitze der Truppen setzt, verlieren diese. Offenbar sind dem Autor die historischen Gegebenheiten weniger wichtig, wichtiger scheinen ihm das Versagen des Maxentius als Heerführer, der schreckliche Tod des Christenverfolgers und „die Hand Gottes",

246 Laktanz, de mortibus persecutorum 44.

247 Die beiden Panegyrici der Jahre 313 und 321gehen richtig von sechs Regierungsjahren aus.

die „über dem Schlachtfeld waltet“, zu sein. So ist der Text des Laktanz nicht nur wegen des kosmischen Geschehens, sondern auch hinsichtlich der historischen Angaben, wie auch mit Blick auf die tendenzielle Berichterstattung, auch wegen seiner holzschnittartig groben Darstellung der nicht-göttlichen Ereignisse höchst fragwürdig.

Der Traum selbst enthält offenkundig zwei Abschnitte: Im ersten Abschnitt, gebildet durch den ersten Satz, ist das „himmlische Zeichen Gottes“ eine deutungsoffene Erscheinung und nicht wie der Historiker Joseph Vogt ziemlich überraschend meint, eine Illustration, bei der man „nach dem Sprachgebrauch der Zeit an das Kreuz denken“ müsse.[248] Ab dem zweiten Satz wechselt Laktanz unvermutet die Argumentations- und Handlungsebene. Konstantin kommt als Akteur ins Spiel, der das „himmlische Zeichen“ ohne nachvollziehbaren inneren oder logischen Zusammenhang in ein christliches Signum überführt. Er legt, so der abenteuerliche Bericht, das Zeichen als ein abstraktes Christus-Zeichen aus, als ein griechisches „X“, dem ersten Buchstaben des griechischen Wortes für Christus. Dreht man dieses „X“ um 45°, so entsteht ein liegendes „X“, das, mit einem senkrecht geführten Strich versehen, einen sechsstrahligen Stern ergibt, der schon seit Jahrhunderten als Symbol der Sonne/des Lichtes in der paganen Kultur gebräuchlich ist.[249] Nun soll Konstantin eine Spitze des gedrehten und/oder mit einem Senkrechtstrich versehenen „X“ nach rechts zu einem Kreis gebogen haben und schon hat er das Christus-Monogramm „XP“. Klingt einfach, oder?

Diese bisher im christlichen Alltag noch weitgehend unbekannte, hochabstrakte künstlerische Kreation eines verschlungenen P und X, angeblich gebildet aus den Anfangsbuchstaben des griechischen Wortes „Christus“, verursacht unter den Althistorikern und Kirchengeschichtlern mancherlei

248 J. Vogt, Die Konstantinische Frage, in: Kraft (Hrsg.), Konstantin der Große, 1974, S. 363. Vgl. auch A. Alföldi, Hoc signo victor eris, 1939, in: Kraft, (Hrsg.), Konstantin der Große, 1974, S. 238.

249 Detaillierte Beweisführung für den heidnischen Ursprung bei Gardthausen, Das Alte Monogramm, 1924, 75-107 und Anhang. Aland übersetzt den Passus „transversa X littera“ mit „senkrecht stellen“ (Bemerkungen zum Alter und zur Entstehung des Christogrammes anhand von Beobachtungen bei P66 und P75 in: Ders., Studien zur Überlieferung des Neuen Testaments und seines Textes, 1967, S. 176). Zur Diskussion und zur Interpretation des „X“ vgl. R. Egger, Das Labarum. Die Kaiserstandarte der Spätantike, 1960, S. 4-5.

Diskussion.[250] Die Mehrheit der Althistoriker zweifelt die literarisch-historische Authentizität der neuen Christus-Formel nicht grundsätzlich an und schließt sich dem Urteil Rudolf Eggers an: „Die Gestalt des Zeichens, das Laktanz meint, ist die Kombination von X und P.“[251] Und da die Welt mit dem neuen Christogramm noch nichts anzufangen weiß, phantasiert Egger ohne jeden Beleg: Die „unverständlichen Zeichen“ seien vor der Schlacht durch „tüchtige Unteroffiziere“ den Soldaten, die die „griechischer Buchstaben nicht kannten“, vereinfacht erklärt worden, so dass diese lediglich die römische Zehn (X) und die römische Eins (I) malen brauchten. Das ergibt zwar nur ein Sternsymbol, bekannt als das Symbol des Sonnengottes, aber mit Hilfe der konstantinischen Biegung und mancher gedanklicher Beugung kann man das Zeichen auch als „XP“ interpretieren. Im Übrigen kann der mit den antiken Gebräuchen nicht so vertrauten Leser feststellen, dass es den römischen Soldaten offenbar gleichgültig gewesen ist, welche Inschriften und Symbole sie auf den Schilden führen.

Der Althistoriker Joseph Vogt, dessen Arbeiten über Konstantin jahrzehntelang als Standardwerke galten, der sich dabei aber in theologisch-christlichen Begründungsexkursionen verliert, Konstantin unterstellt, er habe „sich als Knecht Gottes“ gefühlt, und ohne Scheu von der „wunderbaren Selbstentfaltung des Christentums“ und von der „Verkehrtheit“ der übrigen nichtchristlichen Religionen spricht,[252] meint zum Traumgeschehen, man müsse „nach dem Sprachgebrauch der Zeit an das Kreuz denken“[253]. Diese Interpretation ist aus verschiedenen Gründen schlicht auszuschließen. Erstens, weil – wie wir noch im nachfolgenden Abschnitt sehen werden – das Kreuz zu dieser Zeit noch kein christliches Symbol ist, folglich auch nicht im „Sprachgebrauch“ sein kann. Zweitens, weil das „himmlische Zeichen Gottes“ vielfach interpretiert werden kann. Es muss noch nicht einmal ein Symbol Gottes sein, gleich ob Jupiter, Sol oder christlicher Gott, sondern kann auch ein beliebiges außergewöhnliches Zeichen sein, interpretiert als ein Zeichen *von* Gott. Nunmehr wirft Vogt einen Blick in

250 So meint L. Jeep, Laktanz müsse so interpretiert werden, dass das „himmlische Zeichen“ nicht ein „X“, sondern ein „+“ gewesen sei (Historisch-Philosophische Aufsätze für Ernst Curtius, 1884, S. 85-86).

251 R. Egger, Das Labarum. Die Kaiserstandarte der Spätantike, 1960, S. 6.

252 J. Vogt, Constantin der Große und sein Jahrhundert, 1949, S. 83, 193 u. a.

253 J. Vogt, Die Konstantinische Frage, in: Kraft (Hrsg.), Konstantin der Große, 1974, S. 363. Vgl. auch A. Alföldi, Hoc signo victor eris, 1939 in: Kraft, (Hrsg.), Konstantin der Große, 1974; S. 238.

die Tiefe der konstantinischen Seele und erkennt, das Christogramm sei von Konstantin „aufgerichtet“ worden, das Christogramm habe für Konstantin einen Sinn gehabt, aber „nicht für die Welt“.[254] Der französische Althistoriker Paul Veyne pflichtet bei und erkennt, das Zeichen sei von Konstantin „erfunden“ worden.[255]

Soweit zur Sachlage, zum Traum Konstantins, zur Offenbarung Gottes und zu den Berichten des Laktanz vom Christogramm.

Eusebius und die Kreuzlegende

Der zweite Autor, Eusebius, erwähnt in seiner *Kirchengeschichte* weder eine Vision, noch ein Kreuz, noch eine Christuserscheinung. Konstantin habe vor der Schlacht lediglich gebetet.[256] Wenn man bedenkt, welche Stellung Eusebius, Bischof von Caesarea, schon im Jahre 324/325, dem Jahr der Publikation der *Kirchengeschichte*, hatte und wie sich Eusebius bemüht, mit alttestamentarischen Vergleichen das Christentum in die Historie einzubeziehen, dann fällt das Fehlen jeder konkreten Angabe zur *christlich*-göttlichen Hilfe auf. Dieses Schweigen lässt eigentlich nur einen Schluss zu: Eusebius wagt in den Jahren 324/325 noch nicht, öffentlich einen direkten Vergleich zwischen Konstantin und Christus zu ziehen, weil er fürchten muss, den Kaiser zu vergrätzen. Wenn diese Hypothese schlüssig ist, dann ist die in der *Kirchengeschichte* eingeschobene Passage über eine Bildsäule, die Konstantin angeblich unmittelbar nach seinem Sieg über Maxentius hat errichten lassen – „mit dem Siegeszeichen des erlösenden Leidens“ (Kreuz) in der rechten Hand – gefälscht. Darüber werden wir im Zusammenhang mit der Frage, ab wann eigentlich das Kreuz als christliches Symbol überliefert ist, noch zu sprechen haben.

Die eigentlichen Visions-Geschehnisse werden erst Jahrzehnte nach dem Ereignis in einem anderen Werk, der *Vita Constantini*, detailliert beschrieben: „Um die Stunde der Mittagzeit, da sich der Tag schon neigte, habe er, so sagte der Kaiser, mit eigenen Augen oben am Himmel über der Sonne das Siegeszeichen des Kreuzes, aus Licht gebildet, und dabei die Worte gesehen: ‘Durch dieses Zeichen siege!’ [...] Da habe sich ihm nun im Schlafe der Christus Gottes mit dem am Himmel erschienenen Zeichen

254 J. Vogt, Die Bedeutung des Jahres 312 für die Religionspolitik Konstantins des Großen, in: Kraft (Hrsg.), Konstantin der Große, 1974, S. 267.

255 P. Veyne, Als unsere Welt christlich wurde (312-394), 2008, S. 180, 7.

256 Eusebius, Kirchengeschichte 9,9.

gezeigt und ihm aufgetragen, das am Himmel geschaute Zeichen nachzubilden und es bei seinen Kämpfen mit den Feinden als Schutzpanier zu gebrauchen.“ Daraufhin, so berichtet Eusebius weiter, sei „ein langer goldüberzogener Lanzenschaft [gefertigt worden, der] trug eine Querstange und hatte somit die Gestalt des Kreuzes; am oberen Rande des Ganzen war ein kunstvoll geflochtener Kranz aus Gold und Edelsteinen befestigt, in dem das Zeichen für den Namen des Erlösers angebracht war, zwei Buchstaben, die als Anfangsbuchstaben den Namen Christi bezeichneten, indem das P in der Mitte durch das X gekreuzt wurde“.[257]

Damit verfügt der Historiker nunmehr über zwei unterschiedliche Visionsdarstellungen: Eine von Laktanz, der zunächst lediglich von einem „himmlischen Zeichen“ im Traum spricht und es dann Konstantin überlässt, daraus ein christliches „XP“ zu schmieden. Und eine zweite von Eusebius, der erstmalig das Kreuzsymbol als kaiserliches Emblem in die Diskussion einführt, das dann zum Christogramm mutiert und in einer weiteren Steigerung als Heeresfahne (Labarum) den Truppen vorangetragen wird.

Damit bricht die Stunde der christlichen Symbole und die Hoch-Zeit althistorischer Deutungen an und Rudolph Leeb, Professor für evangelische Theologie, verbringt 1992 viel Zeit damit, mit Hilfe der eusebischen *Vita Constantini* und unter Inbeschlagnahme aller Arten von Kreuzformen die Authentizität der „heilbringenden Zeichen“ zu belegen.[258]

Kritische Untersuchung: Die Meinung der Symbolforschung

Christliche Symbole – im Falle der Konstantinforschung also das Kreuz und das Christogramm – spielen in der Konstantinforschung eine herausra-

257 Eusebius, Vita Constantini 1,28-32. Wann und wo Konstantin das Lichtzeichen gesehen hat, ob auf dem Marsch nach Rom oder unmittelbar vor der Schlacht, ist für diese Untersuchung nicht von Belang (Bleckmann spricht von einer mehrstufigen Vision; Eusebius, 2007, S. 56). Auffallender ist dagegen der nicht nachvollziehbare Sprung in der eusebischen Schilderung von einem „Kreuz“ zum „XP“ (= Christogramm). Dieser Schwenk wird in der Forschungsliteratur diskutiert (Girardet, Cameron/Hall, Bleckmann), aber die Argumente wirken alle weit hergeholt. Die Hypothese, ob die wirre Visionsgeschichte im Laufe der Überlieferung ergänzt und verändert worden ist, so dass sie am Ende die ursprüngliche Einfachheit verlor, wird nicht geprüft.

258 R. Leeb, Konstantin und Christus, 1992, S. 110f.

gende Rolle. Gleich ob die Visionen Konstantins am Vorabend der Schlacht an der Milvischen Brücke am 28. Oktober 312, gleich ob das angebliche Bekenntnis des Kaisers auf einer Silbermünze von 315, gleich ob Kreuzzeichen auf Münzen oder ein angebliches Kreuzszepter der Konstantin-Statue oder die Grablege Konstantins in einer „Kreuzkirche", die christlichen Symbole stehen im Mittelpunkt der Konstantinforschung. Und wie immer, wenn es um religiöse Grundsatzpositionen geht, wird dabei in die Debatte viel Spekulatives und Weltanschauliches eingeflochten, und so kann es nicht verwundern, dass der Streit mit großem Engagement geführt wird.

Bemerkenswert ist dabei, dass nahezu alle Konstantin-Autoren des 20. und 21. Jahrhunderts versäumen, die Forschungsgeschichte über die Entstehung und Überlieferung besagter christlicher Symbole in die Analysen zu integrieren.[259] Eine schwer wiegende Unterlassung, denn es könnte ja sein, dass die Symbole in dieser Zeit des Überganges von einer heidnischen Umgebung in eine synkretistisch-christliche noch nicht als christliche Zeichen bekannt oder anerkannt sind. Diese Abstinenz der Nachkriegs-Althistoriker von bedeutenden Forschungsergebnissen ist um so überraschender, da das Thema nicht neu ist. Denn seit Anfang des 20. Jahrhunderts gibt es eine ausführliche Diskussion zu Herkunft und Besonderheiten der christlichen Symbole und Monogramme. Die Diskussion ist zwar in Form einer hoch spezialisierten Fachdiskussion geführt worden[260] und hat vermutlich des-

259 J. Bleicken ist wohl der einzige Nachkriegs-Historiker, der – wenngleich kurz – auf die Symbolforschung hinweist und seine Zweifel an der christlichen Interpretation der Symbole anmeldet (Constantin der Große und die Christen, 1992, S. 33).

260 An erster Stelle sei das gründliche Werk von V. Gardthausen, Das Alte Monogramm, 1924, ND 1966, genannt, das wohl quellenmächtigste Werk über die christliche Symbolik. Daneben ist hervorzuheben: Donat de Chapeaurouge, Einführung in die Geschichte der christlichen Symbole, ^{2}1987. Verstreute Informationen finden wir bei: F.J. Dölger, ICHTHYS, das Fischsymbol in frühchristlicher Zeit, Suppl. der Röm. Quartalschrift 1910; E. Kirschbaum (Hrsg.), Lexikon der christlichen Ikonographie, 1968-1976; G. Ladner, Handbuch der frühchristlichen Symbolik 1992; W. Wischmeyer, Christogramm und Staurogramm in den lateinischen Inschriften altkirchlicher Zeit, in: C. Andresen/G. Klein (Hrsg.), Theologia Crucis – Signum Crucis. Festschrift für Erich Dinkler, 1979, S. 539f.; L.W. Hurtado, The earliest Christian Artifactas, 2006; E. Dinkler, Signum Crucis, Aufsätze zum Neuen Testament und zur christlichen Archäologie, 1967; ders., Zur Geschichte des Kreuzsymbols, Zeitschrift für

halb bis heute weder einen sichtbaren Anschluss an die althistorische Diskussion noch einen mehr als oberflächlichen Eingang in die großen, für diese Thematik relevanten Nachschlagewerke gefunden,[261] dennoch *muss* in einer solch wichtigen Frage die Symbolforschung konsultiert werden.

Als Folge dieses Verzichtes gehen nahezu alle Autoren althistorischer Werke davon aus, dass die Kreuzsymbole und Monogramme zur Zeit Konstantins als christliche Zeichen zu interpretieren und allgemein als solche bekannt gewesen sind. Andreas Alföldi gilt als Trendsetter dieser Richtung. Er glaubt 1932, die christliche Symbolik erkennen zu können, denn das „X" sei „die einfachste Bezeichnung des Namens Christ" gewesen und „oft als christliches Symbol auf Münzen und Medaillen" der konstantinischen Zeit vorgekommen.[262] Die These ist angesichts des Fehlens von Belegen nicht nur angreifbar, sondern auch sachlich falsch. Denn bei dem „X" auf den konstantinischen Münzen, so wendet Konrad Kraft 1974 völlig richtig ein, handelt es sich lediglich um ein Schmuckmotiv.[263] Ähnlich äußert sich, im Einklang mit der numismatischen Forschung, letztmalig das Staatliche

---

Theologie und Kirche 48, 1951, S. 148-172; G. Baudler, Das Kreuz, 1997; W. Menzel, Christliche Symbolik, 2 Bde., 1856; K. Aland, Bemerkungen zum Alter und zur Entstehung des Christogrammes anhand von Beobachtungen bei P66 und P75, in: Ders., Studien zur Überlieferung des Neuen Testaments und seines Textes, 1967; O. Doering, Christliche Symbole, 1940; R. Egger, Das Labarum, die Kaiserstandarte der Spätantike, in: Österreichische Akademie der Wissenschaften, Phil.-Hist. Klasse, Sitzungsberichte, Bd. 234, 1960, S. 3-26; H.G. Thümmel, Die Wende Konstantins und die Denkmäler, in: Die Konstantinische Wende, hrsg. von E. Mühlenberg, 1998, S. 144-185. Von der althistorischen Seite haben sich Grégoire, Die „Bekehrung" Konstantins des Großen und J. Bleicken, Konstantin der Große und die Christen. Überlegungen zur Konstantinischen Wende, S. 26-28, um Aufklärung bemüht.

261 Das Handbuch der Ikonographie (Darmstadt 2005), das „Lexikon für Theologie und Kirche" (Freiburg 1994), das Reallexikon für Antike und Christentum (Stuttgart 1954), das Handwörterbuch für Theologie und Religionswissenschaft (Tübingen [4]1999), das Lexikon der Ikonographie (Leipzig 2007), das Wörterbuch der christlichen Ikonographie (Regensburg 2004) und das Lexikon der Symbole (Kretschmer 2008) geben keine brauchbare und historisch verwertbare Hilfe bei der Suche nach der Christlichkeit der Symbole.

262 A. Alföldi, The Initials of Christ, in: Journal of Roman Studies 1932, S. 9-23.

263 K. Kraft, Das Silbermedaillon Konstantins des Großen mit dem Christus-Monogramm auf dem Helm, in: K. Kraft (Hrsg.), Konstantin der Große, 1974, S. 312.

Münzkabinett Berlin: Die auf den Münzen geprägten „x" oder „+" seien Beizeichen der Prägeanstalten zur Identifizierung unterschiedlicher Münzemissionen ohne jeglichen religiösen Bezug.[264]

Meist wird allerdings vermieden, sich hinsichtlich des Ursprungs und des Werdegangs der beiden christlichen Symbole überhaupt festzulegen. Stattdessen wird die Flucht ins Ungefähre angetreten: Das Kreuz sei zur Zeit der konstantinischen Vision „epigraphisch nur selten überliefert, wenngleich sehr alt" und „bekannter sei das Christus-Monogramm", meint in diesem Sinne Ernst Dassmann.[265] Belege, Daten und Fakten werden nicht geliefert, so dass der Leser mit der Frage allein gelassen wird, wie „selten", „bekannter" und „sehr alt" zu interpretieren sind. Im Allgemeinen wird jedoch überhaupt nicht nachgefragt und schlicht davon ausgegangen, dass bereits zu Beginn des vierten Jahrhunderts das Kreuz und das Christogramm als christliche Symbole ausreichend weit verbreitet gewesen sind.

Wir müssen uns also der Symbolforschung, genauer der Monogramm- und Kreuzforschung, widmen und versuchen, die Ergebnisse dieser Arbeiten in die konstantinische Welt zwischen 312 und 337 einzufügen. Und da alle Sternsymbole, Kreuzzeichen und XP-Ligaturen bereits in vorchristlicher Zeit nachweisbar sind, ist es für den Nachweis einer „Bekehrung" Konstantins von herausragender Bedeutung, ob es gelingt, die von Laktanz und Eusebius erwähnten Zeichen und Symbole eindeutig als *christliche* Symbole zu identifizieren. Gelingt der Nachweis nicht, dann stehen die Visions-Texte mit christlicher Konnotation von Laktanz und Eusebius unter dem Generalverdacht der späteren *interpretatio christiana* in klösterlichen Schreibstuben. Dann können diese Symbole auch als heidnische Zeichen interpretiert werden. Dann bricht ein tragender Stein aus der Konstantinforschung heraus.

264 Vgl. dazu den öffentlichen Kommentar des Münzkabinetts der Staatlichen Museen Berlin zu diesen Münzen (Einsicht im Münzkabinett Bodemuseum Oktober 2008). Das Berliner Münzkabinett im Bode-Museum ist eine der größten numismatischen Sammlungen weltweit. R. Pudill glaubt, das „+" sei als ein Symbol der Sonne (Sonnenrad) zu verstehen (Die Götter Roms und der Weg zum Christentum, 2006, S. 30).

265 E. Dassmann, Kirchengeschichte II/1. Konstantinische Wende und spätantike Reichskirche, 1996, S. 24.

1. Das Christogramm (Chi-Rho oder XP-Symbol)

Das XP-Symbol hat hellenistische und orientalisch-heidnische Vorläufer. Der Paläograph und Althistoriker Victor Gardthausen untersucht 1966 die Überlieferung der XP-Ligatur in einer sorgfältigen und detailreichen Studie[266] und liefert eine Fülle von Belegen für den heidnischen Ursprung. Er verweist auf den mehrstrahligen Stern mit darüber gesetztem Diskus der Sonne, in Abwandlung des Vollkreises auch mit einen rechts oder links orientierten Halbkreis, als ein „uraltes Symbol des Orients" und belegt, dass das Kreuz/Stern-Monogramm mit dem nach rechts geöffneten Halbkreis im „alten Orient als Urquell allen Lebens verehrt" wird. Er zitiert zahlreiche Beispiele für die Verwendung der XP-Ligatur in vorchristlichen Inschriften und auf ägyptischen und griechischen Münzen, so dass die heidnische Herkunft als Kreuz- oder Sternmonogramm mit aufgesetztem Halb- oder Vollkreis als gesichert gelten kann.

Inge Schwarz-Winklhofer und Hans Biedermann unterstützen 1972 Gardthausen: „Das Monogramm [ist] sicher vorchristlichen Ursprungs. Es erscheint bereits auf attischen Tetradrachmen, auf Münzen der Ptolemäer und auf einer der Isis geweihten Inschrift 137/138 v.Chr."[267] W.O. Moeller zitiert 1973 zahlreiche Quellen und Belege für den vorchristlichen Ursprung des „XP" und verweist seinerseits auf H.R. Engler, der das „XP" in allen Varianten als eine Kombination von Sonne und verschiedenen solaren Kreuzen belegt.[268] Der schottische Neutestamentler Larry W. Hurtado weist im Jahre 2006 auf die vorchristliche Verwendung des „XP" als Abkürzung für XPONOS, den Vater des Zeus, und für andere Begriffe hin.[269] Und der Münchner Kunsthistoriker Johannes Deckers belegt noch im Jahre 2007, dass das „XP" „spätestens seit hellenistischer Zeit als Monogramm für Namen", die mit diesen beiden Buchstaben beginnen, verwendet worden sei.[270] Ähnlich hatte sich bereits Adolf Harnack 1906 geäußert, der in „Mission und Ausbreitung des Christentums" den „längst bestehenden Argwohn"

266 V. Gardthausen, Das Alte Monogramm, 1924/1966, S. 77-83 und Anlage.

267 I. Schwarz-Winkelhofer/ H. Biedermann, Das Buch der Zeichen und Symbole, 1972, S. 76.

268 W.O. Moeller, The Mithraic origin and meanings of the rotas-sator square, 1973, S. 8, Fußnote 2.

269 L.W. Hurtado, The earliest Christian Artifacts, 2006, S. 137. Hurtado bringt gleichermaßen Beispiele für die vorchristliche Verwendung des Tau-Rho = Staurogramm (S. 138).

270 J. Deckers, Die frühchristliche und byzantinische Kunst, 2007, S. 27.

bestärkt sieht, dass „das Christus-Monogramm fremden Ursprungs ist".[271] Die Experten lassen also kaum Raum für Zweifel, dass das „XP" eine vorchristliche solare Vergangenheit hat. Eine „Erfindung" durch Konstantin (Veyne) im Jahre 312 war also nicht vonnöten.

Natürlich bricht die Überlieferung des Stern/Sonnen-Symbols mit dem Aufkommen des Christentums nicht ab. Das Symbol, gleich ob mit oder ohne Sonnendiskus, ist auch in der Zeit des frühen Christentums als heidnisches Zeichen nachweisbar und wird sogar, wie Victor Gardthausen belegt, von den Christen als Symbol des Lichtes übernommen. Dagegen ist das „XP" als christliches Namenskürzel weder in Form einer verschlungenen Ligatur noch als Kürzel für XPICTOC noch als *nomen sacrum* in den frühen Textfragmenten des Neuen Testamentes nachweisbar. Das Symbol wäre auch in der Form „XP" bis in das vierte Jahrhundert ein Anamalon gewesen, denn im frühen vierten Jahrhundert werden nicht die ersten beiden Buchstaben als Kürzel verwendet, wie beim späteren Christogramm, sondern der erste und letzte. Der letzte Buchstabe ist wichtig, um den grammatischen Status des Wortes ermitteln zu können.[272] Der griechische Name für Christus wird folglich zu Beginn des vierten Jahrhunderts im Nominativ XPC, im Genitiv meist XY, im Dativ XW und im Akkusativ XPN abgekürzt. Erst im Laufe des vierten Jahrhunderts wird diese Abbreviatur, besonders in der künstlerischen Darstellung, durch die bekannte Zwei-Buchstaben-Abkürzung ersetzt.

Wann die Umwandlung des heidnischen Sternsymbols in eine verschlungene *christliche* XP-Ligatur und wann die Umformung in die spätere Zwei-Buchstaben-Abbreviatur unter Vernachlässigung des letzten Buchstabens erfolgt, ist nicht ermittelbar. Ebenso wenig ist die Frage beantwortbar, ob das spätere christliche XP-Christogramm in Wahrheit nur Ergebnis der Übernahme der Sonnen/Licht-Signatur in den christlichen Sprachgebrauch ist und die heute gängige Erklärung, das „XP" sei eine Abkürzung des griechisch geschriebenen Christus, lediglich nachgeschoben worden ist. Die zahlreichen Sonnen/Licht-Metaphern, die wir im Christentum (und in der

271 Zit. von Gardthausen, der sich auf Harnacks 2. Auflage der *Mission*, 1906, S. 312 bezieht.

272 Das Papyrus p46 (2. Jahrhundert) zeigt als eines der ersten frühchristlichen Dokumente die *nomina sacra* in Form einer 2/3-Buchstaben-Kombination, dargestellt durch den Anfangsbuchstaben und 1 oder 2 Endbuchstaben ς,υ,ν,οι, ι und c (z. B. in ιησους, χριστος, θεος, ανθρωπος, πατερ, ματερ, πνευμα). Vgl. Larry W. Hurtado, The earliest Christian Artifacts, 2006, S. 95f.

hebräischen Bibel) wiederfinden, sprechen für diese Nachfolge-Hypothese.[273]

Wann auch immer der Übergang erfolgt, man darf wohl angesichts der Komplexität der verschlungenen Ligatur und der Größe des Imperium Romanum davon ausgehen, dass die Übernahme des heidnischen Monogramms in die christliche Symbolik zögerlich erfolgt. Hans von Schönebeck vermutet, dass das XP-Symbol eine „spätrömische Formel" gewesen sei, „die sich im Reich erst relativ spät durchsetzt".[274] Der Schweizer Kunstgeschichtler Beat Brenk berichtet von einer Katakomben-Inschrift „mit dem ältesten Christus-Monogramm" aus den Jahren von 308-312.[275] Johannes G. Deckers, Experte für frühchristliche und byzantinische Kunst, meint, das Christusmonogramm habe sich im zweiten Drittel des 4. Jahrhunderts allgemein durchgesetzt.[276] Der Theologe Wolfgang Wischmeyer bezeichnet einen Fund unter dem Fußboden von S. Lorenzo in Rom aus dem Jahr 323 als die „älteste datierte Inschrift mit dem Christogramm".[277] Und, so fährt er fort, er fände es „evident", dass das XP-Symbol „offenbar nicht unabhängig von der Anerkennung des Christentums durch den Staat und der fortschreitenden Christianisierung des Reiches" erfolgt.[278] Das heißt, dass sich das christliche XP-Symbol gemeinsam mit der Liberalisierung der staatlichen Religionspraxis, beginnend ab 311/313, und dann parallel zu dem durch die Liberalisierung geförderten Aufwuchs des Christentums in den folgenden Jahrzehnten entwickelt und ausbreitet.

Es ist also gemeinsame Auffassung der Experten, dass die Anfänge einer Christianisierung des XP-Symbols auf die Zeit nach 311/313 zu legen sind. Victor Gardthausen deutet daher das XP-Symbol bis 312 u.Z. als ein heidnisches Sonnensymbol und bis 337 u.Z. als ein Symbol im „heidnisch-

273 Jesus als „Licht der Welt" (Joh. 8,12); „denn Christus ist die wahre Sonne" (Cyprian, de dominica oratione 35).

274 H.v. Schönebeck, Beiträge zur Religionspolitik des Maxentius und Konstantin, in: KLIO Beiheft 43, S. 27.

275 Propyläen Kunstgeschichte, Suppl.1, B. Brenk, Spätantike und frühes Christentum, 1977, S. 25.

276 J.G. Deckers, Göttlicher Kaiser und kaiserlicher Gott, in: Bauer/Zimmermann, Epochenwandel?, 2001, S. 4.

277 W. Wischmeyer, Christogramm und Staurogramm in den lateinischen Inschriften altkirchlicher Zeit, in: C. Andresen/G. Klein (Hrsg.), Theologia Crucis – Signum Crucis, 1979, S. 539.

278 W. Wischmeyer, Christogramm und Staurogramm in den lateinischen Inschriften altkirchlicher Zeit, 1979, S. 545.

kaiserlich-christlichen“ Übergang.[279] Zur Unterstützung seiner Analyse führt Gardthausen eine Reihe von Gelehrten der 19./20. Jahrhundertwende an,[280] deren Forschungen seine Annahme hinreichend zuverlässig belegen. Und selbst die Theologie ist sich einig, dass die XP-Ligatur als christliches Symbol *frühestens* 315 in Erscheinung tritt.[281] Wobei man anmerken muss, dass die Jahreszahl „315“ offensichtlich an Hand des angeblich „ersten christlichen Monogramm“ (Alföldi) auf dem Silbermedaillon von 315 ermittelt worden ist, zu dem noch einiges zu sagen sein wird (vgl. Exkurs).

2. Das Kreuz-Symbol

In der christlichen darstellenden Kunst spielt das Kreuz in den ersten Jahrhunderten keine Rolle.[282] Denn die Christen benutzen als Wandbilder oder als Skulpturen auf den Sarkophagen bis tief in das vierte Jahrhundert hinein alt- und neutestamentarische Ereignisse, daneben auch Bilder, wie die Figur eines Menschen mit ausgebreiteten Armen (Orans[283]), den Anker, die Taube mit einem Ölzweig, das Schiff und den Fisch (Ichthys), ein frühes, weit verbreitetes Fruchtbarkeitssymbol, das später als Christus-Symbol

279 V. Gardthausen, Das Alte Monogramm, 1966, S. 97 f und Anlagen.

280 V. Gardthausen, Das Alte Monogramm, 1966, S. 79.

281 Evangelisches Kirchenlexikon 1986-1997, „Monogramm Christi“, Bd. 3/8, S. 532-533.

282 Die frühchristliche Geschichte der Kreuzsymbolik ist ziemlich verwirrend. Denn die Bibel bezeichnet das Hinrichtungswerkszeug, an dem Christus starb, als *staurós* und *xýlon*. Staurós wird aber in erster Linie mit Pfahl oder Pfosten erklärt und xýlon mit Holz, Baum oder Balken übersetzt. Die Apostel Petrus/Paulus verwendeten das Wort *xýlon*, also ein aufrechtstehender Stamm ohne Querbalken. Das lateinische Wort ist *crux*, was gemäß Livius (59 v.u.Z. – 17 u.Z.), lediglich Pfahl bedeutet. *Crux simplex* ist ein aufrechtstehender Pfahl ohne Querbalken. Es muss also offen bleiben, ob Jesus – soweit überhaupt von einer Historizität Jesu auszugehen ist – an einem Pfahl oder an einem Kreuz, so wie wir es heute kennen, gestorben ist.

283 Zum Wandel des Orans-Motivs vom Sinnbild für das Notgebet an den rettenden Gott zum Anbetungs-Sinnbild um 280 u.Z. vgl. F. Gerke, Spätantike und frühes Christentum (Kunst der Welt), 1967, S. 39. Dem Werk ist anzumerken, dass der Autor Theologie und christliche Archäologie studiert hat. Die euphorischen Kommentare müssen mit Zurückhaltung gelesen werden („Die Christlichkeit des Konstantinsbogens [sei] aus dem ikonologischen Gesamtzusammenhang zu erschließen“, „Christus als die unbezwingbare wahre Sonne“ u.ä. wecken Zweifel an der Wissenschaftstreue des Autors).

verwendet wird. Vielfach wird auch das Symbol des „Guten Hirten“[284] verwendet, häufig begleitet von allgemeinen Sprüchen wie „Hier ruht in Frieden“ oder „in Gott“ sowie von Abkürzungen, wie „EPI“ (episkopos = Bischof) oder MP (Märtyrer).[285] Wenn die Christen dennoch ein Kreuz-Symbol verarbeiten, dann mit einem erklärenden Zusatz.

Es geht also um die Frage, wann diese populären christlichen Bildsymbole durch das Kreuz-Symbol abgelöst worden sind und ob das uns heute als „Lateinisches Kreuz“ bekannte Symbol bereits im Jahre 312 als christliches Sieges- oder Leidenssymbol anerkannt gewesen ist, so dass Konstantin dies als solches – sei es in einer Vision, sei es im Traum – überhaupt hat erkennen und christlich deuten können. In althistorischen Wissenschaftskreisen wird diese Frage kaum debattiert.[286] Stattdessen schwankt die Kreuz-Debatte unschlüssig zwischen einer verdeckten Anerkennung des mystisch-religiösen Kreuzgeschehens im Oktober 312 und dem Versuch, mit Hilfe astronomischer Phänomendeutungen, etwa einer bestimmten Sternenkonstellation und mit Hilfe naturwissenschaftlicher Erklärungsmodelle[287] die historische Zuverlässigkeit der eusebischen Berichterstattung

284 B. Brenk, Spätantike und frühes Christentum (Propyläen Kunstgeschichte, Suppl. 1), 1977, S. 23.

285 Vgl. die „Papstgruft“ der Calixtus-Katakombe Rom. Die Grabplatten der dort befindlichen 16 Gräber (235-314 u.Z.) weisen nur die Namen und die o.a. Abkürzungen auf (B. Brenk, Spätantike und frühes Christentum).

286 Lediglich einzelne Konstantin-Autoren wie J. Vogt beschäftigen sich mit der Entwicklung der Kreuz-Symbolik (Die Bedeutung des Jahres 312 für die Religionspolitik Konstantins des Großen, in: H. Kraft (Hrsg.), Konstantin der Große, 1974, S. 267, S. 270-271).

287 Vermutlich der älteste Versuch einer naturwissenschaftlichen Erklärung ist der des Historikers Fabricius (17. Jahrhundert), der einen Hof an der Sonne vermutet (dazu H. Schroers, Konstantins des Großen Kreuzerscheinung, 1913, S. 1-2). Vgl. auch eine mehrseitige, ungesicherte Spekulation von K.M. Girardet (Hrsg.) in: Kaiser Konstantin der Große, 2007, S. 32-38; ebenso Heiland, Die astronomische Deutung der Vision Kaiser Konstantins, 1948, S. 11-19. Eine phantasievolle Erklärung von M. Dimaio/J. Zeuge/N. Zotov: Die Autoren behaupten, der Kaiser habe in den Nachthimmel (Eusebius spricht vom Tag) hinaufgeschaut und eine Konjunktion von Mars, Saturn, Jupiter und Venus in den Konstellationen Steinbock und Schütze gesehen. Seine zumeist heidnischen Soldaten hätten dies als schlechtes Omen gewertet, doch es gelang Konstantin, eine positive Bedeutung zu konstruieren, indem er erklärte, die Konjunktion habe die Form von Chi-Rho und sei daher ein Glück verheißendes Zeichen (Ambiguitas Konstantiniana: The Caeleste Signum Dei of

zu belegen und Konstantin damit zu unterstellen, als Trendsetter die Christlichkeit des Kreuzes erkannt und in die Gesellschaft eingeführt zu haben. Sie halten mehrheitlich eine Licht-Erscheinung grundsätzlich für möglich und folgern unzulässig, dass Konstantin diese im Sinne eines christlichen Kreuzes beobachtet habe. Damit wird stillschweigend unterstellt, dass das christliche Kreuz zu dieser Zeit bereits so verbreitet gewesen ist, dass es dem Kaiser, dem Hof und wenigstens einem Teil der Bevölkerung bekannt gewesen ist.[288]

Die Verifizierung dieser Hypothese ist natürlich für die Glaubwürdigkeit der konstantinischen „Bekehrung" vor der Schlacht an der Milvischen Brücke von großer Bedeutung. Und so versucht Wolfgang Wischmeyer einen frühen Bekanntheitsgrad des christlichen Kreuzes mit Hilfe von Laktanz zu belegen, der von der Stirnbekreuzigung als unsterbliches Zeichen gesprochen haben soll;[289] ein Irrtum, denn Laktanz spricht lediglich davon, dass sich „Diener, die den Herrn kannten und die ihm beim Opfer zur Seite standen, auf ihre Stirne das unsterbliche Zeichen" machen. Von einem *Kreuz* spricht Laktanz nicht. Von gleicher Art ist der Versuch Oskar Dörings, das Kreuz für das zweite/dritte Jahrhundert „als Sinnbild der Gnade des Erlösers" zu belegen. Döring zitiert Tertullian: „die Apostel sowohl als auch alle Gläubigen, [...] würden Gezeichnete sein mit jenem Zeichen nämlich, von welchem Ezechiel sagt: 'Es sprach zu mir der Herr: Gehe hindurch in der Mitte des Thores mitten durch Jerusalem und mache das Zeichen des Tau auf die Stirn der Männer'. Der griechische Buchstabe Tau ist nämlich unser T, eine Art von Kreuz, welches sich, wie er dadurch andeutete, auf unseren Stirnen befinden würde."[290] Aber der Beleg Dörings misslingt gründlich, denn der zitierte Prophet Ezechiel ist alttestamentarischen Ursprungs, der den gekreuzigten Jesus als „Erlöser" natürlich gar nicht kennt. Im Übrigen ist das „T", „eine Art von Kreuz", mit dem von Eusebius an verschiedenen Stellen beschriebenen Kreuz nicht zu vergleichen.

Konstantine the Great, Byzantion, 1988*)*. P. Weiss versucht, die Vision mit Hilfe einer ringförmigen Lichterscheinung um die Sonne zu erklären (Die Vision Konstantins, in: J. Bleicken [Hrsg.], Colloquium zum Anlass des 80. Geburtstages von Alfred Heuss, 1993, S. 143-169). M. Clauss nennt die Spekulationen „amüsant, mehr nicht" (2007, S. 35).

288 So O. Döring, Christliche Symbole, 1940, S. 39.

289 Vgl. Laktanz, de mortibus persecutorum 10,2; W. Wischmeyer, Christogramm und Staurogramm, S. 542.

290 Tertullian, adversus Marcionem 3,22. Altes Testament, Ezechiel 9,4.

Etwas geschickter gehen andere Numismatiker und Althistoriker vor: So meint Andreas Alföldi 1932/1939: „the presence of the immortal signum ... [auf den Münzen sei] decisive" und die Kreuze auf den in Ticinum (Pavia/Italien) geprägten Scheidemünzen des Jahres 314 seien „mit Zustimmung des Hofes" geprägte christliche Symbole.[291] Diese Auffassung kann mittlerweile als überholt bewertet werden (Kreuz als Prägeanstalt-Identifikation, siehe S. 119f.). Klaus M. Girardet verweist auf die Sterne und verliert sich in seitenlangen Erklärungen über kreuzförmige Naturphänomene, die er zum Teil selbst beobachtet habe, ohne jedoch der Frage auf den Grund zu gehen, ob die christlichen Gemeinden im Jahre 312 das Kreuz überhaupt als ein christliches Symbol anerkannt haben.[292] Der renommierte französische Althistoriker Paul Veyne wiederum glaubt, der „Übereifer von Münzmeistern, die ohne Zweifel [?] Christen waren", habe dazu geführt, dass christliche Symbole auf den Münzen auftauchen. Eine originelle Erklärung, die die Ausgestaltung *des* kaiserlichen Propagandamittels in das Belieben der Münzmeister stellt.[293] Im Übrigen bliebe nachzufragen, woher Veyne weiß, dass die Münzmeister „ohne Zweifel" christlich gesinnt gewesen sind.

Aber wie bereits bei der XP-Ligatur weisen die Symbolforschungen auch im Falle des christlichen Kreuzes nach, dass das Kreuz bereits in vorchristlicher Zeit als mystisches und heidnisches Zeichen weit verbreitet gewesen ist. „Seit alter Zeit [sei] das Kreuzessymbol das verbreitetste aller Symbole" gewesen, schreibt Oskar Döring[294] und bestätigt damit, dass das Kreuz, in welcher Form auch immer, ein Element heidnischer Rituale in Ägypten, Griechenland, Babylon und Indien gewesen ist. So findet sich die erste datierte Darstellung des Kreuzes auf einer Inschrift aus Palmyra von 134 u.Z., weitere gelegentlich in den Katakomben, aber ohne Bezug zur „Kreuzigung Christi" und ohne erkennbare allgemeine Anerkennung.[295]

291 A. Alföldi, The Helmet of Konstantine with the Christian Monogramm, in: Journal of Roman Studies 22 (1932), S. 14-15; ders.: Hoc signo victor eris. Beiträge zur Geschichte der Bekehrung Konstantins des Großen, in: H. Kraft (Hrsg.), Konstantin der Große, 1974, S. 226.

292 K.M. Girardet (Hrsg.), Konstantin der Große, 2007, S. 32f.

293 P. Veyne, Als unsere Welt christlich wurde, 2008, S. 207.

294 O. Döring, Christliche Symbole, 1940, S.70.

295 Als wahrscheinlich älteste Einzeldarstellung der Kreuzigung, jedoch nicht des Kreuzes, gilt ein aus Gaza/Syrien stammender Jaspis ägyptisch-magischen Ursprungs aus dem späten 2./frühen 3. Jahrhundert mit der Inschrift „Sohn Vater Jesus Christus" (Felicity Harley/Jeffrey Spier, Magical Amulet with

Justin (ca. 100-165) spricht zwar vom „Kreuz“ als einem Symbol, jedoch eher nebenher, ohne erkennbare Anteilnahme, so dass man diese Passage gar nicht richtig zuordnen kann.[296] Zu den ältesten Darstellungen des Kreuzes mit christlichem Bezug gehören im dritten Jahrhundert zwei Gemmen: ein Kornalin mit dem am Kreuz stehenden Christus und zwölf Aposteln und ein Kornalin mit einem stehenden Gekreuzigten und einem Lamm. Aber ein Symbol wird die Kreuzigung damit nicht. Denn in den Gemeinden ist natürlich bekannt, dass Jesus gekreuzigt worden sein soll.

Berühmt wird das von der Archäologie auf die erste Hälfte des dritten Jahrhunderts datierte Spottkruzifix, das einen Gekreuzigten mit einem Eselskopf und einen ihn Anbetenden nebst der Inschrift zeigt: „Alexamenos verehrt seinen Gott“.[297] Das Graffito bestätigt lediglich, dass die Kreuzigung in schlechtem Ansehen steht und zu diesem Zeitpunkt kaum als ein Symbol für eine „triumphierende Kirche“ genutzt werden kann.

Diese Sachlage ändert sich auch nicht in der Epoche Konstantins. Der amerikanische Autor Will Durant schreibt zur Schlacht an der Milvischen Brücke im Jahre 312, dass die „Anhänger des Mithraskultes [Kult des Sonnengottes] in Konstantins Heer [...] schon lange unter einer Standarte mit dem mithraistischen Lichtkreuz gekämpft“ hätten, beharrt aber darauf, dass Konstantin ein christliches Symbol gesehen habe.[298] Woher nimmt Durant

---

Crucifixion, in: J. Spier, Picturing the Bible: The Earliest Christian Art“, 2007, S. 228f.). Tertullian spricht in seiner Schrift *Vom Kranze des Soldaten* (211 u.Z.) von einem „kleinen Zeichen“, das in der theologischen Literatur als Diminutiv des Kreuzzeichens verstanden wird: „Bei jedem Schritt und Tritt, bei jedem Eingehen und Ausgehen, beim Anlegen der Kleider und Schuhe, beim Waschen, Essen, Lichtanzünden, Schlafengehen, beim Niedersetzen und, welche Tätigkeit wir immer ausüben, drücken wir auf unsere Stirn das kleine Zeichen“ (Vom Kranze des Soldaten, 3). Es bleibt aber unklar, ob das „Zeichen“ als ein allgemeines Schutzzeichen oder als christliches Symbol zu verstehen ist. Arnobius verteidigt um 300 u.Z. in seiner Streitschrift *Adversus nationes*, dass ein Gekreuzigter verehrt werde (Bd. 1). Aber weder das „kleine Zeichen“ noch die Tatsache, dass Jesus, in welcher Form auch immer, verehrt und angebetet wird, erlauben den Rückschluss, das Kreuz sei zu Beginn des 4. Jahrhundert als christliches Symbol anerkannt gewesen.

296 Justin apologia 1,55.

297 Das Graffito wurde 1856 auf dem Palatin in Rom entdeckt. Vgl. W. Bösen, Der letzte Tag des Jesu von Nazaret, 1994, S. 64; C.M. Kaufmann, Handbuch der altchristlichen Epigraphik, 1917, S. 302.

298 W. Durant, Caesar und Christus. Eine Kulturgeschichte Roms und des Christentums von den Anfängen bis zum Jahre 325 n.Chr., 1949, S. 736.

die Gewissheit, dass der Mithras-Anhänger Konstantin nicht das „mithraistische Sonnengott-Kreuz“, sondern das *christliche* Kreuz am Himmel gesehen hat? Erst nach dem Konzil von Nicäa (325), so meint die Forschung unter Hinweis auf die Kaisermutter Helena, die das Kreuz Christi und seine Grabeshöhle aufgefunden haben soll, habe das Kreuzsymbol Eingang in die christliche Kunst gefunden.[299] Aber auch dieses frühe Datum scheint sich allzu sehr an die historisch unsichere Quelle Eusebius und an die Helena-Legende anzulehnen. Daher wird oft das Konzil von Ephesos (431) als Termin für die offizielle Einführung des Kreuzes als christliches Zeichen genannt.

Damit haben wir die Eckpunkte einer weit gespannten Periode markiert, in der sich das Kreuz mit eindeutig christlicher Konnotation in einem gleitenden Übergangsprozess durchsetzt. Wir können den Wandel und den Aufwuchs zum beherrschenden christlichen Symbol in der nachkonstantinischen christlichen Sarkophagkunst beobachten, in der um 350 u.Z. erstmals das Kreuz in der Mitte eines Sargreliefs nachweisbar ist. Dabei handelt es sich um ein Kreuz als Siegeszeichen Christi im Stile des „Tropeion“, einem kreuzförmigen Gestell mit den erbeuteten Waffen und Trophäen des Feindes, wie es in der Antike an der Stelle eingerichtet wurde, wo sich der Feind zur Flucht wandte.[300] Diese Darstellung könnte man als das erste Indiz für das Aufkommen der christlichen Metapher vom „siegreichen Kreuz“ verstehen, – aber erst nach 350. Bis dahin lässt die auffällige Abwesenheit einer frühchristlichen Kreuz- und Kreuzigungs-Ikonographie die Vermutung plausibel erscheinen, dass das Kreuz ohne direkten Bezug zur „Kreuzigung“ als allgemeines Heil- und Schutzsymbol auch von den christlichen Gemeinden aufgenommen wird.

Opponierende Meinungen wie die von Erich Dinkler, der glaubt, unter Berufung auf die christlichen Schriftsteller Justinus Martyr, Tertullian und Minucius Felix erkennen zu können, dass das Kreuz „älter als jedes christliche Bild“ und im vierten Jahrhundert „größtes Symbol von Christi Macht

299 So im Katalog der österreichischen Nationalbank-Geldmuseum: Sonderaustellung Münzen, Nationalgeld und Banknoten in Äthiopien von der Antike bis zur Gegenwart, Wien 1996/1997, S. 13.

300 Vgl. Helga Kaiser-Minn, Die Entwicklung der frühchristlichen Sarkophagplastik bis zum Ende des 4. Jahrhunderts, in: „Spätantike und frühes Christentum“, Ausstellungskatalog Frankfurt 1983-84, S. 327.

und Herrlichkeit“ gewesen sei[301] (wie kann eine Kreuzigung ein Symbol für „Herrlichkeit“ sein?) oder von Urs Peschlow und Gudrun Schmalzbauer, die noch im Jahre 2007 anlässlich der Konstantin-Ausstellung in Trier meinen, dass die Kreuzerscheinung „für Konstantins Lebensweg [...] von maßgebender Bedeutung“[302] gewesen sei, werden nicht belegt und korrelieren weder mit der Kirchengeschichte noch mit der Symbolforschung. Die Behauptung von Karl Müller, das Kreuz sei „schon bisher [also um 312] das christliche Siegeszeichen [...] gewesen, ohne doch eigentlich in die Öffentlichkeit zu treten“,[303] ist pure, widerlegbare Hypothese und schafft lediglich Verwirrung. Denn erstens bringt Müller keine Belege bei und zweitens macht es aus Sicht Konstantins wenig Sinn, sich zu einem Symbol zu bekennen, das niemand kennt. Ebenso wenig belegt und gleichermaßen zweifelhaft ist die Feststellung von Andreas Alföldi, „das Kreuz sei als Fahne der Gläubigen schon längst tief eingewurzelt“ gewesen,[304] und Joseph Vogts Behauptung, „das Kreuz habe im kosmischen Denken des frühen Christentums eine zentrale Stellung eingenommen“.[305] Solche leichtfertig dahin geworfenen Behauptungen und eine derart nebulöse Terminologie sind sicherlich nicht geeignet, die Konstantinforschung vorwärtszutreiben.

Als Symbol des *Leidens* ist das Kreuz bis weit in das vierte Jahrhundert weder anerkannt noch verbreitet. Zwar wissen wir aus Texten früher Christen, dass der Kreuzestod Christi auch als eine erlösende Handlung verstanden wird und die ausgebreiteten Arme als ein Sinnbild des Kreu-

301 E. Dinkler, Das Kreuz als Siegeszeichen, in: Signum Crucis. Aufsätze zum Neuen Testament und zur christlichen Archäologie, 1967, S. 65, 178. (Ähnlich und unter Benutzung gleicher Quellen auch K.M. Girardet, Konstantin der Große, 2007.)

302 U. Peschlow/G. Schmalzbauer, Die Kreuzeslegende, in: Katalog der Konstantin-Ausstellung Trier, 2007, S. 425-430. Der Beitrag von Peschlow/Schmalzbauer ist widersprüchlich: Während einerseits die Bedeutung der Kreuzvision im Jahre 312 für den weiteren Werdegang Konstantins hervorgehoben wird, wird wenige Zeilen später darauf verwiesen, dass das Kreuz erst nach der Reise Helenas nach Jerusalem (328) „aktuell“ geworden sei.

303 K. Müller, Konstantin der Große und die christliche Kirche, in: Historische Zeitschrift 140, 1929, S. 269.

304 A. Alföldi, Hoc signo victor eris. Beiträge zur Geschichte der Bekehrung Konstantins des Großen, in: K. Kraft (Hrsg.), Konstantin der Große, 1974, S. 234.

305 J. Vogt, Die Konstantinische Frage, in: H. Kraft (Hrsg.), Konstantin der Große, 1974, S. 364.

zes verstanden werden;[306] auch weist Donat de Chapeaurouge nach, dass „Oranten" (bildliche Figuren mit ausgebreiteten Armen) im dritten Jahrhundert häufiger auftreten.[307] Aber, so fügt Chapeaurouge hinzu, nur durch beigefügte Szenen sei ein christlicher Auftraggeber ermittelbar. Das Kreuz als Metapher für den leidenden Christus passt also überhaupt nicht in die religionsgeschichtliche Landschaft der ersten Hälfte des vierten Jahrhunderts. Weswegen auch die von Eusebius in den Jahren 324/325 in seiner *Kirchengeschichte* beschriebene Bildsäule kein „Siegeszeichen des erlösenden Leidens" in der rechten Hand hat tragen können. Wenn das Kreuz erst im fünften Jahrhundert als Leidenssymbol bekannt wird, kann es schlecht im vierten als „Siegeszeichen" verwendet werden. Diese Passage ist folglich eine spätere Fälschung.[308]

Unabhängig von dieser langwierigen religionsgeschichtlichen Entwicklung des Kreuzsymbols hat das Kreuz schon alleine deshalb Mühe, sich als christliches Symbol durchzusetzen, weil es in der ersten Hälfte des vierten Jahrhunderts immer noch als ein Schandzeichen verstanden wird.[309] Denn Kreuzigungen, neben Scheiterhaufen und dem Kampf *ad bestias* die dritte Form der römischen Todesstrafe, gelten als eine typische Sklavenstrafe, die noch mindestens bis in die Zwanzigerjahre des vierten Jahrhunderts exekutiert werden.[310] Die Kreuzigung sei, so die Numismatikerin Maria

---

306 Tertullian, de oratione 14: „Wir aber, wir erheben sie nicht nur, sondern breiten sie sogar aus und, dem Leiden des Herrn uns nachbildend, bekennen wir auch im Gebete Christus."

307 Donat de Chapeaurouge, Einführung in die Geschichte der christlichen Symbole, 1987, S. 15.

308 So bereits 1881 von Brieger festgestellt (Konstantins Religionspolitik, in: Zeitschrift für Kirchengeschichte 4, 1881, S. 201).

309 Zur Schändlichkeit der Kreuzstrafe vgl. H.W. Kuhn, Zur Grausamkeit der Kreuzstrafe, in: Aufstieg und Niedergang der römischen Welt I, 25/1, S. 751f.

310 Bestätigt in Codex Theod. 9,5,1(320). R. Leeb meint, die „Darstellung des Kreuzes als ein Symbol des Staates [...] in dieser frühen Zeit" sei schon alleine aus Gründen der Pietät vermieden worden (Konstantin und Christus, 1992, S. 37), widmet aber „Konstantin im Zeichen des Kreuzes" einen ganzen wohlmeinenden Abschnitt (S. 110f.). K.M. Girardet: „Das Kreuz war als verhasstes Hinrichtungsinstrument ein Skandalon; dies hat lange Zeit verhindert, dass es zum christlichen Symbol wurde" (Konstantin der Große, 2007, S. 38, Fußnote 36). Warum Girardet sich dann seitenweise mit der Kreuz-Erscheinung am Vorabend des 28. Oktober 312 beschäftigt, bleibt unklar. Umstritten ist, ob Konstantin irgendwann nach 320 die Kreuzigung abgeschafft hat. Eu-

R. Alföldi, noch „nicht einmal straffälligen römischen Bürgern zumutbar“ gewesen. Selbst überzeugte Christen hätten das Skandalon des Kreuzes in der Antike kaum ertragen.[311] Es passt also völlig in die Zeit, wenn Eusebius in Bezug auf die Kreuzigung noch um 320 von einer „bei Verbrechern üblichen Art“[312] spricht und damit das Symbol der Kreuzigung als ein im kriminellen Umfeld anzusiedelndes Zeichen diskriminiert.

Damit kann man von der gesicherten Annahme ausgehen, dass das Kreuz als christliches Symbol wenigstens bis in die 20er Jahre der Zeit Konstantins weitgehend unbekannt gewesen ist. Zwar weist Johannes G. Deckers auf die Möglichkeit hin, dass einzelne Christen bereits in der zweiten Hälfte des dritten Jahrhunderts das Kreuz als „Heils- und Erkennungszeichen in die Steine ihrer Siegelringe“ haben eingravieren lassen, wertet diese Hypothese aber selbst als eine „Möglichkeit“, ohne etwas über Wahrscheinlichkeit oder Verbreitung sagen zu können.[313] So gibt es keinen Grund, Max Sulzburger zu widersprechen, der bereits 1925 nachgewiesen hat, dass das Kreuz als christliches Symbol erst im fünften Jahrhundert, lange nach der Abschaffung der Kreuzigungsstrafe, einen allgemeinen und verbreiteten Eingang in die christlichen Gemeinden gefunden habe.[314]

Dieser Forschungsstand wird selbst in der kirchlichen Forschung nicht bestritten. Das *Lexikon christlicher Ikonographie* stellt dazu fest, „zu einer Kreuzeskunst konnte es erst kommen, nachdem die Kreuzigung [...] als Strafe abgeschafft war und das Kreuz keine negativen Assoziationen mehr

sebius erwähnt die Abschaffung nicht. Offiziell ist sie nie aufgehoben worden. Umfangreiche Untersuchung von Dinkler/v. Schubert, Zur Abschaffung der Kreuzigungsstrafe in der Spätantike, Jahrbuch für Antike und Christentum 35, 1992.

311 M.R. Alföldi, Historische Wirklichkeit – historische Wahrheit: Konstantin und das Kreuzszepter, in: Gloria Romanorum, Historia EZ 153, 2001, S. 94. An andere Stelle: „Die wichtigste Voraussetzung dafür, dass das Kreuz [...] in weiten, wenn nicht sogar allen Kreisen der Bevölkerung nicht nur toleriert, sondern wirklich angenommen wird, ist die Abschaffung der Kreuzigung“. Goethe macht aus seiner Abneigung gegenüber dem Kreuzigungssymbol keinen Hehl und nennt das christliche Kreuz „das Widerwärtigste unter der Sonne“ (Der 82jährige Goethe am 9. Juni 1831 an Zelter).

312 Eusebius, Kirchengeschichte 8,8.

313 J. Deckers, Die frühchristliche und byzantinische Kunst, 2007, S. 29.

314 M. Sulzburger, Le symbole de la Croix et les monogrammes de Jésus chez les premiers Chrétiens, Byzantion II, 1925, S. 447/448. Auch O. Döring, Christliche Symbole, 1940, S. 70.

auslöste".[315] Und die *Theologische Realenzyklopädie* ergänzt: Das uns bekannte und in der antiken Literatur angeführte lateinische Kreuz „tritt [als spezifisch christliches Zeichen] nicht vor Mitte des 4. Jh. auf".[316]

14.2 Der größte anzunehmende Unfall in der Konstantinforschung

Diese Ergebnisse der Symbolforschung sind gesichert und werden auch nicht von der Theologie bestritten. Sie stellen nahezu alles, was in der modernen Konstantinforschung mit besonderer Hingabe gepflegt wird, in Frage: das himmlische Geschehen an der Milvischen Brücke, die „Kreuzlanze" der Bildsäule, das Christogramm auf dem Silbermedaillon und vieles mehr. Manch althistorischer Poesie geht damit die Luft aus, wie der üppigen Drauflos-Spekulation des Althistorikers Bruno Bleckmann zur Truppenfahne der Legionen: „Götterbilder oder der mit Jupiter verbundene Adler [...] kamen für das Feldzeichen der mobilen Kerntruppe nicht mehr in Frage, wenn er [Konstantin] auf die Christen Rücksicht nehmen wollte. Als die Spannungen mit Licinius zunahmen [...] wählte er deshalb als Bekrönung der Kaiserstandarte das magische Zeichen, das 312 auf die Schilde geheftet worden war und das er selbst als Kokarde auf seinem Helm getragen hatte. Er machte es für die Christen attraktiver, indem die Schlaufe an der senkrechten Linie nun deutlich zum oberen Bogen eines griechischen Rho (P) umgebildet und damit die neue Interpretation als Abkürzung des Namens Christ erleichtert wurde."[317]

Diese ärgerliche Freiluft-Hypothese ist unkritischer, unverblümter Laktanzismus (de mortibus persecutorum 44). Warum sollte Konstantin auf „die Christen Rücksicht nehmen", wo diese im Heer bestenfalls eine vernachlässigbare Größe darstellen? Auch belegt Bleckmann nicht, dass der römische Adler ab 312/315 für die Truppenfahne der „mobilen Kerntruppe"

315 E. Kirschbaum u. a. (Hrsg.), Lexikon der christlichen Ikonographie, 1968f., Bd. 2, S. 562f., „Kreuz".

316 Theologische Realenzyklopädie, S. 729. Dies korreliert mit Aussagen Kaiser Julians (reg. 361-363), der von Kreuzen an christlichen Häusern spricht. Kreuze auf öffentlichen Plätzen gibt es wohl erst unter Theodosius I. (E. Kirschbaum, Lexikon der christlichen Ikonographie, 1968f., Bd. 2, S. 565).

317 B. Bleckmann, Konstantin der Große, 2007, S. 62-63.

nicht mehr in Frage kommt. Seine Hypothese würde doch bedeuten, dass das römische Heer nunmehr mit zwei Feldzeichen in den Krieg zieht: Die Kerntruppe mit dem Christogramm und die große Masse mit dem Adler. Aus welchen archäologischen oder numismatischen Befunden leitet Bleckmann diese Hypothese ab? Die Münzen jedenfalls erlauben diese Spekulation nicht, denn noch im Jahre 312/313 wird eine Münze aufgelegt, die auf der Rückseite den Legionsadler zwischen zwei Truppenfahnen zeigt und auch der mächtige Konstantinbogen aus dem Jahre 315 zeigt noch den römischen Adler.[318] Im Übrigen wäre ein derartiger Tausch der Feldzeichen nur dann sinnvoll gewesen, wenn das Christogramm der Truppe als heilsbringendes Zeichen bekannt gewesen wäre. Dafür gibt es aber keinerlei Indizien, zumal die Legionen gerade aus dem heidnischen Gallien gekommen sind und praktisch noch keine Berührung mit Christen gehabt haben.

Dagegen ist die Hypothese Victor Gardthausens, das XP-Symbol sei bis 312 u.Z. ein heidnisches Sonnensymbol und bis 337 u.Z. ein Symbol im „heidnisch-kaiserlich-christlichen" Übergang[319] gewesen, in Anbetracht der Gesamtumstände schlüssig, wenngleich die Jahreszahlen lediglich als aus den „Kirchengeschichten" abgeleitete Markierungen zu verstehen sind. Folglich können bis 312/337 die Zeichen des vier/sechsstrahligen Sterns – gleich ob mit oder ohne aufgesetztem Voll- oder Halbkreis – verschiedenartig interpretiert werden: als Symbol des Sonnengottes oder als erste Ansätze einer monotheistischen Sol-Christus-Religion oder vereinzelt auch als christliche Symbole. Dieser in der Symbolforschung unbestrittene Transformationsprozess erfolgt gewiss nicht zunächst in der kaiserlichen Administration, sondern vorweg in den christlichen Gemeinden, und dann vereinzelt und zögerlich. Die aber kennen das „XP" im ersten Quartal des vierten Jahrhunderts noch gar nicht, jedenfalls nicht als christliches Symbol. Der katholische Theologe und Kirchenhistoriker Franz Joseph Dölger bewertet daher das ganze Geschehen anerkennenswert sachlich: Eusebius wisse offenbar nichts davon, „dass das sogenannte konstantinische Monogramm ein bis dahin unbekanntes Zeichen gewesen" ist. Als christliches Zeichen, so Dölger, wäre das „XP" für Konstantin nur dann verständlich

318 Münzkatalog „Roman Imperial Coinage" (RIC, 1923-1994) VI, 94; L'Orange, Der spätantike Bildschmuck des Konstantinbogen, 1939, S. 117.

319 V. Gardthausen, Das Alte Monogramm, 1966, S. 97f. und Anlagen.

gewesen, wenn es auch schon vorher unter den Gläubigen als solches in Übung gewesen wäre.[320] Das aber ist nicht der Fall gewesen.

Die Vorstellung des Althistorikers Klaus M. Girardet, der römische Kaiser habe quasi in einer Top-down-Strategie Design und ideologische Marschrichtung des Christogrammes in Form eines raffinierten Prototypen vorgegeben – „darf man annehmen, dass es [das Christogramm] auf den Kaiser selbst zurückgeht"[321] –, widerspricht allem, was uns Theologie, Wissenschaft, Erfahrung und gesunder Menschenverstand lehren. Konstantin hätte über außergewöhnliche innovative Fähigkeiten und über ein hoch entwickeltes designerisches Geschick verfügen müssen. Denn auf den Gedanken muss ein Heide erst einmal kommen, die griechischen Anfangsbuchstaben des Namens Christus ineinander zu verschlingen, um sie anschließend der staunenden Öffentlichkeit als eine neue Ligatur zu präsentieren.

Mit Blick auf das Kreuz ist die Sachlage noch eindeutiger: Selbst das (katholische) Direktorium des Bischöflichen Museums in Trier meint anlässlich der Konstantin-Ausstellung 2007, das Kreuz sei „erst seit Mitte des vierten Jahrhunderts" anerkanntes christliches Symbol.[322] Stefan Heid und Max Sulzburger verschieben den Termin sogar in das fünfte Jahrhundert.[323] Die entsprechende Passage in der *Encyclopedia Britannica* – „After Constantine converted to Christianity, he [...] promoted, as symbols of the Christian faith, both the cross and the chi-rho monogram of the name of Christ"[324] – ist daher als widerlegt abzulehnen. Und auch in diesem Falle gilt, wie beim „XP", dass sich die christlichen Gemeinden schwerlich ein christliches Symbol durch einen ungetauften Kaiser aufs Auge haben drükken lassen.

Es ist daher auszuschließen, dass Konstantin ein christliches Kreuz am Himmel gesehen hat. Ebenso ist auszuschließen, dass Konstantin das „himmlische Zeichen" des Laktanz als „Kreuz" oder als ein „XP" hat in-

320 F.J. Dölger, ICHTHYS, das Fischsymbol in frühchristlicher Zeit, Supplement der Röm. Quartalschrift, 1910, I 361.

321 K.M. Girardet (Hrsg.), Konstantin der Große, 2007, S. 38.

322 Das Zitat folgt dem Ausstellungstext des Bischöflichen Dom- und Diözesanmuseums anlässlich der Konstantin-Ausstellung Trier, 2008.

323 S. Heid in: Reallexikon für Antike und Christentum 21, 2006, Sp. 1124; M. Sulzburger, Le symbole de la Croix et les monogrammes de Jésus chez les premiers Chrétiens, Byzantion II, 1925, S. 447/448. So auch O. Döring, Christliche Symbole, 1940, S. 70.

324 Encyclopædia Britannica Online, 16.5.2009.

terpretieren können, dass er das Kreuz als „Zeichen der Erlösung" getragen (Eusebius, Vita 3,3) und im Kaiserpalast in Konstantinopel als „Zeichen der Auferstehung des Erlösers" hat anbringen lassen (Vita 3,40). Es handelt sich bei diesen Passagen mit großer Gewissheit um Einschübe und Fälschungen aus den vierten und folgenden Jahrhunderten, wie sie schon von Johann K. Manso und Jacob Burckhardt im 19. Jahrhundert vermutet wurden.[325]

Weiterhin ist auszuschließen, dass das Reiterstandbild des Herrschers auf dem Forum Romanum eine Kreuzlanze mit angehängter christlicher Standarte in der rechten Hand gehalten hat (Vita 1,40). Der Archäologe Hans von Schönebeck kommentiert die entsprechenden Berichte darüber kurz und knapp: „Das christliche Schildzeichen des Lactanz und entsprechend die Statue Konstantins auf dem Forum Romanum mit dem christlichen Zeichen in der Hand sind also aufgrund vielfacher archäologischer Sicherungen in den Bereich der Fabel zu verweisen."[326] Und da das Kreuz erst in der zweiten Hälfte des vierten Jahrhunderts zum allgemeinen Identifikationssymbol der Christen heranwächst und ihm bis dahin der Geruch der skandalösen Sklavenstrafe anhängt, kann das christliche Kreuz zur Zeit Konstantins auch nicht als „Symbol imperialer Repräsentation"[327] genutzt worden sein, wie der Kirchenhistoriker Rudolph Leeb zu erkennen meint.

Keine der Visions- und Traumgeschichten passt also mit der archäologischen und numismatischen Überlieferung, mit der Symbolforschung, mit der Historie und den damaligen Lebensumständen zusammen. Insbesondere die Numismatiker, die die Münzen als unveränderbare Zeugnisse der Vergangenheit bewahren, legen ein vernehmliches Veto ein und verweisen auf ein *Goldmultiplum*, das Konstantin unmittelbar nach der Schlacht an der Milvischen Brücke im Jahre 313 auflegen lässt (Titelbild). Die Münze zeigt ihn und den Sonnengott Sol in innigster Vereinigung und dokumentiert damit den Anspruch Konstantins, als Gefährte (Comes) des übermäch-

325 J. Manso, Das Leben Konstantin d.Gr., 1817, S. 80-86 („Märchen des 4. Jh."); J. Burckhardt, Die Zeit Konstantins des Großen, [3]1898/ [8]1982, S. 351f. („nicht einmal den Wert einer Sage").

326 H.v.Schönebeck in: KLIO Beiheft 43, 1939, S. 27. Ähnlich Jochen Bleicken (Constantin der Große und die Christen, 1992, S. 38), der mit seiner nüchternen Analyse mehr Aufmerksamkeit verdient hätte als mancher historisch-frommer Geschichtenschreiber.

327 Ein von R. Leeb häufig verwendeter Term (Konstantin und Christus, 1992).

tigen Sonnengottes metaphysischen Schutz zu genießen.[328] Diese urheidnische Münze mit dem Brüderpaar Sol/Konstantin und der Siegesgöttin Victoria, die den Kaiser begleitet, korrespondiert nun ganz und gar nicht mit einer christlichen Vision, gar „Bekehrung“ Konstantins und widerlegt in geradezu klassischer Form die Texte des Eusebius, die sich einmal mehr als eine Fälschung des vierten oder fünften Jahrhunderts ausweisen.

Rainer Pudill, Numismatiker und Autor der *Deutschen Numismatischen Gesellschaft*, meint dazu in einem Beitrag aus dem Jahre 2006 in erfrischender Deutlichkeit: „Der Hauptgott Konstantins war Sol [...] zumindest bis zum Sieg über Licinius (324). Allein dem Sonnengott und nicht Christus verdankte er auch 312 n.Chr. den Sieg an der Milvischen Brücke in Rom über Maxentius [...] In Fachkreisen besteht Einigkeit darüber, dass Konstantin nicht in Christus den Schutzgott sah, mit dessen Hilfe er die entscheidende Schlacht gegen seinen Rivalen gewonnen hat [...], sondern dass es sich hier lediglich um eine spätere christliche Umdeutung der Ereignisse handelt.“[329]

Ähnlich äußert sich eine Reihe Kirchenhistoriker, gewöhnlich gelernte Theologen, die ebenfalls zu den Legenden auf Abstand geht. Der Kirchenhistoriker Hans Lietzmann meint, die Legendenbildung sei mit Händen zu greifen und „mit der Zeit wachsen auch die Zumutungen an die gutwillige Aufnahme des Gebotenen“.[330] Es seien einfach „zuviel der himmlischen Heerscharen“, bekräftigt Hans von Schönebeck, der sich nicht gerade durch eine kritische Haltung gegenüber einem christlichen Konstantin auszeichnet, „als dass wir die eine oder andere Legende für glaubwürdig halten möchten“.[331] Bereits Voltaire kommentiert 1767 die eusebischen und laktanzischen Visonen mit unverhohlener Ironie: „Man verfehlt nicht zu berichten, bei Konstantins Sieg [...] hätten Wunder mitgewirkt, in den Wolken seien eine Fahne und ein himmlisches Kreuz zu sehen gewesen, auf dem in griechischen Buchstaben gestanden habe ‘Unter diesem Zeichen

328 Sol und Kaiser Konstantin verschmelzen zu einer Einheit, der Schild Konstantins ist mit der Quadriga des Sonnengottes geschmückt. In der Umschrift übernimmt Konstantin das Attribut des Sonnengottes „invictus“ (RIC VI, S. 296, Nr.111, Ticinum). Ähnlich eine Bronzemünze aus dem Jahre 313, geprägt in Trier, die den unbesiegten Sonnengott als Begleiter des Kaisers zeigt.

329 R. Pudill, Die Götter Roms und der Weg zum Christentum, 2006, S. 28 (eine Veröffentlichung der Kreissparkasse Köln, Thema 169).

330 H. Lietzmann, Geschichte der Alten Kirche 1999, S. 716.

331 H.v. Schönebeck, KLIO, Beiheft 43, 1939, S. 23.

wirst Du siegen'. Denn die Gallier, die Bretonen, die Allobroger, die Insubrer [...] verstanden alle perfekt Griechisch, und Gott redete zu ihnen lieber auf Griechisch als auf Latein."[332]

Die gesamte Visons- oder Traumgeschichte wird auch nicht glaubhafter, wenn wir die atemberaubende Steigerung des Geschehens von Erzählung zu Erzählung rekapitulieren: Während Laktanz sich noch in einer sprunghaften Handlungsschilderung, ansonsten sehr knapp äußert, wird das Geschehen zwanzig Jahre später bei Eusebius farbenprächtig ausgemalt, um dann bei Rufinus um 400 u.Z. einen vorläufigen Höhepunkt zu erreichen. Dieser stellt dem Geschehen noch einen Engel bei, der Konstantin lauthals versichert, er werde „in diesem Zeichen" siegen. Diese bereits überladene Version erfährt schließlich und abschließend – *fama crescit eundo* – um 450 u.Z. durch den Kirchenhistoriker Sozomenos eine nicht mehr zu überbietende Steigerung: In dessen *Kirchengeschichte* erscheint Christus persönlich, begleitet von einem heiligen Engel, und befiehlt: „In diesem Kreuze siege!"[333]

Um so mehr irritiert, dass die moderne althistorische Forschung weder die mit Händen greifbaren logischen und theologischen Widersprüchen und Zumutungen, noch die Symbolforschung, noch die religionswissenschaftliche Forschung zum paganen Monotheismus der Epoche Konstantins erkennbar zur Kenntnis nimmt und weiterhin in verdächtiger, weltanschaulicher Phrasierung darauf beharrt, Konstantin habe eine Kreuz- oder XP-Vision gehabt und in den folgenden Jahren das christliche Kreuz, respektive das Christogramm als kaiserliches Attribut öffentlich zur Schau gestellt. So meint der Althistoriker Heinz Bellen im Jahre 2003: „Constantin selbst wußte sehr wohl, welchem Gott er den Sieg verdankte. Denn er hatte dessen Namen [...] auf den Schilden seiner Soldaten anbringen lassen [...] Die Weisung dazu war ihm in einem Traumgesicht [...] erteilt worden."[334] Sein Kollege Manfred Clauss erkennt noch 2007, Konstantin habe „ein zusätzliches Stimulans für sich und seine Truppen benötigt [...] Konstantin musste [daher] mit einem Gott in Verbindung treten und von dieser Allgottheit [...] das erlösende positive Zeichen empfangen".[335] Für Dörries gilt es schon 1958 als ausgemacht, dass die christlichen Symbole

332 Gekürzt zit. nach Schlange-Schöningen in: Girardet, Kaiser Konstantin der Große, 2007, S. 165.

333 Sozomenos, Kirchengeschichte 1,3.

334 H. Bellen, Grundzüge der Römischen Geschichte, 2003, S. 11.

335 M. Clauss, Konstantin der Große und seine Zeit, ^{3}2007, S. 35.

zwischen 312 und 315 „ein Echtheitsmerkmal abgeben“, weil sie so selten sind.[336] Eine Logik, die sich dem ideologisch weniger verformten Leser kaum erschließt und in schönster Weise dieses Kapitel über die Träume moderner Althistoriker abschließt.

14.3 Eine bizarre nächtliche Malerei

Mit Träumen und Visionen alleine ist es nicht getan. Sie sind Ausgangspunkt für eine abenteuerliche Schilderung weiterer frommer Ereignisse. Beginnen wir mit einem scheinbar eher belanglosen Geschehen, das von der Wissenschaft durchaus ernsthaft diskutiert wird: Es geht um ein nächtliches Gepinsel unmittelbar vor der Schlacht am 28. Oktober 312. Wir erinnern uns: „Konstantin ward im Traume ermahnt, das himmlische Zeichen Gottes auf den Schilden anbringen zu lassen und so die Schlacht zu beginnen. Er kommt dem Befehle nach, und indem er den Buchstaben X waagerecht legte und die oberste Spitze umbog, zeichnete er Chi/Christus auf die Schilde.“[337] So schreibt Laktanz um 313 u.Z. und die meisten modernen Historiker folgen seinen Ausführungen.

Der Althistoriker Klaus M. Girardet weiß dazu zu berichten, der Kaiser habe befohlen, das Christussymbol auf die Schilde der konstantinischen Armee aufzutragen.[338] Hans G. Thümmel, Kunsthistoriker und Theologe, sekundiert: „Konstantin versichert sich in der Schlacht um Rom der Hilfe des Christengottes, indem er ein entsprechendes Zeichen auf den Schilden seiner Soldaten [...] hat anbringen lassen.“[339] Donat de Chapeaurouge sieht den „Triumphalcharakter des Kreuzes durch diese Belege eindeutig gestützt“,[340] der französische Althistoriker Paul Veyne meint: „Ihre Schilde waren mit dem damals noch unbekannten Symbol des Christus-Monogramms verziert“[341] und der protestantische Theologe Volkmar Keil verein-

336 H. Dörries, Konstantin der Große, 1958, S. 31.

337 Laktanz, de mortibus persecutorum 44.

338 K.M. Girardet, Die konstantinische Wende, 2006, S. 75/78.

339 H.G. Thümmel, Die Wende Konstantins und die Denkmäler, in: Veröffentlichungen der Wissenschaftlichen Gesellschaft für Theologie, Bd. 13, hrsg. von E. Mühlenberg, 1998, S. 144-185.

340 D. de Chapeaurouge, Einführung in die Geschichte der christlichen Symbole, ^{2}1987, S. 20.

341 P. Veyne, Als unsere Welt christlich wurde, 2008, S. 79.

nahmt 1989 die gesamte Althistorikergilde und behauptet, die Anbringung eines christlichen Zeichens auf den Schilden sei in der Forschung als historisch gegeben anzusehen.[342]

Die Begeisterung der Historiker und Theologen steht allerdings in einem unübersehbaren Widerspruch zur Groteske dieses höchst ominösen Szenarios. Man muss sich einmal die praktische Durchführung dieser Malorgie vorstellen: Etwa 50.000 bis 100.000 überwiegend heidnische, des Griechischen nicht mächtige Soldaten, Barbaren aus Germanien, Britannien und Gallien, beginnen mitten in der Nacht[343], unmittelbar vor Schlachtenbeginn, mit Hunderten von Farbtöpfen die bisherigen Schildzeichen mit neu geschaffenen, völlig ungebräuchlichen, theologisch und sprachlich unverständlichen Chi-Rho-Zeichen zu übermalen! Was für ein organisatorisches Problem! Die Legionen sind in einem Feldlager über mehrere Quadratkilometer verteilt, acht bis zehn Soldaten in einem Zelt, und die Tribunen müssen mit Hilfe von Meldern die Unterführer heranholen. Diese müssen eingewiesen werden, um anschließend die Männer zu wecken und Befehle zu erteilen. Innerhalb weniger Stunden müssen Hunderte von Farbtöpfen und noch mehr Pinsel beschafft, der Anlass – ein Traum (!) des Feldherrn – erklärt, das unverständliche Zeichen erläutert und den hartgesottenen Soldaten ein neuer Gott begründet werden! Sicherlich fünfhundert bis tausend Kilogramm Farbe sind in wenigen Stunden zu beschaffen und eine Unmenge Schilde müssen übermalt werden. Nachts und ohne logistische Unterstützung aus dem nahen Rom ein unmögliches Unterfangen.

---

342 V. Keil, Quellensammlung zur Religionspolitik Konstantins des Großen, 1989, S. 43. Vgl. auch Alexander Demandt, der 2007 verlauten lässt, es sei glaubwürdig, dass Konstantin das Siegeszeichen auf die Schilde habe malen lassen, dadurch habe sich „Christus zum ersten Mal als Schlachtenhelfer bewährt“ (Die Spätantike, 2007, S. 83; ders. in: Konstantin der Große, Ausstellungskatalog der Konstantin-Ausstellung Trier, 2007, S. 76). Zum „Schlachtenhelfer“ mutiert Christus, der Prediger der Feindesliebe, auch bei K. Kraft, Das Silbermedaillon Constantins d. Gr., in: H. Kraft (Hrsg.), Konstantin der Große, 1974, S. 331.

343 B. Bleckmann nimmt an, die Schildermalerei habe am Morgen stattgefunden (Konstantin der Große, S. 58). Diese Annahme ist reine Spekulation und angesichts des logistischen Aufwandes und der kommunikativen Probleme völlig unrealistisch. Selbst eine modern ausgestattete Armee würde mehrere Stunden benötigen, um einen solchen Befehl umzusetzen. Im Übrigen denkt ein Soldat unmittelbar vor der Schlacht an alles Mögliche, aber sicherlich nicht an Pinsel und Maltöpfe.

Die Vorstellung, ein Heerführer könne innerhalb von Stunden und nach Belieben die Schlachten-Götter wechseln und psychedelische Bewusstseinserweiterungen über Nacht in kampfentscheidende Befehle umsetzen, legt das Unverständnis moderner Autoren offen, wie eine Berufsarmee, die stärksten Belastungen standhalten muss, zu führen ist. Weitab vom tatsächlich Machbaren wird Konstantin unterstellt, er habe *par ordre de Mufti* dem Heer jede beliebige Weisung zu jedem Zeitpunkt zumuten können. Er, der am 25. Juli 306 von den Truppen zum Kaiser erhoben wurde, dessen Macht von der Ergebenheit der Truppen abhängt, dessen Leben zu diesem Zeitpunkt noch ständig von Absetzung und Tod bedroht ist, der Soldaten vertrauen muss, die bewusst den entferntest wohnenden Völkern entnommen worden sind und die unter dem Befehl einheimischer Fürsten stehen, der jederzeit fürchten muss, dass die Söldner zum Gegner überlaufen, falls dieser besser zahlt, ein solcher Kaiser kann es sich nicht erlauben, selbstherrlich, ohne Abstimmung mit den Unterführern der Streitmacht unmittelbar vor der Schlacht den Glauben seiner Soldaten an *ihren* Gott in Frage zu stellen. Kein Feldherr mutet dies in den Stunden vor der Schlacht seinen Soldaten zu.

Und da sich manche Historiker schwer tun, sich in die militärische Welt und in die diffizile psychologische Situation vor einer todbringenden Schlacht hineinzudenken, werden die Leser stattdessen in eine betäubend lange und wissenschaftlich unzureichend abgesicherte Diskussion über die Formenvielfalt christlicher Symbole verwickelt, so dass am Ende der offensichtliche Unfug überdeckt wird, eine Armee von 50.000 bis 100.000 Soldaten sei in stockdunkler Oktobernacht zum Malen eingeteilt worden und die Beteiligten hätten anschließend kein Wort über den Anlass des außergewöhnlichen Ereignisses verloren. Sie, die vielen „Zeugen, die das Siegeszeichen der Entscheidungsschlacht gesehen haben“,[344] wie der Althistoriker Joseph Vogt zu wissen meint, überliefern kein einziges Wort des Staunens! Eine ganze Armee schweigt über diesen Kulturwechsel, der achthundert Jahre römische Tradition aufhebt! Der Konstantin-Biograph Ramsey MacMullen kommentiert das Ereignis als ein „wahres Wunder“, allerdings aus einer anderen Perspektive: „If the sky writing was witnessed by 40,000 men, the true miracle lies in their unbroken silence about it.“[345]

---

344 J. Vogt, Die Konstantinische Frage, in: H. Kraft (Hrsg.), Konstantin der Große, 1974, S. 363.

345 R. MacMullen, Konstantine, 1969, S. 73.

Was Konstantin hier seinen Truppen angeblich abverlangt, ist ein Sakrileg. Zum Verständnis der Zumutung muss man sich vor Augen halten, dass die Feldzeichen im römischen Heer Träger göttlicher Kräfte und Gegenstand kultischer Verehrung sind.[346] Es wird vor ihnen geopfert und ihnen haftet das Asylrecht an. Das gesamte Leben in den Heerlagern ist auf die Verehrung dieser Feldzeichen ausgerichtet: „Die ganze Soldatenreligion verehrt Feldzeichen, betet Feldzeichen an, schwört auf die Feldzeichen, zieht Feldzeichen allen Göttern vor."[347] Und nun tauchen ohne Vorankündigung die Offiziere auf und erklären den gesamten kultischen Bereich für überholt, den römischen Adler für nichtig und befehlen einen neuen unverständlichen Kult. Was müssen die Militärtribunen, die Zeuge gewesen sind, wie Konstantin auf dem Marsch nach Rom die Götter Hercules, Mars und Sol Invictus als seine Garanten für den Sieg angerufen hat,[348] gedacht haben, als Konstantin plötzlich mit der Forderung auftritt, nunmehr müssten die Legionen einem abstrakten christlichen Symbol folgen? Diese heidnischen Legionen, die sich gerade unter dem Schutz *ihres* Gottes in schwierigen und harten Grenzkämpfen gegen die Franken behauptet haben, die beim Marsch auf Rom in Oberitalien siegreich gewesen sind und darauf vertrauen, dass ihnen *ihr* Gott weitere Sieg bringen wird, diese Truppen also, auf deren Lanzen Konstantins Macht ruht, sollen kurz vor der Schlacht auf Befehl Konstantins die Insignien eines ihnen fremden griechisch-sprachigen Gottes an ihre Fahnen geheftet haben? Und das alles mitten in der Nacht, wenige Kilometer vom Feind entfernt?

Die ganze Laktanz-Story, ohne Beglaubigung durch Eusebius oder andere Zeitzeugen, ist schlichter Nonsens, aufgeputzt mit einer Menge metaphysisch angereicherter Kommentare wohlmeinender Historiker. Dies spürt wohl auch der Althistoriker Alexander Demandt, der in Nachfolge zu Victor Schultze[349] beschwichtigend meint, nur „einige Soldaten" hätten vor dem Kampf den Befehl erhalten, das Siegeszeichen auf die Schilde zu malen, was schlicht und ergreifend bedeutet hätte, dass das römische Heer

346 J. Helgeland, Roman Army Religion, in: Aufstieg und Niedergang der römischen Welt, 1978, II 16.2, S. 1473ff.

347 Tertullian, apologeticum 16,8.

348 Zu den wechselnden Gottheiten, die Konstantins Weg begleiten, vgl. Barceló, Konstantins Visionen: Zwischen Apollo und Christus, in: Humanitas – Beiträge zur antiken Kulturgeschichte, hrsg. von P. Barceló/V. Rosenberger, 2001, S. 52/53.

349 V. Schultze, Quellenuntersuchungen zur Vita Constantini des Eusebius, in: Zeitschrift für Kirchengeschichte 14, 1893, S. 524.

unter dem Schutz mehrerer, sich gegenseitig ausschließender Götter in die Schlacht zieht und den Unsinn der laktanzischen Schilderung eher noch verstärkt. Und wenn Demandt den spätantiken Autor Laktanz dergestalt freizügig interpretiert, dann steht natürlich dessen *gesamter* Bericht der kritischen Interpretation offen. Demandt kann nicht mit Hilfe unbelegter Interpretationen offenbar irrationale Anteile aus den antiken Vorlagen herausnehmen, ohne die Frage zu provozieren, ob nicht vielleicht das *ganze Geschehen* ein reines Phantasieprodukt ist.

Abschließlich sei noch erwähnt, dass die Schildzeichen der Reliefs des Konstantinbogens aus dem Jahre 315 ebenso wenig wie die *Notitia dignitatum*,[350] ein Staatshandbuch aus den Jahren 395-425 mit Hunderten von farbigen Abbildungen römischer Schilde, Hinweis auf ein christliches Schildsymbol enthalten. Der Archäologe Hans von Schönebeck verweist die christlichen Schildzeichen daher in „den Bereich der Fabel".[351]

350 Notitia dignitatum accedunt notitia urbis Konstantinopolitanae et latercula provinciarum, hrsg. von Otto Seeck, 1876, ND 1962.

351 H.v.Schönebeck, Beiträge zur Religionspolitik..., ND 1967, S. 27.

15 Die Schlacht

Am nächsten Morgen führen die Tribunen beider Armeen rund 100.000 bis 200.000 Soldaten auf das Gefechtsfeld in der Gemarkung Saxa Rubra vor den Toren Roms.[352] Da römische Legionen gegen Römer kämpfen, wissen die Soldaten beider Seiten, welch harter und brutaler Kampf, Mann gegen Mann, ihnen bevorsteht. Römische Soldaten sind trainiert, aus der Deckung des großen Schildes heraus mit dem Kurzschwert (Gladius) vor allem das Gesicht, den Unterleib oder die Beine ihres Gegners zu treffen. Das Kurzschwert wird dabei meist als Stichwaffe benutzt. Der Stich wird dem ausholenden Schwertstreich vorgezogen, weil bei der Anwendung des Streiches eine Körperhälfte ungeschützt geöffnet wird. Nicht weniger gefürchtet sind Speere mit Eisenspitzen, insbesondere wenn sie mit Widerhaken versehen sind. Diese Speere bleiben entweder im Schild des Gegners stecken und können im Gefecht kaum entfernt werden, so dass das Schild weitgehend unbrauchbar wird. Oder sie treffen den gegnerischen Körper und verursachen tiefe Fleischwunden, wenn der Soldat sie herauszuziehen versucht.

Der Gegner wird auf etwa zwanzig Schritt Entfernung mit einem Hagel aus Wurfspießen überschüttet. Diese sollen, neben dem Beifügen von Verlusten, den gegnerischen Schildwall und damit die geschlossene Formation auflösen. Die letzte Strecke zum Gegner wird – von beiden Seiten – im Laufschritt mit lautem Geschrei zurückgelegt. Vor dem Zusammenprall der gegnerischen Linien schließen die römische Legionen in der Re-

352 Auf die Truppenstärke beider Heere wird nicht weiter eingegangen. Die Quellen liefern derart unterschiedliche Zahlen (vgl. Kuhoff, Diokletian und die Epoche der Tetrarchie, 2001, S. 898), dass jede Annahme willkürlich erscheint. Der Ort der „Schlacht an der Milvischen Brücke“ wurde erstmals durch den preußischen Feldmarschall Helmut von Moltke genauer untersucht. Moltke lokalisierte den Ort der Schlacht bei Saxa Rubra (H. von Moltke, Wanderbuch, Handschriftliche Aufzeichnungen aus dem Reisetagebuch, ^{6}1892, S. 131-139).

gel zusammen und lassen den Gegner gegen den Wall der Schilde prallen. Wahrscheinlich werden dabei die vorderen Reihen durch die Schilde der Hinteren aufgefangen bzw. vorgeschoben. Fällt ein Legionär, tritt der Hintermann vor und schließt die Lücke. Diese Taktik setzt weitgehend offenes Gelände voraus, weswegen sie in waldigem Gebiet versagt.

Die Sanitätsversorgung auf dem Feld ist miserabel. Lediglich die Städte und Legionslager sind mit einem Krankenhaus ausgestattet, in denen auch Amputationen vorgenommen werden – ohne Narkose. Soldaten, die solche Gefechte mehrmals überstanden haben, werden roh und weitgehend gefühllos gegenüber dem Feind. Beispielhaft für die Rohheit mag die Schilderung des römischen Historiker Florus sein, der die Grausamkeiten der Germanen gegen die Römer im Jahre 9 u.Z. beschreibt: „Nichts war gräßlicher, als jenes Gemetzel zwischen Sümpfen und Wäldern [...]. Einigen stachen sie die Augen aus, anderen schnitten sie die Hände ab; einem schnitt man die Zunge aus und nähte ihm den Mund zu, und der Barbar, der sie in der Hand hielt, rief ihm zu: 'Nun, Schlange, ist es aus mit dem Zischen'."[353]

In dieser Schlacht des römischen Statthalters der Provinz Germania, Varus, gegen den in römischen Diensten aufgewachsenen Germanenfürsten Arminius im Großraum des Teutoburger Waldes[354] sind die Barbaren

353 Epitome de T. Livio Bellorum omnium annorum DCC Libri duo, II, XXX, 29-39, übers. von Günter Laser, Florus, Römische Geschichte, Darmstadt 2005.

354 Das derzeit von der Forschung bevorzugte Schlachtfeld bei Kalkriese ist ausschließlich unter archäologischen Gesichtspunkten und nicht unter operativen Aspekten gewählt. Es ist allerdings schwer vorstellbar, dass sich drei römische Legionen, drei Alen Reiterei, sechs Kohorten sowie ein Tross mit Sklaven, Maultieren, Bediensteten für Gepäck und Baugerät, insgesamt 20.000 Menschen, vom bekannten Hauptweg in unwegsames, durch dichte Wälder und moorigen Untergrund geprägtes Gelände (Cassius Dio 56,19-20) locken lassen, nur um „entfernt wohnenden Stämmen" zu Hilfe zu eilen. Immer setzten die Römer beim Marsch durch feindliches Gelände Voraustruppen ein, bestehend aus Auxiliartruppen und Bogenschützen, die einen Hinterhalt auskundschaften sollen. Ein erfahrener Feldherr, und das war Varus, schickt eine Erkundung voraus und sichert sich und seine Truppen zunächst einmal so lange in einem Hauptlager, bis die Erkundungsergebnisse vorliegen. Angesichts der Erfahrung der Römer mit Kriegführung in Wäldern (Caesar, bello Gallico 6,34; Frontius, Strategemata; Tacitus, Annalen 2,5,3), der Erfahrung des Varus und des rund 20 Kilometer langen Lindwurms von Mensch, Tier und Material ist also eine Vermutung nicht unangebracht, dass den Römern der Kampf an einer unübersichtlichen Stelle des *Hauptweges* aufgezwungen wurde, wo sie ihm nicht ausweichen konnten. Zu Gefechtsordnung vgl. M.

siegreich, weil sie den Römern ihre Taktik des *Einzelkampfes* aufzwingen können. Denn das Erfolgsgeheimnis der römischen Truppen ist die konsequente Anwendung des Kampfes eng geschlossener Kohorten. Dazu bedarf es eines Höchstmaßes an Disziplin. Diesmal, vor Rom, treffen allerdings römische Truppen auf römisch geführte Legionen, so dass der unterschiedliche Gefechtsdrill kein Grund für die Überlegenheit einer Seite sein kann.

Die Schlacht beginnt am Morgen des 28. Oktober 312 und findet nicht an oder auf der berühmten „Milvischen Brücke" statt, auch nicht am Ufer des Tiber, wie eine überlieferte Rede aus dem Jahre 321 uns weismachen will: „Er stellte am Tiber seine Truppen so auf, dass die todbringende Woge die Schritte der letzten Reihe umspülten",[355] sondern bei Saxa Rubra, einem Flecken an der Via Flaminia, etwa achtzehn Kilometer vor Rom. Denn so ungeschickt ist kein Feldherr, seine Truppen mit dem Rücken zu einem Flussufer zu positionieren und sich damit der logistischen Unterstützung und der Möglichkeit zu berauben, an kritischen Stellen mit Hilfe der in der Tiefe bereitgehaltenen Reiterei oder Reserven einzugreifen.

Warum auch immer, sei es, weil Maxentius die Problematik seiner Strategie erkennt, sich ohne Hoffnung auf Entsatz hinter der römischen Stadtmauer zu verschanzen, sei es – wie der Althistoriker Ernst Kornemann vermutet –, weil Maxentius wegen Unruhen in der Bevölkerung die Stadt habe verlassen müssen,[356] sei es, dass Maxentius Orakelsprüchen folgt, wie der Augsburger Althistoriker Kuhoff ausführlich debattiert,[357] Kaiser Maxentius entschließt sich, von seinem ursprünglichen Plan abzuweichen. Er öffnet die Tore der Stadtmauer und schickt seine Armee in das offene Gelände nördlich Roms. Eine andere Wahl hat Maxentius offenbar nicht gehabt, denn „Gott selber [zog] den Tyrannen wie an Ketten weit aus den Toren der Stadt heraus", weiß der zeitgenössische Kirchenschriftsteller Eusebius zu berichten.[358] Damit kommt es zur offenen Feldschlacht zwischen dem Lokalmatador Maxentius und dem Eindringling Konstantin, zu deren militärischen Ablauf wenig zu sagen ist, da die Quellen ein derart diffuses

Simkins/R. Embleton, Die Römische Armee, 1984, ND 2005, S. 13-15, und J. Kronmayer/G. Veith, Heerwesen und Kriegführung der Griechen und Römer, 1928, S. 352f.

355 Panegyricus 4 (10) aus dem Jahre 321, 28,1 u. 4.

356 E. Kornemann, Geschichte der Spätantike, 1978, S. 21.

357 W. Kuhoff, Diokletian und die Epoche der Tetrarchie, 2001, S. 907.

358 Eusebius, Kirchengeschichte 9,9.

Bild bieten, dass eine militärhistorische Bewertung ausgeschlossen werden muss.

Jedenfalls gewinnen die Truppen Konstantins die Oberhand, weil, so berichten antike Quellen, Konstantin erstens unter dem Zeichen des „richtigen“ Gottes gekämpft und dieser Konstantin unter die Arme gegriffen habe: Vom „Himmel gefallene Soldaten“ seien Konstantin zur Hilfe geeilt.[359] Und zweitens Maxentius sich den Lustspielen hingegeben haben soll: Während die Männer vor den Toren Roms auf Leben und Tod kämpfen, soll sich Maxentius, nach Berichten des christlichen Berichterstatters Laktanz, während der Schlacht zusammen mit der römischen Bevölkerung bei „Rennspielen am Jahrestage seiner Erhebung zum Kaiser“ im Circus Maximus verlustigt haben.[360] Schließlich sei Maxentius hinausgeeilt, um die Führung seiner Truppen zu übernehmen. Aber da sei die Schlacht schon entschieden gewesen.

Der Verlierer sei zur Stadt zurückgeflüchtet, habe sich auf der Tiber-Ersatzbrücke verheddert und ein Desaster ersten Ranges erlitten. Konstantin habe die gegnerischen Truppen überrannt und in einer wilden Verfolgungsjagd die Tiberbrücke überquert. In dem Gedränge sei Kaiser Maxentius in den Tiber gestürzt und in seiner schweren Rüstung ertrunken. Später sei er gefunden und enthauptet worden. So weit die Überlieferung.

Damit stehen die Tore Roms weit offen. Konstantin ist nunmehr Herrscher über den Westteil des Reiches, Spanien, Gallien, Britannien, Italien und Afrika.

359 Panegyricus 4 (10) aus dem Jahre 321. Weitere meist sehr phantasievolle Gründe für den Sieg bei Eusebius, Vita Constantini 1,37-38; Laktanz, de mortibus persecutorum 44,8-9; Zosimos 2,16,1.

360 Laktanz, de mortibus persecutorum 44.

16 Nach der Schlacht an der Milvischen Brücke: Einzug in die Stadt

Ein „welthistorischer Sieg“ sei es gewesen, der Sieg Konstantins über seinem Nebenbuhler Maxentius, meint der Althistoriker Klaus M. Girardet im Überschwang der Gefühle.[361] Aber so ganz einsichtig ist die These von der „welthistorischen“ Bedeutung nicht. Denn bei Lichte betrachtet haben sich zwei machthungrige römische Kaiser um die Vorherrschaft im Westteil des römischen Reiches gestritten, kein Grund also, die „Welt“ zu bemühen. Vermutlich möchte Girardet mit dem Terminus „welthistorisch“ andeuten, es habe sich um den „Sieg des Christentums“ und damit um den Beginn des Auszugs der christlichen Religion aus der Enge des kleinasiatischen Raumes in die große, weite, heidnische Welt gehandelt. Aber auch für diese Interpretation gibt es keinen Anlass. Denn sein bezwungener Gegner Maxentius ist ja dem Christentum durchaus wohl gesonnen gewesen und hat, lässt man die letzten Regierungsjahre Revue passieren, dem Christentum keine Steine in den Weg gelegt. Also lassen wir die Sache mit der „welthistorischen Bedeutung“ auf sich beruhen und fragen bei anderen Historikern nach.

Der Potsdamer Althistoriker Pedro Barceló kommentiert den Sieg Konstantins zurückhaltender, glaubt aber auch, dass sich nunmehr als Folge des Sieges „der staatlich geförderte Prozeß der Verchristlichung des Imperium Romanum [...] nicht mehr aufhalten“ ließe.[362] Nun „aufhaltbar“ war der Prozess der „Verchristlichung des Imperium“ schon, wie uns der heidni-

361 K.M. Girardet, Die Konstantinische Wende. Voraussetzungen und geistige Grundlagen der Reichspolitik Konstantins d.Gr., 2006, S. 9. Vgl. auch ders., Das Christentum im Denken und in der Politik Kaiser Konstantins d.G., in: K.M. Girardet (Hrsg.), Kaiser Konstantin der Große, 2007, S. 29.

362 P. Barceló, Konstantins Visionen: Zwischen Apollo und Christus, in: Humanitas, Festschrift für Gunther Gottlieb zum 65. Geburtstag, hrsg. von P. Barceló/V. Rosenberger, 2001, S. 46.

sche Kaiser und Philosoph Julian (reg. 361-363) zeigt. Hätte Julian nicht im Aufmarsch gegen die Perser allzu früh sein Leben gelassen, so wäre die religiöse Reise des Imperium Romanum in viele Richtungen denkbar gewesen. Denn das Chistentum ist Mitte des vierten Jahrhunderts keineswegs gefestigt und Julian ist auch beileibe kein *Apostata* – Abtrünniger –, wie ihn die christliche Kirche abwertend nennen wird. *Apostatae* sind zu dieser Zeit eher die Christen, eine Minderheit, Abtrünnige von der immer noch lebendigen griechisch-römischen Kultur, in der der alte Götterglaube und die überlegene Bildung weiterleben. Es mag sein, dass die alten Götter nicht mehr die Verehrung genießen wie ehemals. Es kann sein, dass sich eine starke Minorität zum christlichen Glauben bekennt. Aber alle im Lande und in den Städten wissen, was auf dem Spiele steht, wenn man die christlichen Scharfmacher gewähren lässt: der unwiderbringliche Verlust einer einzigartigen Kultur und Zivilisation. Denn die neue Religion verachtet das Diesseits.

Auch regt sich keinerlei Widerstand, als Kaiser Julian die alten Götter ins Pantheon zurückkehren lässt. Kein Bischof, der sich ins Martyrium stürzt. Zwei Jahre schauten das Volk, das Heer und die kaiserliche Administration zu, wie der Kaiser *alle* Götter, auch die der Juden und Christen, wieder in ihre Ämter einsetzt. Und es scheint genügend Menschen gegeben zu haben, die die Restitution begeistert begrüßen: „Liberator Romani orbis", „restitutor Romanae religionis" – Befreier des römischen Erdkreises, Wiederhersteller der römischen Religion wird Julian in einer syrischen Inschrift voller Verehrung genannt.[363] So dürften viele, die sich damals christlich nennen, in Wahrheit heidnisch-christlich gewesen sein: Christus eingebettet im antiken Kult. Und hätte Kaiser Theodosius im Jahre 380 nicht mit rund sechzig Erlassen und zum Teil drakonischen Strafandrohungen dem trinitarischen Christentum auf die Füße geholfen, so wäre das Reich vermutlich in wer weiß wie viel christliche und heidnische Konfessionen zerfallen. Also: Allzu sicher sollte der Historiker nicht sein, dass mit der Schlacht an der Milvischen Brücke „der staatlich geförderte Prozeß der Verchristlichung des Imperium Romanum nicht mehr aufzuhalten" gewesen ist.

Jedenfalls zieht Konstantin am Morgen des 29. Oktobers 312, wenige Stunden nach einem blutigen Gemetzel mit Zehntausenden von Toten und Verstümmelten, in die Hauptstadt Rom ein. Die Schlacht ist geschlagen, die Wunden werden geleckt. Viele Familien haben vor wenigen Stunden

363 Zit. nach L. Schumacher, Römische Inschriften, 2001, Nr. 131.

ihre Angehörigen verloren. Die Miltärtribunen und die Führer der Centurien ordnen ihre erschöpften Truppen, sichten die Verwundeten und Toten, lassen Überläufer internieren und Kriegsgefangene in Sammelstellen abführen. Die Soldaten blicken am Ende des Massakers über ein Schlachtfeld voller Blut, Kadaver und stöhnender Verwundeter. Tote müssen bestattet werden und die Angehörigen beweinen die Opfer. Rom ist in Aufruhr und die Truppen drängen in die Stadt, denn Rom alleine bietet alle Ressourcen, um die Bedürfnisse von zwei gewaltigen Heeren mit angeblich „90.000 Fußsoldaten und 8.000 Berittenen" auf der Seite Konstantins und „170.000 Fußsoldaten und 18.000 Berittenen" auf der Seite von Maxentius[364] nach einer Schlacht zu befriedigen. Nur Rom bietet Unterkünfte als Schutz vor den beginnenden Winter-Regenfällen, nur Rom verfügt über Getreidevorräte und Wasser aus den öffentlichen Brunnen. Nur die Stadt bietet die *valetudinaria* – Ärztehäuser, die für die Versorgung der Verwundeten unverzichtbar sind.[365] Nur die Stadt Rom bietet Frauen, Wein, Kneipen und Heilbäder. Die Soldaten wollen in die Stadt und Rom versinkt im Ansturm der Massen.

16.1 Konfusionen um einen Triumphzug

Irgendwo mitten im Getümmel befindet sich der Kaiser, in Siegerlaune und erhabener Position, dennoch im Gewühl. Er betritt die Stadt, fromme Lieder singend, so weiß Eusebius zu berichten, „strahlenden Auges [...] unter Freudenrufen und unermeßlichen Jubel".[366] Das abgeschlagene Haupt des gefallenen Gegners sei im Jubelzug vorangetragen worden.[367] Aber zur Euphorie besteht kein Anlass. In einem Bürgerkrieg, wie dem zwischen Konstantin und Maxentius, unmittelbar vor den Toren der Stadt, gibt es aus Sicht der Bürger nur Verlierer. In einer solchen Situation besteht bei Bevölkerung und Soldaten wenig Neigung, Stunden nach einer Schlacht einen feierlichen Einzug zu zelebrieren. Da zieht man nicht im „Triumph" in eine

364 Zahlen nach Zosimus, Historia nova 2. Buch. Die Zahlen sind, wie meist in der antiken Berichterstattung, maßlos übertrieben.

365 Hyginus, munitionibus castrorum 4;35; Vegetius 2,10; 3,2. Vgl. auch G. Harig, Zum Problem „Krankenhaus" in der Antike, in: Klio 53, 1971, S. 179f.

366 Eusebius, Kirchengeschichte 9,9; Vita Constantini 1,39; Panegyrici 9 (313) 18,3-19 u. 10 (321) 30,4-33; Zosimos 2,17,1.

367 Zosimos, Historia nova 2,29,7.

blutende Hauptstadt ein. Die Stadt wird betreten, mit Gefolge, wie es der Würde des Kaisers entspricht, aber das war's. Die Ernte wird später eingefahren. Ein Triumphzug und der feierliche Dank an die Götter auf dem Kapitol muss noch warten.[368]

Hinzu kommt, dass es für die römische Bevölkerung kaum einen Grund gibt, den weithin unbekannten Konstantin frenetisch zu feiern und den Tod des Maxentius zu bejubeln. Denn Maxentius ist kein Unhold gewesen und hat einige Unterstützung in der Stadt gehabt. Es ist die in Rom stationierte Elitetruppe gewesen, die Garde der Prätorianer, die ihm 306 den Kaiserthron angeboten und zum Kaiser ausgerufen hat. Diese Usurpation verläuft mit Unterstützung des Stadtpräfekten und ohne größeres Blutvergießen (der Historiker Zosimos nennt nur *ein* Opfer). Zwar wird seine Popularität durch eine Hungersnot[369] und durch daraus resultierende Unruhen, die der Stadt 6.000 Opfer abgefordert haben sollen, nicht gefördert. Auch kommt es während seiner Regierungszeit zu teilweise blutigen Auseinandersetzungen innerhalb der christlichen Gemeinde, aber die eigentliche Religionsausübung behindert er nicht. Im Gegenteil: Er gibt der römischen Gemeinde im Jahre 308 den in der Verfolgungszeit konfiszierten Besitz zurück und gestattet nach mehrjähriger Unterbrechung die Wahl eines Bischofs.[370] Selbst Eusebius, der nicht müde wird, Maxentius seitenlang zu schmähen: „Blutgierige Rohheit" habe ihn ausgezeichnet, schwangere Frauen habe er öffnen lassen, Eingeweide neugeborener Kinder durchforscht, Frauen entehrt und Jungfrauen missbraucht, „alle Seefahrer zerfleischt", ein „Suff-

368 Vgl. dazu W. Kuhoff, der auf den improvisatorischen Charakter des Einzuges hinweist (Ein Mythos der römischen Geschichte: Der Sieg Konstantins des Großen über Maxentius vor den Toren Roms am 28. Oktober 312 n.Chr., 1991, S. 165).

369 Eusebius, Kirchengeschichte 8,14.

370 Die Unterbrechung der Bischofsfolge war als Folge der unversöhnlichen Streitlust der beiden Bischöfe Marcellus und Eusebius aus staatspolitischen Gründen unvermeidbar. Versöhnliche Haltung des Maxentius/Rückgabe der Kirchengüter: Eusebius, Kirchengeschichte 8,14; Optatus, Milev. 1,18; Augustin, brev.coll. 3,34. H. v. Schönebeck bezeichnet Maxentius als „Vorkämpfer einer echten Politik der Toleranz" (KLIO, Beiheft 43, 1939, ND 1967, S. 5). In diesem Sinne auch E. Schwartz, Der Aufstieg Konstantins zur Alleinherrschaft, 1904 in: H. Kraft (Hrsg.), Konstantin der Große, 1974, S. 123-126. E. Schwartz stellt abschließend fest: „Die Christen hatten also keine Ursache, sich über den 'Tyrannen' zu beklagen". J. Vogt in: Zeitschrift für Kirchengeschichte, 1942, ND 1974, S. 247-272.

kopf" sei er gewesen, selbst dieser zwischen psychopathischer Gottverehrung und Herabwüdigung Andersdenkender schwankende Kaiserlobhudler, der eine üble, hetzerische Sprache spricht wie kaum ein anderer, kommt nicht umhin anzuerkennen, dass Maxentius versucht habe, „den christlichen Glauben zu teilen und seinen Untergebenen befohlen habe, die Verfolgung der Christen einzustellen".[371]

Warum also sollte „das ganze römische Volk herzlich und strahlenden Auges, unter Freudenrufen und unermeßlichem Jubel" (Eusebius) Konstantin empfangen, wenn dieser sich mit gallischen, germanischen und britannischen Söldnern zeigt, die gerade einen Teil der in und um Rom stationierten Soldaten massakriert haben? Welches Seemannsgarn spinnen hier Eusebius und kaisertreue Panegyriker über den Einzug eines Kaisers, der Zeit seines Lebens einen möglichst großen Bogen um die Stadt Rom geschlagen hat? Der die seit 450 Jahren bestehende Traditionstruppe der Stadt Rom, die Prätorianergarde, auflösen, als reguläre Legionäre in verschiedene Teile des Reichs versetzen und deren Kaserne, die *castra praetoria*, abreißen lässt. Ein solcher Kaiser, ein Fremdling aus fernen Landen, wird kaum im Triumphzug empfangen.

Zumal die Hypothese eines formellen Einzuges mit feierlichem Abschluss auf dem Kapitol, dem kultischen Zentrum der Stadt mit dem Tempel der römischen Trias, Jupiter, Juno und Minerva, schon im Hinblick auf die praktische Umsetzung zu Irrationen führt. Denn ein ritueller oder rituellnaher Zug ist ein gewaltiges Unternehmen.[372] Der Zug führt quer durch Rom vom Marsfeld am Tiber über das *Forum Boarium*, durch den *Circus Maximus* und von dort durch die *Via Triumphalis* zum Kapitol, wo der Triumphator vor dem Tempel des Jupiter Optimus Maximus gewöhnlich ein feierliches Opfer darbringt.[373] Der Weg ist, insbesondere auf dem *Forum Romanum* und beim Anstieg zum Kapitol, eng und von Hunderttausenden gesäumt, die den Sieger mit dem Jubelruf „Io triump(h)e!" (Heil! Triumph!) feiern.[374] Vorne schreiten die Senatoren, Magistrate und Musiker, es folgen

371 Eusebius, Kirchengeschichte 8,14. In diesem Sinne auch E. Caspar, Geschichte des Papsttums, 1930, S. 101.

372 Vgl. W. Ehlers, Triumphus, Realenzyklopädie d. cl. Altertumswissenschaften 7,1, 1958, Sp. 493-511. Auch: Ammanius Marcellinus 16,10,6-9 (Triumphzug des Constantius II. in Rom).

373 Beschreibung des Weges bei Flavius Josephus, De bello Judaico 7, 3, 116f., 158.

374 Horaz, Carmina 4,2,49f.

die Kriegsgefangenen in Ketten, Darstellungen des Sieges und die Kriegsbeute, zum Teil auf Tragegestellen, die von bis zu acht Männern getragen werden, geschmückte Opfertiere und Ehrengaben für den Feldherrn.[375] Der Triumphator, „an beiden Seiten eine doppelte Reihe Bewaffneter mit Schild und Helmbusch, strahlend im Glanz der schimmernden Panzer, dazwischen Panzerreiter",[376] fährt am Ende des Zuges in einer Quadriga. Sein Gesicht ist, nach dem Vorbild der Ton-Statue des Jupiter Optimus Maximus auf dem Kapitol, mit Mennige rot gefärbt.[377] Ein Sklave, der hinter dem Triumphator auf dem Wagen steht, hält ihm die im Jupiter-Tempel aufbewahrte Goldkrone über das Haupt und mahnt: „Respice post te, hominem te esse memento – Sieh dich um; denke daran, dass du ein Mensch bist."[378] Liktoren im roten Kriegsmantel mit lorbeerumwundenen Rutenbündeln (*fasces*) schreiten ihm voran. Den Abschluss bilden befreite Geiseln und das siegreiche Heer. Und wenn der burleske Lindwurm sein Ziel erreicht hat, löst er sich auf, die Kriegsgefangenen werden erdrosselt oder später *ad bestias* den wilden Tieren vorgeworfen, gefährliche Gefangene auch gekreuzigt. Anschließend findet ein ausgelassenes Fest für Heer und Volk statt.

Keine Frage, ein solcher Umzug, wenige Stunden nach einer Völkerschlacht, ist organisatorisch nicht zu schaffen.

16.2 Lyrik: Das verweigerte Götteropfer

Dennoch, so als wäre nicht schon genug von Visionen, göttlichen Eingriffen und religiösen Erweckungen *vor* der Schlacht schwadroniert worden, muss nun auch noch der Tag *danach* „geheiligt" werden. Es geht um die Nichterwähnung eines Götteropfers anlässlich dieses angeblichen Einzuges. Die Zeitzeugen Laktanz und Eusebius sowie ein dem Kaiser gewidmetes Panegyricus (313) erwähnen dieses Götteropfer nicht,[379] woraus der

375 Die Reihenfolge des Zuges wird in Abweichung von der Tradition im Panegyricus aus dem Jahre 321, 31,1-2 anders dargestellt. Die Darstellung verfolgt das Ziel, die Begeisterung des befreiten Roms zu untermalen.

376 Ammanius Marcellinus 16,10,6-9 (Constantius II. in Rom).

377 Plinius, naturalis historia 33,111f.

378 Tertullian, apologeticum 33.

379 Panegyricus 12 (9) 19,3. Eusebius gibt zu verstehen, dass das Opfer sowohl bei den Decennalien (315), wie bei den Vincennalien (325) unterblieben sei (Eusebius, Vita Constantini 1,48 u. 3,15). Andreas Alföldi hat 1948 darauf

Althistoriker Johannes Straub 1939 messerscharf folgert, da es keine Hinweise gebe, dass Konstantin bei diesem Ereignis zum Kapitol geeilt sei, um Jupiter als Dank für den Sieg zu opfern, sei dies als eine bewusste Opferverweigerung und als ein Beleg zu interpretieren, dass Konstantin bereits im Jahre 312 christlich gedacht habe.[380] Die Logik dieser Hypothese „wenn kein Hinweis auf A, dann hat A auch nicht stattgefunden" kann in der antiken Geschichts- und Religionsforschung zu verblüffenden Schlussfolgerungen führen. Beispielsweise: „Da aus den ersten Jahrzehnten Jesu kein zeitgenössischer Bericht vom Leben Jesu vorliegt, hat dieser auch nicht gelebt."

Logik hin, Schlüssigkeit her, der Althistoriker Joseph Vogt sekundiert zehn Jahre später dem Kollegen Straub: „Das Jahr 312 wird [...] zum Jahr der Wende in der Glaubenshaltung und Religionspolitik des Kaisers [...] Er hat bei seinem feierlichen Einzug in Rom den Gang zum kapitolinischen Tempel [...] nicht angetreten und damit [...] Abstand von der überlieferten Religion bekundet."[381]

Mitte der 70er Jahre bekräftigt Vogt seine Hypothese mit einem jeden Widerspruch ausschließendem Richterspruch, „es stehe vollkommen fest, dass der Kaiser bei seinem [...] Einzug in Rom [...] dem Jupiter kein Dankopfer dargebracht" habe. Konstantin habe bewusst auf das kultische Opfer verzichtet, folglich habe eine Hinwendung zum Christentum stattgefunden.[382] Der Althistoriker Klaus M. Girardet gesellt sich 1998 dem Christen-

verwiesen, dass die zitierten Stellen seiner Ansicht nach nicht auf das Ereignis vom Oktober 312 passen (The Conversion of Konstantin the Great and Pagan Rome, 1948, S. 62). Vgl. auch Zosimos (für das Jahr 325): „Und bei dem althergebrachten Fest, bei dem das Heer zum Capitol hinaufziehen musste, schmähte er [Konstantin] das Hinaufgehen als schamlos, und indem er sich von den heiligen Bräuchen lossagte, erregte er den Haß des Senates und des Volkes" (2,29).

380 J. Straub, Vom Herrscherideal in der Spätantike, 1939, S. 98f.

381 J. Vogt, Konstantin der Große und sein Jahrhundert, 1949, S. 168. Ebenso R. Krautheimer, Rom-Schicksal einer Stadt, ^{3}2004.

382 J. Vogt, Die Bedeutung des Jahres 312 für die Religionspolitik Konstantins des Großen, in: H. Kraft (Hrsg.), Konstantin der Große, 1974, S. 251. Vgl. auch H. Dörries: „Das ist eine denkwürdige Wende" (Konstantin der Große, 1958, S. 37); H. Bellen: „Der Einzug erfolgt in der Form eines Triumphes [...] Aber ein wesentlicher Bestandteil des Triumphes fehlt: Constantin geht nicht auf das Kapitol, um dem Jupiter Optimus Maximus zu opfern" (Grundzüge der römischen Geschichte, 2003, S. 11)

Chor bei und kommt ohne Umschweife zum Punkt: Konstantin habe der alten Götterwelt eine „für jedermann erkennbare Absage“[383] erteilt. Girardet unterstreicht 2006/2007 nochmals, dass die nicht erwähnte Opferszene einer Verweigerung gleichkomme[384] und fährt in schönster Lyrik und verwunschener Logik fort, da auch „für Eusebius [...] Konstantin als einziger Kaiser der Geschichte der Freund Gottes ist“, gebe es „keinen Grund, den beiden Autoren [Laktanz/Eusebius] zu widersprechen“.[385]

Und weil Eusebius in der gesamten Argumentation eine so bedeutende Rolle spielt, hebt Girardet „den widerlichsten aller Lobredner“ (Burckhardt) in den literarischen Götterhimmel empor, erkennt den „historischen Rang“ der eusebischen Aussagen mit „weitreichenden Implikationen“[386] und räumt dem umstrittenen Autor breitesten Raum als Belegquelle ein,[387] bevor er über mehrere Seiten die christliche Gesinnung des Kaisers seziert. Schließlich brechen alle Dämme und Girardet fragt, mühsam versteckt hinter dem „Gelehrten Laktanz“ und Bischof Eusebius: Wird nicht mit der Konversion Konstantins sogar eine „höhere Stufe der Menschheit erreicht?“[388] Nun, mit dieser spektakulären Aussicht, eine „Höherstufung

383 K.M. Girardet, Die Konstantinische Wende, in: „Veröffentlichung der Wissenschaftlichen Gesellschaft für Theologie“, Bd 13, hrsg. von E. Mühlenberg, 1998, S. 30. Ähnlich auch in: Ders., Die Konstantinische Wende, 2006, S. 60-70, und Konstantin der Große (Hrsg.), 2007, S. 41.

384 K.M. Girardet, Konstantin – Wegbereiter des Christentums als Weltreligion, in: Katalog der Konstantin-Ausstellung in Trier, 2007, S. 235. Ders., Die Konstantinische Wende. Vorausetzungen und geistige Grundlagen der Reichspolitik Konstantins d.Gr., 2006, S. 37.

385 K.M. Girardet, Die Konstantinische Wende. Vorausetzungen und geistige Grundlagen der Reichspolitik Konstantins d.Gr., 2006, S. 38. Ähnlich 2007 in: Kaiser Konstantin der Große, S. 103.

386 K.M. Girardet, Die Konstantinische Wende, Veröffentlichung der Wissenschaftlichen Gesellschaft für Theologie, Bd 13 , hrsg. von E. Mühlenberg, 1998, S. 59-60.

387 Besonders auffallend in *Die konstantinische Wende* (2006), in der kein sichtbarer Versuch einer Quellenkritik gemacht wird. Was Eusebius und Laktanz sagen, gilt.

388 K.M. Girardet, Die Konstantinische Wende. Vorausetzungen und geistige Grundlagen der Reichspolitik Konstantins d.Gr., 2006, S. 41. Der Terminus „höhere Stufe ...“ wurde bereits 1880 von Th. Brieger verwendet, um das Christentum als „Erziehungsanstalt der europäischen Völker“ zu charakterisieren (Konstantin der Große als Religionspolitiker, 1880 in: H. Kraft (Hrsg.), Konstantin der Große, 1974, S. 84). Über die „höhere Stufe der Menschheit“

der Menschheit“ zu erreichen, werden wir uns noch ein wenig gedulden müssen. Erst muss Konstantin noch seine Nebenbuhler beseitigen und seine Familie niedermachen.

Die Meinung der modernen althistorischen Forschergemeinde ist also ziemlich einheitlich: Konstantin habe nach der Schlacht an der Milvischen Brücke einen wie auch immer gearteten feierlichen Einzug in die Stadt Rom zelebriert, sich dabei demonstrativ vom obersten aller römischen Götter, Jupiter, abgewendet, die religiöse Trumpfkarte Jesus krachend auf den heidnischen Tisch geknallt und damit der Welt zu verstehen gegeben, nunmehr fühle er wie ein Christ. Heureka, der „erste christliche Kaiser“ (Brandt) ist geboren, das christliche Abendland hat seinen Anfang, die Wende ist da, die „Höherstufung der Menschheit“ (Girardet) beginnt![389]

Widerspruch

Beginnen wir bei der Widerlegung der Götteropfer-Verweigerungs-Hypothese mit dem Begriff des „Einzugs in Rom“, der in der althistorischen Forschung sozusagen die Ouvertüre für die dann folgende Beweisführung einer *vorsätzlichen* Opferverweigerung abgibt. Es geht dabei um die Frage, ob der Einzug Konstantins in die Stadt Rom überhaupt einem durch den Senat wie auch immer festgelegten Reglement folgen muss, und damit um die Frage, ob es sich bei Konstantins Einzug um einen formellen, im Ablauf streng festgelegten *Triumphzug* gehandelt hat, an dessen Ende ein Dank an die Götter in Form eines Götteropfers auf dem Kapitol stehen muss[390] oder ob es sich lediglich um einen frei zu gestaltenden *Einzug* („in-

haben Giordano Bruno und die zahlreichen Opfer der Inquisition sicherlich anders gedacht. P. Barceló ist einer der wenigen, der annimmt, dass Konstantin *doch* den Gang zum Capitol angetreten hat (Konstantins Visionen: Zwischen Apollo und Christus, in: Humanitas, Festschrift für Gunther Gottlieb zum 65. Geburtstag, hrsg. von Pedro Barceló/Veit Rosenberger, 2001, S. 56).

389 Auf Feinheiten, ob sich Konstantin bereits vor 312 zum Christentum bekannt hat und ob die Hinwendung eher prozessoral oder in Form einer „Bekehrung“ erfolgt ist, wird hier nicht eingegangen (Literatur dazu bei: Weber, Kaiser, Träume und Visionen in Prinzipat und Spätantike, Historia EZ 143, 2000, S. 276, Fußnote 177).

390 Zum Triumphzug allgemein und zu den Insignien des Triumphators vgl. Tertullian, apologeticum 33; Livius, ab urbe condita 5,23,5-6 und 10,7,10.

gressus, adventus")[391] handelt, bei dem es hinsichtlich der rituellen Formen einen weiten Spielraum gibt.

Die Frage ist immer wieder und ausführlichst diskutiert worden und die meisten Autoren stimmen mit den zeitgenössischen antiken Autoren überein, dass es sich nicht um einen formalen Triumph gehandelt hat. Denn Konstantin hat ja nicht einen auswärtigen Feind, sondern den *Römer* Maxentius besiegt und für einen Bürgerkriegssieg gewährt der Senat keinen Triumphzug.[392] Außerdem reicht die Zeit nicht, um einen Triumphzug nach den strengen Verfahrensbedingungen formell zu beantragen und durchzuführen (Eingabe an den Senat, Verhandlungen vor der Stadt außerhalb des „pomerium").[393] Dieser Sachverhalt ist unumstritten und wird u. a. von dem Althistoriker Hartwin Brandt bestätigt: „Den bildlichen Beweis dafür liefert das Einzugsrelief auf dem Konstantinsbogen, auf welchem der Kaiser nicht in der Triumphalquadriga steht, sondern in einem prächtigen Wagen, der nicht für einen förmlichen Triumphzug benutzt werden kann."[394] Es handelt sich also bei Konstantins Einzug in die Stadt Rom um ein „Betreten", um ein Irgendetwas zwischen Triumph und Einmarsch, ohne strenge rituelle Tradition. Und da der Kaiser keinem scharfen Traditionsdruck ausgesetzt ist, entscheidet er individuell, ob und wie er während des Betretens/des Einzuges ein Opfer bringt, ob er dies aus organisatorischen Gründen später nachholt oder ob er gar nicht opfert.

Diese Bewertung passt allerdings nicht in das Bild einer *bedachten, vorsätzlichen* Opferverweigerung, die ja neben den Visionen Konstantins *den* Hinweis auf einen christlichen Konstantin geben soll. Um dennoch die Hypothese einer bewussten Opferverweigerung aufrecht zu erhalten, müssen die Unterschiede zwischen dem rituellen Triumphzug und den verschiedenen Varianten des „Betretens" heruntergespielt werden.[395] Dies tut Girar-

---

391 Livius, ab urbe condita 28,38, 4-8.

392 Dafür gibt es aus der Zeit der Bürgerkriege im 1. Jahrhundert v.u.Z. verschiedene Beispiele (Pompeius). U. a. berichtet Livius über das Versagen eines Triumphzuges durch den Senat (Livius 26,21,2-7).

393 Valerius Maximus Factorum 2,8 (De iure triumphandi).

394 H. Brandt, Konstantin der Große, München 2006, S. 46. Dieser Sachverhalt wurde bereits von H.P. L'Orange festgestellt: Der spätantike Bildschmuck des Konstantinbogens. Studien zur spätantiken Kunstgeschichte, 1939, S. 77 Anm. 1. Ähnlich auch Johannes Straub, Jochen Bleicken und K.M. Girardet, Die Konstantinische Wende, 1998, S. 31.

395 So auch S. Diefenbach, Römische Erinnerungsräume: Heiligenmemoria und kollektive Identitäten im Rom des 3. bis 5. Jahrhunderts, 2007, S. 135ff. Die-

det, der in seiner Argumentation seinem akademischen Ziehvater Straub folgt und zunächst zu Recht und völlig unverfänglich bezweifelt, dass die alten Auffassungen über den Triumph im vierten Jahrhundert noch beachtet werden.[396] Denn, so die Argumentation, der ursprünglich überwiegend sakrale Akt, mit dem der Feldherr die Gelübde einlöst, die er den Göttern vor Beginn des Feldzuges gegeben hat, habe sich in der späten Kaiserzeit immer mehr zu einer Ehrenfeier für den siegreichen Feldherrn entwickelt, hinter die das Sakrale zurückgetreten sei. Aus all dem folgert Girardet in verblüffender Logik nun allerdings nicht etwa einen Verfall der sakral-rituellen Sitten, gar eine Verwässerung oder generelle Ablösung des früheren Dankopfers, sondern im Gegenteil eine Ausweitung auf bisher nicht rituell geprägte Bereiche: das Götteropfer sei inzwischen auch beim adventus/ingressus üblich geworden, womit der Einzug Konstantins in Rom zu einem *triumphalen* adventus[397] aufwächst, mit dem gewünschten Ergebnis, dass am Ende des Einzuges ein Götteropfer hätte stehen *müssen*.

Als Beleg für diese rituelle Ausweitung zieht Girardet historische Fälle heran, an deren Ende „als Höhepunkt [stets] das Dankopfer" an die Götter gestanden habe.[398] Die Beispiele sind allerdings schon etwas älter, bereits von Straub 1955 zitiert worden[399] und schlecht gewählt. Denn sie erwähnen mehrheitlich keinerlei Dankopfer oder sie sind hinsichtlich der Vergleichbarkeit und im Hinblick auf eine wie auch immer geartete Regelmäßigkeit eines Opferganges nach einem *adventus* kritisch zu bewerten. So führen Straub/Girardet als Beleg für ein Dankopfer ein Beispiel aus den „Historien" des Tacitus (2,89) an. Dabei handelt es sich um eine merkwürdige Verbrüderung der Bürger Roms mit einer zügellosen Soldateska-Horde im Jahre 69 u.Z., in der kein Wort über ein Dankopfer gesagt wird. Stattdessen scheint Tacitus der weltbewegende Hinweis erwähnenswerter zu sein, dass Vitellius auf dem Kapitol seine Mutter umarmt.

Ähnlich problematisch ist das von Straub/Girardet angeführte Beispiel aus der für Klatsch bekannten *Historia Augusta* (Gallienus 8,1f), die den Marsch zum Kapitol im Stile eines fulminanten Volksfestes mit einhundert weißen Ochsen, zehn Elephanten, Boxern, zwölfhundert Gladiatoren, Wagen voller Schauspieler, jedoch ohne jegliche Erwähnung eines Dankopfers

fenbach war Stipendiat der Bischöflichen Studienförderung Cusanuswerk.

396 J. Straub, Konstantins Verzicht auf den Gang zum Kapitol, 1955, S. 299.

397 K.M. Girardet in: Die Konstantinische Wende, 1998, S. 33.

398 K.M. Girardet, Die Konstantinische Wende, 2006, S. 64.

399 J. Straub, Konstantins Verzicht auf den Gang zum Kapitol, 1955, S. 300.

beschreibt. Und auch in dem von Straub/Girardet zitierten Triumphzug Aurelians (Aurelia 33,1) wird en passant, in nur wenigen Worten von einem „Gelöbnis, wie berichtet wird" gesprochen, aber kein Opfergang erwähnt. Im Übrigen steht der pompöse Umzug mit „Tigern, Giraffen und Elchen" im Mittelpunkt des Berichtes. Gerade die von Straub/Girardet zitierten Beispiele können also den Eindruck rechtfertigen, dass das rituelle Dankopfer anlässlich eines Triumphzuges im Vergleich mit dem überschäumenden Straßenkarneval mit Tieren, Komödianten und Kriegsgefangenen zunehmend unbedeutend geworden ist.[400]

Steht schon die Opferverweigerungs-Hypothese als Theorie auf wackligen Beinen, so ist die praktische Durchführung der Verweigerung kaum mehr vorstellbar. Man muss sich die Situation einmal vorstellen: Der Kaiser lässt vor dem Hinaufziehen zum Kapitol, also vermutlich auf dem Zentrum Roms, dem *Forum Romanum*, Senatoren und das gesamte Heer mitsamt Ehrenzeichen alleine ziehen und überlässt irgendeinem nachgeordneten Militärtribun, das Götteropfer zu entrichten. Quält sich der Kaiser nun in seinem Triumphwagen, der nicht länger den Triumph verkündet, mitsamt der Leibgarde durch die Massen zur *Via Triumphalis* zurück? Werden Hundertausend Römer Zeuge eines einzigartigen schmachvollen Rückzuges des Kaisers? Jubelt das Volk nunmehr den Militärtribunen zu, während der Kaiser indigniert zuschaut? Hinter dem Kaiser marschiert das Heer. Schaut dieses nun entgeistert hinter seinem Kaiser her, der sich entgegen der Marschrichtung durch ihre Reihen winden muss und aus dem Staub macht?

Mit Verlaub: Die Vorstellung, der Kaiser inszeniere einen rituellen und pompösen Zug, um dann zwischenzeitlich und irgendwo den jubelnden Bandwurm von Wagen, Tieren und Menschen zu verlassen, weil er sich

---

400 Girardet eröffnet noch einige Nebenkriegsschauplätze, die dem diskutierten Sachverhalt aber keine neue Seite abgewinnen können. Unter anderem führt er bekräftigend aus, Konstantin habe im Jahre 315, während der Zehnjahresfeier, erneut das Götteropfer verweigert (Eusebius, Vita Constantini 1,48). Woraus einmal mehr die christliche Gesinnung des Kaisers abgeleitet werden könne. Aber eine Opferverweigerung als öffentliche Demonstration seines christlichen Glaubens ausgerechnet während dieser Zehnjahresfeier macht nun überhaupt keinen Sinn. Denn an diesem Tag wird zu seinen Ehren der Konstantinbogen eingeweiht, ein gewaltiges Monument, auf dem kein einziges christliches Symbol eingearbeitet, aber jede Menge heidnische Symbolik zu bestaunen ist. Und ausgerechnet über dem Fries-Relief mit dem Einzug des angeblich christlichen Konstantins prangt in einem Tondo übergroß der Sonnengott Sol.

entschieden hat, das Ziel des Zuges, das Kapitol, Sitz Jupiters, nicht mehr aufzusuchen, ist ziemlich realitätsfremd.[401] Denn es ist eine schiere Unmöglichkeit, aus einem solchen Zug mitsamt der Leibgarde auszubrechen, die „im Glanz der schimmernden Panzer strahlenden" Bewaffneten und Panzerreiter (Zosimos) links liegen zu lassen, und der Zugrichtung entgegen zurückzureiten, wohin auch immer. Stattdessen dürfen wir schon alleine aus der Tatsache, dass ein Quasi-Triumphzug am Morgen nach der Schlacht organisatorisch nicht zu bewältigen und angesichts der Opfer instinktlos wäre, folgern, dass es am 29. Oktober 312 keinen formellen, festlichen Einzug gegeben hat und auch keiner geplant gewesen ist.

Unabhängig von allen rituellen, organisatorischen und politischen Widersprüchen wäre auch noch die Frage zu klären, warum Konstantin eigentlich überhaupt dem Jupiter Capitolinus opfern sollte? Denn Konstantin, der bis 310 als „Imperator semper Herculii" noch der gewohnten römischen Götterwelt verbunden ist, scheint sich ab 310 dem Sonnengott Sol als höchster Majestät zuzuwenden, ohne damit die übrigen Götter aufzugeben. Wie sehr Konstantin nunmehr Sol zugetan ist, erfahren wir aus dem Munde des Festredners des Jahres 310. Am Ende dieser sicherlich mit Konstantin abgestimmten Trierer Laudatio berichtet der Redner von einer Begegnung des „jugendlichen, fröhlichen, heilbringenden und übermäßig schönen" Konstantins mit dem ebenso üppig ausgestatteten Apollo, der in der antiken wie modernen Forschungsliteratur weitgehend mit dem Sol Invictus gleichgesetzt wird.[402] Seit dieser Begegnung im Jahre 310 wird

401 Diefenbach diskutiert noch eine Reihe Varianten, u. a. eine mehrtägige Feier, um den unrealistischen de facto-Abbruch der Feierlichkeiten durch Konstantin zu umgehen und den Verzicht auf ein kapitolinisches Opfer an einem anderen Tag zu begründen. Aber damit bewegt er sich im rein spekulativen Raum und in Inkonsistenz zu Eusebius und Zosimos. Letzterer spricht von einem Abbruch. (Diefenbach, Römische Erinnerungsräume: Heiligenmemoria und kollektive Identitäten im Rom des 3. bis 5. Jahrhunderts, 2007, S. 138.) M. Clauss: „Konstantin zog mit, bis man ihn zum Rückzug überredete" (2007, S. 12). Auf die Diskussion, ob in Zosimos 2,29 das Jahr 312, 315 oder 326 gemeint ist, wird hier nicht eingegangen.

402 Panegyricus aus dem Jahre 310, 21,4-7. Belege und Literaturverweise dazu bei: T. Grünewald, Konstantinus Maximus Augustus. Herrschaftspropaganda in der zeitgenössischen Überlieferung, 1990, S. 46-53. Die Auffassung Grünewalds, die Rede von 310 habe quasi als Test gedient, um die Akzeptanz zu prüfen (S. 53/54), braucht hier als weit hergeholte, unbelegte Hypothese nicht weiter erörtert zu werden. Fakt ist, dass die Münzprägung ab 310 die

in der Münzprägung der Sonnengott als Begleiter Konstantins („Comes") dargestellt, gelegentlich in Form eines Doppelbildes, Konstantin vorne und der Sonnengott hinter ihm „als Spiegelbild des Kaisers".[403] Beide, Gott und Konstantin, führen nunmehr offiziell den Titel „Invictus". Warum also sollte Konstantin, der Verehrer des Sonnengottes, am 29. Oktober 312 auf das Kapitol eilen, das seit alters her der Platz des *Jupiter*-Tempels ist, und den nunmehr in die zweite Reihe verwiesenen kapitolinischen Göttern ein Opfer bringen? Zumal es Hinweise gibt, dass bereits Kaiser Elagabal (reg. 218-222), Verehrer des gleichnamigen syrischen Schutzgottes, das kapitolinische Opfer unterlassen hat, sicherlich nicht aus Ärger über den römischen Senat, sondern weil er einem anderen Gott mit eigener Weihestätte dient.[404]

Und dann wäre noch ein Einwand gegen einen allzu raschen Rückschluss aus der Nichterwähnung eines Dankopfers auf eine Konversion Konstantins: Die *vorsätzliche* Nichterwähnung eines in Wirklichkeit durchgeführten Dankopfers. Kann man wirklich von dem Zeitzeugen Eusebius erwarten, der nach eigenem Bekunden keine Geschichte schreiben, sondern „über die Glaubenszeugnisse in unseren Tagen und über das stets gnädige, liebevolle Erbarmen unseres Erlösers"[405] berichten möchte, dass dieser von einer Mission getriebene Autor ein heidnisches Opfer Konstantins, gleich ob Sol oder Jupiter gewidmet, überhaupt erwähnt? Wir wissen doch, dass dem panegyrischen Autoren jede zweckdienliche Übertreibung, jede Unterlassung, Änderung und nachträgliche Rasur zuzutrauen ist, um Konstantin im Stile eines gottgeführten Christus-Kaisers in den Abendhimmel entschweben zu lassen. Schließlich verschweigt Eusebius ja auch die Familien-Morde Konstantins, die Konstantin-Helios-Statue auf der zentralen Porphyrsäule Konstantinopels, „eines der wichtigsten Werke konstantinischer Staatskunst überhaupt",[406] und tilgt in den späteren Ausgaben sei-

---

Dominanz des Sol in der kaiserlich-religiösen Repräsentation belegt. So auch E. Kornemann, Geschichte der Spätantike, 1978, S. 19.

403 Zit. nach L'Orange, Der spätantike Bilderschmuck des Konstantinsbogen, 1939, S. 179. Konstantin und Sol: Münzkatalog RIC 6,873, 890 u. 893 (310-313).

404 Vgl. Augusto Fraschetti, 1999, S. 31-42, zit. nach S. Diefenbach, 2007, S. 136ff.

405 Eusebius, Kirchengeschichte 1,1.

406 Die Porphyrsäule ist auf einer mittelalterlichen Kopie (12. Jahrhundert) einer spätantiken Straßenkarte (nach 330) nachgewiesen (Tabula Peutingeriana. Codex Vindobonensis 324, kommentiert von E. Weber, Österreichische Na-

ner Kirchengeschichte die Grußformel an den 324 besiegten Konkurrenten Konstantins, Licinius, der ursprünglich mit vollem Namen und Titeln in der Kirchengeschichte (8,17,3-10) gestanden hat. Also was bewegt die Historiker, die Alternative einer vorsätzlichen Nichterwähnung erst gar nicht zu erwähnen, geschweige zu untersuchen?

Lassen wir also all diese höchst ärgerlichen Versuche, Konstantin ein christliches Bekenntnis abringen zu wollen, hinter uns und beurteilen sein Verhalten am 29. Oktober 312 aus der Perspektive eines *Politikers*. Und das bedeutet, dass Konstantin nach Rom marschiert, um seinen Nebenbuhler auszuschalten, aber auch, um sich dort die Macht durch den politisch zuständigen Senat bestätigen zu lassen. Wie sehr Konstantin die Anerkennung durch den römischen Senat am Herzen liegt, enthüllt uns Laktanz, der berichtet, Konstantin habe sich nach seinem Sieg über Maxentius umgehend vom Senat die Position eines *ersten* Augustus bestätigen lassen.[407] Wenn also der Weg zur Gesamtherrschaft über Rom führt, dann wäre es äußerst unklug gewesen, noch vor der Festigung des Erfolges, noch vor Anerkennung als erster Augustus und noch vor der ausstehenden Endauseinandersetzung mit seinem nächsten Konkurrenten Licinius dieses langfristige Ziel dadurch zu gefährden, dass bereits in den ersten Stunden seines Triumphes der heidnische Senat, das römische Volk und das heidnische Heer durch ein öffentliches christliches Bekenntnis vor den Kopf gestoßen werden. Ein religiöser Dogmatiker, ein Märtyrer oder potentieller Einsiedler könnten vielleicht den Standpunkt von Volk und Senat als unerheblich links liegen lassen, aber ein Staatsmann, der sich vor Jahren auf den Weg gemacht hat, die ganze Macht an sich zu reißen, der noch nicht am Ziele ist und jeden Verbündeten gebrauchen kann, stampft nicht als Elefant mit triumphalem Trompeten-Getöse im römischen Porzellanladen herum.

So gibt es nicht *ein* treffendes Argument, nicht *einen* politischen Umstand, nicht *einen* logischen Rückschluss, der für eine christliche Konversion am 27./28./29. Oktober 312 spricht. Selbst das Schweigen der antiken Autoren wendet sich gegen die Befürworter. Es ist ja nicht Eusebius, der

tionalbibliothek, Wien, ND 2004). Vgl. auch R. Leeb, Konstantin und Christus, 1992, S. 27.

407 Laktanz, de mortibus persecutorum 44. Konstantin habe „nachweislich ab 310 die Erringung der Gesamtherrschaft als politisches Ziel seiner Politik" ins Auge gefasst, schreibt Heinrich Kraft in der Einleitung seiner Konstantin-Biographie und fährt fort: „Der Weg zu diesem Ziel führte über die Gewinnung der Herrschaft in Rom; einen anderen Weg gab es nicht".

den Opfergang besonders schmerzlich vermisst. Denn dessen Schilderung des Einzugs Konstantins in Rom ist in seiner *Kirchengeschichte* noch geradezu provokant oberflächlich: Konstantin „rückte im Triumphzug in Rom ein". Sein Kollege Laktanz ist ebenso kurz angebunden: „Konstantin wird unter großer Freudenbezeugung des Senates und Volkes als Kaiser empfangen".[408] Das war es, was die damaligen antiken Hauptzeugen zum Thema Einzug und Götteropfer zu sagen haben, bevor Eusebius Jahrzehnte später nochmals das Wort ergreift und ohne Quellennachweise zu phantasieren beginnt. Auch sind es nicht die von den Historikern Straub und Girardet[409] zitierten antiken Autoren, die das rituelle Dankopfer zum Mittelpunkt eines Triumphzuges erheben, denn diese Autoren halten sich vor allem an der farbigen Ausgestaltung des Auftriebes exotischer Tiere, närrischer Gaukler und gedemütigter Kriegsgefangener fest. Nein, es sind Althistoriker des ausgehenden 20. Jahrhunderts, die dieses religiös entleerte und überholte Ritual des Jupiter-Opferganges in den Bedeutungshimmel erheben, um aus der Nichterwähnung einer Belanglosigkeit eine bedeutsame Wende hin zum christlichen Abendland ableiten zu können.[410]

Bliebe noch abschließend zu fragen: Wenn Konstantin im Jahre 312 aus religiösen Gründen auf einen Zug zum römischen Kapitol verzichtet, warum weiht er dann im Jahre 330 in Konstantinopel ein neues Kapitol ein?

408 Eusebius, Kirchengeschichte 9,9; Laktanz, de mortibus persecutorum 44.

409 K.M. Girardet, Die Konstantinische Wende, 2006, S. 64; J. Straub, Konstantins Verzicht auf den Gang zum Kapitol, 1955, S. 300.

410 Nur wenige Stimmen halten die wissenschaftliche Flagge in einem Meer kunterbunter Spekulationen hoch und verweisen darauf, dass das Fehlen antiker Berichte über ein Dankesopfer am 29. Oktober 312 mehrere Erklärungsmöglichkeiten erlaubt: Entweder sei „ein solches Opfer beim adventus nicht mehr Usus" gewesen, meint Elisabeth Hermann-Otto oder es sei so selbstverständlich gewesen, „dass man es nicht eigens zu erwähnen brauchte". Weitreichende Schlussfolgerungen zu ziehen, sei mithin problematisch (Konstantin der Große, 2007, S. 48).

17 Konzil von Nicäa. Die Divinisierung Jesu (325)

17.1 Der historische Rahmen

Drei Monate nach der Schlacht an der Milvischen Brücke, im Februar 313, trifft Konstantin, trotz seines Sieges über den Nebenbuhler Maxentius immer noch nur Herrscher über den Westen des römischen Reiches, mit Licinius, dem Ost-Kaiser, in Mailand zusammen. Das Zwei-Kaiser-Treffen geht als „Mailänder Vereinbarung" in die Geschichte ein. Folgt man Laktanz und Eusebius, dann steht das Kaisertreffen unter dem Leitthema „Christentum". Ein in umständlicher Kanzlei-Diktion verfasstes Abkommen soll den Christen die Gleichberechtigung gegenüber den heidnischen Kulten bringen: „Nachdem wir beide, Kaiser Konstantin und Kaiser Licinius, durch glückliche Fügung bei Mailand zusammenkamen, um [...] sowohl den Christen als auch allen Menschen freie Vollmacht zu gewähren [...] ihre Religion zu wählen [...] damit die himmlische Gottheit uns und allen [...] gnädig und gewogen bleiben kann."[411]

---

411 Eusebius, Kirchengeschichte 10,5; Laktanz, de mortibus persecutorum 48,2-12. Die Parallelfassungen sind nicht identisch. Die in der Populär-Literatur häufige Bezeichnung „Mailänder Edikt" ist aus zwei Gründen irreführend: Erstens wurde die Absprache zwar in Mailand getroffen, aber in Nicomedia (Juni 313) und in weiteren Provinzen (August 313) veröffentlicht, und zweitens sind „edicta" in der Systematik der klassischen römischen Juristen generelle Anordnungen an die Allgemeinheit, während Anordnungen für Beamte – wie in diesem Fall – als „mandata" bezeichnet werden. Vgl. H. Nesselhauf, Das Toleranzgesetz des Licinius, Hist. Jahrbuch der Görresgesellschaft 74, 1954, S. 44f; O. Seeck, Das sogenannte Edikt von Mailand, in: Zeitschrift für Kirchengeschichte 12, 1891, S. 381-386; J. Bleicken, Konstantin der Große und die Christen. Überlegungen zur Konstantinischen Wende, S. 18, Anm. 28. Grundsätzlicher Widerspruch bei: H. Grégoire, La „conversion" de Konstantin, Rev. de l`univ. de Bruxelles, Tome 36, 1930/31; dt. unter dem Titel:

Der Althistoriker Klaus M. Girardet interpretiert in das angebliche Abkommen eigene Botschaften hinein: Der Brief fordere gerade zu dem Schluss heraus, dass Konstantin „den Christengott als den einzigen Gott akzeptierte" und seine Herrschaft „auf den Boden des christlichen Monotheismus [...] gestellt" habe.[412] Die in diesem Schreiben sehr allgemein gehaltene Beschreibung einer Gottheit repräsentiere, so Girardet, „nicht den Stand der [persönlichen] religiösen Entwicklung" des Konstantins, die sich nach Meinung Girardets deutlich weiter in Richtung Christentum entwickelt habe, als den Überlieferungen zu entnehmen sei. Was zur Frage herausfordert, wie Girardet seinen Anspruch begründen will, die damalige religiöse Disposition des Kaisers besser beurteilen zu können als die Zeitgenossen.

Das „Mailänder Treffen" erhält damit einen religiösen Stellenwert, der dem politischen Zweck dieses Treffens mit ziemlicher Sicherheit nicht entspricht. Denn die Umstände – die anstehende Hochzeit Licinius' mit Konstantia,[413] der Halbschwester Konstantins, und der bedrohliche Aufmarsch des zweiten Ostkaisers, Maximinus Daia, lassen vermuten, dass im Februar 313 andere Themen im Mittelpunkt der Konferenz gestanden haben als religiöse. Maximinus, der „seinen Hochmut bis zum Wahnsinn gesteigert hat", wie Eusebius vermeldet,[414] führt im Winter 312/313 seine Truppen in Gewaltmärschen von Syrien durch das winterliche Anatolien, überquert den Bosporus[415] und rückt nach der Kapitulation von Byzanz und Heracleia Licinius bedrohlich auf den Leib.

Licinius muss also aufs Höchste alarmiert sein. Und was liegt unter diesen Umständen näher, als anzunehmen, dass sich Licinius unmittelbar vor der Schlacht auf Leben und Tod der Neutralität oder der Unterstützung des Westkaisers, Konstantin, zu versichern sucht und diese Erwartung der Hauptzweck des Treffens gewesen ist? Die Annahme, der heidnische Kaiser Licinius mache sich vor einer existenzbedrohenden Schlacht vor allem

Die „Bekehrung" Konstantins des Großen, in: H. Kraft (Hrsg.), Konstantin der Große, 1974, S. 212-213. Der Erlass kann kaum als ein Bekenntnis Konstantins zum Christentum aufgefasst werden. Vgl.: A. Lippold, Die Historia Augusta, 1998, S. 248/249.

412 K.M. Girardet, Die Konstantinische Wende, 2006, S. 103/104.

413 Laktanz, de mortibus persecutorum 43, 2; Zosimos, Neue Geschichte 2,17, 2.

414 Eusebius, Kirchengeschichte 9,10. Eusebius tituliert Maximinus als „überfordert", „wahnsinnig", „feige", „mutlos", „bar edler Gesinnung".

415 Laktanz, de mortibus persecutorum 45.

Gedanken über das zukünftige Wohlergehen des christlichen Gottes scheint also wenig realitätsnah zu sein. Zumal ein reichsweites „Abkommen" als eine Wiederholung des Ediktes von 311, das den Christen religiöse Gleichberechtigung zuspricht, weitgehend überflüssig ist und Licinius wenige Jahre später zu Repressalien gegenüber den Christen greift. Der Historiker Erich Caspar meint daher in Übereinstimmung mit *Paulys Realenzyklopädie der klassischen Alterumsforschung*, ein „Edikt von Mailand" sei völlig aus der Überlieferung zu streichen.[416] Und selbst die *Theologische Realenzyklopädie* mag sich nicht zu der Auffassung Girardets bekennen, das Treffen fordere gerade zu den Schluss heraus, dass Konstantin „den Christengott als den einzigen Gott akzeptierte" und sieht in der „Mailänder Vereinbarung" lediglich das Bestreben, „römische Religion mit Toleranz gegenüber anderen religiösen Überzeugungen" zu verknüpfen, um einen „philosophisch begründeten Religionspluralismus" zum Wohle des Staates zu pflegen.[417] Womit sich eine Antwort auf die heiß diskutierte Frage erübrigt, ob Konstantin mit dem Erlass die christliche Religion habe bevorzugen wollen, gar mit „weitgehenden, dem christlichen Monotheismus

416 E. Caspar, Die Geschichte des Papsttums, Bd. 1, 1930, S. 105. Caspar folgt damit Seeck, der bereits 1891 bezweifelt, dass das Treffen überhaupt stattgefunden hat (Das sogenannte‚Edikt von Mailand, 1891, S. 381-386). R. Knipfing meint ebenfalls, die Existenz dieses „Mailänder Erlasses" müsse verneint werden. Bei den von Laktanz aufgezeichneten Urkunden handele es sich um zwei Versionen einer von Licinius nach Mailand veröffentlichten Konstitution (Das angebliche Mailänder Edikt v. J. 313 im Lichte der neueren Forschung, 1922, S. 206-218). So auch Realenzyklopädie, Bd. 13,1 (1926) s.v. „Licinius" 31a: „Ein Edikt von Mailand, das ihm [dem Christentum] die Toleranz gewährt hätte, ist nie ergangen. Es war eben überflüssig, weil die gleiche Bestimmung schon 311 durch Galerius getroffen war". J. Wittig hält dagegen, bei Eusebius handele es sich um einen authentischen Text des Mailänder Erlasses (Das Toleranzreskript von Mailand 313, 1913, S. 40-65). Vgl. auch: Volkmar Keil, der ebenfalls eine Bevorzugung der Christen erkennt. Er empfiehlt, das Schreiben im Zusammenhang mit dem Galerius-Edikt (311) zu lesen, es werde dann deutlich „wieviel stärker [das Schreiben] auf der Seite der Christen steht" (Quellensammlung zur Religionspolitik Konstantins des Großen, S. 59). Zum Forschungsstand zuletzt: E. Herrmann-Otto, Konstantin der Große, 2007, S. 77-78, die den Text der Realenzyklopädie aufgreift: „ein reichsweites Edikt ist nie verkündet worden".

417 Theologische Realenzyklopädie, Bd. 33, 2002, S. 648.

konsequent Rechnung tragenden Absichten“, wie der Althistoriker Hartwin Brandt, Girardet widerspruchslos zitierend, meint.[418]

Inzwischen steht Maximinus Daia vor den Toren und am 30. April 313 kommt es in Thrakien (Bulgarien) auf dem Campus Serenus zur Entscheidungsschlacht zwischen den beiden konkurrierenden Ostkaisern Licinius und Maximinus. Licinius entscheidet den Kampf für sich und der Sieg trägt ihm für die nächsten zehn Jahre die alleinige Herrschaft im Osten des Reiches ein. Und da sein Partner, der Westkaiser Konstantin, vor der Schlacht an der Milvischen Brücke eine Erscheinung hatte, steht sie Licinius auch zu: Laktanz berichtet von einem Engel, der Licinius das Gebet mitgeteilt habe, das ihm den Sieg bringen werde.[419] So wird aus einer machtpolitischen Auseinandersetzung ein Religionskrieg.

Die folgende Nachkriegs-Phase von 313 bis 324 ist von einem Umbau des kaiserlichen Herrschaftssystems gekennzeichnet und kann mit wenigen Sätzen abgehandelt werden. Das von Diokletian aufgebaute Modell der Vier-Kaiser-Tetrarchie wird demontiert. An seine Stelle tritt ein dynastisch begründetes Mehrkaisertum, das von zwei Augusti, Konstanin und Licinius, geführt wird. Und es erfordert wenig Phantasie zu vermuten, dass Konstantin auch den zweiten Augustus als eine unliebsame Konkurrenz empfindet und sich seiner zu entledigen sucht. Dazu muss er – auch gegenüber den Truppen – seine gottbestimmte Überlegenheit demonstrieren, was sich *auch* in einem religiösen Gegensatz zwischen dem auf Jupiter eingeschworenen Licinius und dem an einen „summus deus“ glaubenden Konstantin äußern mag. Dieser Gott muss der überlegene Weltenwalter sein und man darf bezweifeln, ob ein von den Römern (!) gekreuzigter Christus geeignet gewesen ist, diesem Ideal zu entsprechen. Zumal ein im Jahre 313 aufgelegtes *Goldmultiplum* Konstantin und den Sonnengott Sol in innigster Vereinigung zeigt und den Anspruch Konstantins dokumentiert, gemeinsam mit dem übermächtigen Sonnengott die politische Nummer 1 zu sein (Titelbild).

Konstantin verlegt seinen Wohnsitz nach Trier und kehrt erst zwei Jahre später nach Rom zurück, um am 25. Juli 315 das zehnjährige Jubiläum seiner Machterhebung zu feiern.[420] Die prunkvollen Feierlichkeiten

418 H. Brandt, Konstantin der Große, 2006, S. 70; Girardet, Die Konstantinische Wende, 1998, S. 66.

419 Laktanz, de mortibus persecutorum 36,1 (Krieg); 46,6 (Gebet).

420 Die Regierungsjubiläen werden stets am „dies Caesaris“ gefeiert, also am Tag der Ernennung zum Caesar, dem „Kaiser 2. Ranges“: Am 25.7.310 die Quin-

in Rom können allerdings nicht verdecken, dass Konstantin nach wie vor nur Kaiser der Westhälfte des Imperium Romanum ist. Noch steht ihm auf dem Weg zur Gesamtherrschaft der Ostkaiser Licinius im Wege. Ihn gilt es zu bekämpfen und mit Hilfe der Armenier gelingt dies in zwei Siegen im Juli und September 324 u.Z. Die Leser, die inzwischen Eusebius kennengelernt haben, werden sich nicht wundern, dass Eusebius auch dieses Kräftemessen in schwülstigem Jargon zum Religionskrieg hochstilisiert: Der gute Christ Konstantin habe den verworfenen Heiden Licinius besiegt, der Christen „vom Hof, aus der Verwaltung und vor allem aus dem Heer“ habe entfernen lassen.[421] Als Dank habe sich Konstantin nach dem Sieg als Drachentöter darstellen lassen, mit dem „siegbringenden Zeichen“ (Kreuz) über dem Haupt und dem Labarum, das das Untier tötet.[422]

17.2 Der Anlass zur Einberufung des Konzils

Parallel zu den militärpolitischen Auseinandersetzungen hat sich innerhalb der christlichen Gemeinden ein handfester Streit eingenistet, der das gesamte vierte Jahrhundert bewegen soll. Es geht um Gott und um die Frage, ob Christus gottgleich ist. Der um 318 ausgebrochene Streit verwickelt fast alle oströmischen Provinzen in eine Kontroverse mit bedrohlichem Spaltungspotential. Die beiden Hauptstreithähne, Arius und Athanasius, sind beide in Alexandria ansässig. Der erste, ein schlichter Presbyter, vertritt die Auffassung, dass Jesu nicht wesensgleich mit Gott sei, sondern ein „Geschaffener“, und der zweite Kampfhahn, Athanasius, Bischof von Alexandria, meint zu wissen, dass Gottvater und Gottsohn in jeder Beziehung wesensgleich seien. Der Zwist zwischen dem Presbyter und seinem Bischof ist zunächst ein regional begrenzter, nordafrikanischer Streit, aber der empörte Athanasius kann nicht verhindern, dass sich die arianische Lehre rasch im Klerus verbreitet und in vielen Gemeinden breite Zustimmung

quennalien, am 25.7.315 die Decennalien, am 25.7.325 die Vicennalien und am 25.7.335 die Tricennalien. Auf das angeblich verweigerte Opfer während des Rom-Aufenthaltes 315 (Eusebius, Vita Constantini 1,48; Zosimos 2,29) wird wegen der widersprüchlichen Quellen und Literaturkritik nicht näher eingegangen.

421 Eusebius, Vita Constantini 1,51f. und 54; Eusebius, Kirchengeschichte 10,8,10; Hieronymus, chronicon z.J. 320.

422 Eusebius, Vita Constantini 3,3,1.

findet. Also ruft Athanasius ein Konzil der ägyptischen Bischöfe nach Alexandria ein und stellt fest, dass einige Bischöfe und viele Priester mit Arius sympathisieren. Klerus und Gemeinden teilen sich offensichtlich in zwei Lager, „so daß man sehen mußte, wie nicht nur die Vorsteher der Kirchen mit Worten untereinander stritten, sondern auch das Volk gespalten war".[423]

Kaiser Konstantin hält diesen Streit für unnütz. Theologengeschwätz sei es und so sendet er im Oktober 324 einen Brief an die beiden Querulanten.[424] Darin fordert er die Adressaten als „Friedensbringer", „Mitknecht" und „Mitdiener" auf, so Eusebius, den Streit beizulegen. Arius erhält in dem Brief noch eine Ohrwatsche in Form einer kaiserlichen Belehrung, er hätte erst gar nicht darüber nachdenken dürfen oder „wenn schon gedacht, dann hätte [es] totgeschwiegen werden sollen". Eine quellenkritische Analyse des im schwülstigen Theologenstil abgefassten Briefes lässt den Historiker allerdings vorsichtig werden: Der angebliche kaiserliche Brief wird von Eusebius zitiert und stammt aus der Hinterlassenschaft des fanatisch-orthodoxen Athanasius. Und beide verstehen sich nicht als Historiker. Das ist denn doch etwas viel, um einen Brief als historisch zuverlässig zu bewerten: Eusebius als Berichterstatter, Athanasius als Repetitor und die klösterlichen Schreibstuben als Übermittler.

Der kaiserliche Brief bleibt ohne Wirkung. Der Zwist breitet sich rasch aus und versetzt die christlichen Gemeinden des Osten in Aufruhr.

17.3 Die Rolle Konstantins

Konstantin muss handeln. Als ein Kind seiner Zeit, als römischer Kaiser mit sechzig oder siebzig Legionen und nicht abreißendem Ärger mit friedlosen Nachbarn, als Wahrer der Einheit des Reiches, als oberster Priester (*Pontifex Maximus*) aller heidnischer Priestergemeinschaften und erster Bischof der christlichen Gemeinden muss Konstantin *ex professo* dafür Sorge tragen, dass der Ärger mit den Christen ein Ende findet.

Schon die nordafrikanischen Donatisten haben ihn genervt. Sein Versuch, diese halsstarrigen Christen zu bändigen, scheitert und so überant-

423 Eusebius, Vita Constantini 2,61.

424 Eusebius, Vita Constantini 2, 64-72. Zur Authentizität des Briefes vgl. H. Kraft, Kaiser Konstantins religiöse Entwicklung, 1955, S. 23, 217.

wortet der Kaiser sie dem „Gericht Gottes“. Und nun auch noch dieser arianische Streit. Der Kaiser muss die Initiative ergreifen und einen Weg finden, das inzwischen unauflösbar gewordene Dickicht von christlichen Konfessionen, Mönchsrevolten, Aktionen und Gegenaktionen aufzulösen. „Aus eigener Kraft hatte sie [die Kirche] das nicht vermocht, und gerade am Anfang des 4. Jahrhunderts war sie am allerwenigsten auf dem Wege [....] Da hat sie der Staat aus dem politischen Einheitsbedürfnis heraus in diese Richtung gezwungen“, schreibt Hans Lietzmann, Kirchenhistoriker und Spezialist für die Geschichte der Alten Kirche.[425]

Unverhohlen beschimpft Konstantin den Störenfried Arius, droht den Bischöfen mit seiner Macht, wenn sie nicht gehorchen und ruft schließlich im Frühjahr 325 alle 1.800 Gemeindevorsteher (Bischöfe) zu einem Konzil in seinen Palast ein.[426] Die schiere Größe dieses Unternehmens zeigt die politischen Dimensionen dieses Konziles. Ob den Kaiser auch christlich-religiöse Ambitionen bewegen, ist mangels Quellen und seriösen Zeugenaussagen völlig offen. Sein bisheriger Lebensweg mit mehreren Bürgerkriegen und sein zukünftiges Verhalten mit Eliminierung seiner Familie und Eigenverherrlichung als „Sonnenkaiser“ sprechen eher dagegen. Der Kaiser steht unter wachsendem Druck der Germanen und Perser und hat sicherlich andere Sorgen, als sich um den Gott einer christlichen Minderheit aus Nordafrika und Kleinasien zu kümmern. Bischofskonferenzen sind ihm nicht heilig, sondern Mittel, die vagabundierenden Ströme zu kanalisieren, der Vielfalt frühzeitig einen einigenden Stempel orientalischer Hofetikette aufzudrücken und sich innenpolitisch zu befreien.

So lädt also Kaiser Konstantin mit Hilfe der kaiserlichen Post, die eigentlich für die zivile Administration und für wichtige militärische Angelegenheiten reserviert ist, zu dem Konzil ein. Die Bischöfe können damit das gesamte Transportsystem unter dem Schutz der römischen Armee frei nutzen, seien es Schiffe, Kutschen, Pferde oder was immer der Staat zu

---

425 H. Lietzmann, Die Anfänge des Problems Kirche und Staat, 1958, S. 9.

426 Das Eröffnungsdatum ist strittig. Jörg Ulrich datiert den Beginn in Übereinstimmung mit Sokrates 1,13 auf den 20. Mai (Die Anfänge der abendländischen Rezeption des Nizänums, 1994, S. 120); das Datum ist nach Auffassung von Charles Pietri/Christoph Markschies überholt (Die Geschichte des Christentums. Altertum, Bd. 2, 2005, S. 304/305). Zum Konzil siehe Eusebius, Vita Constantini 3,6-23; auch K.M. Girardet, Kaiser Konstantin d. Gr. als Vorsitzender von Konzilien. Die historischen Tatsachen und ihre Deutung, 1991, S. 548-560.

bieten hat. Konstantin sorgt für die Unterkunft, verpflegt die Teilnehmer und stellt seinen Palast als Konferenzort zur Verfügung.

Der Bischof der Zentralgemeinde von Rom, später „Papst" genannt, Silvester, spielt keine Rolle. Eine Initiative zur Einberufung der Konferenz durch ihn oder einen anderen Gemeindeführer ist nicht überliefert und wird in der Literatur fast einstimmig verworfen. Vermutlich gibt es auch keine vorhergehende Konsultation mit Silvester im Stile einer gemeinsamen „Kaiser- und Bischofssynode".[427] Jedenfalls weisen die Quellen nicht auf eine Abstimmung zwischen Kaiser und Papst hin. Zwar versucht das Protokoll der 6. Allgemeinen Synode von Konstantinopel aus dem Jahre 680 u.Z. den Eindruck zu erwecken, Konstantin und Silvester hätten das Konzil gemeinsam einberufen,[428] zwar wird die spätere Silvesterlegende den Papst in den Vordergrund schieben – „auf seinen Befehl" habe die Synode von Nicäa stattgefunden[429] – aber das ist angesichts der schwachen Position des römischen Bischofs gegenüber den dominierenden kleinasiatischen und alexandrinischen Bischöfen und der bisherigen Zurückhaltung der weströmischen Gemeinden in allen dogmatischen Fragen unwahrscheinlich und wird auch nicht durch zeitgenössische Quellen bestätigt. Der Bischof von Rom, der in der ersten Hälfte des vierten Jahrhunderts keineswegs der „anerkannt erste Bischof der Christenheit" ist, wie der Kirchenhistoriker und Bischof Carl Joseph von Hefele in grober Verzerrung der historischen Tatsachen meint,[430] hat in diesem Streit einfach nichts zu bestellen.

Ob der Kaiser *formal* den Vorsitz geführt hat, ist umstritten,[431] für die Thematik auch weniger bedeutsam, da die römischen Gebräuche zulassen,

---

427 E. Schwartz, Über die Reichskonzilien von Theodosius bis Justinianus, in: Zeitschrift der Savigny-Stiftung für Rechtsgeschichte 42 K. 11, 1921, S. 208-253. Baus/Ewig meinen, es sei „sicher, daß Konstantin mit Rom weder Verhandlungen [...] geführt, noch die Zustimmung des römischen Bischofs erbeten" habe (Die Reichskirche nach Konstantin dem Großen, Handbuch der Kirchengeschichte, Bd. 2/1, 1979, S. 24).

428 Siehe dazu: C.J. von Hefele, Conciliengeschichte, ^{2}1873, S. 289.

429 Liber pontificalis I, 34.

430 C.J. von Hefele, Conciliengeschichte, ^{2}1873, S. 290.

431 Da Ossius an der Spitze der Unterschriftenliste steht, könnte dieser die formale Leitung gehabt haben (Sokrates, Kirchengeschichte 1,13). Zu den verschiedenen Listen vgl.: E. Schwartz, Über die Bischofslisten der Synoden von Chalkedon, Nicäa und Konstantinopel, 1937, S. 62ff; H. Gelzer u. a., Patrum Nicaenorum Nomina, Leipzig 1898; E. Gibbon, Verfall und Untergang des Römischen Reiches, 1837/2004, S. 360; J. Ulrich, Phoebadius Contra Aria-

dass Vertraute formal den Vorsitz führen, ohne die beherrschende Rolle des Kaisers einzuengen. Eusebius berichtet, Konstantin habe, einem Engel des Herrn vom Himmel gleich, von Purpur, Gold und Edelsteinen starrend, den Vorsitz gehabt.[432] Diese Auffassung korreliert mit dem Status und den Aufgaben des römischen, zunehmend byzantinischen Kaisers. Denn die abgehobene Herrscherrolle erlaubt keine Unterordnung oder demütige Gleichstellung mit christlichen Bischöfen, gar aus afrikanischen und kleinasiatischen Provinzen. Noch sind die Provinzen Teile des römischen Reiches, noch unterstehen die sakralen Provinzfürsten dem römischen Kaiser. Schon alleine seine traditionelle Rolle als *Pontifex Maximus*, als paganer Lordsiegelbewahrer des *Ritus Romanus*,[433] verbietet es, sich den Bischöfen als „Mitdiener", „als von Gott zum gemeinsamen Bischof aller aufgestellt"[434] anzubiedern. Eine andere Rolle wäre mit dem Selbstverständnis des allmächtigen Kaisers, der sich als *rector totius orbis* und *salus et spes rei publicae* verherrlichen lässt,[435] unvereinbar.

Und so räumt der Kirchengeschichtler Gerhard Ruhbach ein, dass „die Kirche wenig gerüstet [war], um interne und externe Fragen zu lösen" und

nos, 1999, S. 21 (Fontes Christiani, Bd. 38); J. Ulrich, Die Anfänge der abendländischen Rezeption des Nizänums, 1994, S. 120). Die Hypothese „Ossius" wird von Hefele (Conciliengeschichte, ²1873), de Clercq (Ossius von Cordova, 1954, S. 228 f), Ortiz de Urbina (Nizäa und Konstantinopel, 1964) u. a. abgelehnt. Eusebius (Vita Constantini 3,6), Theodoret (Kirchengeschichte 1,7,1) u. Sozomenos (Kirchengeschichte 1,17,1) meinen übereinstimmend, Kaiser Konstantin selbst habe die Initiative ergriffen. Die Indizien sprechen für die Auffassung der letzten drei Kirchenhistoriker. Adolf Lippold tritt für einen Vorsitz Konstantins ein (Bischof Ossius von Cordoba und Konstantin der Große, 1981, S. 1-15); K.M. Girardet unterstützt diese Auffassung (Kaiser Konstantin d. Gr. als Vorsitzender von Konzilien. Die historischen Tatsachen und ihre Deutung, 1991, S. 548-560; Girardet weist auf das eusebische Traktat über das Osterfest (325/330) hin, in dem der Vorsitz Konstantins eindeutig angesprochen werde (Der Vorsitzende des Konzils von Nicäa, 1993, S. 347/8). Ähnlich E. Herrmann-Otto (Konstantin der Große, 2007, S. 133).

432 Eusebius, Vita Constantini 1,44 u. 3,10-15.

433 Der tradierte Begriff „ritus" wird im Codex Theod. für viele Glaubensrichtungen verwendet: Für die nicänisch-christliche in Codex Theod. 2,8,18 (386), für die Juden in Codex Theod. 16, 8,18 (408) und für nicht-nicänisch-christliche in 16, 5,41 (407).

434 Eusebius, Vita Constantini 1, 44.

435 Lobpreisungen auf verschiedenen Münzen zur Zeit Konstantins.

daher „der Kaiser die Leitung des Konzils in die Hand nahm“.[436] Hans Küng meint kurz und trocken: „So war von allem Anfang klar, wer auf dem ökumenischen Konzil – und auf [...] den folgenden! – das Sagen hatte: nicht etwa der Bischof von Rom, wie es spätere Ideologen eines absolutistischen Papsttums gerne sehen möchten, sondern einzig und alleine der Kaiser.“[437] „Der Kaiser hatte die Kirche [...] gelenkt und geleitet nach seinem Herrscherwillen“, schreibt der klassische Philologe Eduard Schwartz und fährt fort, „als Ganzes hat die Kirche nie [eine Auflehnung] versucht; sie hat die größte, um nicht zu sagen die furchtbarste Umwälzung, die sie je erlebt, hingenommen ohne Widerstand [...] Ohne Murren überließ sie ihrem Wohltäter die wichtigsten Hoheitsrechte und sah ihr Glück darin, daß er sie mit der Mauer einer dogmatischen Formel umgab.“[438]

17.4 Der Verlauf des Konzils

Das erste reichsweite Großkonzil tritt im Mai 325 im kaiserlichen Palast zu Nicäa zusammen. Von den 1.800 eingeladenen Bischöfen sind etwa 200-300 Bischöfe[439] aus den ägyptischen und asiatischen Provinzen, zwei aus Armenien, einer aus Persien und fünf aus dem Westen mit Ossius von Cordoba[440] an der Spitze der Einladung gefolgt.

---

436 G. Ruhbach, Die politische Theologie Eusebs von Caesarea, in: Ders. (Hrsg.), Die Kirche angesichts der konstantinischen Wende, 1976, S. 242.

437 H. Küng, Das Christentum. Wesen und Geschichte, 1994, S. 222.

438 E. Schwartz, Kaiser Konstantin und die christliche Kirche, 1913/1936, S. 170.

439 Sokrates spricht von 300 Bischöfen (Kirchengeschichte 1,8), Eusebius von mehr als 250 Teilnehmern und einer unermesslichen Menge von Begleitern (Vita Constantini 3,7;8), Theodoret von 270 (Kirchengeschichte 1,8,1), Athanasius von ungefähr 300 (apologia sec.23,2), an anderer Stelle von 318 (Historia Arianorum ad monaches c.66; ad afros c.2). H. Chadwick spricht von 220 Teilnehmern (Die Kirche in der antiken Welt, S.148), ebenso E. Schwartz, Kaiser Konstantin und die christliche Kirche. R. Lorenz weist auf neueste Untersuchungen hin, die 197-220 Teilnehmer bestätigen (1992, S. C 131). Die immer wieder erwähnte Zahl von 318 Bischöfen (Sokrates, Kirchengeschichte 1,8) ist eine idealisierte Zahl nach Gen. 14,14 („318 Knechte Abrahams“).

440 Ossius taucht in der Literatur auch unter den Namen Hosius oder Osius auf. Nach C.H. Turner ist nur Ossius korrekt (Ecclesiae Occidentalis Monumenta Iuris Antiquissima, Oxford 1899-1939, S. 532).

Der römische Bischof entsendet, ähnlich wie zur Synode in Arles im August 314, lediglich zwei Legaten.[441] Er selbst erscheint nicht. Sozomenos erklärt das Fehlen des römischen Bischofs mit dessen Alter,[442] aber das ist ganz und gar unglaubwürdig, da Silvester sich noch weitere zehn Jahre seines Lebens erfreut, der Papst nicht zum erstenmal fehlt, wenn es um die Deutung des Christentums geht, und der „wohlgeeignete" Konzilsort Nicäa nicht zuletzt wegen der bequemen Schiffsanfahrt für die italienischen Bischöfe gewählt worden ist.[443] Will Durant behauptet, Papst Silvester sei durch eine Krankheit verhindert gewesen,[444] aber dafür gibt es keinerlei Belege, auch hat der Papst keinen Vertreter im Bischofsrang entsendet. Erich Caspar spekuliert, eine kluge und vorsichtige Haltung erkennen zu können, die gebot, die Würde des Papstes gegenüber dem „kaiserlichen Befehlsregiment" wahren zu müssen.[445] Aber zu diesem Zeitpunkt hat der Bischof von Rom noch gar keine herausgehobene Würde, die ihn vor den anderen führenden Patriarchen ausgezeichnet hätte. Im Gegenteil. Er muss seine Ansprüche mit den Patriarchen von Antiochia und Alexandria teilen, die über eine relativ umfangreiche christliche Klientel verfügen, während der Bischof von Rom um jede christliche Seele in einer fast vollständig heidnischen Stadt ringen muss. Im Übrigen ist während des Geburtsaktes des trinitarischen Dogmas vornehme Zurückhaltung sicherlich das letzte, was einen Kirchenführer auszeichnet.

So weist das Fehlen des unbedeutenden, in der Geschichte vor allem wegen der widerlegten „Konstantinischen Schenkung" und der ebenso umstrittenen angeblichen Taufe Konstantins durch den Bischof von Rom bekannt gewordenen Papstes eher darauf hin, dass Silvester im fernen Rom die Bedeutung der anstehende theologischen Fragen nicht richtig erkennt. Diese Vermutung kann auch die geringe Anzahl westlicher Bischöfe unter

441 Eusebius, Vita Constantini 3,7. Papst Silvester I. war nach Gelasius (Hist. Conc. Nic. II 5) durch Ossius und die zwei römischen Priester Bito und Vincentius vertreten.

442 Sozomenos, Kirchengeschichte 1,17,2. Sozomenos spricht fälschlich von Papst Julius.

443 Eusebius, Vita Constantini 3,6. Vgl. auch Baus/Ewig, Die Kirche von Nikaia bis Chalkedon, in: Handbuch der Kirchengeschichte, 1985, Bd. 2, 1, Halbband K., S. 25.

444 W. Durant, Caesar und Christus. Eine Kulturgeschichte Roms und des Christentums von den Anfängen bis zum Jahre 325 n.Chr., 1949, S. 741.

445 E. Caspar, Geschichte des Papsttums, 2 Bde., Bd. 1 „Römische Kirche und Imperium Romanum", 1930, S. 115.

den Konzilsteilnehmern erklären. Offenbar ruht im ersten Quartal des vierten Jahrhunderts der Westen noch in einem „tiefen dogmatischen Schlummer“ (Kant über sich selbst, aus dem er durch David Hume erweckt worden sei).

17.5 Wesensgleichheit. Das Schlüsselwort des Christentums

Im Mittelpunkt des Konzils steht Gott, genauer: Man streitet sich, ob und wenn ja, in welchem Umfang, Jesus gottgleich ist. Es geht um die Synthese von Gottvater und Gottsohn, im Kirchenlatein um Fragen der Wesenseinheit, Gleichheit, Ähnlichkeit, Hypostase oder Substantia. Der Sachverhalt sei von hoher „Kompliziertheit“, meint der protestantische Ordinarius Adolf M. Ritter und wehrt damit, sicherlich in der Überzeugung hoher Theologie, von vornherein einen historischen, also scheinbar einfach gestrickten Zugang zu der Materie ab. Die ganze Angelegenheit der Einheit von Gottvater und Gottsohn scheint so kompliziert zu sein, dass Ritter schließlich feststellt, die „angedeuteten Probleme [seien] nicht lösbar“.[446]

Jedenfalls reden die Bischöfe wochenlang über den „von Gottvater Geschaffenen“ und den „gottgleich Ewigen“, über „wesenseins“ oder „wesensähnlich“, wägen ab zwischen „aus dem Vater“ und „mit dem Vater“ und prüfen die Zuverlässigkeit der Aussagen über die Zeugung Gottes: „gezeugt“ oder „geschaffen“ oder „aus dem Sein des Vaters“. An die dreihundert Bischöfe lassen sich inspirieren, verirren sich in transzendenten Labyrinthen und in gebildeten Wortungetümen, verbannen dies und revitalisieren das. Die Anwesenden schauen ins Jenseits und „jeder zieht seine Phantasie zu Rate, wenn er Kataloge von Tugenden und Glückseligkeiten erstellt“, kommentiert der schottische Philosoph David Hume das Geschehen.[447] So geht das hin und her. Gott, der Unendliche, der erste Beweger soll erkannt werden, ein unmögliches Unterfangen, das die Erleuchtung der

446 A.M. Ritter, Charisma und Caritas, 1993, S. 161/164. Hier auch Forschungsliteratur zum Begriff.

447 D. Hume, Letters I,16. Hume, schottischer Philosoph (1711-1776), wendet sich gegen die Annahme, außerhalb der Erfahrung könnten tragfähige Erkenntnisse gewonnen werden.

Anwesenden voraussetzt. Die aber lässt auf sich warten, wie die Länge des Konzils und das abschließende Machtwort des Kaisers belegen.

Unter den lobenden und eifrig empfehlenden Worten des Kaisers finden sie schließlich die Antwort.[448] Sie geben dem christlichen Gott per Mehrheitsbeschluss eine Gestalt: „Homoousios" – eines Wesens,[449] Jesus sei aus dem Wesen des Vaters gezeugt und wesenseins, d. h. von einer „Substanz" mit dem Vater. Da ist es, das geheimnisvolle Wort „homoousios", das „nicht in der Heiligen Schrift stand und philosophischen Ursprungs war, das weniger mit der Wahrheit des Glaubens als mit der Halsstarrigkeit seiner Verfechter zu tun hatte", meint der Theologe Ernst Dassmann.[450] Es wird *das* Schlüsselwort, zugleich *die* Vokabel, die Juden, Muslims und Christen endgültig entzweien wird.

Niemand kennt die Gründe, gerade diese Formulierung in ein offizielles Dokument der Kirche einzuführen. Keiner der antiken Kirchenväter, Eusebius von Caesarea, Athanasius oder Ambrosius gibt uns glaubhaft Auskunft über die Absichten der frommen Denker. Niemand weiß so ganz genau, woher diese Formel eigentlich stammt, die bereits im heidnisch-ägyptischen und gnostischen Sprachgebrauch nachweisbar ist.[451] Niemand kann eine direkte Linie zu den überlieferten Worten Jesu ziehen, weil die Bibel weder von Wesensgleichheit noch von Trinität spricht. Einige Theologen meinen, die Formel stamme aus einer „alten Taufformel der Jerusalemer Überlieferung".[452] Die aber ist unauffindbar. Sie ist auch in der trinitarischen Bedeutung weder in der westlichen noch östlichen Theologie des zweiten und dritten Jahrhunderts nachweisbar. Und so ist sich die Forschung weitgehend einig, dass das „homoousios" nicht biblischen, sondern anderen Ursprungs ist. Daher ist es auch unwahrscheinlich, dass Ossius, Bischof aus dem fernen spanischen Cordoba und Teilnehmer des Konzils,

448 Eusebius nach: Athanasius, de decretis Synodi Nicaenae, 25.

449 Theodoret, Kirchengeschichte 1,12,8; H. Lietzmann: „Dem Sinne nach hatte schon Tertullian die 'Homousie' des Vaters und des Logos gelehrt [...] und bei Origines findet sich vereinzelt wohl dieselbe Aussage, aber zugleich auch die Ausdehnung [...] auf alle vernünftigen Wesen [...] womit die Formel für Christus natürlich entwertet wurde" (Geschichte der Alten Kirche, 1999, S. 739).

450 E. Dassmann, Kirchengeschichte II/1, Konstantinische Wende und spätantike Reichskirche, 1996, S. 57.

451 Lesenswerte Diskussion zum „homoousios" bei: Pier Franco Beatrice, The Word „Homoousios" from Hellenism to Christianity, in: American Society of Church History 71, 2002, S. 243-272.

452 M. Jacobs, Die Reichskirche und ihre Dogmen,1987, S. 28.

der Urheber ist oder dass die Formel bereits ein halbes Jahr vorher auf dem Konzil von Antiochia (324) diskutiert worden ist.[453] Denn dazu wäre eine von allen Seiten anerkannte, auf Jesus rückführbare, christlich fundierte Begriffsgrundlage erforderlich gewesen. Und da diese fehlt, kann sich das Konzil nur unter Abstützung auf die Autorität des Kaisers einigen.

Die Forschergemeinde ist sich daher weitgehend einig, dass die Formel von Konstantin durchgesetzt worden ist. Und der italienische Professor für frühchristliche Literatur Pier F. Beatrice liefert mit dem Hinweis, dass Konstantin als Folge seiner Ägypten-Reisen und Diskussionen mit paganen Philosophen seiner Umgebung mit der Formel vertraut gewesen sei, den geschichtlichen Erklärungshintergrund dazu.[454] Der Zeitzeuge Eusebius lässt keinen Zweifel an der Urheberschaft Konstantins: „Unser gottgeliebtester Kaiser bezeugte, bevor irgend jemand sonst das Wort nahm [...] und befahl allen Anwesenden an, ihm zuzustimmen", meint allerdings an anderer Stelle, dass Konstantin vielleicht einer Einflüsterung „bedeutender Bischöfe"[455] gefolgt sei. Dennoch: Der Kaiser hat sie durchgedrückt, wie Ferdinand Christian Baur, Professor für Theologie an der Universität Tübingen, versichert: „Und so viele Mühe es kostete, die Annahme der Formel zu Stande zu bringen, so wäre auch dies nicht gelungen, wenn nicht die kaiserliche Autorität dazwischen getreten wäre."[456] Ebenso Hans Lietz-

453 E. Schwartz vermutet, Ossius von Córdoba, der ständige Begleiter und Berater des Kaisers, habe die Formel dem Kaiser eingeflüstert (Kaiser Konstantin und die christlich Kirche, 1913, S. 139). H. Kraft teilt diese Auffassung (Einleitung zu: Konstantin der Große, 1974, S.4). Die Ossius-Urheberschaft wird durch Philostorgius gestützt, der davon berichtet, dass Ossius und Alexander vor dem Konzil zu einer Einigung bezüglich des Gebrauchs des *homoousios* gelangt seien (Kirchengeschichte 17). Aber dann hätte diese Kernformel theologischen Denkens sich irgendwo in den Texten wiederfinden lassen müssen. Auch weiß weder Eusebius etwas von einer Antiochia-Formel zu berichten, noch hätte sich eine Regionalformel einiger Weniger ohne Eingreifen des Kaisers auf dem Konzil von Nicäa durchsetzen können.

454 P.F. Beatrice, The Word „Homoousios" from Hellenism to Christianity, in: American Society of Church History 71, 2002, S. 243-272. A.v. Harnack vermutet einen „Westimport", W. Durant glaubt, dass die Formel eingeführt worden sei, um einen christlichen Polytheismus zu vermeiden (1949, S. 742).

455 Eusebius, Vita Constantini 4. Vgl. auch: Sokrates, Kirchengeschichte 1,8. Athanasius widerspricht in epistula ad Afros 6 und beruft sich auf die „alten Väter".

456 F. Baur, Das Christenthum und die christliche Kirche der ersten drei Jahrhunderte, ^{2}1860, S. 362.

mann, der 1958 schreibt: „Wir sind [...] nicht überrascht zu hören, daß der Kaiser mit allem Nachdruck die Einfügung einer bisher von keiner Partei vertretenen Formel, nämlich des 'homoousios' in das Glaubensbekenntnis wünschte [...] Was den Kaiser zu diesem Schritt veranlaßte, ist uns völlig dunkel [...] Die Synode beschloß, was der Kaiser diktierte [...] Man fand sich in das Unvermeidliche und hoffte, der Zweck der kirchlichen Befriedigung würde das bedenkliche Mittel heiligen."[457] Jörg Ulrich und John N.D. Kelly sehen ebenfalls in Konstantin den „Hauptverantwortlichen für die Einfügung des Begriffes in das Bekenntnis", ebenso Hans Küng, der konstatiert, das Wort sei „zweifellos ein unbiblisches Wort, das aus dem Neuplatonismus und der Gnosis stammt" und „vom Kaiser persönlich [...] dem Konzil aufoktroyiert"[458] worden. Und der Althistoriker Hans J. Gehrke betont: „Er selbst leitete sie [die Synode] und setzte schließlich – geradezu mit einem Machtwort – eine Glaubenformel durch."[459] Andere Meinungen sind selten und ihre Autoren bestreiten weniger die verantwortliche Rolle Konstantins, vielmehr befassen sie sich mit der Frage, ob und wenn ja, wer Konstantin die Formel eingeredet habe.

Vermutlich hat Konstantin die Formel kaum verstanden. Der englische Historiker Edward Gibbon schreibt über den theologischen Dilettantismus Konstantins: „Trotz des Lobes [...] war der römische Feldherr, [...] dessen Geist weder durch wissenschaftliche Studien noch durch göttliche Eingebung erleuchtet worden war, ziemlich ungeeignet, in griechischer Sprache eine metaphysische Frage oder einen Glaubensartikel zu erörtern."[460] Ernst Dassmann meint, Konstantin habe das, worum es in Nicäa ging, „nur sehr unzulänglich begriffen", sein Christusbild sei einseitig auf einen trumphierenden Sieger fixiert gewesen.[461] Dem Kaiser aber scheint die Formel gerade wegen der mysteriösen Vieldeutigkeit als Einigungsformel geeignet gewesen zu sein. Denn sein Trachten ist zunächst auf die Sicherung der

457 H. Lietzmann, Die Anfänge des Problems Kirche und Staat, Berlin 1958, S. 202-214. Vgl. auch ders., Geschichte der alten Kirche, ND 1999: „Was den Kaiser zu diesem Schritt veranlasste, ist uns völlig dunkel, unbekannt auch die theologische Stelle, welche ihm dies Stichwort zugeflüstert hat [...] Mit dieser philosophischen Vokabel wird [...] jedes weitere Durchdenken des Trinitatsproblems zurückgeschoben." (S. 761)

458 J.N.D. Kelly, Altchristliche Glaubensbekenntnisse, 1972, S. 244-247; H. Küng, Das Christentum, 1994, S. 223.

459 H. Gehrke, Kleine Geschichte der Antike, 1999, S. 161.

460 E. Gibbon, Verfall und Untergang des Römischen Reiches, 2004, S. 360.

461 E. Dassmann, Kirchengeschichte II/1, 1996, S. 71.

Einheit des Reiches gerichtet: „Fürs erste wollte ich aller Völker Sinnen und Trachten, soweit es sich auf Gott hinrichtet, gleichförmig machen und vereinen, [...] in der Überzeugung, wenn ich unter allen Dienern Gottes meinen Wünschen gemäß eine allgemeine Eintracht herstellen könnte, würde auch die Verwaltung des Staatswesens eine glückliche [...] Umwandlung erleben.“[462]

Dieser Wille, die Eintracht im Reich herzustellen, und sein theologischer Dilettantismus erlauben den Schluss, dass dem Kaiser die Homoousios-Formel als solche ziemlich gleichgültig ist und sie vorrangig der Erfüllung seiner primären Aufgabe als Kaiser und *Pontifex Maximus* dient, die Einheit aller Religionen unter seiner Führung zu sichern. Dazu muss Konstantin eine Formel finden, die möglichst alle unterschreiben können, gleich ob heidnisch oder christlich. Und diese Formel ist die „Wesenseinheit“, in der sich *summus deus*, paganer wie christlicher Monotheismus, aber auch ein byzantinischer Gottkaiser mit seinem göttlichen *Comes* wiederfinden können: Eines Wesens mit dem obersten Gott, Konstantin auf Augenhöhe, so lässt sich der Kaiser, *imperator et divus*, auf Münzen darstellen.

So bricht die rätselhafte und schicksalschwere Formel von der „Wesensgleichheit“, die die Gräben zu Juden, Islam und freier Philosophie unüberbrückbar tief aufreißt, die der christlichen Kirche den Vorwurf einer hohlen Formelsprache und eines lebensfernen Klerikerjargons einbringen wird und die zweifellos die Rezeption der damit verbundenen Theologie nachhaltig erschwert, in die Geschichte des Abendlandes ein. So prägt im Jahre 325 der ungetaufte römische Kaiser das Glaubensbekenntnis der späteren katholischen Kirche. So kommt unter der Führung des obersten Priesters der heidnischen Kulte, *die* Bekenntnisformel der späteren christlichen Kirche schlechthin zustande. Eine „sabellianische“ Formel sei sie, meint damals der Kirchenhistoriker Sokrates, der das tief sitzende Unbehagen vieler Bischöfe ausführlich beschreibt,[463] ein „wissenschaftlicher Begriff mit materialistischem Beigeschmack“, so 1500 Jahre später Hans Küng.[464]

Die weitere Entwicklung wird zeigen, dass sich diese Formel ohne weiteren kaiserlichen Machtspruch kaum als weltweit gültige, katholische For-

462 Eusebius, Vita Constantini 2,65.

463 Sokrates, Kirchengeschichte 1,23,7. Sabellius wurde um 220 exkommuniziert, nachdem seine Lehre, der eine Gott sei lediglich in drei Wesen erschienen, zur Irrlehre erklärt worden war. Die Bezeichnung „Sabellianismus“ wurde später für weitere spekulative Ideen verwendet.

464 H. Küng, Christentum, 1994, S. 223.

mel hätte durchsetzen können. Dazu ist die Formel zu abstrakt, der Inhalt zu unausgewogen, sind die logischen und theologischen Widersprüche zu groß, die Bischöfe zu skeptisch und die Arianer zu stark. Bereits 381 wird die Formel nachgebessert: Der Heilige Geist hält als dritte Kraft Einzug in die Wesenseinheit. 451 erfolgt die zweite Neuerung: Die göttliche Wesenseinheit kann die irdischen Prozesse rund um Jesus mit Geburt und Tod nicht mehr erklären. Die Lehre von der Doppelnatur Jesu muss her, „wahrer Mensch und wahrer Gott". Damit ist mehr als vierhundert Jahre nach dem Tode des Religionsgründers der Höhepunkt einer irrlichternden Formeldiskussion erreicht, in die noch heute jeder Dorfpfarrer nach Kräften seine Interpretation hineingeheimnist, einer Lehre voll peinlicher Paradoxien, von der das Theodizee-Problem die bekannteste Antinomie ist, einer Theorie, über die sich von Voltaire, David Hume bis zu Max Planck nahezu alle Großen aus Wissenschaft und Aufklärung hergemacht haben, um sie zu zerlegen, und der viele Menschen nicht mehr zu folgen gewillt sind.[465] Und so gelingt es Mitte des siebten Jahrhunderts dem Islam, mit der einfachen jüdischen Lehre vom alleinigen unendlichen Gott „ohne Abbilder", ohne Mühen und in wenigen Jahrzehnten die ehemaligen Stammlande des Christentums, Nordafrika und Spanien zu erobern.

Ansonsten bleibt vom Superkonzil von Nicäa noch zu vermelden, dass Arius und zwei seiner Mitstreiter, die Bischöfe Secundus und Theonas, die Unterschrift verweigern und postwendend exkommuniziert werden und dass nach Abschluss des Konzils am 25. Juli 325 ein großer Festschmaus stattfindet: „Ein Kreis von Leibwachen hütete mit blanken Schwertern die Pforte des Palastes; aber die Männer Gottes schritten furchtlos mitten hindurch und gelangten bis in die inneren Gemächer."[466] Nach dem tagelangen Festgelage werden die Bischöfe nach Hause entlassen und manchen dämmert erst jetzt, dass man ihnen Herrscherhörigkeit und theologische Undeutlichkeit vorwerfen wird.

465 Wenn die Trinität eine „ewige" Wesenseigenschaft ist, dann hat auch Jesus als Teil der Trinität („weseneins") die Menschen aus dem Paradies verjagt. Wieso muss er dann „für die Menschen" büßen? Wenn Gottvater die Menschen bestraft hat, warum sagt er dann nicht zur Aufhebung der *eigenen* Strafe „ich verzeihe Euch", sondern lässt stattdessen seinen Sohn qualvoll sterben? Wenn die Trinität wesenseins und ewig ist, wieso hat dann nur Gottsohn zwei Naturen? Wenn der Heilige Geist als Teil der Trinität, Maria befruchtet hat, hat dann Jesus, ebenfalls wesensgleicher („homo-ousios") Teilhaber der Trinität, seine eigene Mutter befruchtet?

466 Eusebius, Kirchengeschichte 3,15.

Kaiser Konstantin dagegen verteidigt das Ergebnis mit allen Mitteln und lässt nicht zu, das interpretationsbedürftige Schlagwort dogmatisch auszulegen. Das hätte ja die mühsam errungene Einigung wieder gefährdet. Jeder Bischof sollte stattdessen in seinem Bereich das Recht haben, im Rahmen der Kompromissformel das „homoousios“ zu interpretieren. Von dieser Möglichkeit macht Eusebius unmittelbar nach Nicäa Gebrauch und schickt seiner Gemeinde einen Brief, in dem er ausführlich darlegt, warum er den Beschlüssen zugestimmt hat.[467] Und so kommt es, wie es kommen muss: Bereits zwei Jahre nach Nicäa wird die unverstandene „Wesensgleichheit“ auf die kaiserliche Probe gestellt. Konstantin begünstigt ab 327 die Arianer und wird schließlich, wenn überhaupt, zehn Jahre später arianisch getauft. Und so werden zwischen 325 und 380 u.Z. mehr als ein Dutzend Synoden einberufen, um Gottes Wesen weiterhin zu diskutieren und ein Auseinanderbrechen der christlichen Gemeinden zu verhindern.

Über den Heiligen Geist haben die Konzilsväter nicht gesprochen. Außer, dass er existiert. Seine Rolle wird erst 381 definiert und dogmatisiert, weswegen es im Grunde falsch ist, vorher von der Trinität zu sprechen. Jedenfalls soweit sie im heutigen Sinne gemeint ist.

467 Vgl. H.G. Opitz, Werke, Urk. 22.

18 Konstantinopel. Das Neue Rom. Stadt zwischen Kaiser und Sol

Im November 324, unmittelbar nach seinem Sieg über den letzten Konkurrenten, den Ostkaiser Licinius, entschließt sich Konstantin, auf den Grundmauern der alten griechischen Stadt Byzantion einen neuen Residenz- und Verwaltungssitz einzurichten und der neuen Stadt seinen Namen zu geben: Konstantinopel, das heutige Istanbul.[468] Der Ort liegt ideal im neuen Kraftzentrum des Reiches, am Marmarameer, auf einer Halbinsel und ist daher leicht zu verteidigen. Die Stadt ist weitgehend eine 1:1-Abbildung Roms mit vierzehn Bezirken, Palästen, Foren, einem Senatsgebäude und einer Unzahl Getreide- bzw. Brotempfängern.

Konstantinopel wird am 11. Mai 330 mit allem Prunk und Protz eingeweiht und seither tobt der Meinungskampf, ob Konstantin ein bewusst christliches Pendant zur heidnischen Stadt Rom habe setzen wollen. Wie immer geben christlich-kirchliche Autoren auch in dieser Frage die Richtung vor. Eusebius preist die angebliche Absicht Konstantins, der neuen Hauptstadt Konstantinopel ein christliches Gesicht zu geben: „Er weihte seine Stadt dem Gott der Märtyrer",[469] in der „neu erbauten Christenstadt" seien die antiken Götterstatuen zum „Gelächter und Spotte" errichtet und geduldet worden.[470] Ja, bestätigt Augustinus, Kirchenvater des fünften Jahrhunderts, Konstantinopel sei eine Stadt voll christlicher Bekenntnisse und Zeugnisse, „eine Tochter Roms, jedoch ohne irgendwelche Tempel und Bildnisse von Dämonen".[471] Die christlichen Kirchenschriftsteller So-

---

468 Natürlich berichtet die christliche Kirchengeschichte von einer Vision, die Konstantin aufgefordert haben soll, diesen Ort zu wählen (Sozomenos, Kirchengeschichte 2,3).

469 Eusebius, Vita Constantini 3,48.

470 Eusebius, Vita Constantini 3,54. Vgl. auch Sozomenos (Kirchengeschichte 2,3), der berichtet, es habe keine Altäre und hellenischen Tempel gegeben.

471 Augustinus, de civitate dei 5,25.

krates, Theodoret und Sozomenos sowie der in weiten Teilen legendarische vatikanische *Liber pontificalis* des sechsten Jahrhunderts intonieren die gleiche Melodie, Konstantin habe mit Bedacht eine christliche Stadt geschaffen.[472]

Es überrascht daher kaum, dass sich ein Teil der Wissenschaftler mit den antiken Kirchenschriftstellern solidarisiert und meint, Konstantin habe ein gewaltiges christlich geprägtes Bauprogramm angestoßen. So erkennt der Kunsthistoriker Richard Krautheimer, Konstantin habe eigentlich Rom in „die christliche Hauptstadt eines christlichen Imperiums" verwandeln wollen, da sich aber die Aristokratie diesem Ansinnen widersetzt habe, sei Konstantin weitergezogen und habe nunmehr Konstantinopel zur christlichen Hauptstadt gekürt.[473] Wolf-Dieter Hauschild, Ordinarius für evangelische Theologie und Fachmann für „Alte Kirche", ergänzt: „In der alten Hauptstadt war das Heidentum noch stark und eine architektonische Christianisierung daher schwer durchführbar." Daher habe sich Konstantin eine neue zentrale Residenz gesucht. Die Gründung der Stadt Konstantinopel sei „ein Ausdruck der erstrebten Synthese von Imperium und Christentum" gewesen. Ihre Architektur sei von „vorneherein durch christliche Elemente bestimmt" gewesen und die „heidnische Religiosität sei fast ganz eingeschränkt" worden.[474] Der Althistoriker Alexander Demandt konstatiert, die neue Stadt kopiere Rom, nur mit christlichen statt heidnischen Elementen.[475] Sein Kollege Hermann Dörries schreibt, Kaiser Konstantin habe begonnen, die christlichen Kirchen in den Mittelpunkt der Stadt zu rücken, „er gab ihnen den Platz in der Mitte des Volkslebens".[476] Die Kirchenhistoriker Karl Baus und Eugen Ewig stellen fest, es sei nicht daran zu zweifeln, dass die Stadt von Anfang an den Charakter einer christlichen Stadt tragen sollte.[477] Und der Erlanger Althistoriker Richard Klein, Schöpfer einer monumentalen Anthologie zum frühen Christentum, verwertet in seinem Bei-

472 Eusebius, Vita Constantini 2,45-46/ 3,41-43/ 3,51-53; Sokrates, Kirchengeschichte 1,2/1,16; Sozomenos, Kirchengeschichte 2,3/ 3,5,1; Theodoret, Kirchengeschichte 1,2-15.

473 R. Krautheimer, Rom – Schicksal einer Stadt 312-1308, [3]2004, S. 42.

474 W.D. Hauschild, Lehrbuch der Kirchen- und Dogmengeschichte, Bd.1: Alte Kirche und Mittelalter, 1995, S. 142.

475 A. Demandt, Die Spätantike, [2]2007, S. 376.

476 H. Dörries, Das antike Rom und der Osten, 1990, S. 77-101.

477 K. Baus/E. Ewig, Die Reichskirche nach Konstantin, Bd. 2/1, 1979, S.12. Die Theologische Realenzyklopädie bestätigt: „Konstantinopel hatte eine christliche Mitte" (Bd. 19, 1990, S. 492).

trag „Das Kirchenbauverständnis Konstantins des Großen" aus dem Jahre 1999 ausschließlich christlich getöntes Quellenmaterial, um dann gar nicht mehr überraschend zu dem mit Superlativen angereicherten Ergebnis zu kommen, Konstantin habe sein „ganzes Interesse" auf die Neugründung „unzähliger Kirchenbauten" gerichtet, die „in ihrer Monumentalität und Schönheit auf dem gesamten Erdkreis vom frommen Sinn ihres Erbauers kündeten"[478] (woraus wir erkennen können, welch großartiger Bauherr Konstantin gewesen sein muss, der „auf dem gesamten Erdkreis", in Spanien und Indien, in England wie Afrika, kurzum überall, unzählige (!) Kirchen errichtet haben soll). Und noch im Jahre 2009 erkennt der Tübinger Althistoriker Mischa Meier, Konstantinopel sei „ganz unter christlichen Vorzeichen gegründet" worden.[479]

Die Belege für die These eines dediziert christlichen Konstantinopels sind allerdings ziemlich dünn. Und ginge nicht Eusebius mit seinen phantasievollen Geschichten hilfreich zur Hand und würde das verfügbare Material nicht in Richtung „Konstantin als christlicher Bauherr" selektiert, dann sähe es ziemlich düster aus mit den Nachweisen. Denn die antike Kirchenliteratur verschweigt viele Dinge, die die Bautätigkeit Konstantins in einem ganz anderen Licht erscheinen lassen.

So wird verschwiegen, dass Konstantin die Planung der Stadt Konstantinopel einem heidnischen Zeremoniell unterwirft: Zu Baubeginn beauftragt der Kaiser, einem altrömischen Brauche folgend, die Auguren, den Flug der Vögel zu beobachten und weist die Astrologen an, die Sterne zu befragen.[480] Die Weihe des abgesteckten Stadtgebietes (*limitatio*) überlässt Konstantin seinem vornehmsten Berater, dem Philosophen und neuplatonischen „Heiden" Sopatros, ebenso die Einweihung der neuen kaiserlichen Residenzstadt, die – nach dem Bericht des Geschichtsschreibers Eunapios von Sardes – nach dem Ritual der alten paganen Religion im Jahr 330 praktiziert wird.[481]

478 R. Klein, Das Kirchenverständnis Konstantins des Großen, 1999, S. 215/233 (Hervorhebung durch den Verf.).

479 Ausstellungskatalog Das Königreich der Vandalen, Karlsruhe 2009/2010, S. 14.

480 E. Horst, Konstantin der Große, ^{2}1985, S. 262.

481 Eunapius, Lives of the Philosophers and Sophists, 1921, ND und engl. übers. von R. Pearse, 2007, S. 343-565. So auch H. Kraft, Kaiser Konstantins religiöse Entwicklung, 1955, S. 125, und Charles Piétri, Die Geschichte des Christentums, Bd. 2, 1995/2005, S. 218. Die spätere Hinrichtung des Sopatros durch Konstantin hat andere Gründe gehabt. Die Ursachen werden von

Überhaupt vernehmen wir kaum ein Wort darüber, dass sich Konstantin offenbar mit heidnischen Philosophen umgibt. Der Historiker Heinrich Kraft benennt zwar Nikagoras, Hermogenes und Sopatros als enge Geistesgefährten Konstantins, schließt daraus aber nicht, dass Konstantin mit dem paganen Kult und dessen Kultur sympathisiert. Konstantin, so meint Kraft, sei tolerant gewesen und habe den antiken Religionskult nicht als eine Bedrohung der christlichen Kirche empfunden.[482] Der Kaiser habe nicht die Heiden als eine Gefahr für die Kirche gedeutet, sondern die Häretiker. Eine Interpretation, die – abgesehen davon, dass in der Konstantinforschung einmal mehr der fragwürdige Versuch unternommen wird, das Innenleben Konstantins noch außen zu kehren – sachlich kaum zu halten ist. Denn Konstantin ist, ausweislich der antiken christlichen Schriftsteller, ein Häretiker, ein arianischer dazu, Angehöriger einer Gruppe, die von Athanasius, dem grimmigen Verfechter der Orthodoxen, mit schlimmsten Vokabeln denunziert wird.

Kein Wort vernehmen wir, dass Konstantin antike Helden- und Götterstatuen, die er aus zahlreichen Städten des griechischen Ostens nach Konstantinopel bringen lässt, innerhalb der Stadt platziert.[483] Kein Wort, dass der Herrscher an exponierter Stelle ein Kapitol, also einen Tempel Jupiters, nach dem Vorbilde Roms bauen lässt, in dessen Hof Paul Speck eine Säule vermutet, die Konstantin als Jupiter zeigt.[484] Kein Wort von Eusebius, dass Konstantin im Herzen der Stadt eine Konstantin-Statue mit dem Strahlenkranz des Sonnengottes errichten lässt, mit der Konstantin öffentlich die Sonnensymbolik auf sich selbst überträgt und in den Kaiserkult aufnimmt.[485] Kein Wort finden wir bei Eusebius über das Hippodrom, in dem die Tempel von Castor und Pollux und der acht Meter hohe „Dreifuß“ des

Eunapius, Zosimus u. Suidas verschieden angegeben. Vgl. zur Intrige: H. Schlange-Schöningen, Kaisertum und Bildungswesen im spätantiken Konstantinopel, 1995, S. 68-69.

482 H. Kraft, Kaiser Konstantins religiöse Entwicklung, 1955, S. 125f.

483 Vgl. C. Mango, Ancient Statuary and the Byzantine Beholder, 1963, S. 53-75.

484 P. Speck, Urbs, quam Deo donavimus, 1996, S. 143ff; A. Berger, Konstantinopel, die erste christliche Metropole?, 2007, S. 206.

485 Zur Säule vgl. T. Preger, Konstantinos Helios, in: Hermes 36, 1901, S. 457ff; J. Karayannopoulos, Konstantin der Große und der Kaiserkult, in: Historia 5, 1956, S. 341ff; R. Leeb, Konstantin und Christus, 1992, S. 13ff. Verehrung der Säulenstatue bei: Philostorgios, Kirchengeschichte 2,17.

Apollon von Delphi integriert werden.[486] Nur von dritter Seite erfahren wir, dass bei der Einweihung der Stadt Konstantinopel am 11. Mai 330, und an jedem folgenden Jahrestag der Stadtgründung, ein hölzernes Bild Konstantins als wagenlenkender Sonnengott, zusammen mit der Statue der Stadtgöttin Tyche ins Hippodrom getragen und vom Kaiser geehrt wird.[487] Kein Wort, dass Konstantin im gleichen Zeitraum die Einrichtung eines Priesteramtes für das Flavische Geschlecht in der Provinz Africa gestattet[488] und Arius aus dem Exil zurückholt, den Mann, der eine Gleichstellung Jesu mit Gott ablehnt. Kein Wort, dass zwischen 330 und 335 eine Reihe Münzen der Stadt Konstantinopel mit heidnischen Symbolen geprägt werden.[489]

Verschwiegen wird, dass der Kaiser die Artemis- und Aphroditentempel auf der Akropolis nicht zerstört[490] und stattdessen weitere Tempel baut: den Tempel für die Schutzgöttin Tyche und für Rhea, eine weitere Schutzherrin der neuen Stadt.[491] Verborgen bleiben die heidnischen Götterstatuen auf dem Konstantinsforum, die Peter Schreiner, Kölner Professor für Byzantinistik, identifiziert: Athena, Göttin der Weisheit; Thetis, Tochter

---

486 Zosimos, Kirchengeschichte 2,31. Zum Dreifuß: Pausanias lässt nach der Schlacht von Plataiai (479 v.u.Z.) auf einem für Delphi geweihten Dreifuß, dessen innere Säule von drei ineinander verschlungene Schlangen dargestellt wird („Schlangensäule"), die Namen aller am Kampf beteiligten Griechen vermerken. Konstantin lässt dieses urheidnische Denkmal nach Konstantinopel bringen. Dort wurde es 1856 wieder ausgegraben, wo es im antiken Hippodrom jetzt noch steht. Der goldene Kessel, der von den drei Schlagen getragen wurde, ist verloren gegangen. Die zugehörige Marmorbasis befindet sich noch an ihrem ursprünglichen Ort in Delphi (Herodot 9,81; Thukydides 1,132; Pausanias 5,23,1 u. 10,13,9).

487 A. Berger, Konstantinopel, die erste christliche Metropole?, in: Schlange-Schöningen (Hrsg.), 2007, S. 206.

488 Aurelius Victor, Liber de Caesaribus 40,28.

489 Die Siegesgöttin Victoria ist auf folgenden konstantinischen Münzen dargestellt: Münzkatalog Römischer Münzen RIC VII 530 (330/331), VII 188 (330/333), VII 1123 (334/335).

490 Nach Johannes Malalas sollen die Tempel nach 381 in einen Spielsalon und Wagenschuppen umgewandelt worden sein.

491 Zosimos, Kirchengeschichte 2,31. Vgl. Mommsen, Römische Kaisergeschichte, ^{2}2005, S. 518f. H. Bellen spricht von „Unsicherheiten" in Bezug auf diese beiden Tempel (Grundzüge, 2003, S. 38). Die „Unsicherheit" in der Überlieferung ist allerdings nicht größer als die in der Berichterstattung der Kirchenhistoriker. Man kann nicht Eusebius trauen und Zosimos misstrauen, nur weil letzterer heidnisch orientiert ist.

des Meeresgottes Nereus; Artemis, Göttin der Jagd; Aphrodite, Göttin der Liebe; Hera, Schwester des Zeus.[492] Dies alles verschweigen die antiken christlich-kirchlichen Quellen, aber verschütt gegangen sind diese Informationen nicht. Man muss sie nur ausgraben.

18.1 Im Zentrum der Stadt: Die heidnische Konstantinsäule (330)

Neben all den heidnischen Tempeln, Veranstaltungen und Riten steht in der Forschungsliteratur ein Bauwerk im Mittelpunkt der Betrachtungen: Die Konstantinsäule. Im Zentrum der Stadt Konstantinopel, dem *Forum Constantini*, erhebt sich auf einer Porphyrsäule eine Konstantin-Statue, eines der wichtigsten Werke konstantinischer Staatskunst überhaupt. Diese im Jahr 330 eingeweihte, ursprünglich mehr als 30 Meter hohe Porphyrsäule steht auf einer sechs Meter hohen Säulenplatte, die eine heidnische Darstellung der Göttin Athene und Reliquien jüdisch-christlichen Ursprungs enthalten haben soll. Die Säule stammt aus dem ägyptischen Heliopolis, der Hauptstadt des 13. ägyptischen Gaues, zwölf Kilometer nordöstlich von Kairo, dem Zentrum des altägyptischen Sonnenkultes.[493] Die vergoldete Statue auf der Spitze der Säule zeigt Konstantin im Strahlenkranz und weckt Assoziationen zum Sonnengott.[494] In den offenen Hallen, die das Konstantin-Forum umgeben, stehen zwölf Porphyrstatuen, „vermutlich die antiken Zwölfgötter",[495] die das gesamte Ensemble als eine in sich geschlossene Demonstration des antiken heidnischen Götterkultes abrunden.

492 P. Schreiner, Konstantinopel. Geschichte und Archäologie, 2007, S. 63.

493 Helck, Kleines Lexikon der Ägyptologie, Wiesbaden 1999.T. Raff meint dagegen, die Trommeln der Porphyrsäule seien aus Rom herbeigeschafft worden (Die Sprache der Materialien, 2008, S. 136).

494 T. Preger, Konstantinos Helios, in: Hermes 36, 1901, S. 459ff; J. Karayannopulos, Historia 5, 1956, S. 341f; R. Leeb, Konstantin und Christus, 1992, S. 14, 15, 27. Zuletzt C. Mango, Studies on Constantinople, 1993, Nr. 3.

495 T. Raff, Die Sprache der Materialien, 2008, S. 136. Die Säulenhallen werden von Zosimos, Neue Geschichte 2,30,2f. erwähnt. Zu den „Zwölfgötter": Es handelt sich um eine Gruppe von zwölf Göttern, die sich seit dem 13. Jahrhundert v.u.Z. in vielen Religionen nachweisen lässt, wobei die Zahl zwölf sakrale Bedeutung hat (transformiert in das Christentum „Zwölf Apostel"). Die römische Religion übernahm 217 v.u.Z. das System mit den Paaren Ju-

Zwar ist die antike Quellenlage diffus[496] und auch wenig glaubwürdig, aber in der historischen Forschung wird mehrheitlich nicht mehr bestritten, dass „das Standbild [...] ein Beweis für eine massive Inanspruchnahme der Sol-Symbolik nach 325“ ist und die Identifikation mit dem Sonnengott die „höchste Konkretion“ erreicht.[497] Damit knüpft der Autor, Rudolph Leeb, an die Untersuchungen des Historikers Theodor Preger an, der bereits im Jahre 1901 erklärt hatte: „Fünf Jahre nach dem nicaenischen Konzil, das Konstantin selbst präsidierte, ist er so wenig Christ, dass er sich als Helios darstellen läßt“.[498] Dem englischen Historiker John J. Norwich zufolge scheinen in der Konstantin-Säule „Apoll, Sol Invictus und Jesus Christus alle einem neuen höchsten Wesen untergeordnet – dem Kaiser Konstantin“.[499] Paul Speck kommentiert 1995, die Konstantinsäule demonstriere Konstantins zutiefst heidnische Einstellung.[500] Und der Kirchengeschichtler Martin Wallraff meint, Konstantin habe sich in dieser Säule als Helios stilisieren lassen.[501]

Selbst der Althistoriker Hartwin Brandt, der seine Vorliebe für einen christlichen Konstantin in seiner Konstantin-Biographie manifestiert, kommt nicht umhin zuzugestehen, dass der „sonnengleiche Herrscher“ die Stadt zu seiner monumentalen Bühne gemacht habe. Damit will Brandt allerdings nicht sagen, dass „sonnengleich“ gleichbedeutend sei mit „Sonnengott“. Denn das steht für ihn fest: Der „sonnengleiche Herrscher“ ist christlich, vielleicht ein wenig sonnengleich, keinesfalls aber ein Verehrer des Sonnengottes.

---

piter/Juno, Neptun/Minerva, Mars/Venus, Apoll/Diana, Vulcanus/Vesta und Merkur/Ceres (Brockhaus Religionen, Leipzig u. a. 2004).

496 Diskussion der Quellenlage bei: R. Leeb, Konstantin und Christus, 1992, S. 13-15. Umfassender bei T. Preger, Konstantinos Helios, in: Hermes 36, 1901, S. 457f.

497 R. Leeb, Konstantin und Christus, S. 12-17.

498 T. Preger, Konstantinos Helios, in: Hermes 36, 1901, S. 469.

499 J. Norwich, Byzantium. The Early Centuries, 1988.

500 P. Speck, Urbs, quam deo donavimus. Konstantin des Großen Konzept für Konstantinopel, 1995, S. 145-173.

501 M. Wallraff, Christus versus Sol, 2001, S. 133.

18.2 Ergebnis: Konstantin, Architekt des eigenen Ruhms

Nach all den Diskussionen um Kirchen, Säulen und Tempel ist es an der Zeit, sich zurückzulehnen und die spätantiken Kaiser als Mensch, Krieger, Staatsmann und Politiker zu betrachten, deren Sorge zunächst einmal den Theatern, Thermen, Bibliotheken und Arenen gilt, kurzum den öffentlichen Einrichtungen der Gattung „Spaß und Unterhaltung", in denen das Volk den Gönnern danken kann. Auch Fernstraßen und Wasserleitungen stehen auf dem kaiserlichen Bauprogramm, aber eigentlich eher in der zweiten Reihe. Ganz vorne, dort wo die Bewunderung am dichtesten sein kann, stehen Statuen, Paläste, Triumphbögen, Arenen und Foren. Hier repräsentiert sich der Kaiser selbst, hier demonstriert er seine Göttlichkeit und seine besondere Nähe zu Gott, welcher Art dieser auch immer sein mag. Wer einem römischen Kaiser ins Innere schauen möchte, muss diese Monumente, an vorderster Stelle Triumphbögen, Ehrensäulen und Denkmäler, betrachten.

Konstantin denkt in diesen traditionellen Kategorien. Er baut zur Erinnerung an seine Siege und zur Darstellung seiner Größe eine ganze Stadt, ein „Zweites Rom",[502] und wählt dazu die strategisch und verkehrsgünstig gelegene Stadt Byzanz, die als „Konstantinopel" seinen Namen verherrlichen soll. Der Kaiser baut an seinem eigenen Ruhm und dazu braucht er die antike Kultur, ihre Skulpturen und ihre Architekten. Ob christlich oder heidnisch, ob Sonnengott, Christus oder Jupiter, ist dabei weniger von Bedeutung, nur groß und prächtig muss das Neue sein. Das ist er sich schuldig, der Kaiser mit dem Strahlenkranz des höchsten Gottes. Und da es noch keine vergleichbare christliche Kultur der Baudenkmäler und Statuen gibt, greift Konstantin auf die bekannten, immer noch hoch verehrten Zeugen der antiken Geschichte zurück. Womit sonst hätte denn der Kaiser eine Stadt schmücken sollen?

Tatsache ist, dass die Bevölkerung des Imperiums auf ihre jahrhundertealte, architektonische, künstlerische und ingenieurtechnische Tradition stolz gewesen sein dürfte. Denn aus den späten 20er Jahren des vierten Jahrhunderts ist uns die Position eines *curator statuarum* überliefert, der

502 Der Terminus „Zweites Rom" ist vermutlich zutreffender als „Neues Rom", weil die Stadt zunächst einmal Konstantins Größe verherrlichen sollte, ohne Rom den traditionellen Rang ablaufen zu wollen.

offenbar den Erhalt heidnischer Meisterwerke überwachen soll.[503] Aus dieser Zeit ist auch die Versetzung von bisher in Tempeln aufgestellten Statuen in den öffentlichen Raum (Forum, Thermen) überliefert,[504] offenbar ein Zeichen für das nach wie vor wache Bewusstsein der Bevölkerung für ihre Tradition. Die Bürger wissen diesen Schatz, der sie von den in Verwaltung und Heer nach vorne drängenden „Barbaren" abhebt, zu würdigen und der Kaiser kommt als Nutznießer und Konservator dem bürgerlichen und senatorischen Anliegen gerne nach. Die „alte" Gesellschaft heiligt Architektur, Wissenschaft und Kultur und das Christentum hat auch nicht annähernd Vergleichbares dagegenzusetzen, mit dem Konstantin seine Stadt hätte herausputzen können.

Tatsache ist auch, dass der Kaiser die Residenzstadt mit allen typischen antik-heidnischen städtebaulichen Merkmalen ausstattet, wie einem gewaltigen Herrscherpalast, dem Senat,[505] dem Kapitol, einem ca. 450 mal 80 Meter großen Hippodrom, mit Thermen, Statuen und Portiken, die der Stadt das Gepräge einer imperialen Stadt jenseits einer bestimmten religiös definierten Identität verleihen. Denn Konstantinopel ist *seine* Stadt und nicht die irgendeines Gottes.

Ausgehend von diesem kulturellen und städtbaulichen Bild der Antike, sind die Hypothesen der Kirchenhistoriker Hermann Dörries, Kaiser Konstantin habe begonnen, die christlichen Kirchen in den Mittelpunkt der Stadt zu rücken, und Wolf-Dieter Hauschild, die Gründung der Stadt Konstantinopel sei von „vorneherein durch christliche Elemente bestimmt"

503 Codex Theod. 16,10,18/19. Die Notitia Dignitatum (occ. IV) nennt mehrere *Curatores*, die für den Erhalt der Bauten und Denkmäler zuständig sind: Curator operum publicorum, c. operum maximorum, c. statuarum. Diese sind ab den 30er Jahren des 4. Jahrhunderts dem Stadtpräfekten (*Praefectus urbi*) unterstellt. Vgl. dazu: Peter Kranz, Vom Kunstwert der Götzenbilder-Idealplastik in der Spätantike, in: U. Schmitz (Hrsg.), Suus cuique mos – Studien zur paganen Kultur des lateinischen Westens im 4. Jahrhundert n.Chr., 2006, S. 138.

504 Inschriftenverzeichnis CIL 6,1651 (331-333); vgl. Heike Niquet, Monumenta virtutem titulique – Senatorische Selbstdarstellung im spätantiken Rom im Spiegel der epigraphischen Denkmäler, 2000, S. 83.

505 Einrichtung des Senates nach Sozomenos, Kirchengeschichte 2,3,6. Zosimus dagegen meint, Kaiser *Julian* habe den Senat in Konstantinopel eingerichtet (Historia nova 3,11,3).

gewesen,[506] unverständlich. Und wenn Eusebius meint, Konstantin habe die heidnischen Götterbilder systematisch vernichten lassen, so wird die Behauptung sowohl durch den gerade erfolgten Import heidnischer Statuen wie auch von der neueren Forschung widerlegt.[507] So leicht gibt ein Volk seine kulturelle Identität nicht auf.

Gerne stimmt man zu, dass Konstantin *auch* den Bau christlicher Kirchen gefördert hat. So lässt er – vermutlich – in Konstantinopel die einzige bestehende Kirche, die Hagia Eirene, erweitern. Aber bereits die viel zitierte Apostelkirche, die angeblich von Konstantin als letzte Ruhestätte gebaut worden ist, lässt die Historiker nicht zur Ruhe kommen. Wieder ist es Eusebius, der uns auf die Sprünge zu helfen sucht. Der Kaiser habe in Konstantinopel die Kirche zum Gedächtnis an die zwölf Apostel bauen lassen, schreibt er, und seine eigene Grabstätte als Mittelpunkt der Anlage geplant.[508] Aber ob Konstantin in einer Kirche, und nicht in einem Mausoleum beigesetzt worden ist, mag man bezweifeln, denn die Errichtung des Mausoleums ist den antiken Herrschern wichtiger als der Bau einer Kirche.[509]

---

506 H. Dörries, Das antike Rom und der Osten, 1990, S. 77-101. W.D. Hauschild, Lehrbuch der Kirchen- und Dogmengeschichte, Bd. 1, 1995, S. 142. Ebenso unverständlich die Theologische Realenzyklopädie, Konstantinopel habe eine „christliche Mitte" gehabt (Bd. 19, S. 492). In der „Mitte" Konstantinopels lag gewiss nicht das einzige halbwegs sicher Konstantin zuzuschreibende christliche Bauwerk, das Mausoleum/die Apostelkirche vor der konstantinischen Stadtmauer, sondern das Konstantinforum mit Konstantinsäule u. das Hippodrom mit Obelisk und Schlangensäule, alles Sinnbilder für die heidnische Kultur des Reiches.

507 Eusebius, Vita Constantini 3,54; Bauer/Zimmermann, Epochenwandel? Kunst und Kultur zwischen Antike und Mittelalter, 2001, S. 36-44.

508 Eusebius, Vita Constantini 4,57-60. Detaillierte Diskussion zur „Apostelkirche" bei: A. Kaniuth, Die Beisetzung Konstantins des Großen, 1941/1974, S. 9-17; später bei J. Vogt, Der Erbauer der Apostelkirche in Konstantinopel, 1953, S. 111-117.

509 S. Rebenich vermutet, dass das Mausoleum ab 359 gebaut wurde (in: Schlange-Schöningen [Hrsg.], 2007, S. 216-245). Auch Lorenz meint, das Mausoleum sei erst unter Constantius II. erbaut worden (1992, S. C 145). Ähnlich A. Kaniuth (1941/1974, S. 11). H. Chantraine vermutet, dass Konstantin später in das Mausoleum überführt wurde (In: Geschichte in Wissenschaft und Unterricht, 43, 1992, S. 12). R. Leeb sichtet 1992 noch einmal den Forschungsstand und kommt aber zu keinem anderen Ergebnis: Die Kirche war zunächst

Und da ein bis zwei Kirchen kaum eine demonstrativ christliche Bautätigkeit Konstantins belegen können, schweift die kirchenfreundliche Literatur in die Ferne und zitiert mit besonderer Vorliebe mehrere angeblich von Konstantin alimentierte Kirchen in Palästina: Die Geburts-, Grabes- und Himmelfahrtskirche.[510] Hierzu lässt sich Eusebius nach dem Tode Konstantins breitest aus und beschreibt in rund zwanzig überschwenglichen Kapiteln die Baumaßnahmen des Kaisers in Palästina: „Nicht ohne Eingebung Gottes war er zu diesem Gedanken gekommen, sondern vom Heiland selber im Geiste dazu angetrieben worden."[511] Rudolph Leeb übernimmt den Text ohne jede Quellenkritik und schlussfolgert, es sei „ein eindrucksvolles Dokument für diese neue Gesinnung".[512] Der Althistoriker Heinz Bellen frömmelt: „Gewissermaßen als Missionar wandte Constantin sich [...] an die Menschen der östlichen Provinzen, um ihnen zu verkünden, dass er seine Siege im Zeichen des wahren Gottes errungen habe und nun darangehe, dessen Haus wiederherzustellen, das seine kaiserlichen Vorgänger verwüstet hätten"[513]. Und sein Kollege Bruno Beckmann meint, mit der Betonung des sakralen Bauprogramms beweise Eusebius die „besondere Verbindung, die zwischen dem Kaiser und Christus" bestanden habe.

Das Pikante an der ganzen Angelegenheit ist allerdings, dass der Kaiser just zum Zeitpunkt des palästinensischen Kirchenbauprogramms ab 326/327 zum Arianismus wechselt. Konstantin versteht also Jesus nicht als *summus deus*, nicht als höchsten Gott, sondern bestenfalls als ein Gott nachgeordnetes Geschöpf. Die Verherrlichung eines zweitrangigen Halbgottes passt jedoch überhaupt nicht in das spätantike Religionsverständnis von einer „Komplizenschaft" zwischen Kaiser und Gott. Wenn der göttliche Kaiser einen Gott verehrt, dann den höchsten, seinen Gefährten, zu

---

da und wurde von Konstantin errichtet, wo er auch inmitten der Apostelkenotaphen begraben worden sei (1992, S. 93-99).

510 In der Eusebius-Literatur werden drei Kirchen auf Konstantin zurückgeführt, die der Kaiser ab 326 in Palästina gebaut haben soll: die Grabeskirche in Jerusalem mit einer 10-jährigen Bauzeit (Vita Constantini), die Himmelfahrtskirche sowie die Geburtskirche in Bethlehem. Theodoret dagegen meint, Konstantins Mutter Helena habe den Bau der Grabeskirche betrieben (Kirchengeschichte 1,18). Der Kirchenhistoriker H. Lietzmann wiederum berichtet, Konstantin habe die Grabeskirche, seine Mutter Helena die Geburtskirche und die Kirche auf dem Ölberg gebaut.

511 Eusebius, Vita Constantini 2,46; 3,25-42.

512 R. Leeb, Konstantin und Christus, 1992, S. 71.

513 H. Bellen, Grundzüge der Römischen Geschichte, 2003, S. 32.

dem er in Kürze mit Hilfe von vier Rössern per Himmelfahrt aufsteigen wird. Und das ist nicht der arianische Jesus.

Es spricht also schon vom ersten Augenschein viel dafür, dass die Kirchen in Verantwortung der Ortsbischöfe gebaut worden sind, vielleicht mit Unterstützung der „bigotten Kaiserin-Mutter Helena“ (Goethe), und Konstantin sich anderen Dingen widmet, als dem Bau einer Kirche am Ölberg. Berücksichtigt man zudem, dass die relativ wenigen von den antiken Kirchenhistorikern erwähnten christlichen Kirchenbauten über einen Zeitraum von rund zwanzig Jahren, verstreut über das ganze Imperium Romanum, errichtet worden sind und parallel zum christlichen Kirchenbauprogramm beeindruckende heidnische Bauten entstehen, dann bleibt wenig Raum für eine euphorische Berichterstattung über den angeblich christlichen Bauherrn Konstantin.

19 Die Taufe „auf dem Sterbebett“ (337)

Zur Vollendung des Weltreiches benötigt Konstantin noch den Sieg über den Erzfeind der Römer: die Perser. Folgt man den christlich-kirchlichen Historikern, dann sollte dieser Krieg um die Alleinherrschaft erneut eine Art vorweggenommener Kreuzzug werden. Andreas Alföldi spricht von einem „echten Religionskrieg“,[514] denn Konstantin habe, nach Eusebius, mehrere Bischöfe in seiner Begleitung gehabt[515] und Sokrates berichtet von einem Kirchenzelt, das Konstantin im Reisegepäck mitgeführt habe, um regelmäßig den Gottesdienst zelebrieren zu können.[516] Aber soweit ist das römische Reich, insbesondere das Heer, noch nicht, einer Religion wegen einen Krieg gegen die Perser zu führen.

Etwa zwei Jahre scheinen die Kriegsvorbereitungen gedauert zu haben, bis die Truppen unter Führung Konstantins im Frühjahr 337 aufbrechen. Beim Aufbruch ins Feld wiederholt sich die Geschichte Caesars, der vor dem Abmarsch zu seinem Perserfeldzug im Jahre 44 v.u.Z. stirbt. Konstantin verstirbt er am 22. Mai 337 „um die Mittagsstunden der Sonne“ in Ankyrona, einem Vorort von Nikomedia. Der Kaiser habe, so Eusebius, unmittelbar vor seinem Ableben in der Kirche des Märtyrers Lukian zu Drepanon (Helenopolis) Hilfe gesucht und sei auf dem Sterbebett vom arianischen Bischof Eusebius von Nikomedia (der von 338-342 – als Arianer! – Bischof der Kaiserstadt Konstantinopel wird) getauft worden, umringt von den Befehlshabern und den Führern seiner Truppen.[517]

---

514 A. Alföldi, Hoc signo victor eris, 1939, in: H. Kraft (Hrsg.), Konstantin der Große, 1974, S. 238.

515 Eusebius, Vita Constantini 4,56.

516 Sokrates, Kirchengeschichte 1,18,12. Ärgerlich die Darstellung von Charles M. Odahl, der ohne erkennbaren Abstand die Texte von Eusebius als geschichtlich gesicherte Tatsachen übernimmt (Konstantine and the Christian Empire, Kap. 11).

517 Eusebius, Vita Constantini 4,63-64; Sozomenos, Kirchengeschichte 2,34; Hieronymus, chronicon 2353; Sokrates, Kirchengeschichte 1,39,2 u. 40,3.

Die späte Taufe auf dem Sterbebett irritiert, denn nach weitgehend einvernehmlicher Auffassung der Althistoriker soll sich Konstantin ab 312, spätestens ab 324 zum christlichen Glauben bekannt haben. Und da sich ein Christ zu seiner christlichen Gemeinde durch die Taufe bekennt, kann die späte Taufe darauf hindeuten, dass Konstantin bis zu seinem Tod im Jahre 337 nicht besonders christlich gewesen ist. Dies wiederum, so entgegnen Befürworter der Christlichkeit Konstantins, könne ausgeschlossen werden, denn nicht nur Eusebius, Zeitgenosse und Hofbiograph Konstantins, berichte ausführlich über den „Imperator Christianissimus“, sondern es sprächen auch numismatische und archäologische Indizien für einen „frühen“ christlichen Konstantin ab 312/324. Folglich müsse die Spättaufe anders, jedenfalls nicht als Zeichen einer allzu späten christlichen Einsicht, interpretiert werden. Soweit zum Problem der Taufe Konstantins auf dem Sterbebett.

19.1 Mythen und Märchen rund um die Taufe Konstantins

Dennoch, irritierend ist sie schon, die späte Taufe Konstantins. So hat das wohl auch das christliche Abendland empfunden, das achthundert Jahre lang nichts anderes gedacht hat, als dass sich die Quellen des vierten und fünften Jahrhunderts, Eusebius, die *Historia tripartita*, die Chronik des Hieronymus und die Chronik des Isidors, geirrt haben müssen, die einstimmig von der späten Taufe Konstantins in Nikomedia berichten. Der fromme Konstantin, Sohn der heiligen Helena, Gründer des christlichen Römerreiches, dieser Mann soll sein Leben lang ungetauft gewesen sein? Soll nicht im späteren Zentrum der Christenheit, in Rom, sondern in einem Palast in der Nähe Nikomedias getauft worden sein? Und das auch noch ketzerisch-arianisch? Das kann und das darf nicht wahr sein, seufzt Isidor von Sevilla, hörbar verzweifelt: „Konstantin wurde [...] im arianischen Glauben getauft. Ach, was für ein Kummer, ein guter nützlicher Anfang und ein schlechtes Ende.“[518]

Zum Ortsnamen vgl. Aurelius Victor, Liber de Caesaribus 41,16f.; Eutropius, Brev. 10,8.

518 Isidori Chronica, in: Monumenta Germaniae Historica, Auctores antiquissim 11, 1894, S. 465-466.

So entsteht die Legende, der leprakranke Konstantin sei bereits zwanzig Jahre vor seinem Tode von Silvester, dem Bischof von Rom, getauft worden.[519] Die heidnischen Priester hätten Konstantin zur Heilung seine Aussatzes ein Bad im Blut von Kindern empfohlen, der Kaiser aber habe sich besonnen und im Traum die Weisung erhalten, sich von Silvester, Bischof in Rom, taufen zu lassen. Diese Legende entsteht vermutlich im fünften oder sechsten Jahrhundert, jedenfalls wird sie im Jahre 729 erstmals erwähnt[520] und findet rasch Eingang in das *Liber pontificalis*, eine chronologisch geordnete, nicht unbedingt zuverlässige Sammlung der päpstlichen Biographien. Zum Dank für die Heilung mit Hilfe der päpstlichen Taufe, so heißt es dort im Abschnitt *Actus Silvestri*, habe Konstantin die westliche Reichshälfte und umfangreiche Rechte und Ehrungen (weiße Kleider, weiße Pferdedecke, Lorum, Tiara) an Silvester übertragen.[521]

Dieses Taufgeschenk, bekannt unter dem Namen „Konstantinische Schenkung", ist ein offener Betrugsversuch, um die byzantinischen und langobardischen Besitzungen zugunsten eines päpstlichen „Fürstentums" umzuwandeln. Das Eloborat dürfte aus der Zeit Karls des Großen stammen und ist bis zur Mitte des achten Jahrhunderts noch völlig unbekannt.[522] Die Schenkung wird 1433 von dem deutschen Theologen und Philosophen Nikolaus von Kues und um 1440 von dem italienischen Humanisten Lorenzo Valla als dreiste Fälschung offen gelegt. Die Enttarnung dieses kecken

519 Der byzantinische Chronist Theophanes berichtet Anfang des 9. Jahrhunderts: „In diesem Jahr, wie einige sagen, wurde Konstantinos der Große zusammen mit seinem Sohn Krispos in Rom durch Silvester getauft" (Carl de Boor [Hrsg.], Theophanis Chronographia I., Leipzig 1883, übers. von Cyril Mango/ Roger Scott, The Chronicle of Theophanes Confessor, Oxford 1997). Detaillierte Darstellung der komplizierten und undurchsichtigen Überlieferung von: M. Kohlbacher, Die Taufe Konstantins und ihr geheimer Held – Anmerkung zu einem Memra des Jakob von Batnan in Sarug, in: M. Tamcke (Hrsg.), Syriaca, Studien zur orientalischen Kirchengeschichte, 2002.

520 Zur Datierung vgl. M. Kohlbacher, Die Taufe Konstantins und ihr geheimer Held, 2002, S. 39.

521 Donatio Constantini ad Silvestrem. Pseudo-Isidor hat sie später als ein bereits vorhandenes Dokument in seine Sammlung aufgenommen. Zu Pseudo-Isidor bietet H. Fuhrmann eine bisher unübertroffene Analyse der Geschichte und des Einflusses der pseudo-isidorischen Fälschungen: Einfluss und Verbreitung der pseudoisidorischen Fälschungen, 3 Bde., 1972.

522 I. Döllinger schätzt die Entstehung auf den Zeitraum zwischen 750 und 774 (Die Papst-Fabeln des Mittelalters, 1863, S. 67, 71).

Bubenstückes führt nicht etwa dazu, dass der Vatikan nunmehr von der Silvestertaufe und der Konstantinischen Schenkung Abstand nimmt. Vielmehr vertritt der Vatikan die Auffassung, die Urkunde sei zwar gefälscht, doch habe es wirklich eine Schenkung Konstantins gegeben. Damit bleibt die „Schenkung“ gültig und halb Italien weiterhin in päpstlichen Händen. 1863 weist der katholische Gelehrte Ignaz Döllinger (1799-1890) nach, dass auch diese Behauptung haltlos ist[523] und wird postwendend exkommuniziert. Dieses letzte Aufbäumen des Papstes gegen den Verlust an weltlicher Macht ist umsonst, denn sieben Jahre nach der Exkommunikation Döllingers verliert der Vatikan im Zuge der Einigungsbewegung Italiens die Masse seiner Besitzungen.

19.2 Die Taufe Konstantins im kirchengeschichtlichen Kontext

Zurück zu dem mit Mythen und Tränen überladenen Bericht vom Tode Konstantins. Eusebius berichtet, der Kaiser habe in einem makellos christlich-kirchlichen Schlussspurt seines Lebens flehentliche Gebete und Bitten zu Gott emporgesendet und sich zu seinen Sünden bekannt: „Da er meinte, dass sein Ende nahte, dachte er, jetzt sei die rechte Zeit gekommen, sich von allen Sünden des Lebens zu reinigen. [...] In diesen Gedanken flehte er auf der Erde kniend zu Gott, bekannte [...] seine Sünden und wurde dort zum ersten Mal der Gebete durch Handauflegung für würdig befunden. Von dort ging er in die Vorstadt von Nikomedien und richtete hier an die Bischöfe, die er berufen hatte, folgende Worte: ‘Dies ist der Moment, auf den ich schon lange gehofft habe, darum bittend und danach verlangend, das Heil in Gott zu erlangen. Die Stunde ist gekommen, in der wir das unsterblich machende Siegel empfangen. Früher hatte ich gedacht, dies in den Fluten des Jordan zu erlangen, in denen auch der Erlöser als mein Vorbild die Taufe empfangen hat, wie berichtet wird. Gott aber, der weiß, was uns zum Nutzen gereicht, will uns schon hier diese Gnade erweisen. Daran soll kein Zweifel bestehen. Denn auch wenn der Herr über Leben und Tod uns hier noch länger leben lassen wollte, so ist doch ein für allemal bestimmt, dass ich mich dem Volk Gottes anschließe und im Gebete mit allen an der Feier des Gottesdienstes teilnehme’. [...] Nach diesen Worten vollzogen die Bi-

523 I. Döllinger, Die Papstfabeln des Mittelalters, 1863, S. 61-106.

schöfe den göttlichen Gesetzen gemäß, was vorgeschrieben war, und spendeten ihm die geheimnisvolle Gnade [...] So wurde Konstantin als einziger der Kaiser seit Menschengedenken durch die Geheimnisse Christi wiedergeboren und vervollkommnet."[524]

So weit der Zeitgenosse Eusebius von Caesarea – nicht zu verwechseln mit seinem Namensvetter Bischof Eusebius von Nikomedia – in seinem Bemühen, die letzten Stunden des Kaisers in einem christlich vollkommenen Abgesang ausklingen zu lassen. Weitere unmittelbare Zeitzeugen melden sich nicht zu Worte. Zwar berichten Jahrzehnte später andere Autoren über die Taufe, offenbar aber in direkter Ableitung von den Schilderungen Eusebs: Hieronymus (347-419) mit einer Passage in seiner „Chronik" zum Jahr 380, in der die Taufe Konstantins ohne die Hinwendung des Getauften zum arianischen Dogma erwähnt wird. Und zweitens Ambrosius (339-397) in der berühmten Leichenrede auf Theodosius (395).[525] Westliche Autoren wie Sulpicius Severus, Orosius und Augustinus erwähnen trotz ihres positiven Konstantinbildes die Taufe nicht, während die östlichen Kirchenhistoriker des fünften Jahrhunderts Sokrates, Sozomenos und Theodoret sie unter bedenkenlosem Rückgriff auf Eusebius zitieren.

Diese eusebische Taufgeschichte ist keine kircheninterne Lappalie, zu der sich lediglich Theologen im Rahmen einer neutestamentarischen Exegese über das damalige Verständnis zur Erwachsenentaufe zu äußern hätten. Die späte Taufe Konstantins ist ein *historisches* Ereignis und die Antwort auf die Frage, ob der Kaiser überhaupt und wenn ja in welcher Form getauft worden ist, entscheidet ganz wesentlich über die Zuverlässigkeit antiker Texte, – und über die unbestechliche Integrität moderner Konstantin-Biographien. Es ist zunächst auffällig, dass die Taufe Konstantins in der althistorischen Konstantinforschung kaum einmal unter kirchengeschichtlichen Aspekten geprüft wird. Lediglich zwei Studien werden hier und dort erwähnt: einmal die Arbeit des katholischen Theologen und Kirchenhistorikers Franz J. Dölger *Die Taufe Konstantins und ihre Probleme* aus dem Jahre 1913[526] und neuerdings das Werk von Marilena Amerise *Il*

524 Eusebius, Vita Constantini 4,61-63; auch J. Vogt, Konstantin der Große, 1949, S. 259. Gute und ausführliche Darstellung der Taufe („Silvesterlegende") in Verbindung mit der „Konstantinischen Schenkung" bei R. Quednau, Silvesterlegende und Konstantinische Schenkung, in: Konstantin der Große, Katalog der Konstantin-Ausstellung Trier, 2007, S. 435-444.

525 Ambrosius, de obitu 40.

526 Franz J. Dölger, Die Taufe Konstantins und ihre Probleme,1913, S. 377-447.

battesimo di Costantino il Grande. Storia di una scomoda eredità aus dem Jahre 2005. Beide Arbeiten sind für den Historiker unbefriedigend, weil sie die Taufe weitgehend isoliert betrachten und daher nicht zur Lösung offenkundiger Widersprüche beitragen. Amerise greift auf das von Dölger bereitgestellte Material zurück und wiederholt den bekannten Standpunkt, dass die auf das Lebensende verschobene Taufe Konstantins als Endpunkt eines langen Bekehrungsprozesses verstanden werden müsse. Dies sei damalige Gewohnheit gewesen.

Ansonsten wird durchweg der eusebische Taufbericht übernommen, ohne sich mit der damaligen kirchengeschichtlichen Realität näher zu befassen. In diesem Sinne berichtet bereits 1894 Theodor Zahn, Professor für evangelische Theologie, voll erhabener Ergriffenheit: „Nach Empfang der Taufe wollte er den kaiserlichen Purpur nicht mehr berühren.“[527] Sogar ein Bühnendrama beglückt im Jahre 1937 die christliche Menschheit: Der mit mehreren Literaturpreisen ausgezeichnete Dramaturg Ernst Bachmeister verfasst eine „Religionstragödie“ in fünf Aufzügen *Kaiser Konstantins Taufe*, in der im fünften Akt die Taufe Konstantins durch den christlich-trinitarischen Bischof Athanasius dramatisiert wird.[528] Die Tragödie wird am 28. März 1937 im Württembergischen Staatstheater Stuttgart aufgeführt, obwohl das damalige Geschehen als historisch fragwürdig ausgewiesen, die Taufe durch den *arianischen* Bischof Eusebius von Nikomedia „nachgewiesen“ und die Essenz der Tragödie also als historisch falsch bekannt gewesen ist.

Nach dem Krieg geht die Schönfärberei der Taufe Konstantins weiter. Der Kirchengeschichtler Heinrich Kraft erkennt, die späte Taufe Konstantins sei nicht Anfang, sondern das Ende der Zuwendung zum christlichen Gott, „das sichere Pfand für Gottes Lohn im Jenseits“ gewesen.[529] Aufkommende Irritationen über den späten Zeitpunkt der Taufe versucht die Londoner Althistorikerin Averil Cameron in den 1990er Jahren zu beheben: Spättaufen seien damals üblich gewesen, „damit man auf diese Weise weniger Gelegenheit habe, nach der Taufe noch Todsünden zu begehen“.[530] Ein origineller Gedanke, der in seiner Merkantilität auf der Linie der lange

527 T. Zahn, Konstantin der Große und die Kirche, in: H. Kraft (Hrsg.), Konstantin der Große, 1974, S. 104.

528 E. Bachmeister, Kaiser Konstantins Taufe, 1937.

529 H. Kraft, Konstantin der Große, 1974, S. 3, 4.

530 A. Cameron, Das späte Rom, 1994, S. 73. So auch C. Andresen/A.M. Ritter, Geschichte des Christentums I/1, 1993, S. 67.

geübten Ablasspraxis „Entsühnung gegen Geld" liegt und bei dem Gott nur verlieren kann: Statt Recht zu sprechen und Gerechtigkeit zu üben, wird Gott nunmehr dazu verpflichtet, die mit der Spättaufe einhergehenden Ablasssprüche der Priester zu akzeptieren. Der irdische Spieler muss dagegen nur realistisch planen und die Chancen seines Weiterlebens taxieren. Lediglich im Falle eines überraschend frühen Todes verliert er und wird als Folge seiner angehäuften und von keinem Priester abgewaschenen Sünden zum ewigen Leiden in dem „Feuerofen, in dem Heulen und Zähneklappern herrschen" (Matthäus 13,42), verbannt. Ein wenig russisches Roulette ist schon dabei, aber das Risiko ist kalkulierbar. Soweit die Theorie, der der Althistoriker Manfred Clauss noch im Jahre 2007 zustimmt: „Das Aufschieben der Taufe hatte im 4. Jahrhundert erheblich zugenommen" und er führt als Beispiel Constantius II. an, um die „Erheblichkeit" der Zunahme später Taufen zu belegen. Man habe nicht „vorschnell die Vergebung der Sünden verschleudern wollen", Konstantins späte Erwachsenentaufe sei damals üblich gewesen.[531] Sein Kollege Brandt stimmt zu und Klaus M. Girardet steigert die „Üblichkeit" seines Kollegen Clauss zur „absoluten Üblichkeit".[532]

---

531 M. Clauss, Konstantin der Große, 2007, S. 95. Vgl. auch B. Bleckmann, Konstantin der Große, 2007. Differenzierter dagegen K. Piepenbrink, Antike und Christentum, 2007, S. 56.

532 H. Brandt, Konstantin der Große, 2006, S. 160; K.M. Girardet (Hrsg.), Konstantin der Große, 2007, S. 45. Vgl. auch: R. Leeb, der die Notwendigkeit einer Taufe verneint, denn Konstantin habe „eigene Offenbarungen" gehabt (Laus Const. 11,1) und hatte „mit seiner Stellung zwischen Mensch und Gott, der als Christ von Gott selbst belehrt wurde, [...] keine Taufe nötig" (Konstantin und Christus, 1992, S. 138, Fußnote). H. Bellen ergänzt 2003, der Kaiser habe sich möglicherweise deshalb zu einer Spättaufe entschieden, weil er sich gescheut habe, als einfacher Christ der Kirche anzugehören (Grundzüge der Römischen Geschichte, 2003, S. 50). H. Brandt erkennt, die Taufe auf dem Totenbett widerspräche nicht der Annahme, dass Konstantin „der erste christliche Kaiser" gewesen sei (Konstantin der Große. Der erste christliche Kaiser, 2006, S. 160; erneut in: Konstantin der Große und die Grundlagen des christlichen Europas, 2007).

Die „Üblichkeit“ des Taufaufschubs

Obwohl sich eigentlich die gesamte Theologie in einem einzigen Aufschrei gegen die Zumutung verwahren müsste, die damalige Generation von Kirchenvätern, treuen Gemeindemitgliedern und Märtyrern hätten dieses unheilige Feilschen mit Gott als „üblich“ betrachtet und die Spätest-Taufe als Ritus anerkannt, bezweifelt der Theologe und Kirchenhistoriker Christoph Markschies die angebliche Praxis des Schacherns nicht und führt die beiden Kaiser Konstantin und Theodosius als „die wohl prominentesten Zeugen für die Praxis eines solchen Taufaufschubs“ an.[533] Auch der Theologe Kurt Aland bezweifelt die „Üblichkeit“ nicht, schließt aber wenigstens einen kritischen Kommentar an: Das sei „Frömmigkeit der Skrupellosität“ gewesen,[534] ohne zu bemerken, welch ein Armutszeugnis christlicher Gesinnung er damit einer ganzen Generation von Christen ausstellt.

Wir kommen also offenbar nicht umhin, uns mit der Frage nach der „Üblichkeit“ von Kinder-, Erwachsenen- und Spättaufen im dritten und vierten Jahrhundert zu befassen. Die Thematik ist in der theologischen Literatur ein heißes Thema und wir wollen uns nicht die Finger an einer Neubelebung dieses Streites verbrennen. Der Theologe Gerhard Barth zitiert in der Bibliographie seiner Untersuchung *Die Taufe in frühchristlicher Zeit* vier Seiten Literaturauswahl, die sich mit diesem Thema befassen.[535] Die Frage nach der Kinder- und Erwachsentaufe wird dabei in Form einer Spezialdiskussion geführt, für die als Vertreter Joachim Jeremias und Kurt Aland benannt werden können. Jeremias belegt 1958 quellengesättigt die Praxis der Kindertaufe für die frühen Jahrhunderte und zieht in einem Resümee folgende Bilanz: „So fällt auf, dass sich in diesem ganzen Zeitraum von vier Jahrhunderten nur zwei Theologen fanden, die für einen Aufschub der Taufe eintraten, beide zudem mit Einschränkungen.“[536] Jeremias verweist auf Tertullians Rat, mit der Taufe zu warten – „je nach dem Zustande einer Person, nach ihrer Disposition und auch nach ihrem Alter [de baptismo 18,2]“. Dieser Rat beziehe sich aber auf Kinder heidnischer Eltern und lasse keinerlei Interpretation zu, mit der Taufe bis zum Lebensende zu warten. Gregor von Nazianz, so fährt Jeremias fort, empfehle lediglich das Hinausschieben der Taufe bis zum Alter von drei Jahren. Aland erhebt

---

533 C. Markschies, Das antike Christentum, 2006, S. 80.

534 K. Aland, Geschichte des Christentums, Bd. 1, 1991, S. 177.

535 G. Barth, Die Taufe in frühchristlicher Zeit, ^{2}2002.

536 J. Jeremias, Die Kindertaufe in den ersten vier Jahrhunderten, 1958, S. 115.

1962 Einwände,[537] die sich aber nicht gegen die Kindertaufe als *regelmäßige* Form der Taufe wenden, sondern nur gegen die „Babytaufe". Ansonsten stellt er fest, dass die Kinder im Neuen Testament „kein Gegenstand besonderen Interesse(s)" seien, nie werde etwas über ihre Taufe gesagt (1967, S. 21). Dazu nimmt Jeremias 1962 erneut seinerseits Stellung,[538] die wiederum zu Repliken Alands in den Jahren 1967 und 1971 führen.[539]

Es geht also in dieser Frage der Üblichkeit und Angemessenheit der Säuglings-, Kinder- oder Erwachsenentaufe in der theologischen Literatur hin und her und das erscheint auch verständlich. Denn im Neuen Testament fehlt eine auslegungssichere Lehre von der Taufe. Folglich dürften die frühchristlichen Gemeinden in der Frage des Vollzugs der Taufe ebenso unterschiedlich geprägt gewesen sein wie auch bei anderen theologischen Lehraufassungen.[540] Wie sollte auch eine Religion, die bis in das vierte Jahrhundert hinein über keine anerkannte Regelungsinstanz verfügt und mit großer Erbitterung über das Wesen Gottes und die Eingliederung „abgefallener Gläubiger" streitet, nun plötzlich gerade für die Taufzeremonie Einheitlichkeit vorweisen können? Aussagen einzelner antiker Autoren

537 K. Aland, Die Säuglingstaufe im Neuen Testament und in der alten Kirche, 1962.

538 J. Jeremias, Nochmals: Die Anfänge der Kindertaufe, 1962.

539 K. Aland, Die Stellung der Kinder in den frühen christlichen Gemeinden und ihre Taufe, 1967. Ders., Taufe und Kindertaufe: 40 Sätze zur Aussage des Neuen Testaments und dem historischen Befund, zur modernen Debatte darüber und die Folgerungen daraus für die kirchliche Praxis, zugleich eine Auseinandersetzung mit Karl Barths Lehren von der Taufe, 1971.

540 Seit dem 2. Jahrhundert liegen Hinweise/Dokumente für die Säuglings-/Kindertaufen vor: Tertullian (geb. um 150) lehnt die Taufe von Kindern ab, aus Sorge, diese könnten sich später der Taufe nicht würdig erweisen. Die Gültigkeit einer Taufe von Kindern stellt er nicht in Frage (De baptismo). Hippolyt (geb. um 170) berücksichtigt in seiner Kirchenordnung (Traditio Apostolica) die Taufe von Kleinkindern, für welche deren Eltern sprechen sollen. Origenes (geb. 185) stellt fest, dass die Kindertaufe apostolisch sei, d. h. schon in der Urchristenheit ausgeübt wurde. Er hält sie für geboten, da die präexistente Seele des Neugeborenen durch Zeugung und Geburt befleckt sei. Cyprian (geb. um 200) befürwortet im Namen der Synode (251/253) eine Taufe sofort nach der Geburt, um das Heil der Kinder nicht zu gefährden. Inschriften aus dieser Zeit belegen auch, dass Kinder wie Erwachsene oft erst auf dem Sterbebett getauft werden. Das hat aber nichts mit einer *berechnenden* Spätest-Taufe à la Konstantin zu tun.

sind folglich als Einzelmeinungen zu verstehen, für die keine allgemein anerkannte Repräsentanz belegt werden kann.

Es sprechen also alle Argumente für eine religiöse Vielfalt der christlichen Gemeinden und die Verbissenheit, mit der Theologen ihre divergierenden Auffassungen verteidigen, irritiert. Warum bekennen sie nicht, dass die christlichen Gemeinden damals auch in dieser Frage noch einen gemeinsamen Weg finden mussten? Oder anders: „Üblich“ war damals gar nichts. Alles war im Fluss, im *status nascendi*. Das wenige, was man wohl mit Gewissheit annehmen darf, sind *Eckpunkte* in der Frage der Kinder- und Erwachsenentaufe: Einmal für die Gründungsphase der frühchristlichen Gemeinden, in der zwangsläufig die Erwachsenentaufe oder wenigstes die Taufe derjenigen, die „selbst Rede und Antwort“ geben können,[541] typisch gewesen sein dürfte, weil die ersten hundert Jahre des Christentums durch den Übertritt erwachsener Juden – durchaus auch ganzer Familien mit Kindern – zum Christentum gekennzeichnet gewesen sein müssen („Übertrittstaufe“). Wie anders sollte sich sonst eine neue Religion im Kreis bestehender Religionen etablieren?

Den zweiten Eckpunkt markiert die 4. Synode von Karthago (418), die die Kindertaufe zur Norm erhebt: Die Taufe solle unmittelbar nach der Geburt erfolgen, „um sie der Gefahr der Verdammnis zu entreißen, die ihnen droht, falls sie ungetauft sterben“.[542]

Zwischen diesen beiden Polen entwickelt sich eine diffuse Landschaft, in der offenbar zunehmend die Kindertaufe – auch in Analogie zur jüdischen Beschneidungsvorschrift, aber auch in einer ersten Argumentation zur Befreiung von der Erbsünde – nach vorne tritt. Die Entscheidung der Synode von 418 fällt ja nicht aus heiterem Himmel, sondern dürfte dem wachsenden Verständnis der meisten Gemeinden entsprochen haben. Diese Entwicklung hin zu einer frühen Taufe wird durch die Anerkennung der christlichen Konfessionen als *religio licita* mit der uneingeschränkten Befugnis zur Religionsausübung gefördert, so dass im vierten Jahrhundert die frühe Taufe vermutlich zunehmend zur Regeltaufe wird, um dann in eine entsprechende synodale Regelung im Jahre 418 auszulaufen.

541 K. Aland, Die Stellung der Kinder in den frühen christlichen Gemeinden, 1967, S. 22.

542 Ebenfalls ist dort von einer Art „Zwischenhimmel“ für ungetauft verstorbenen Kinder die Rede. Diese Lehre vom *limbus infantium* wird im Mittelalter weiter ausgearbeitet.

Diese grundsätzliche Bevorzugung der frühen Taufe ab dem dritten/vierten Jahrhundert schließt natürlich die Übertrittstaufe vorwiegend erwachsener Heiden und Juden nicht aus; ebenso wenig den Missbrauch, die Taufe hinauszuschieben, um dem strengen christlichen Sittenkodex zu entgehen. Aber eine „Gewohnheit", wie der Althistoriker Richard Klein meint, nach der der Aufschub der Taufe „auf das Lebensende [...] als Endpunkt eines langen Bekehrungsprozesses" zu verstehen sei",[543] ist aus der Erwachsenentaufe nicht ableitbar. Dies wäre weder mit dem Selbstverständnis und Bekennermut der christlichen Gemeinden vereinbar, die einen „lebenslangen Bekehrungsprozess" bestenfalls als Ausnahme akzeptieren können, noch mit dem wandelnden Verständnis von der Taufe als Heilmittel gegen die Erbsünde und alle daraus ableitbaren irdischen Leiden.[544]

Es bleibt also dabei, was der gesunde Menschenverstand und die Erfahrung lehren: Ein vorsätzlich verzögerter Antrag zur Aufnahme in eine ideologisch ausgerichtete Fraktion ist ein Ausweis dafür, dass der Antragsteller sich bisher nicht zu den Zielen und Praktiken dieser Ideologie bekennen mochte.

Konstantins Taufe „auf dem letzten Drücker"

Aber um solche Fragen geht es bei der Taufe Konstantins eigentlich gar nicht. Denn die Taufe Konstantins hat völlig andere Dimensionen. Es geht nicht mehr um die Erwachsenentaufe schlechthin, sondern um ein moralisches Skandalon: Kaiser Konstantin soll voller Berechnung, *im letzten Atemzug* seines kaiserlichen Lebens, kurz bevor ihn der Tod berührt, auf dem Sterbebett, die Taufe verlangt haben. Es geht also nicht mehr darum, ob die Kinder- oder die Erwachsenentaufe neutestamentarisch abgesichert ist, sondern um einen Kuhhandel mit Gott und damit um Moral. Es geht um eine *Spätest*-Taufe mit der schlauen Absicht, Vorteile zu ergattern, um in einem Aufwasch kurz vor dem Tode Gott ein Schnippchen zu schlagen und von allen Sünden freigesprochen zu werden.[545]

543 R. Klein in seiner Rezension zu: Marilena Amerise, Il battesimo di Costantino il Grande, www.plekos.uni-muenchen.de/2005/ramerise.html, 10.7.2009.

544 Gregor von Nyssa beschreibt „Christus als Arzt"; vgl. M. Dörnemann, Krankheit und Heilung in der Theologie der frühen Kirchenväter, 2003, S. 337f.

545 In der Tat gibt es Fälle, dass sich Christen offenbar spät taufen lassen und dann anschließend Selbsttötung begehen, um keine neuen Sünden auf sich zu laden. Ein solches Verhalten wird von Augustin gebrandmarkt (de civitate dei

Und die Bischöfe und die Gemeinden machen angeblich mit. Sie missachten alle Bräuche, so die Unterstellung, sie verzichten auf eine Einweisung in den Glauben, schon gar auf ein längeres Katechumenat, auf eine Prüfung des bisherigen Lebenslaufes, und auf Fragen zu seiner ermordeten Familie. Sie stimmen der Pervertierung eines Bekenntnisses zu, einem im letzten Augenblick vollzogenen Geschacher mit Gott. Und diese Prozedur, „ach weißt Du, ich warte noch ein wenig mit der Taufe und sündige noch etwas“ soll nach den Urteilen der Historiker „üblich“ gewesen und von Bischöfen und Gemeinden sanktioniert worden sein.

Was für eine haarsträubende Profanisierung der Taufe! Was für ein würdeloses Zerrbild! Was für ein Schlag ins Gesicht all der Helden und Märtyrer, die um des Bekenntnisses willen angeblich von Löwen zerfleischt, auf Flammen geröstet, mit Pech und glühenden Kohlen bestreut, gesteinigt, zerrissen, verbrannt, gegeißelt, ausgepeitscht und enthauptet worden sind. Selbst ein Mädchen, die heilige Reparata, lässt sich um 250 bereitwillig um ihres Glaubens willen mit zwölf Jahren die Brüste abschneiden und das Eingeweide zerschneiden! Was für eine Bekenntniswut in einem vom Märtyrer- und Askesedenken gekennzeichneten religiösen Umfeld! Und da sollen die Gemeinden hingegangen sein und die bauernschlaue Verweigerung der Taufe klaglos akzeptiert haben?

Die angebliche Taufe „auf den letzten Drücker“ des Kaisers Konstantin passt also überhaupt nicht in das damalige christliche Bekenner-Szenario mit wachsender Tendenz, das Diesseits zugunsten einer abgehobenen Jenseits-Irrationalität aufzugeben, wie sie unter Augustinus ihren Höhepunkt findet. Den Gemeinden wäre der Boden unter den Füßen weggezogen worden, wenn sich ihre Mitglieder aus Berechnung nicht zur Religion der Gemeinde bekannt hätten. Und so spricht alles dafür, dass Konstantin die Taufe auf dem Totenbett (soweit sie überhaupt vollzogen wurde) entweder als Spätkonvertit im letzten Augenblick empfängt, was natürlich alle Theorien über eine vorherige Bekehrung Konstantins ad absurdum führt, oder die Taufe *en passant* mitnimmt: Sie kann ja nicht schaden. Auch in diesem Falle kann man schwerlich von einem bekennenden Christen sprechen. Bestenfalls hat er in der Vergangenheit mit einigen Aussagen christlicher Gemeindeführer sympathisiert, ohne sich aber zu einem förmlichen Bekenntnis durchringen zu können. In diesem Fall darf er als lauer Mitläufer

1,27) und dürfte wohl auf eine altersschwache Minderheit begrenzt gewesen sein.

oder politischer oder spiritueller Nutznießer ohne inneres Engagement eingeschätzt werden.

Im Übrigen mag man seine Zweifel haben, ob ein alternder, christlich „bekehrter“ Kaiser, der göttliche Zeichen gesehen und himmlische Heerscharen zur Untersützung erhalten hat, auf dem Weg in eine Schlacht mit den gefürchteten Persern seine Taufe hinausschiebt und damit das Risiko eingeht, während der Schlacht mit Ursünde und allen übrigen Verfehlungen eines langen Lebens und dem Verdammungsurteil „Ihr Verfluchten, ab in das ewige Feuer“ (Matthäus 25,41) zu sterben.[546]

Es kommt noch schlimmer: Die Taufe eines Ketzers

Aber es kommt für die Freunde der Christlichkeit Konstantins noch dicker. Ist schon die berechnende Taufe im allerletzten Moment an sich aus vielerlei Gründen höchst fragwürdig und könnte höchstens dem Nachweis dienen, dass Konstantin bis zum Tode *nicht* bekennender Christ gewesen ist, so ist erst recht der angeblich christliche Charakter der Taufe Konstantins höchst fragwürdig. Denn Konstantin stirbt nicht als Christ, jedenfalls wenn sich das Christsein über das Kerndogma der Trinität, die Wesensgleichheit Christus mit Gottvater, definiert. Konstantin wird vom *arianischen* Ortsbischof Eusebius von Nikomedia, d. h. nicht im Namen des dreieinigen Gottes, getauft. So jedenfalls schreibt Hieronymus: „Am Ende seines Lebens wurde Konstantin von Euseb [...] getauft und fiel zur arianischen Glaubenslehre ab.“[547]

Dieser in der Wissenschaft nicht bestrittene, aber aus unerklärlichen Gründen wenig beachtete Sachverhalt einer *arianischen* Taufe, einer Weihung im Namen einer Religion also, die vom Konzil in Nicäa ausdrücklich als Irrlehre verurteilt und von der späteren Kirche gemeinsam mit Kaiser Theodosius als staatsfeindliche Ketzerei verfolgt wird, droht erneut

546 Der derzeitige Papst Benedikt XVI. bestätigt ausdrücklich, dass die Hölle, „von der man in unserer Zeit so wenig spräche“, existiere und ewig sei für jene, die ihre Augen vor Gott verschließen (Jesus von Nazareth. Von der Taufe im Jordan bis zur Verklärung, 2007, S. 128). Vgl. auch in diesem Sinne: Katholischer Katechismus, 1993, Teil I, Art. 12.

547 Hieronymus, chronicon, z.J. 337, S. 234,3ff. Eusebius von Nikomedia war zwischen 318 und 338 Bischof von Nikomedia und Konstantinopel und neben Arius der bedeutendste Führer der Arianer in der ersten Hälfte des vierten Jahrhunderts.

die gesamte Statik der christlichen Konstantin-Architektur ins Wanken zu bringen. Und so bleibt den Apologeten des christlichen Konstantin nur eins: Man muss die Unterschiede zwischen Arianismus und trinitarischer Konfession kleinreden. Also behauptet die *Theologische Realenzyklopädie*, es sei berechtigt, „Konstantin als orthodoxen Nizäner anzusehen [...] Seine Unterstützung der [arianischen] Eusebianer [...] gehörte nicht in den Bereich der Lehre, sondern den der kirchlichen Ordnung“.[548] Woraus wir lernen können, dass damals selbst die arianische Taufe unmittelbar vor dem Ableben offenbar keinerlei Bedeutung für das religiöse Bekenntnis hatte. Ein schönes Beispiel, wie Geschichte im Namen des Bekenntnisses verdreht, die hasserfüllten anti-arianischen Äußerungen zahlreicher Kirchenführer der damaligen Zeit missachtet („Feinde voller Bosheit und Ränkesucht“, Athanasius) und der Logik Gewalt angetan wird.

Gleichermaßen luftig-locker ist die Stellungnahme des Althistorikers Richard Klein in seiner Rezension zu Marilena Amerises *Il battesimo di Costantino il Grande*, dass „damals von einer klaren bekenntnismäßigen Aufspaltung in Nicaener und Arianer durchaus noch nicht gesprochen werden“ konnte:[549] Diese Behauptung aus dem Munde eines auf die Spätantike spezialisierten Historikers ist schlicht falsch: Da tritt im Jahre 318 ein Mann öffentlich auf und behauptet, die Zwei-in-Einem-Formel könne er nicht anerkennen, denn Jesus sei ein von Gottvater Geschaffener, nicht ewig, nicht gleichrangig und folglich kein wesensgleicher Gott. Da wächst eine sympathisierende Bewegung auf, die ein solches Gewicht bekommt, dass der römische Kaiser erstmals alle Bischöfe des Reiches von Spanien bis Nordafrika zu einem Konzil einlädt. Auf diesem Konzil von Nicäa werden die Arianer als Ketzer verschrieen, ihre Anhänger exiliert und die Bücher verbrannt. Im Gefolge breitet sich eine Bewegung aus, die bereits im Todesjahr Konstantins (337) einen beträchtlichen Umfang haben muss, denn die wichtigen Nachfolgekaiser sind alle arianisch. Eine schier endlose Reihe von antiken Kirchenschriftstellern beglaubigt, dass der Arianismus bereits um 320 als eine häretisch-ketzerische Bewegung eingestuft worden ist, die Bischöfe Athanasius, Ambrosius und Augustinus, allesamt Leuchtfeuer im christlichen Glaubenskampf, verunglimpfen die Arianer nach Kräften, Kaiser Theodosius vertreibt sie aus dem christlich-trinitarischen Lande und dann tritt ein Althistoriker auf und meint ohne jegliche Beweisführung, offenbar um die Brisanz der arianischen Taufe Konstantins herab-

548 Theologische Realenzyklopädie, Bd. 19, S. 496.

549 www.plekos.uni-muenchen.de/2005/ramerise.html, 10.7.2009.

zuspielen, man könne nicht „von einer klaren bekenntnismäßigen Aufspaltung in Nicaener und Arianer“ sprechen.

In einem weiteren Versuch, Konstantins Taufe (soweit sie als solche stattgefunden hat) von dem Vorwurf einer Ketzertaufe zu befreien, wird Eusebius bemüht. Dieser spricht von *mehreren* Bischöfen,[550] die sich an Konstantins Sterbebett versammelt hätten, von denen, so die moderne Spekulation, *einer* nicänisch-trinitarischer Konfession gewesen sei. Dieser habe die Initiative ergriffen und Konstantin trinitarisch getauft. Belege für diese kunterbunte Hypothese gibt es nicht und es ist auch kaum vorstellbar, dass sich Bischöfe unterschiedlicher christlicher Konfessionen, die sich wechselweise verwünschen und gegenseitig exkommunizieren, um den sterbenden Kaiser versammeln und dass der zuständige Ortsbischof bescheiden zurücktritt, um bei der Taufe dem Bischof einer anderen Konfession den Vortritt zu lassen. Eine „Taufe“ im Namen der Dreifaltigkeit hat also mit an Sicherheit grenzender Wahrscheinlichkeit nie stattgefunden. Konstantin stirbt als Ketzer, sei es als heidnischer oder arianischer.

Natürlich ist die Geschichte damit nicht zu Ende. Wer die damalige katholische Kirche kennt, wundert sich nicht, was jetzt kommen wird: Papst Leo X. beauftragt im Jahre 1519 Raffael, im Sala di Konstantino des Vatikans die christliche Taufe Konstantins durch Papst Silvester bildnerisch darzustellen. Wenig später lässt Papst Gregor XIII. eine grüne Basaltwanne in die Mitte des Lateranbaptisteriums schaffen und in einer Bildunterschrift zu einer um 1570 gedruckten Ansicht heißt es, in diesem Becken sei das reinigende Taufbad des leprakranken Konstantin erfolgt:[551] 1588 lässt Papst Sixtus V. dann in einem Obelisken die Inschrift eingravieren: „Konstantin, durch das Kreuz Sieger, hat, vom heiligen Silvester hier getauft, des Kreuzes Ruhm verbreitet“.

550 Eusebius, Vita Constantini 4,62.

551 R. Quednau, Silvesterlegende und Konstantinische Schenkung, in: Konstantin der Große, Ausstellungskatalog Trier 2008, S. 440.

20 Der letzte Tag von Ankyrona. Konstantins Tod (337)

Der Taufe folgt am 22. Mai 337 der Tod. Konstantin hat vorgesorgt, jedenfalls erzählt uns Eusebius in den letzten Kapiteln der *Vita Constantini*, der Kaiser habe in Konstantinopel die „Apostelkirche" zum Gedächtnis an die zwölf Apostel bauen lassen und seine eigene Grabstätte geplant: Der Kaiser „stellte dazu in der Mitte [der Kirche] einen Altar auf. Zwölf Grabmäler errichtete er dort, gleichsam heilige Säulen zu Ehren und zum Gedächtnisse der Apostelschar; mitten unter sie stellte er aber seinen eigenen Sarg, zu dessen beiden Seiten je sechs Apostel standen. [...] Nachdem er dies in seinem Herzen schon längst vorausbestimmt hatte, weihte er die Kirche den Aposteln".[552]

Konstantin verstirbt in einem Vorort von Nikomedia und da keiner der Söhne anwesend ist, dürfte vermutlich das Heer die Überführung des Leichnams nach Konstantinopel sowie die Trauerfeierlichkeiten organisiert haben. Man muss daher davon ausgehen, dass die Überführung zum kaiserlichen Palast und die dann folgende Bestattung im Stile einer sorgfältig arrangierten *pompa funebris* organisiert wird, an der, nach Eusebius, alle Senatoren, „die Führer des ganzen Heeres, die Comites und die ganze Schar der Beamten" teilnehmen. Musiker führen den Zug an, es folgen Klagefrauen und die Freigelassenen, denen testamentarisch vom Verstorbenen die Freiheit geschenkt worden ist. Abschluss bildet der Tote auf einem Paradebett, gefolgt von den Familienangehörigen und Freunden,[553] sowie Schauspieler, die Wachsmasken berühmter Vorfahren als eine Art „Parade

552 Eusebius, Vita Constantini 4,60.

553 Franz Bömer, Pompa, Realenzyklopädie d. cl. Altertumswissenschaften, Bd. 21, 1952, Sp. 1878-1994 und 2548f. Vgl. auch: J. Engels, Funerum sepulcrorumque magnificentia. Begräbnis- und Grabluxusgesetze in der griechisch-römischen Welt, Hermes EZ 78, 1998, S. 176-188.

der Ahnen“ tragen, außerdem Kleidung und Insignien jener Ämter, die der Verstorbene inne hatte.

Die Apostelkirche und der tote Konstantin als „13. Apostel“

Der Trauerzug endet in der Apostelkirche. Dort soll Konstantin beigesetzt worden sein.[554] Eusebius berichtet, die Apostelkirche habe einen kreuzförmigen Grundriss gehabt, was entweder darauf hindeutet, dass die „Kirche“ eher ein Grabmal gewesen ist, da zur Zeit Konstantins der frühe, noch ungehobelte Basilikatyp (Hallenkirche) im Kirchenbau vorherrscht, oder Eusebius, respektive spätere Erzähler, den „kreuzförmigen Grundriss“ in den Bestattungsbericht hinein geschwindelt haben. Denn das Kreuz ist zur Zeit Konstantins noch kein anerkanntes christliches Symbol.

Merkwürdig ist, dass das Bauwerk, gleich ob Kirche oder Grabmal, wenig beeindruckend gewesen sein muss, denn Kaiser Justinian I. lässt die ursprüngliche Kirche/das Grabmal abreißen und am selben Platz von Grund auf neu errichten. Diese zweite Apostelkirche wird am 28. Juni 550 eingeweiht.[555] Die Tatsache, dass Konstantin, der Erbauer Konstantinopels, angeblich seine eigene Begräbnisstätte so bescheiden anlegt, dass sie sein Nachfolger abreißen lässt, stellt einmal mehr die Zuverlässigkeit der eusebische Überlieferung in Frage.

---

554 Eusebius spricht von einer *Kirche*, in der die Beisetzung stattfindet (Vita Constantini 4,70). H. Brandt irrt, wenn er davon spricht, Konstantin sei im Mausoleum beigesetzt worden (2006, S. 165). Das Mausoleum wird nach der Quellenlage erst in der zweiten Hälfte des vierten Jahrhunderts gebaut, Stefan Rebenich vermutet ab dem Jahre 359 (Vom dreizehnten Gott zum dreizehnten Apostel? in: Schlange-Schöningen [Hrsg.], 2007, S. 216-245). Auch Lorenz meint, das Mausoleum sei erst unter Konstantius II. erbaut worden (Das vierte Jahrhundert [Osten], 1992, S. C 145). Ähnlich auch A. Kaniuth (1941/1974, S. 11). H. Chantraine vermutet, dass Konstantin später in das Mausoleum, das ursprünglich lediglich zur Aufnahme der Reliquien Heiliger gedacht gewesen ist, überführt wurde (Konstantinopel – Vom Zweiten Rom zum Neuen Rom, in: Geschichte in Wissenschaft und Unterricht, 43, 1992, S. 12). Auf die umfangreiche und zwischen 1900 und 1980 kontrovers geführte Diskussion zur Chronologie der Bauphase wird hier nicht weiter eingegangen.

555 Procopius schreibt den Neubau Justinian zu, während Psedo-Codinus ihn der Kaiserin Theodora zuordnet.

Konstantin soll inmitten von Schein-Sarkophagen (Kenotaphen) der zwölf Apostel beigesetzt worden sein. Diese Beisetzung im Kreis der Kenotaphen wird in der Forschungsliteratur heftig dikutiert. Dabei geht es um die Frage, ob sich Konstantin „apostelgleich", als 13. Apostel, oder gar als christusgleich gefühlt habe. August Heisenberg meint: „An der Spitze der Apostel wollte er ruhen; der *divus imperator*, [...], wollte begraben und nach seinem Tode verehrt sein nicht anders als der Sohn Gottes, der die christliche Religion gegründet hatte."[556] In diese Richtung argumentieren auch Stefan Rebenich, der im Jahre 2000 eine nüchterne und umfangreiche Argumentationspalette für den christus*gleichen* Konstantin anbietet,[557] und der Historiker Hartwin Brandt im Jahre 2006.[558]

Der Theologe Rudolph Leeb glaubt dagegen, einer christus*gleichen* Positionierung widersprechen zu müssen, weil die Beisetzung in dieser Form einer Divinisierung gleichgekommen wäre. Diese Grenze aber habe Konstantin nie überschritten, meint er.[559] Folglich habe sich Konstantin, trotz aller Überspanntheit, nicht als Christusgleicher empfunden, sondern seinen letzten Ruheplatz sozusagen als ein christusähnlicher Stellvertreter, theologisch also unterhalb Christus, eingenommen. Leebs Argumentation steht auf schwachen Füßen, denn Konstantin hat zu Lebzeiten sehr wohl die „Grenze zur Divinisierung" ständig überschritten. Dafür stehen unter anderem die Kaiser-Sol-Comes-Darstellungen und die Abbildungen mit

556 A. Heisenberg, Grabeskirche und Apostelkirche – zwei Basiliken Konstantins I., 1908, S. 115. So auch Kornemann, der vom „13. Gott" spricht (Römische Geschichte II, 1963, S. 393).

557 S. Rebenich, Vom dreizehnten Gott zum dreizehnten Apostel? Der tote Kaiser in der christlichen Spätantike, 2000, S. 300-324, Teil III; zuletzt in: Schlange-Schöningen (Hrsg.) 2007, S. 216-245.

558 H. Brandt, Konstantin der Große, 2006, S. 166-167. Nach Brandt ist Konstantins Verständnis gewesen, er sei „christusgleich". Da Brandt andererseits keinen Zweifel an der *Wesensgleichheit* Jesu mit Gott lässt, wäre Konstantin nach den Regeln logischer Schlüsse ebenfalls mit Gott wesensgleich. Was wiederum als ein schwerwiegender Verstoß gegen die christliche Lehre aufzufassen wäre. Dennoch bezeichnet Brandt Konstantin als „ersten christlichen Kaiser". Diese Widersprüche werden von Brandt mit dem Hinweis zu glätten versucht: „Damit befinden wir uns mitten in der Wirkungsgeschichte des ersten christlichen Kaisers" (S. 167). Aber was ist in einer Biographie nicht „Wirkungsgeschichte"? Was ist das überhaupt?

559 R. Leeb, Konstantin und Christus, 1992, S. 115. So auch Lorenz, Das vierte Jahrhundert (Osten), 1992, S. C 145.

göttlichen Insignien. Damit ist nicht gesagt, dass Konstantin glaubt, mit dem höchsten Gott *gleich* zu sein. Divinisierung bedeutet ja nicht völlige Gleichheit mit allen Göttern. Kein Römer hat geglaubt, dass die regelmäßig in den Himmel aufgestiegenen Kaiser nunmehr Jupiter gleichen würden. Aber im Götterhimmel waren sie schon. Diese knifflige Diskussion um die Wesensgleichheit oder -ähnlichkeit haben ja gerade die Christen mit großer Verve geführt. Man müsste also klären, was „Divinisierung" eigentlich bedeutet.

Auch muss bedacht werden, dass das Maß der Divinisierung und die eigene Einschätzung als gottähnlich oder gottgleich sich im Laufe der Zeit wandeln kann. Im Jahre 312 ist sich Konstantin seiner dem höchsten Gott nachgeordneten Rolle sicherlich noch bewusst gewesen, denn er erhält ja, nach Eusebius, den Sieg über seinen Nebenbuhler Maxentius vom christlichen Gott geschenkt. Also wäre dieser, als Schenkender, höher einzuschätzen als der „göttliche Kaiser". Aber später, als Konstantin die Alleinherrschaft im römischen Reich errungen hat, nach 324 also, scheint sein Verhältnis zum höchsten Gott immer enger geworden zu sein, so dass er sich schließlich als göttlicher Partner, welcher Intimität auch immer, empfunden hat.

Außerdem übersieht Leeb, dass Konstantin, wenn überhaupt, *arianisch* getauft wurde und Christus nicht als gottgleich, sondern nur als ein Geschöpf, also bestenfalls gottähnlich, anerkennt. Damit nehmen ein lediglich gött*ähnlicher* Christus und ein ebenso gott*ähnlicher* Konstantin eine gleiche Stellung in der Rangskala auserwählter Wesen ein und die Positionierung des kaiserlichen Sarkophages inmitten der Apostel passt damit durchaus in eine Christus-Konstantin-Comes-Darstellung: Konstantin herausgehoben aus dem Kreis der zwölf Apostel, auf der Ebene des Christus, unter dem *Summus deus* jedoch, in dessen Wagen der verstorbene Kaiser anschließend zum Himmel auffährt.

Auf ihn, den *Summus deus*, können wir nicht verzichten, denn Konstantin streckt sich ja eine „Hand" aus dem Himmel entgegen, als er zum Himmel auffährt (Konsekrationsmünzen, s. Anlage 6.2). Da muss noch jemand sein, höher als ein „Geschaffener" wie Jesus, der ehrfürchtig von „Vater" spricht, „dessen Wille geschehen" soll. Und das ist nicht der umstrittene christliche Gottvater, der es noch nicht einmal schafft, seinen Sohn vor den römischen Häschern zu sichern, der noch immer auf seine endgültige Bestimmung wartet und der nicht über eine Quadriga verfügt, um Konstantin zu sich zu holen. Nein, die „Hand Gottes" gehört zu Sol, dem strahlenden Gott des Lichtes, dem Sol Invictus, dem unbesiegbaren Sonnengott.

Die Begräbniszeremonie

Irgendwann, mitten im Ablauf der Zeremonie, sollen angeblich die Bischöfe und „das gläubige Volk" das Kommando übernommen haben: „Als er [der Sohn Konstantius] sich aber mit den Soldatenscharen zurückgezogen hatte, da traten die Priester Gottes, umgeben von Scharen und dem ganzen gläubigen Volke, heran und feierten unter Gebeten den göttlichen Gottesdienst. Da wurde nun der Selige, der auf der hohen Bahre lag, verherrlicht; das zahlreiche Volk brachte gemeinsam mit den Priestern Gottes nicht ohne Tränen, ja mehr unter Wehklagen Gott für die Seele des Kaisers Gebete dar."[560] Die Beisetzung ist also, wenn man Eusebius Glauben schenken mag, zunächst von einer nach römischem Ritus vollzogenen heidnischen Zeremonie für den verstorbenen Kaiser eingeleitet worden, an die sich dann eine christliche Trauerfeier unter Leitung der „Priester Gottes" anschließt.[561] Der Althistoriker Frank Kolb schließt sich Eusebius an, die eigentliche Bestattung sei nach christlichem Ritus erfolgt, Konstantin sei als „christlicher Heiliger" bestattet worden.[562]

Mit dieser Zweiteilung der Begräbniszeremonie wird unterstellt, dass die gesamte Verwaltungsspitze des Reiches und die in gemeinsamen Schlachten mit ihrem Kaiser erprobten Recken der Heeresführung kein Interesse an dem letzten Teil des Begräbnisses *ihres* Kaisers haben und sich bereitwillig zurückziehen, während „das gläubige Volk" unter der Führung der Bischöfe nunmehr das Kommando über die eigentliche Feier übernimmt. Eusebius konstruiert damit einen Gegensatz zwischen Senat, Verwaltung und Heer auf der einen Seite und Bischöfen und „frommen Volk" auf der anderen, der schlichter Unfug ist. Nicht nur, weil die Mehrheit des Volkes noch heidnisch gesinnt ist und mit den christlichen Bischöfen wenig anfangen kann, nicht nur, weil der Kaiser in seiner Funktion als heidnischer Oberpriester von christlichen Bischöfen beerdigt wird, nicht nur, weil die folgende dritte Phase, die Proklamation des Nachfolgers, nun wiederum vom Heer bestimmt wird,[563] sondern auch weil die Offiziere in dieser letzten Stunde ihrem Kaiser sicherlich die letzte Ehre erweisen wollen und sich

560 Eusebius, Vita Constantini 4,71.

561 Vgl. E. Herrmann-Otto, die auf das „doppelte Bestattungsritual" aufmerksam macht (Konstantin der Große, 2007, S. 15). Schon 1941 dazu A. Kaniuth.

562 F. Kolb, Herrscherideologie in der Spätantike, 2001, S. 132.

563 Die Kaiserwahl und dessen Proklamation durch die Heeresversammlung ist noch für das Jahr 364 als die vornehmste Aufgabe des Heeres überliefert (Symmachus, oratio 1,8-9, Kaiser Jovian).

nicht nach einem rituellen Vorgeplänkel aus dem Staub machen, um nun den christlichen Bischöfen das Feld zu überlassen. Das Sagen haben die Offiziere und nicht die Bischöfe. Offiziere und Kaiser sind so miteinander verflochten, dass die Legionen sich niemals von Priestern einer fremden Religion von ihrem Kaiser auf dessen letzten Gang hätten trennen lassen. Sie hätten das Schwert gezogen und nach Soldatenart die priesterliche Zumutung beendet. Es ist *ihr* Kaiser, dem sie die Ehre erweisen, bevor sie die Nachfolgefrage regeln.

Die Leichenrede könnte über die Umstände Auskunft geben, da sie „im Zentrum der Zeremonie“[564] steht und die Taten des Verstorbenen und seine Tugenden lobt. Dort könnte man vielleicht erfahren, wie Konstantin es tatsächlich mit „Gott“ gehalten hat. Aber diese Rede auf den Verstorbenen muss wohl nicht im Sinne des Eusebius gewesen sein. Anders ist es nicht zu erklären, dass Eusebius in seinen Werken wohl an die zwei Dutzend Briefe und Edikte Konstantins im Wortlaut zitiert, auch ausdrücklich darauf hinweist, „dass er [Konstantin], dem Ende seines Lebens schon nahe, [...] eine Art Leichenrede hielt“,[565] aber die Rede selbst, die nur ein Jahr vor der Edition der Konstantin-Biographie Eusebs gehalten wird, nicht dokumentiert ist. Merkwürdig genug, wo doch die Totenrede des christlich-trinitarischen Bischofs Ambrosius auf Theodosius (395) getreulich überliefert ist. Aber da waren die Umstände auch zweifelsfrei im Sinne der christlich-kirchlichen Überlieferung.

Vermutlich ist die eusebische Zweiteilung des Zeremoniells erst in späteren Jahren in die *Vita Constantini* eingearbeitet worden, möglicherweise von Kopisten der klösterlichen Schreibstuben im sechsten und siebten Jahrhundert, um das Begräbnis wenigstens teilweise zu christianisieren. Wahrscheinlich hat im Jahre 337 irgend etwas zwischen paganem Ritus und christlicher Zeremonie stattgefunden, ein nicht mehr aufklärbarer, undefinierbarer byzantinisch-christlich-heidnischer Totenkult. Und dass das Heidnische dabei nicht zu kurz kommt, darauf deuten die Konsekrationsmünzen hin, die den Verstorbenen im Vierspänner des Sonnengottes gen Himmel brausend zeigen (siehe Anlage 6.2).

564 W. Kierdorf, Laudatio funebris. Interpretationen und Untersuchungen zur Entwicklung der römischen Leichenrede, 1980, S. 2. Abweichend E. Flaig: „Im Zentrum des Rituals stand die Prozession und die Versammlung der Ahnenbilder“ (Ritualisierte Politik, ^{2}2003, S. 59).

565 Eusebius, Vita Constantini 4,55.

Fünftes Buch

Von 310 bis 380. Siebzig Jahre Religionsgetümmel. Ein Fazit

Damit endet das irdische Dasein Konstantins so, wie es begonnen hat: Höchst undurchsichtig, geheimnisvoll, auch dunkel und anrüchig, weil ein glaubensbesessener kirchlicher Autor, Eusebius, Epigonen des fünften bis achten Jahrhunderts und die mächtige Staatskirche die gesamte Geschichte des vierten Jahrhunderts in eine christliche umzudeuten bemüht sind. Am Anfang der Karriere des „ersten christlichen Kaisers" stehen traumhafte Erscheinungen, göttliche Hilfen und spontane fromme Handlungen, am Ende wird der große Kaiser mit seinem letzten Atemzug getauft, legt den kaiserlichen Purpur ab, dankt dem lieben Gott für die späte Einsicht und wird „apostelgleich" in einer christlichen Kirche bestattet. Das Volk jubelt und auch der Laie wird zugeben, dass Konstantin das Zeug hat, ein Heiliger zu werden. Die paar Bürgerkriege, Mafia- und Verwandtenmorde sind Ausrutscher, die den eifrigen Historiker nicht beirren können: Konstantin hat sich an die Spitze einer unaufhaltsamen Entwicklung gesetzt.

Aber das vierte Jahrhundert ist nicht so. Die Masse der Bevölkerung ist heidnisch, sieht das aufkommende Christentum vermutlich als einen weiteren Mysterienkult aus dem Osten an und Jesus als einen mit dem Sonnengott mystisch verbundenen Mediator zwischen den göttlichen und weltlichen Kräften. Das vierte Jahrhundert ist weder christlich, noch durch den „siegreichen Vormarsch" der Kirche geprägt, sondern typisch römisch-synkretistisch. Und Konstantin steht mitten drin.

Das christliche Kreuz, an das die Irdischen einen Gott zu nageln wagen, das ist irritierend, provokativ und neu zugleich. Das Drumherum jedoch, die Riten und Symbole sind weitgehend alt: Die Gottesmutter mit dem Kind,[566] das dem Persischen entnommene „Paradeisos“ (Paradies), der Nimbus (Heiligenschein), das Opfer auf einem Altartisch, Engel, Weihrauch, Kreuz, Licht- und Sonnensymbolik,[567] Sonntag, Weihnachten, der Papst als *Pontifex Maximus*, die Proskynese als christlicher Kniefall und vieles mehr haben ihre Ursprünge im Orient und im römisch-hellenistischen Heidentum. Und besonders aufregend sind die Lehrsätze der neuen Religion auch nicht: Die göttlich-menschliche Trias ist vom ägyptischem und römischem Sprachgebrauch her sattsam bekannt,[568] der Logos ist griechisch, Kaiser steigen ohnehin in den Himmel auf und dass Götter Menschen werden können, wissen die Bürger des Imperium Romanum seit einer kleinen Ewigkeit. Nichts also, was die Menschen aufregen könnte. Eine „unerhörte Wende“ existiert nur in der ausladenden Phantasie mancher Theologen und Historiker und einen aus der Idee der Nächstenliebe heraus geborenen „Sieg des Christentums“ vermag der von religiösen Irrationalismen freie Historiker an keiner Stelle zu erkennen.

Eine solche prozessorale Sicht, die weniger eine „Wende“ als eine Transformation über Grenzen und Epochen hinweg beobachtet, korreliert weit besser mit den verwirrend vielfältigen Signalen, die Konstantins Religionspolitik ausstrahlt, als alle in kirchlichen und althistorischen Kreisen debattierten Modelle von einem „fundamentalen Richtungswechsel“.[569] Sie hebt zudem die traditionelle Bewertung von einem antagonistischen, unüberbrückbaren Widerspruch zwischen einer abgehalfterten römisch-orientalischen Götterwelt und einer jungen, spritzigen, christlichen Bewegung auf. Lediglich eine tendenziöse Geschichtsschreibung will uns das Gegenteil beweisen: Die Einmaligkeit muss her, ein Kampf muss es sein mit einem „Sieg“ und einem „Triumph“.

Konstantin lebt in diesem religiösen Hin und Her zwischen weströmischem Jupiter, Herkules, Mars, julianischer Religionsphilosophie,

566 Die bekannteste altägyptische Darstellung ist die von Isis mit dem Götterkind auf dem Schoß.

567 F.J. Dölger listet eine wahre Flut von Christ-Sonne-Metaphern auf: „Wahre Sonne vom Himmelsschein“, „Sol Salutis“, „Sol Justitiae“, „Sonne der Gerechtigkeit“, „Sol noster“, „wahre Sonne“ u. a. (Ders., Sol Salutis, 1925). Weitere Beispiele bei: Cristina M. Pumplum, Begriff des Unbegreiflichen, 1995, S. 71-80.

568 Isis, Osiris (ptolem.: Sarapis) und Horus. Im jüngeren Rom bilden Jupiter, Juno und Minerva eine Trias.

569 B. Bleckmann in: Kaiser Konstantin der Große, hrsg. von K.M. Girardet, 2007, S. 21.

oströmischem Sol und einem kleinasiatischen Christus in arianischen, donatistischen, trinitarischen und weiteren Ausformungen. Er beobachtet innerhalb des Christentums prämilitante Auseinandersetzungen verfeindeter Religionsstämme und eine Anarchie, die nicht danach drängt, sich zu stabilisieren, weil sie sich noch mitten im Identifikationsprozess befindet. Aus seinem Verständnis, auserwählter Partner des höchsten Gottes zu sein, und aus seiner Verpflichtung, als *Pontifex Maximus* alle Religionen in das Reich einbinden zu müssen, ist es schier undenkbar, dass Konstantin *nicht* eingreift, *nicht* die religiöse Richtung vorgibt. Und an diesem Anspruch, Richtung und Gewicht vorzugeben, lässt der Kaiser keinen Zweifel aufkommen: „Fürs erste wollte ich aller Völker Sinnen und Trachten, soweit es sich auf Gott hinrichtet, gleichförmig machen und vereinen, dann aber den Körper des ganzen Erdkreises, der gleichsam an einer schweren Wunde litt, erquicken und verbinden. Diese Ziele vor mir [...] suchte ich durch ein mächtiges Heer glücklich zu erreichen.“[570]

Gleich ob wir Eusebius, dem Referenten dieses Kaisertextes, glauben mögen oder nicht, so offenbart sich in diesem Programm doch das typische Denken römischer Kaiser: Der Herrscher ist der Gefährte Gottes, durch ihn regieren die Götter die Welt, durch ihn erfahren die Menschen, wohin die Reise geht. Die Beinamen Jovius oder Herculius, wie sie noch von den Vorgängern Konstantins verwendet werden, sind die sprachliche Umschreibung dieses Anspruches, Teilhaber am göttlichen Wesen zu sein. Priester und Bischöfe sind lediglich Gehilfen. Der Herrscher von Gottes Gnaden setzt sie ein und schickt sie in die Wüste, wenn sie ihm nicht gehorchen: „Sollte einer von Euch, was ich nicht hoffe, sich weigern, mir zu gehorchen [...] so werde ich jemanden schicken, der ihm den Weg ins Exil weisen wird, damit er wisse, daß er sich nicht dem Befehl des Kaisers widersetzen darf.“[571] So spricht der römische Kaiser, Herr über Europa, Kleinasien und Afrika.

570 Eusebius, Vita Constantini 2,65.

571 Brief Konstantins an die Synode von Tyrus (335), Eusebius, Vita Constantini 4,42.

21 Nur vom Sonnenkult her ist Konstantins Religionspolitik verständlich

Wie alle Kaiser ist auch Konstantin Getriebener und Reformator, Verwalter und Erneuerer zugleich. Nichts unterscheidet sein Verhalten von dem früherer Kaiser, die mit ihren Gegnern ebenso skrupellos und brutal verfuhren wie Konstantin. Sein vergeblicher Versuch, das auseinanderlaufende Christentum zu vereinen, ist mitnichten eine „Wendung, die schon die Zeitgenossen als etwas Neues und Unerhörtes empfanden",[572] denn das haben sie alle getan, die römischen Kaiser: fremde Religionen in den Staatskult zu integrieren. Und besonders erfolgreich ist Konstantins „Wendung" auch nicht: Die Donatisten entlässt er nach einer schmachvollen Niederlage in das „Strafgericht Gottes" und die Arianer bekommt er erst recht nicht in den Griff. Mit dem Tode Konstantins sind diese so stark wie nie zuvor.

Auch zeichnet sich Konstantin nicht durch eine besonders ausgeprägte christliche Friedensliebe aus. Ein „christianissimus", ein allerchristlichster Kaiser, der den Kindern zum Vorbild gereichen könnte, ist er schon gar nicht. Konstantin beseitigt seine Familie und mehrere Nebenbuhler, führt ein Dutzend Kriege, verbringt die meiste Zeit unter seinen Truppen in Feldlagern und richtet das Imperium auf sich als den Mittelpunkt der Weltherrschaft aus. Konstantin ist Imperator und kein Bischof. Gesten und Symbole, die die christlichen Konfessionen zur Kooperation bewegen sollen, gehören in diesen Werkzeugkasten kaiserlicher Integrationspolitik. Sie werden, unter dem Einfluss christlicher Jahrhunderte, maßlos überschätzt.

Seit alters her suchen die römischen Kaiser die Nähe zur höchsten Gottheit. Und wenn sie einen kosmischen Partner suchen, dann einen solchen, der den kaiserlichen Ansprüchen genügt. Das kann nur ein göttlicher Strahlemann sein, ein Kosmokrator, der die Welt sichtbar beherrscht. Ein einsamer Wanderer in Sandalen und Leinenkleid, ein von römischen Truppen Erniedrigter und Gekreuzigter, der statt des Strahlenkranzes eine Dornen-

572 E. Schwartz, Kaiser Konstantin und die christliche Kirche, 1913/1936, S. 2.

krone trägt, genügt nicht den kaiserlichen Ansprüchen an einen Gefährten. Einen unköniglichen Mann, einen *Loser* im jüdisch-römischen Gerichtsgerangel des Jahres 30, kann der göttliche Konstantin den Bürgern und Soldaten nicht als Siegesversprechen präsentieren. „Invictus“, unbesiegbar, muss der göttliche Intimus sein. Mit „Liebe Deine Feinde“ und „Backe hinhalten“ kann Konstantin, der vom Volk durch einen Vorhang getrennt unter einem Baldachin residiert, dem sich seine Untertanen nur im zeremoniellen Schweigen, mit verhüllten Händen und mit kniefälliger Begrüßung nähern dürfen,[573] keine Schlacht gewinnen.

Jesus, der arme Poet, wird zur Zeit Konstantins noch nicht einmal mit dem „Heiligenschein“ (Nimbus) dargestellt.[574] Erst ab Mitte des vierten Jahrhunderts wird Jesus zunehmend in der Form eines Imperators in Purpurgewändern und mit Nimbus (später „Heiligenschein“), dem imperial-solaren Würdezeichens der heidnischen Kaiser, sowie Weltenkugel gezeigt.[575] Jetzt erst, nach Übernahme aller imperialer Attribute und Auszeichnungen, hat er das Zeug, von einem römischen Kaiser als *Summus deus* anerkannt zu werden. Dieser Wandel vom Leinen- zum Purpurträger im vierten Jahrhundert ist Voraussetzung für die spätere Allianz von Kaiser und christlichem Gott.

Der Kunstgeschichtler Johannes Deckers stellt diesen Sachverhalt zutreffend da: „Das Bild eines sehr menschlichen, schon in der äußeren Erscheinung das Ideal der Anspruchslosigkeit und Bescheidenheit demonstrierenden Lehrers der Nächstenliebe und damit der Gewaltlosigkeit eignete sich kaum dazu, die machtvolle Gottheit eines auf Sieg setzenden römischen Kaisers darzustellen.“ Dann aber folgert Deckers, es sei also verständlich, dass „Konstantin zunächst auf eine anthropomorphe Darstellung Christi verzichtet und die symbolische in Gestalt des Christusmonogramms bevorzugt“ habe.[576] Also ein gesichts- und geschichtsloser Jesus?

573 Das byzantinische Zeremoniell ist beschrieben bei: Konstantin VII. „Porphyrogennetos“ (reg. 913-959), De cerimoniis aulae byzantinae – Die Zeremonien am Kaiserhof (Niebuhr, 1830).

574 Der von F. Kolb (2001, S. 72-75) erwähnte Austausch des Strahlenkranzes durch den Nimbus ist, wie Kolb richtig anmerkt, kein Zeichen für eine „Verchristlichung“. Das vermutlich ursprünglich religiöse Symbol scheint sich im Verlaufe der Kaiserzeit zu einem Symbol erhabener Würde und Hoheit entwickelt zu habe. Ausführliche Diskussion dazu von A. Krücke, Der Nimbus und verwandte Attribute in der frühchristlichen Kunst, 1905 (Diss.).

575 J.G. Deckers, Göttlicher Kaiser und kaiserlicher Gott, 2001, S. 9.

576 J.G. Deckers, Göttlicher Kaiser und kaiserlicher Gott, 2001, S. 13.

Der Mann, der dreißig Jahre historisch gewesen sein soll, nur ein Symbol? Ein Gott, der hinter unverständlichen Zeichen versteckt wird? Das ist nicht nur zutiefst unrömisch, völlig aus der kaiserlichen Art geschlagen, sondern auch wenig im Sinne der damaligen und heutigen Christen, die auf dem anthropomorphen, menschgewordenen Sohn Gottes beharren. Und nicht nur auf einem virtuellen. Keiner versteckt in dieser wild wuchernden Zeit seinen Gott: weder die christlichen Märtyrer und Bischöfe, noch die römischen Kaiser. Konstantin braucht einen Triumphator als Partner und keinen hinter Hieroglyphen versteckten „Zimmermann" aus ärmlichen Verhältnissen!

Lässt man Eusebius, den streitbaren Mudschaheddin im Heiligen Kampf gegen die Ungläubigen, beiseite und geht von einer frühmittelalterlichen, klösterlichen „Christianisierung" nahezu aller kirchenrelevanten überlieferten Werke des vierten Jahrhunderts aus, dann sprechen nahezu alle politischen, logischen, historischen, numismatischen und archäologischen Aspekte für ein anderes kultisches Gespann als dem von Kaiser und Jesus. Ein Gespann, das großartiger und beeindruckender nicht sein kann, das Licinius das Fürchten lehrt und den Untertanen die Göttlichkeit des Herrschers signalisiert: Sonnengott Sol und Kaiser Konstantin.

Unbefangen resümiert der Numismatiker Rainer Pudill in einem Beitrag aus dem Jahre 2006: „In [numismatischen] Fachkreisen besteht Einigkeit darüber, dass Konstantin nicht in Christus den Schutzgott sah, [...], sondern dass es sich hier lediglich um eine spätere christliche Umdeutung der Ereignisse handelt." Wenig später fährt er allerdings fort, Konstantin habe sich jedoch ab 324 zum christlichen Gott bekannt. An dieser Stelle verlässt der Numismatiker das bisher sauber beackerte numismatische Feld und übernimmt ohne weitere Belege althistorische Hypothesen, die nicht mit den überlieferten Münzen, schon gar nicht mit den Konsekrationsmünzen des Jahres 337 korrespondieren, die Konstantin im Wagen des Sonnengottes bei seiner Himmelfahrt zeigen. Auch dürfte Pudill bekannt sein, dass die wenigen nach 324 als christlich gedeuteten „XP"-Zeichen auf den Münzen von den dominierenden heidnischen Symbolen auf eben diesen Münzen erdrückt werden, was eigentlich nur den Schluss zulässt, dass das „XP" zu diesem Zeitpunkt noch als ein Zeichen des Sonnengottes oder als ein der heidnischen Übermacht untergeordnetes semi-christliches Symbol gedeutet werden muss. Anderenfalls wäre die Bildkomposition der Münzen völlig konfus.[577] Der Althistoriker Karl Christ, der fern des heutigen kollegialen Schulterklopfens sein ganz eigenes Profil auch in der kritischen Auseinandersetzung mit den Vertretern des eigenen Faches entwickelte, erkennt 1991: „Es ist für die Religionspolitik Konstantins d. Gr. bezeichnend, dass [uns] selbst in der Spätphase seiner Regierung klare christliche Symbole ausgesprochen selten begegnen.“[578]

Dem ist wenig entgegenzusetzen, denn die Argumente gegen einen *Imperator Christianissimus* sind überwältigend: Keine Münze weist zweifelsfrei auf eine christliche Haltung Konstantins hin. Konstantinopel wird 330 mit einem massiv heidnischen Ritual eingeweiht und die Masse der Bauwerke in Konstantinopel ist weltlich mit heidnischem Einschlag. Lediglich *eine* Kirche kann, mit erheblichen Vorbehalten, als christliche Kirche auf Konstantin zurückgeführt werden. Noch im Jahr 335 erlaubt Konstantin der umbrischen Stadt Hispellum die Errichtung eines heidnischen Tempels unter dem Geschlechternamen des Kaisers „Gens Flavia“ und billigt die Einrichtung eines eigenen Priesteramtes, den „Pontifex Flavialis“.[579] Die

577 Vgl. die Labarum-Drachen-Münze aus dem Jahr 327, die Gloria-Exercitus-Münze aus dem Jahre 335/336 und die weitgehend gleiche Münze aus dem Jahre 337; sie alle führen zwar ein XP-Monogramm im Feldzeichen, das aber im Wust paganer Zeichen und kaiserlicher Machtdarstellung untergeht. Typisch für diese Phase ist auch der Victoria-Solidus aus dem Jahr 336/337, der die Siegesgöttin Victoria in voller Pracht und Größe zeigt, während sich das XP-Monogramm auf der nur ca. 18 mm großen Münzen eher versteckt.

578 K. Christ, Antike Numismatik. Einführung und Bibliographie, ^{3}1991, IV, S. 16.

579 Bereits zwei Jahre vorher hatte die Stadt das Recht zur Ausgestaltung jährlicher Feierlichkeiten zur Verehrung der obersten etruskischen Gottheit am *Fanum Voltumnae* erhalten. Dieses zentrale, sagenumwobene Heiligtum der Etrusker – eines Volkes, das von etwa 800 bis 100 v.u.Z. große Teile des heutigen Italiens beherrschte – taucht in lat. Inschriften/Texten immer wieder auf. Die von Konstantin geförderten Feierlichkeiten und die Einrichtung des Hispellum-Tempels nebst Priesterschaft in den Jahren 333 bis 335 müssen also als ein heidnisch unterlegter Akt verstanden werden, der nicht in eine angeblich christliche Spätphase Konstantins passen will. Baus/Ewig versuchen dennoch den *Imperator Christianissimus* zu retten und argumentieren, der Tempel „habe den Charakter eines bloßen Denkmals“ gehabt (Die Reichskirche, 1985, S. 14; ähnlich Lietzmann, Geschichte der Alten Kirche, 1999, S. 794 und Kaniuth, 1941/1974, S. 53). Belege liefern sie nicht. Auch versäumen sie, den urheidnischen Charakter des gesamten Vorhabens zu widerlegen. Bellen meint, mit der Forderung, im Tempel „keine Riten eines trügerischen

Taufe „auf dem Sterbebett“ im Jahre 337 ist ein fragwürdiges Mixtum aus christlichen und römischen Gebräuchen, ein Eusebius-Verschnitt, keinesfalls christlich im heutigen Sinne, bestenfalls arianischer, also ketzerischer Art. Noch im Tode weisen alle Parameter auf den Sol-Verehrer hin: Konstantin fährt im Wagen des Sonnengottes gen Himmel und wird dort „Divus“, Gott.

Alles, mit Ausnahme der christlich-kirchlichen Texte, deutet also darauf hin, dass Konstantin bis zu seinem Tode den Sonnengott verehrt. Dieser uralte Schutzgott, der Weltengott des Lichtes ist *der* religiöse und staatskultische In- und Oberbegriff seiner kaiserlich-kosmischen Kräfte. In seinem Zeichen spannt Konstantin, irdischer Sphären entrückt, die „Caesaren wie Fohlen unter das Joch der kaiserlichen Quadriga“ und fährt über „alle Länder hinweg, auf die die Sonne herabblickt“.[580] Von ihm, dem Sonnengott, entleiht der Kaiser den Strahlenkranz und schmückt sich mit ihm in aller Öffentlichkeit. Von ihm, dem Gott des Lichtes, wird Konstantin im Wagen des Sonnengottes zur ewigen Himmelfahrt abgeholt. Nicht Engel geleiten den Kaiser zum Himmel, sondern die feurigen Rösser des Sonnengottes. Kaiser Julian (361-363) wird stolz zurückblicken: Drei Generationen seiner Familie hätten der Sonne gedient.[581]

Aberglaubens“ zuzulassen, sei der Kaiser selbst gemeint gewesen. Dies bedeute: „Keine Opfer mehr für den Kaiser! Der Kaiserkult wurde auf die Ebene eines profanen Geschehens (Spiele u. a.) herabgeholt“ (Grundzüge, 2003, S. 45). Demandt sekundiert, es ginge bei dem Antrag zur Einrichtung eines Tempels nur um die „mit dem Kaiserkult verbundenen Theaterspiele und Gladiatorenkämpfe“ (Die Spätantike, 2007, S. 271; ähnlich Kornemann, 1978, S. 44; wohltuend sachlich dagegen Herrmann-Otto, Konstantin der Große, 2007, S. 171). Tatsache ist: Der Kaiser stiftet einen heidnischen Tempel für sich und seine Ahnen, knüpft damit öffentlich und ausdrücklich an die traditionelle, ur-römisch-etruskische Tradition an, der obersten Gottheit an zentraler heiliger Stätte zu huldigen, richtet ein neues heidnisches Priesteramt ein und soll nach o.a. Meinungen die Verwendung sofort soweit eingeschränkt haben, dass dieser Tempel weder zu Ehren des eigenen Geschlechtes noch für religiöse Zwecke genutzt werden dürfe. Dies würde bedeuten, um im Bild zu bleiben, dass der Papst eine katholische Kirche samt Episkopat stiftet und gleichzeitig die darin zu vollziehenden katholischen Riten zum „Schwindel“ (Lietzmann) erklärt und die Priester zum Nichtstun verurteilt.

580 Eusebius, Laus Constantini 3,4.

581 Julianus, or. 11,131 c-d.

In dieses monumentale Bild eines übermächtigen, mit allen weltlichen und himmlischen Kräften ausgestatteten unbesiegbaren Konstantin-Sol-Paares im *Grand Pas de deux*, dessen Entwurf die schreibende Nachwelt, unter dem Druck jahrtausendalter Traditionen, anscheinend überfordert, passt alles: die Fortführung der römischen Tradition, die Einbindung orientalischer, germanischer und nunmehr christlicher Gottheiten in den Staatskult, die Erscheinung im Zeichen der Sonne im Jahre 312,[582] die eigenhändige Leitung christlicher Konzile durch den Kaiser, ohne den heidnischen *Pontifex Maximus* aufzugeben, die friedliche Koexistenz von paganen und christlichen Symbolen auf den Münzen, das pagan-christliche „XP" auf den mit heidnischer Symbolik übersäten Münzen, der Tod „um die Mittagsstunden der Sonne"[583] und die Grablegung in der Apostelkirche bei gleichzeitiger Auffahrt zum Himmel im Wagen des Sonnengottes.

Die damaligen Christen scheinen auch wenig Probleme mit diesem Herrscher gehabt zu haben. Sie werden die uralten, vortestamentarischen Insignien des mächtigen Sonnengottes übernehmen und damit den späteren endgültigen Wechsel zu einem neuen Gott erleichtern. Sie werden in zahllosen Vergleichen auf gemeinsame Rituale und Symbole eingeschworen und darauf verweisen, dass Christus die „Sonne der Gerechtigkeit" und die „Quelle des Lichtes" sei. An einem Deckenmosaik aus dem dritten Jahrhundert, das unterhalb der St.-Peter Kathedrale in Rom gefunden wurde, können wir Jesus in einer synkretistischen Verschmelzung zum Christus-Helios in dem Wagen des Sonnengottes Sol Invictus beobachten[584] und ein Goldring, der vermutlich aus dem kaiserlichen Ägypten stammt, zeigt auf der Vorderseite Sol mit Strahlenkrone, während auf der Rückseite eine christliche Weiheschrift eingraviert ist.[585] Auf diesen Tatbestand einer unbekümmerten Symbol-Metarmorphose und einer ebenso sorglosen Integration von Götter- und Christusverehrung weist schon im Jahre 1937 Andreas Alföldi in seiner Arbeit *A Festival of Isis in Rome under the Christian Emperors of the IV*th *Century* hin. Und es ist nicht einsehbar, dass dieser Akkulturationsprozess plötzlich im Jahre 312 beendet worden sein soll und

582 Eusebius, Vita Constantini 1,28,2.

583 Eusebius, Vita Constantini 4,64,2.

584 Vgl. G. Ladner, Handbuch der frühchristlichen Symbolik: Gott, Kosmos, Mensch, 1992, S. 37, Abb. 27.

585 Vgl. M.v. Falck (Hrsg.), Ägypten: Schätze aus dem Wüstensand, 1996, S. 211, 214b. Fundort und Datierung sind unsicher.

Konstantin über Nacht *den* revolutionären Kulturbruch des Jahrhunderts begangen haben soll.

Ist das ein Problem? Zu erkennen, dass Konstantin und die christliche Kirche Teil eines langwährenden geschichtlichen Prozesses sind? Wird der Glaube an Gott schon alleine dadurch verdächtig, dass er auch an Echnaton, den ägyptisch-königlichen Monotheisten des 14. Jahrhunderts v.u.Z., oder an Zarathustras Eingottlehre aus den Jahren 1.000-500 v.u.Z. andockt? Warum nur übernehmen Althistoriker die elende Abgrenzungsrhetorik und wollen partout einen Prozess der Evolution und Akkulturation in eine Epoche feindlicher Gesinnung umformen?[586] Reicht es nicht, dass Theologen und Priester mit ihren unziemlichen Ansprüchen auf „ewige Wahrheiten" seit Jahrtausenden das Klima vergiften? Wir wissen doch, dass einzelne biblische „Wahrheiten" nachweisbar falsch sind (es sei denn man beginnt die Texte mit Hilfe der Hermeneutik bis zur Unkenntlichkeit zu verbiegen): so der biblische Schöpfungsbericht mit der Erschaffung der Welt innerhalb einer Woche (Genesis 1,1-31), so die Voraussage, das Weltenende werde mit der Wiederkunft Christi noch zu Lebzeiten der Urchristen eintreten (Markus 9,1). Was hindert uns einzugestehen, dass unsere Anschauungen auch auf Quellen ferner Zeiten der astronomischen Verehrung zurückverweisen? Dass das Christentum griechisch-platonische Kapitel enthält, „Platonismus fürs Volk" sei, wie Nietzsche meint?[587]

Doch die Tatsache, dass Konstantins Leben von dem christlichen Panegyriker Eusebius scheinbar detailgetreu nachgezeichnet wird, dass anderthalb Jahrtausende immer und immer wieder die gleichen Zerrbilder aufgetischt werden, beeinflusst die Überlieferung in ganz ungeheuerlicher Weise. Eusebius und die Kopisten in den klösterlichen Schreibstuben machen aus

586 Die Althistorikerin K. Piepenbrink findet drei Argumente, um einen „Rekurs auf einen Gott wie Sol" zu widersprechen: (1) Das Heidentum habe zu viel an Kraft eingebüßt, (2) die Attraktivität des Christentums und (3) Sol hätte die Probleme des Reiches nicht lösen können (Konstantin der Große wendet sich nicht dem Christentum zu, 2007, S. 252). In Kürze eine Antwort: Nicht nur das Heidentum hat an Kraft verloren, sondern auch das Christentum, das sich in nicht enden wollenden Auseinandersetzungen erschöpft. Die „Attraktivität" des Christentums müsste mit Zahlen belegt werden. Jedenfalls ist das Christentum noch nach dreihundert (!) Jahren eine relativ schwache Minderheit, zersplittert in Bewegungen. Im Übrigen haben weder Sol noch der christliche Gott die Probleme des Reiches lösen können: 395 wird die Trennung eingeleitet, trotz Christentum.

587 F. Nietzsche, Jenseits von Gut und Böse, Vorwort, 1885.

Geschichte Geschichtchen, aus Ideen Ideologien, aus Taten Traktate. Am Ende wird Konstantin der „Große" zu einem Heiligen in der byzantinischen Kirche[588] und nur „ein merkwürdig sicherer Instinkt [habe]. die römische Kirche davor bewahrt, ihn in die Schar der Heiligen einzureihen".[589] Nun, das holen einige deutsche Althistoriker der Jahrtausendwende nunmehr nach, die Konstantin zum *Christianissimus* hochwuchten. Der Althistoriker Klaus Bringmann wagt als einer der wenigen Historiker quer zu denken: „Wenn aber die Sonne im Sinne des Henotheismus für die Gottheiten der verschiedenen Erlösungsreligionen der Zeit stand", schreibt Bringmann, „dann war es prinzipiell möglich, auch das Christentum in dieses Konzept zu integrieren."[590]

Der Theologe (!) und Kirchenhistoriker Franz J. Dölger diagnostiziert im Jahre 1950: „Nur vom Sonnenkult her [sei Konstantins Religionspolitik] völlig verständlich."[591] Er hat recht. Anders ist die religiöse Einheit des Reiches in der ersten Hälfte des vierten Jahrhundert auch gar nicht zu sichern. Nur der liberale staatlich-heidnische Kult erlaubt die Integration anderer Weltanschauungen und nicht der dogmatisch-enge, christlich-kirchliche Glaubenskult, der noch nicht einmal geringfügige Abweichungen innerhalb des eigenen Lagers zulässt[592] und heidnischen wie jüdischen

---

588 Stadlers Vollständiges Heiligen-Lexikon, 5 Bde., 1858-1882, ND Hildesheim 1996, „Konstantin der Große".

589 K. Baus/E. Ewig, Die Kirche von Nikaia bis Chalkedon, S. 16.

590 K. Bringmann, Die konstantinische Wende, in: Schlange-Schöningen (Hrsg.), 2007, S. 118. Im Grunde sagt Bringmann nichts anderes, als dass der Sonnengott der *summus deus* ist, in dessen Herrschaft das Christentum integriert wird. Dem stehen aber Tendenz und diverse Aussagen des Aufsatzes entgegen, nachdem Konstantin den *Christengott* als höchsten Gott betrachtet habe. B. erwähnt den Arianismus Konstantins überhaupt nicht und benutzt mehrfach und unbestimmt den zu dieser Zeit eher missführenden Begriff des „Katholizismus".

591 F.J. Dölger, Antike und Christentum, Bd. 6, Kaiser Konstantin und der Sonntag, 1950, S. 228.

592 M. Fiedrowicz, katholischer Theologe und Professor für Kirchengeschichte der Antike, meint: „Die Christen wußten sich im Besitz einer geoffenbarten Wahrheit, die die Ahnungen aller sonstigen Religionen oder Philosphien grundsätzlich überstieg" (Christen und Heiden, 2004, S. 620). An dieser unreflektierten und unbescheidenen Sentenz stört fast alles: die undifferenzierte Verwendung des Begriffes „Christen" ebenso wie die hanebüchene Aussage, Christen verfügten über die „Wahrheit", die übrigen hätten nur „Ahnungen". Inhaltlich erinnert die Aussage verdächtig an die anstößige Erklärung *Domi-*

Glaubensrichtungen mit ungebremster Intoleranz gegenübertritt. Kaiser Julian, der „Abtrünnige", wird das klar erkennen. Klarer als Konstantin. Aber Julians Experiment, Christentum und Heidentum unter dem Dach des Staatskultes zu vereinen, wird durch den Tod des Kaisers im Jahre 363 frühzeitig beendet. Nun gibt es kein Halten mehr. Jetzt geht es bergab mit der Toleranz. Am Horizont zeichnet sich die Staatskirche ab, die keine Abweichungen mehr zulassen wird. Kaiser Theodosius wird das Schwert zücken und sein Programm verkündet der christliche Konvertit Firmicus Maternus: Die heidnischen Gottheiten seien lächerlich, schreibt er, sie seien verbrecherisch und unzüchtig, das Heidentum müsse zur größeren Ehre Gottes mit Stumpf und Stiel ausgerottet werden.[593]

nus Iesus" der Kongregation für die Glaubenslehre unter dem damaligen Präfekten Joseph Card. Ratzinger aus dem Jahre 2000, die nur den katholischen Glauben anerkennt, während „in den anderen Religionen" lediglich „innere Überzeugungen" vorherrschen.

593 Firmicus Maternus, De errorum profanarum religionum – Vom Irrtum der heidnischen Religionen.

22 Die konstantinische Wende

Was immer eine „konstantinische Wende" sein mag, sie hat sich in der gesamten theologischen und spätantiken Literatur umfassend und weitgehend unbezweifelt eingenistet. Sie sei „das einschneidende Ereignis der antiken Religionsgeschichte", meint der Düsseldorfer Althistoriker Bruno Bleckmann.[594] Andere Autoren sekundieren: Mit Konstantin habe „ein geschichtlicher Wendepunkt ersten Ranges", „eine welthistorische Weichenstellung", eine „epochemachende geistige Revolution"[595] begonnen. Eduard Schwartz vermeint sogar, den „dämonischen Scharfblick des Weltbezwingers" und eine „Zeitenwende ungeheuren Ausmaßes" zu erkennen, „jäh und plötzlich [habe Konstantin] dem Steuerrad der Geschichte in die Speichen" gegriffen.[596] Der Historiker Albert Ehrhard erkennt den „Anbruch einer neuen Zeit", sogar „frei von Schmerz und Trauer" soll diese neue Zeit gewesen sein.[597] Andreas Alföldi spricht vom „Glück der Menschheit"[598] und der französische Althistoriker Paul Veyne kann seine überschäumende Wende-Begeisterung nur in aufgeregten Superlativen öffentlich exhibieren: Die historische Bedeutung Konstantins sei „gigantisch", seine Wendung zum Christentum „das entscheidende Ereignis [...] der Weltgeschichte".[599]

---

594 Eusebius von Caesarea. De Vita Contantini, hrsg. von H. Schneider, Einleitung von B. Bleckmann, 2007, S. 7.

595 R. Egger, Das Labarum, die Kaiserstandarte der Spätantike, 1960, S. 3; H. Schlange-Schöningen (Hrsg.), Konstantin und das Christentum, 2007, S. 8. Ähnlich E. Kornemann, Geschichte der Spätantike, 1978, S. 31. F. Vittinghoff, Staat, Kirche und Dynastie beim Tode Konstantins, 1989, S. 2.

596 E. Schwartz, Kaiser Konstantin und die christliche Kirche, 1913/1936, S. 2, 63, 66.

597 A. Ehrhard, Das Christentum im Römischen Reiche bis Konstantin, 1911, S. 21.

598 A. Alföldi, Hoc signo victor eris, in: H. Kraft, 1974, S. 245.

599 P. Veyne, Als unsere Welt christlich wurde (312-394), 2008, S. 11/57.

Der historisch-literarische Begeisterungstaumel ist also ein allgemeiner. Aber schon der Begriff „Wende“ stört. Denn mit der „Wende“ geht natürlich der stochastische Charakter des Weltgeschehens und der komplexe Hintergrund kultureller Transfers verloren. „Konstantinische Wende“ entspringt der christlich-kirchlichen Terminologie, die die Geschichte in wunderbar-kaskardischen Sprüngen zu beschreiben wünscht. Aber so vollzieht sich keine Weltgeschichte. Große „Wechsel“ müssen reifen, Menschen und Völker müssen mitgenommen werden. Die Geschichte der Völker erschafft nicht von heute auf morgen „Bekehrungen“, die die Abläufe über Nacht verändern und denen die Menschen willig folgen. Geschichte muss sich mit den Kräften begnügen, die sie seit alters her gestalten: Prozesse, Mächte, Zufälle. In ihrem Gefolge werden Männer und Frauen hochgespült, die nur scheinbar die Welt verändern. Diese aber treibt unbewegt vom Zeitlichen im ewigen, nie rastenden Umbruch dahin. Ihr Markenzeichen ist der Sternenhimmel, der die ganze Antike bestimmt. Die Götter tragen die Namen der Gestirne und die Wochentage auch. Und nun soll plötzlich, aus heiterem Himmel ein Paradigmenwechsel erfolgen, wie er brachialer nicht sein kann: Der zeitlose Kosmos soll sich in den luftigen Aussagen von Evangelisten auflösen. Tausend Jahre griechisch-römische Kultur sollen über Bord geworfen werden, nur weil einige Bischöfe meinen, den Stein der Weisen gefunden zu haben.

Das geht nicht über „Bekehrungen“ oder mit Hilfe einer „Wende“. Das braucht seine Zeit, wenn der Wandel aus sich selbst heraus geschehen soll. Assimilation und Akkulturation sind daher die Zauberworte. In der Geschichte wieder und wieder beobachtet, unspektakulär und ohne Brüche. Konstantin kann gar nicht anders handeln als in Übereinstimmung mit seiner Zeit und seiner Umwelt. Denn er wandelt auf einem schmalen Grad, ein Fehltritt und die Legionen schicken ihn in die Wüste.

Dabei hätte die christliche Kirche am ehesten Anlass, das Jahr 312 zum „Wendejahr“ und die konstantinische Epoche zur „konstantinischen Wende“ hochzujubeln. Denn das Christentum des vierten Jahrhunderts könnte nach dreihundert Jahren kirchenpolitischer und religionsdogmatischer Unruhe eine von Gott geführte charismatische Lichtgestalt gebrauchen, die durch eine außerirdische Vision bekehrt wird. Die Kirche könnte eine neue Saulus-Paulus-Ikone für ihre Zwecke einspannen, einen Kaiser, der von Gott geführt, die weltliche Plattform für den Durchbruch einer katholischen Kirche schafft. Einen Herrscher also, einen römischen Siegfried, der von der Austrahlung der christlichen Religion überzeugt, für den christlichen Gott heroisch kämpfend in die Geschichte eingeht und nicht, wie später Theodosius (reg. 379-395) ziemlich unromantisch das Christentum per Dekret und Strafandrohung zur Staatskirche erklärt. Dieser klein geredete Trommelwirbel des römischen Kaisers Theodosius, der ab 380 u.Z. die aufsässigen christlichen Konfessionen ohne Beauftragung durch christliche Bischöfe, gleich welcher Provenienz, orchestriert, könnte dringend eine mystisch-religiöse Gotteszeichen-Begründung finden, die in Konstantin personifiziert sichtbar wird. Das Christentum könnte einen Kaiser brauchen, der noch auf dem Totenbett erkennt, wie falsch sein Leben war. Dies wäre Konstantin, der im Jahre 312 erleuchtet wird, den Befehlen des christlichen Gottes vertraut und die Wende „zum Guten" herbeiführt.

Und so verknüpft Augustinus das Wirken beider Kaiser mit dem Begriff der „Imperatores Christianissimi" zu einer ideologischen Einheit,[600] – mit einem mystischen Beginn und einem zwingenden staatsmännischen Akt am Ende der Geschichte. Und fast alle modernen Althistoriker übernehmen diesen Begriff aus der Schatztruhe kirchlicher Propaganda. Es ist daher wenig überraschend, wenn Hans G. Thümmel, Theologe und Professor für Kirchengeschichte, die Frage, ob die Annahme einer Bekehrung Konstantins überhaupt erforderlich sei, mit Ja beantwortet: „Sonst wird der ganze Prozeß, der in der Verchristlichung des Römischen Reiches endet, historisch unverständlich."[601]

Wird er nicht. Denn Konstantin ist, verglichen mit der Bedeutung Kaiser Theodosius' und seinen Erlassen ab dem Jahre 380, eine kirchenpolitische Maus. Konstantin stirbt als Heide oder Häretiker und der innerchristliche Ärger ist nie größer als in den Jahren nach seinem Tode. Aber die Theologen, die Kirchengeschichtler des vierten und fünften Jahrhunderts, die klösterlichen Kopisten des sechsten bis neunten Jahrhunderts und in ihrem Gefolge eine gute Zahl gestandener Althistoriker brauchen die „Wende" und eine emblematische Figur, die die Richtung weist. Unbeschadet aller logischen Brüche, unbeeindruckt von den numismatischen und archäologischen Überlieferungen, unempfindlich gegenüber den Forschungsergebnissen über die Tradition der Monogramme und Symbole selektieren sie die Überlieferung, picken christliche Zeugnisse heraus, überbewerten diese und andere Winzigkeiten und vertrauen dem Gottesmann Eusebius mehr als den Münzen, den Steinen und der Vernunft. Im Gefolge Eusebius' machen sich moderne Traumdeuter breit, imitieren die religiöse Großspurigkeit,

600 Augustinus, de civitate dei 5,24-26.

601 H.G. Thümmel, Die Wende Konstantins und die Denkmäler, 1998, S. 183.

sprechen von „einem epochalen Ereignis“,[602] von einer „Entscheidung der Weltgeschichte“ und meinen den Sieg nach einem ordinären Bürgerkrieg, den Konstantin zwölf lange Jahre seinem Volk zumutet. Noch nicht einmal die diokletianische Epoche verdient das Synonym „Wendezeit“, obwohl Diokletian schwierigste Aufgaben mit Bravour gemeistert hat. Aber letztlich war es doch „nur“ große Politik im Kontinuum des Imperiums.

„Wende“? Gewiss doch. Wir erkennen im vierten Jahrhundert eine Wende, scharf und brutal, Zeichen setzend, Kulturen auflösend. Aber die ist nicht konstantinischer Art, sondern das Werk eines anderen Kaisers. Wir sprechen von der Inthronisierung der christlich-trinitarischen Konfession als Staatskirche im Jahre 380. Das ist eine Wende, die sich gewaschen hat.

602 J. Straub, Konstantins Verzicht auf den Gang zum Kapitol, 1955, S. 307.

23 Fünfzig Jahre später. Die Wende: Das Schwert des Theodosius

Den Aufstieg des Christentums im vierten Jahrhundert, das Auf und Ab, die Zufälle und das Einwirken großer Persönlichkeiten, zu beschreiben, ohne Kaiser Theodosius (379-395) zu würdigen, „one of the greatest of the Roman princes", wie der britische Historiker Edward Gibbon meint, gliche der Aufführung der Walküre ohne Walkürenritt.

Kein Bischof und kein Papst hatten bisher vermocht, das katzenmusikalische Konzert von fast zwei Dutzend Streitsynoden, von gegenseitigen Exilierungen und Verwünschungen, von beschämender religiöser Feindseligkeit, die in der Antike ihresgleichen sucht, unter Kontrolle zu bekommen. Zwischen den Konzilen von Nicäa (325) und Konstantinopel (381) finden achtzehn Konzile/Synoden statt, die sich alle der Aufgabe verschreiben, die drohenden Schismen zu verhindern. Keines dieser Konzile ist in der Lage, die Einheit der Kirche herzustellen oder *eine* Richtung zur tragenden zu erklären. Es gibt weder eine von allen Seiten anerkannte zentrale Autorität zur Beilegung strittiger Punkte noch eindeutige Mehrheiten. Die reichsweit einberufenen Synoden/Konzile sind entweder paritätisch oder sogar mehrheitlich arianisch besetzt, also nach dem Verständnis des ausgehenden vierten und des fünften Jahrhunderts häretisch dominiert.[603] Die kampflustige, jedwede Interpunktion der Bibel verabsolutierende Penetranz, mit der die einzelnen christlichen Varianten die vermeintlich richtige Wahrheit verfechten, hat sich nach innen in unversöhnlichen Klein-Schismen ent-

603 Dies gilt für die von Constantius II. und seinem Bruder Constans 342 einberufene Synode von Serdica (Sofia), an der etwa 90 nicänische und 80 arianisch gestimmte Bischöfe teilnehmen, für das Konzil von Sirmium (357), auf dem ein Bekenntnis verfasst wird, das durchweg eine „arianische" Subordination von Jesus unter den Vater vertritt und dies gilt gleichermaßen für die Synode von Nicäa (360), die sogar das nicänische Glaubensbekenntnis über Bord wirft.

laden, die durch die Instanz der Bischöfe schon alleine deshalb nicht zu überbrücken sind, weil die Bischöfe konfessionell gebunden und damit für die jeweils andere Seite unakzeptabel sind.

Selbst Kirchengeschichtler bestreiten nicht, dass sich die unterschiedlichen christlichen Strömungen gegenseitig zu paralysieren drohen und der Streit zwischen den Episkopaten die Entwicklung zu einer umfassenden („katholischen") Kirche lähmt. Der christliche Bischof, Heilige und Kirchenlehrer Gregor von Nyssa (330-394) berichtet entnervt über den nicht enden wollenden Jahrhundertstreit der christlichen Konfessionen: „Wenn du jemanden nach dem Preis einer Ware fragst, räsoniert er über 'gezeugt' und 'ungezeugt'. Wenn du jemanden nach dem Brotpreis fragst, antwortet er 'der Vater ist größer und der Sohn untergeordnet'. Wenn du fragst, ob das Bad gerichtet ist, antwortet der Bademeister 'Der Sohn ist aus nichts geschaffen'."[604] Im Rückblick kann Nicäa als der misslungene Versuch Konstantins interpretiert werden, eine Einheit herbeizuführen und an dieser Aufgabe scheitern auch alle Bischöfe bis 380 u.Z.

Die einzige Autorität mit der Macht, den weiteren Zerfall in Fraktionen, Gruppen und Sekten zu verhindern, ist die Reichsregierung in Konstantinopel. Nur sie hat in dieser Zeit religiöser Paralyse die Macht, den christlichen Knoten zu durchschlagen. In dieser Notzeit wird Theodosius, ein spanischer Heerführer, intellektuell nicht fürstlich ausgestattet, unstet, sein Handeln von einer merkwürdigen Mischung aus Impulsivität und Zögern bestimmt, ein Ungetaufter, der kaum die Feinheiten der christlichen Lehrverästelungen durchschaut, aber in der Vielzahl der arianischen Varianten keine Gewähr für die Einheit des Reiches sehen kann,[605] der Schlachtenheld im Kampf gegen Heiden, Juden und Häretiker.

Was diesen Kaiser von seinen Vorgängern unterscheidet, ist nicht sein christlicher Glaube an sich, vielmehr seine dezidiert christlich-trinitarische Ausrichtung und die Gnadenlosigkeit der Umsetzung seiner persönlichen Überzeugung in einen verbindlichen Staatskirchenkult. Die meisten Kaiser vor ihm haben mit dem christlichen Arianismus sympathisiert und das Heidentum toleriert. Lediglich Kaiser Julian favorisiert den alten Götterkult, toleriert aber das Christentum. Alle Kaiser haben zwischen 310 und 380 eine mehr oder weniger liberale Religionspolitik betrieben, zwar mit

604 Gregor von Nyssa, Über die Göttlichkeit des Sohnes und des Heiligen Geistes, inh. zit. nach P. Classen, Rom und Byzanz, 1959, S. 11.

605 Nach Sozomenos ist der Osten und besonders Konstantinopel zur Zeit Theodosius' in „zu viele Häresien" zersplittert gewesen (Kirchengeschichte 7,4).

eindeutiger Priorisierung, aber ohne Andersgläubigen mit Exil oder Tod zu drohen.

Theodosius, der Schöpfer der abendländischen Staatskirche

Das ändert sich am 28. Februar 380.[606] Theodosius erklärt mit dem berühmten Edikt *Cunctos populos* die christlich-trinitarische Konfession zur Staatsreligion. Gemeinsam mit seinen Mitkaisern Gratian und Valentinian II. verkündet er im barschen Feldwebel-Ton, nun müsse der gesamte Erdkreis christlich-trinitarisch denken: „Die diesem Gesetz folgen, sollen die Bezeichnung katholischer Christ beanspruchen, die anderen aber, nach unserem Urteil Unsinnige und Verrückte, sollen die schimpfliche Ehrenminderung der Häresie erleiden." Und wie beim Militär üblich folgt dem Befehl die Androhung des Rohrstockes für den Fall des Ungehorsams: „Und sie sollen fürs erste durch ein göttliches Gericht, dann aber auch durch die Ahndung unseres richterlichen Einschreitens [...] bestraft werden." Kurz darauf folgt ein offener Angriff auf die Opfer: Sie sollen von nun an bei einem Tempelbesuch die Strafe der Ächtung finden, denn „wir wollen, dass Gott mit heiligen Gebeten geehrt, nicht mit abscheulichen Gesängen entweiht wird".[607]

Mit diesem Grundgesetz, das keineswegs nur ein persönliches Glaubensbekenntnis des Kaisers ist, sondern ein sehr ernst zu nehmendes kaiserliches Dekret mit Strafandrohung, beginnt unter dem Patronat des später zum Divus erhobenen Theodosius[608] der Siegeszug eines zwangsweise geeinten Christentums. Mit rund sechzig weiteren Edikten baut Theodosius in rascher Folge die programmatische Grundsatz-Erklärung *Cunctos populos*

606 Nicht *27*.2.380, da Schaltjahr.

607 Codex Theod. 16,1,2. Vgl. Sozomenos, Kirchengeschichte 7,4 (hier auch die Behauptung, der Erlass sei zunächst nur an die Bevölkerung von Konstantinopel gerichtet). Theodoret schreibt den Erlass fälschlich Kaiser Gratian zu (Kirchengeschichte 5,2), vermutlich weil Gratian an erster Stelle genannt wird.

608 Consecratio am 8.11.395. Ein bis heute nicht aufgeklärter Widerspruch: Wie kann ein orthodox-christlicher Kaiser in einer christlichen Staatsreligion vergöttert werden?

zu einem mächtigen Werkzeugkasten der „leidenden Kirche“[609] aus, mit dessen Hilfe die häretischen Konkurrenten ausgeschaltet und alle Privilegien der heidnischen Priester und Vestalinnen samt der Sonderrechte ihrer Kulte abgeschafft werden. Dreiundzwanzig Edikte sind direkt gegen die christlich-häretischen Konfessionen gerichtet, dreizehn gegen die Heiden und sechs gegen die Juden. Der Abfall von Christen zum Heidentum wird unter Strafandrohung verboten (381), die Häresie zu einem vom Staat zu verfolgenden Verbrechen erklärt, ein Versammlungsverbot (383) erteilt und der Besuch heidnischer Tempel verboten (391). Andersgläubige werden der Stadt verwiesen (384/388), die Manichäer aus der Gesellschaft ausgestoßen und mit der Todesstrafe bedroht (382), die Ehe zwischen Christen und Juden wird unter Strafandrohung gestellt (388), den heidnischen Priestern werden ihre Privilegien entzogen (396) und die Zerstörung der Tempel angeordnet (399).[610] Selbst die seit Jahrhunderten freie Ausübung des häuslichen Gottesdienstes wird reglementiert. Wer zu Hause den falschen Gott anruft, muss mit strenger Strafe rechnen. Und damit sich keiner aus der religiösen Umarmung herauswindet, befiehlt Theodosius, Denunzianten und „inquisitores“ gegen die Häretiker einzusetzen (382), was einst der römisch-heidnische Kaiser Trajan in einem Brief an Plinius als unwürdig abgelehnt hatte.

An keiner Stelle wird berichtet, der Kaiser habe vor Verkündung der zahlreichen Erlasse Ambrosius, den führungsstarken Bischof von Mailand, oder den Bischof der Residenzstadt Konstantinopel um Rat gefragt. Die antiken Kirchenhistoriker Sokrates und Sozomenos berichten übereinstimmend, Theodosius habe im stillen Kämmerlein entschieden, „aus eigener Initiative und ohne Konsultation kirchlicher Stellen“.[611] Die Überlieferung lässt keinen anderen Schluss zu: Der Staat greift durch. Ohne Theodosius wäre der „Sieg“ des christlich-trinitarischen Christentums nicht möglich gewesen.

609 Augustinus, Civ. Dei 5,26. Die Erlasse bei Rauschen, Jahrbücher der christlichen Kirche unter dem Kaiser Theodosius d. Gr. 1897.

610 Codex Theod. 16,10,9; 16,11; 2,7,2; 4,7,5; 16,10,11; 16,10,14; 16,10,16.

611 A. Lippold, Theodosius der Große, in: M. Greschat (Hrsg.), Gestalten der Kirchengeschichte, II/2, 1984, S. 75-86; siehe auch: ders., Theodosius der Große und seine Zeit, 1968. W. Enßlin unterstützt die Auffassung Lippolds, dass der Erlass ohne Mitwirkung der Bischöfe verfertigt worden sei (Die Religionspolitik des Kaiser Theodosius d.Gr., 1953, S. 24); so auch R. Klein (Theodosius und die christliche Kirche, 1999, S. 240).

Damit wird das Jahr 380 zu *dem* Wendejahr. Von nun an heißt Christ sein nicänisch glauben. Der tausendjährige, vielschichtige Polytheismus und dessen Kultur werden amputiert, das heutige Christentum *par ordre de mufti* in das heidnische, jüdische und häretische Volk hineingeprügelt und die Allianz aus Kirche und Herrscher zur Staatskirche erklärt. *Cuius regio eius religio*, unseliger Grundsatz staatskirchlicher Gewalt, betritt die Weltbühne. Das Gebot des alleinigen Gottes siegt über dem Gebot der Nächstenliebe. Der Paradigmenwechsel vom verletzlichen Ur-Christentum der „Liebe" zum eisernen Kirchen-Christentum wird Wirklichkeit. Gott, so scheinen die Priester anzunehmen, kann sich nicht selbst helfen. Um ihm Gehör zu verschaffen, bedarf es irdischer Maulkörbe und Verfolgungen. Schweigen zieht ein in die christlichen Hütten. Die „wilden Jahre" des Christentums, in denen alles möglich ist, sind zu Ende.

Vor diesem Hintergrund ist es verständlich, dass die Theologen versuchen, die Rolle des Theodosius herunterzuspielen. Das kirchenhistorische, wissenschaftlich aufgezogene Werk *Die Kirche in ihrer Geschichte. Das vierte bis sechste Jahrhundert* erwähnt *Cunctos populos* nebst der rund sechzig weiteren Erlasse überhaupt nicht.[612] Danach hat sich die Kirche unter dem beherrschenden Einfluss von Bischof Ambrosius einfach durchgesetzt. Der Theologe Christoph Markschies geht noch weiter. Er unterwirft in seinem Buch *Das antike Christentum* Theodosius und seine Erlasse der *damnatio memoriae* und entdeckt, dass die „einfache Ethik", der Verzicht auf eine „verwirrende Vielfalt von Göttergestalten" und die „Perspektive einer himmlischen Fortexistenz" den Aufstieg des Christentums begründet habe.[613] Der katholische Kirchenhistoriker Gerhard Rauschen erwähnt zwar *Cunctos populos*, meint aber abschwächend, es sei ein eher „programmatischer Text".[614] Was nicht falsch ist, aber seine Bedeutung nicht mindert. Denn das *Kommunistische Manifest* und Hitlers *Mein Kampf* sind auch „programmatische Texte" und nicht schon deshalb weniger bedeutend, weil sie „Programme" sind. Von anderer Seite hört man, es handele

612 R. Lorenz, Das vierte bis sechste Jahrhundert, 1970. Das im Jahre 1992 vom gleichen Autor publizierte Werk *Das vierte Jahrhundert (Osten)* widmet dagegen *Cunctos populos* wenigstens *einen* Satz. Die nachfolgenden Erlasse werden gebührend erwähnt.

613 C. Markschies, Das antike Christentum, 2006, S. 217.

614 G. Rauschen, Jahrbücher der christlichen Kirche unter dem Kaiser Theodosius dem Großen, 1897; O. Seeck: „Nicht mehr als ein Glaubensbekenntnis" (Geschichte des Untergangs der antiken Welt, Bd. 5, S. 138).

sich um ein kirchenpolitisches Programm, das das Einvernehmen zwischen den Bischöfen und dem Staat widerspiegele. Aber von einem „Einvernehmen" zwischen Bischöfen und Kaiser kann schon alleine deshalb nicht gesprochen werden, weil die Hälfte der Bischöfe, die christlich-arianischer Konfession, durch den Erlass ausgebootet wird und kein Zeitzeuge von einer Abstimmung zwischen Kaiserhaus und Bischöfen spricht.

An der Verharmlosung der Rolle des Theodosius beteiligen sich auch die Althistoriker. So analysiert bereits im 18. Jahrhundert der englische Historiker Edward Gibbon das Erfolgsgeheimnis des christlichen Durchbruchs nicht in der Komplizenschaft von Staat und Kirche seit dem Jahre 380, sondern identifiziert die „Einheit und Disciplin der christlichen Republik" als ausschlaggebend für den Erfolg.[615] Eine These, die angesichts der harten innerchristlichen Auseinandersetzungen, bei allem Respekt vor dem hoch geachteten Historiker, eher für eine unzureichende Durchdringung der kirchlichen Entwicklungsgeschichte spricht. Alexander Demandt erkennt, in völliger Verkennung der historischen Tatsachen, nicht in Theodosius, sondern in Konstantin den entscheidenden Förderer des Christentums: „Er [Konstantin] setzte sich an die Spitze der unaufhaltsam vordringenden Christianisierung und führte sie zum Erfolg." In der Wirkung übertreffe Konstantin sogar Karl den Großen.[616] Dieses Urteil ist nun ganz und gar nicht haltbar. Denn erstens hat Konstantin weder den donatistischen noch den arianischen Streit beendet, sondern das in sich heillos zerstrittene Christentum in diesem Zustand an seine Nachfolger übergeben. Und diese haben weitere fünfzig Jahre zu tun, um die Bischöfe zu bändigen. Von „Erfolg" kann also keine Rede sein. Zweitens ist Konstantin mit großer Wahrscheinlichkeit als Sol-Verehrer, bestenfalls als Arianer gestorben und damit wahlweise als Heide, Ketzer oder Häretiker. Und drittens ist das Christentum dreihundert Jahre nach dem Tode des Religionsgründers immer noch eine Minderheit von zehn bis zwanzig Prozent, was kaum als ein Zeichen für eine „unaufhaltsam vordringende" Religion und für eine unübertroffene Wirkung Konstantins bewertet werden kann.

---

615 E. Gibbon, Verfall und Untergang des römischen Reiches, 1837/2004, S. 238/268.

616 A. Demandt, Durch Mord zum Heil, in: Spiegel Geschichte 1/2009 vom 27.1.2009, S. 117.

Der Frankfurter Althistoriker Hartmut Leppin, nach eigener öffentlicher Einschätzung „ein Historiker und Protestant“,[617] urteilt über die theodosianische Kanonade anti-heidnischer, anti-jüdischer und anti-häretischer Erlasse bemerkenswert milde: Zwar seien „gravierende materielle Nachteile“ für die Häretiker und Ketzer zu diagnostizieren, dennoch sei das Ergebnis theodosianischer Abbruch- und Aufräumarbeit eine „moderate Kirchenpolitik“ gewesen.[618] Er erkennt, Theodosius sei ein Herrscher der „Demut und Milde“ gewesen und es sei „weit übertrieben, von einem Glaubenszwang zu sprechen“. Man solle „die Bedeutung der Förderung des Christentums durch Theodosius für den Prozess der Christianisierung des Reiches nicht zu hoch veranschlagen“, zukunftsweisend seien in jenen Tagen radikale Christen gewesen: Augustinus, Paulinus von Nola und der fromme Prätorianerpräfekt Rufinus.[619] Ähnlich äußert sich der Theologe Jörg Ernesti: „Es stellt eine Überschätzung der Tragweite von *Cunctos populos* dar, wenn behauptet wird, das orthodoxe Christentum werde [...] zur Staatsreligion erklärt und die katholische Kirche endgültig zur Staatskirche erhoben“, man solle die Tragweite des Ediktes nicht überbewerten, „der Kirchenfrieden sei wiederhergestellt worden“.[620] Aber das klingt denn doch etwas harmlos, wenn man den Erlass im Gesamtzusammenhang mit den folgenden scharfen Angriffen auf Heiden, Juden und Häretiker sieht. Außerdem ist die von Ernesti verwendete Terminologie „Kirchenfrieden wiederherstellen“ unhistorisch: Erstens hat es seit dem ersten Jahrhundert nie einen „Kirchenfrieden“ unter den christlichen Konfessionen gegeben und zweitens ist dieser von Theodosius verordnete „Friede“ der Friede auf einem Friedhof.

Dies sind wenige Beispiele für eine weit verbreitete, meist emotionale, weltanschaulich untermalte Annäherung an das Thema „Entwicklung des Christentums in der Spätantike“. Sie halten einer tiefer gehenden, wissenschaftlichen Diskussion kaum stand. Dabei ist die von Christoph Markschies identifizierte „Perspektive einer himmlischen Fortexistenz“ noch am allerwenigsten geeignet, den Durchbruch des Christentums ab dem

617 H. Leppin, Die Kirchenväter und ihre Zeit. Von Athansius bis Gregor dem Großen, 2000/²2006, S. 7.

618 H. Leppin, Theodosius der Große, 2003, S. 85.

619 H. Leppin, Theodosius der Große, 2003, S. 72, S. 238-239. Zu „Demut und Milde“ vgl. die Rezension von Karl Christ in: Süddeutsche Zeitung, 12.12.2003.

620 J. Ernesti, Princeps christianus und Kaiser aller Römer, 1998, S. 23-24, 29.

Ende des vierten Jahrhunderts zu erklären. Denn die neue Religion macht vor allem mit einer bisher nicht erlebten apokalyptischen Ausmalung der Schrecken im Jenseits von sich reden. Augustinus, der große Kirchenlehrer des fünften Jahrhunderts, skizziert im 21. Buch seines *Gottesstaates* die schauerlichen Höllenstrafen und die mörderischen Temperaturen dieses „satanischen Grills“ (so der Philosoph Mathias Jung) in grotesker Akribie und wird damit Schrittmacher für eine Religion, die bis tief in das 19. Jahrhundert hinein mehr von furchteinflößenden Heimzahlungen Gottes als von himmlichen Freuden zu berichten weiß. Was einen anständigen Heiden, der an „menschliche“, verständnisvolle Götter glaubt, kaum zur Konversion bewegt haben dürfte.

Sicherlich kann man sagen, dass der Erfolg der neuen Religion nicht nur auf kaiserlichen Erlassen beruht. Wie immer gibt es mancherlei Gründe für das Gelingen, das auch durch die Umwandlung des römischen Staatskultes in eine religiös entleerte byzantinische Kaiser- und Hofreligion gefördert wird. Aber in dieses Vakuum stoßen viele Ideologien hinein. Wer die Nachfolgeschaft des *Sol Invictus* antreten wird, ein vielfältiger, synkretistischer Polytheismus, der arianische oder trinitarische Christengott, ist im vierten Jahrhundert ebenso offen wie die Frage, ob es zukünftig überhaupt noch *einen* Staatskult unter *einem* beherrschenden Gott geben wird. Daher greift das Argument der Multikausalität, das gerne genutzt wird, wenn die Analyse beschwerlich wird und man sich aus Bequemlichkeit der Suche nach einer Hauptursache verweigert, nicht mehr. Die Wende hat viele Ursachen, aber *eine Hauptursache* und die heißt Theodosius. Er ist die entscheidende Ursache für den Sieg des trinitarischen Christentums. Er legt mit *Cunctos populos* die Basis für die Staatskirche, für deren ausufernden Herrschaftsanspruch und für den Generalangriff auf die weltanschauliche Freiheit und kulturelle Vielfalt im Reich. Kaiser Julian (361-363) hatte es vorausgesehen, als er die alten Götter einsetzte, um die römisch-griechische Kultur gegen den christlichen Absolutismus zu verteidigen: Wegen der Torheit der Galiläer [Christen] drohe die ganze Lebensordnung einzustürzen (epistula 49). Aber seine Warnung vor der Religionsdiktatur und dem Untergang der antiken Kultur geht im Getümmel der Nachfolgeregelung unter.

Die Selbstherrlichkeit Kaiser Theodosius’ in religiösen Fragen endet nicht im Jahre 380. Wenig später wird sein Handeln zu einer weiteren Schmach der christlichen Kirche. Infolge Anlässlich der Synode von Konstantinopel im Jahre 381, die über eine Bestätigung des Credo von Nicäa befindet und den Heiligen Geist als dritte Kraft in die nun vollkommene Trinität integrieren will, befiehlt Theodosius den anwesenden Bischöfen aller Konfessionen, ihm ihre Glaubensbekenntnisse schriftlich zu überreichen. Er prüft die Papiere, bittet Gott um Beistand, zerreißt die ihm nicht genehmen Bekenntnisse und verkündet seine Entscheidung. So jedenfalls berichten christliche Zeitgenossen[621] und wenn sie nicht geflunkert haben, dann werden wir Zeuge einer Offenbarung des Theodosius, der vorletzten der Spätantike, um den trinitarischen Glauben zu vollenden. (Die letzte wird die Gemeinschaft der christlichen Bischöfe im Jahre 451 erfahren, als diese in die grenzenlose Weite jenseits aller Universen schauen und erkennen, dass die Unendlichkeit zwei Naturen hat, eine göttliche und eine weltliche.)

Ansonsten wäre noch zu berichten, dass der Einsatz Kaiser Theodosius' in Kürze belohnt wird. Es dauert nur gute fünfzig Jahre, bis er in einem Schreiben der Konzilsväter von Chalkedon an Papst Leo I. den Beinamen „der Große" erhält.[622] Damit würdigt die Kirche offiziell seine Verdienste als Schöpfer des Religionsmonopols. Der schon zitierte Frankfurter „Historiker und Protestant" Hartmut Leppin meint, die Kirche habe daran recht getan, die Geschichtsschreibung solle ihr „im Bewußtsein dieser Tradition" folgen.[623] Warum der Historiker die gewaltsame religiöse Säuberung, die Einleitung der Zerstörung einer einzigartigen tausendjährigen, als heidnisch diskriminierten Kultur, die religiöse Entmündigung vieler, wenn nicht der Mehrheit der Menschen „im Bewußtsein dieser Tradition" gut heißen soll, bleibt den nachdenklichen Lesern allerdings verschlossen.

Übrig bleibt am Ende die Staatskirche, die sich selbst lieber Reichskirche nennt und im Mittelalter den Namen Reich-Kirche verdient. Aber so reich sie auch werden wird, so bettelarm wird sie in Wahrheit in ihrer verordneten Monotonie sein. Jesus, der beschnittene Jude, der Palästina nie verlassen hat, der Mann in Sandalen und Kittel, er tritt zugunsten einer Staatskirche zurück, die sich in Purpur kleidet und mit Mamor schmückt. Seine Lehre, im Wesen edel, großherzig und mitfühlend, ein Markstein der Humanität in der rauen politischen Landschaft, macht Platz für eine Kirche mit einer ausgefeilten Hierarchie, in der die Unteren die Oberen mit Eminenz anreden, und einer kunstfertigen Theologie, die voller Widersprü-

621 Sokrates, Kirchengeschichte 5,10 („Er schloß sich ein, betete zu Gott, die Wahrheit zu erkennen"); Sozomenos, Kirchengeschichte 7,12.

622 Vgl. auch A. Lippold, Realenzyklopädie d. cl. Altertumswissenschaften Suppl. 13, 1973, Sp. 960 „Theodosius I"; W. Hartke, Römische Kinderkaiser, 1951, S. 420.

623 H. Leppin, Theodosius der Große, 2003, S. 239.

che steckt. Mit Hilfe des Staates und ohne die Menschen in den Straßen zu fragen, mitnichten in geduldiger Überzeugungsarbeit, schon gar nicht aus „Unrecht, Not und Tod",[624] vielmehr unter weltlicher Strafandrohung, stampft die neue Kirche als alleinige Hüterin der Wahrheit die Vielfalt zu Boden. Von nun an kommt die Wahrheit in der Einzahl daher. Das ursprüngliche Christentum, ja selbst der augenzwinkernde römische Staatskult, der bis in die letzte Hütte der spanischen Provinz in religiösen Fragen tolerant gewesen ist, wandelt sich zur religiösen Diktatur. Die folgenden anderthalb Jahrtausende werden mit Blut geschrieben und wer die Opfer verschweigt, wer von Licht und Schatten plappert, der hat nichts verstanden, der versündigt sich an der Mitmenschlichkeit.

624 Symmachus, relatio 3,7ff. Vgl. auch J. Straub, Die Himmelfahrt des Julianus Apostata, in: Gymnasium 69, 1962, S. 310/326.

Sechstes Buch

Spätantike Forschung unter Kuratel?

Im Jahre 1517/19 beauftragt Papst Leo X. Raffael, im eigens eingerichteten Ehrensaal für Konstantin, dem „Sala di Konstantino" im Vatikan, die legendäre Taufe Konstantins durch Papst Silvester,[625] die Schenkung Konstantins an die Kirche und die Vision des Konstantin „in hoc signo vinces" als gewaltige Deckengemälde bildlich darzustellen. 1588 lässt Papst Sixtus V. den ägyptischen Obelisken aus dem Karnak-Tempel in Luxor auf dem Platz vor der Laterankirche mit der Inschrift schmücken, Konstantin sei in Rom vom Papst Silvester getauft worden: „Konstantinus per crucem victor a sancto Silvestro hic baptizatus crucis gloriam propagavit."

Fast vierhundert Jahre später, im „Konstantin-Jahr" 1913, ergießt sich, von der Wissenschaft unbehelligt, eine Flut von Reden und Broschüren über die Welt, in der dem „christlichen Herrscher" mit Pomp und Gloria gehuldigt wird und Papst Pius X. lässt zur Erinnerung an den Sieg Konstantins eine Gedenktafel zur Preisung des Kaisers als dem Überbringer der christlichen Standarte nach Rom anbringen.[626]

Im Jahre 2002 publiziert die *Wissenschaftliche Buchgesellschaft* das Werk *Römisches Mittelalter. Kunst und Kultur in Rom von der Spätantike bis Giotto*. Die Herausgeberin, Maria Andaloro, schreibt im Einführungsartikel zur Taufe Konstantins, der im Jahre 326 angeblich vom Aussatz befallen ist und Heilung zunächst bei den heidnischen Priestern, danach bei der christlichen Kirche sucht: „Diese abstoßende Krankheit paßte gut

625 Dieses Taufmärchen wurde bereits im 19. Jahrhundert als ein solches aufgedeckt. Siehe dazu: I.v.Döllinger, Die Papstfabeln des Mittelalters. Ein Beitrag zur Kirchengeschichte, 1863. Da Döllinger sich auch nicht zu dem Unfehlbarkeitsdogma von 1871 bekennen mochte, wurde er exkommuniziert.

626 W. Kuhoff, Ein Mythos in der römischen Geschichte. Der Sieg Konstantins des Großen über Maxentius vor den Toren Roms am 28. Oktober 312 n.Chr., 1991, S. 127-174.

zu seinem damaligen Seelenzustand als Sünder und unnachsichtiger Verfolger. Da weder Magier noch Ärzte ihn zu heilen vermochten, wandte sich der Kaiser schließlich an die Priesterschaft des Kapitols, die ihm empfohlen haben soll, auf dem Kapitol ein Becken mit Kinderblut zu füllen [...]", um darin zu baden. Die Kinder, so fährt Andaloro fort, seien nach Rom gebracht worden. Als Konstantin dann diese und die weinenden Mütter mit entblößten Brüsten gesehen habe, sei der Kaiser entsetzt gewesen und habe sich als „schuldig vor Gott" betrachtet. „Vollkommen wiederhergestellt wurde er statt dessen durch das Wasser der Taufe, die ihm Papst Silvester in einem 'Gnadenbecken' [...] spendete." So sei die Grausamkeit der Pontifices durch die Nächstenliebe überwunden worden.[627]

Durch den ständigen Wechsel von Modus und nicht gekennzeichneten Zitaten, als Folge von schlussfolgernden Einschüben der Verfasserin und mangels eindeutiger Distanzierung, wissen die Leser überhaupt nicht, ob und in welchem Umfang Andaloro den Bericht aus der Silvester-Akte ernst nimmt. Und so bleibt alles, was längst als dreiste Lüge enttarnt ist, auch im Jahr 2002 unwidersprochen: die Taufe Konstantins durch Papst Silvester, die Wanne voll Kinderblut, die „konstantinische Schenkung", die Überbringung der christlichen Standarte („Labarum") nach Rom und der „unnachsichtige" Häretiker- und Heidenverfolger Konstantin.

Wenige Jahre später verkündet Reinhard Marx, ehemals Bischof von Trier und einer der Hauptsponsoren der Konstantin-Ausstellung Trier, in einem Grußwort des voluminösen Ausstellungskataloges, dass das Engagement der katholischen Kirche in der konstantinischen Wende begründet sei[628] und „Konstantin mit seiner Hinwendung zum Christentum" nicht nur die Entwicklung der Kirche entscheidend gefördert, sondern zugleich das christliche Erbe Europas begründet habe. Die Beiträge der beteiligten Althistoriker korrespondieren mit diesem kirchlichen Grußwort. Erst im letzten Museum, dem städtischen und kleinsten der drei Museen, die die Ausstellung beherbergen, erfährt der Besucher, dass es auch andere Stimmen berühmter Gelehrter und Denker gegeben hat, die nicht bereit gewesen sind, Konstantin zu huldigen. Ein Grußwort der Protestanten, die der Symbiose von Thron und Altar ohnehin abweisend gegenüber stehen, findet sich im Ausstellungskatalog nicht.

627 Maria Andaloro, Römisches Mittelalter, 2002, S. 11, 14.

628 Katalog Konstantin-Ausstellung 2007; vgl. auch F. Gerke, Spätantike und Christentum, 1967, S. 60.

Wir schreiben das Jahr 2007, das in einer Flut von Konstantin-Biographien und Kommentaren unterzugehen droht. Alle Publikationen folgen ohne Ausnahme dem bischöflichen Kommentar, Konstantin habe sich damals dem Christentum zugewandt und sind, von Arabesken abgesehen, in den Grundaussagen weitgehend identisch. Einem schwer verständlichem Gruppendrang folgend, muss dieser Kaiser trotz religiösem Hick-hack und theologischem Hin und Her Christ sein, „zweifelsfrei“ und „hundertprozentig“, wie einige Wissenschaftler in verdächtiger Positionierung bekennen.[629] Bereits in den 40er Jahren des 20. Jahrhunderts schreibt die Breslauer Historikerin Agathe Kaniuth, Konstantin habe sich zu Christus, „dem neuen Gott, der noch größer war als der summus deus des Henotheismus“, hingezogen gefühlt und ihr Kollege, der Althistoriker Joseph Vogt, ergänzt, Konstantin habe „als Soldat und Staatsmann [...] die Heilswirkungen des neuen Glaubens“ erfahren,[630] und meint mit den „Heilswirkungen“ vermutlich den siegreichen Ausgang eines Gemetzels vor den Toren Roms. Sein Kollege Karl-Leo Nöthlichs echot, er habe „zeitlebens auf der Grundlage des Nicänums“ gehandelt,[631] übersieht jedoch im Hochgefühl christlicher Erbauung, dass Konstantin als Arianer, als Anti-Nicäner also, oder im Sprachgebrauch des vierten Jahrhunderts als Ketzer, gestorben ist. In den 1980er Jahren erkennt T.D. Barnes, dass Konstantin bereits von früher Jugend an mit der christlichen Religion sympathisiert habe[632] und lässt die verdatterten Leser mit der Frage im Regen stehen, wie ein seit früher

629 Eine stichprobenweise Prüfung von sechs vitae bekannter Althistoriker ergab (2010): Zwei haben katholische Theologie im zweiten Hauptfach studiert; einer bedankt sich für die Promotionsförderung durch die bischöfliche Cusanus-Studienförderung; einer bekennt sich öffentlich und ohne bestimmten Anlass, „Historiker und Protestant“ zu sein; einer weist sich als langjähriges Presbyteriums-Mitglied aus.

630 A. Kaniuth, Die Beisetzung Konstantins des Großen, Breslau 1941/1974, S. 82. J. Vogt, Constantin der Große, 1949, S. 248.

631 K.L. Nöthlichs, Die gesetzgeberischen Maßnahmen der christlichen Kaiser des vierten Jahrhunderts gegen Häretiker, Heiden und Juden, 1971, S. 17,18,30. Diese kühnen Thesen sind angesichts der eindeutigen Bevorzugung des Arianismus durch Konstantin seit etwa 327 u.Z. ebenso wenig verständlich wie Nöthlichs' Auffassung, dass Konstantin das Heidentum als den „eigentlichen Gegner des christlichen Kaisers“ betrachtet habe, obwohl der Kaiser vor allem mit den Zerwürfnisssen innerhalb des Christentums beschäftigt gewesen ist, sichtbar nicht nur im Donatisten- und Arianerstreit, sondern in einer Flut von Briefen an die Bischöfe.

632 T.D. Barnes, Konstantine and Eusebius, 1981.

Jugend mit dem Christengott sympathisierender Konstantin zunächst Herkules und Jupiter, dann den Sonnengott Sol anhimmeln konnte.

Der Tübinger Althistoriker Frank Kolb erkennt im Jahre 2001: Konstantin habe nach 324 „keinen Hehl [...] aus seiner Hinwendung zum Christentum gemacht“,[633] lässt aber offen, wie die zahlreichen heidnischen Zeugnisse aus der Spätzeit Konstantins mit der „Hinwendung zum Christentum“ vereinbar sind. Der amerikanische Historiker Charles M. Odahl, der gerne im tiefschwarzen US-*Catholic Historical Review* publiziert, setzt wenige Jahre später allem eins drauf: Die militärischen Niederlagen, die religiösen Ereignisse und der psychologische Stress hätten Konstantins Anschauungen schon während des Marsches durch Italien für einen neuen Gott geöffnet.[634] Die Augen Konstantins, so plaudert Odahl munter drauf los, hätten sich zum Himmel gewandt, Konstantin habe erkannt, dass er mehr Hilfe brauche, als ihm die paganen Götter geben könnten, der Kaiser habe gelernt, dass der Name Christi und das Kreuz geeignet seien, ihn gegen die Armee des Teufels zu führen. Wie dieser Lernprozess vonstatten ging, bleibt allerdings ein wenig unklar, denn wenn es einen Beleg für die Wirkmächtigkeit der heidnischen Götter gegeben hat, dann während der konstantinischen Siege in Oberitalien. Ein Held aber, der mitten im Siegesrausch auf die Unterstützung der siegreichen Schlachtengötter verzichtet und sich stattdessen einem mysteriösen, schlachtenunerfahrenen „Liebe Deine Feinde“-Somebody anschließt, ist von allen militärischen guten Geistern verlassen, wenigstens aber ganz und gar unglaubhaft.

In einem nimmermüden Gleichklang geht es gar nicht mehr um das „ob“, sondern nur noch um das „wann“ der angeblichen Konversion Konstantins. Krautheimer, Girardet und Dörries legen den Konversions-Termin auf die Nacht vor der Schlacht an der Milvischen Brücke.[635] Der Althistoriker Brandt schlägt den Dezember 312 vor: Seit Endè 312 sei Kaiser Konstantin „unzweifelbar“ christlich gewesen. Andere Datierungen gingen ihm als Spekulationen „ein wenig zu weit“.[636] Girardet hält „ein wenig“

633 F. Kolb, Herrscherideologie in der Spätantike, 2001, S. 67.

634 C.M. Odahl, Konstantin and the Christian Empire, 2004, S. 101.

635 R. Krautheimer meint, Konstantin habe bei seinem Einzug im Oktober 312 das tief-heidnische Rom zur christlichen Haupstadt seines Imperiums machen wollen (Rom – Schicksal einer Stadt, ^{3}2004); vgl. auch K.M. Girardet, Die Konstantinische Wende, 2006; H. Dörries, Konstantin der Große, 1958.

636 H. Brandt, Konstantin der Große und die Grundlagen des christlichen Europas, 2007, S.18.

dagegen, gräbt in den Feinheiten der Superlative und möchte ein „unzweifelhaft christlich“ nicht unterstreichen. Er stellt stattdessen fest, dass Konstantin sich zwar nicht „unzweifelbar“, aber doch „mit großer Sicherheit“ am 29. Oktober 312 öffentlich als Christ zu erkennen gegeben habe.[637] Sein Kollege Demandt scheint alles wieder in Frage stellen zu wollen und wirbt für eine Dreiviertel-Konversion: Der Sonnengott habe die „Brücke“ zwischen Heidentum und Christentum dargestellt, Konstantin sei nicht bekehrt worden, sondern habe sich mit der christlichen Gottheit in Einklang gefunden.[638] Was gar nicht so verkehrt klingt, aber leider keine Frage beantwortet, da Sol als Inbegriff heidnischen Denkens kaum eine „Brücke“ zum Christentum bilden kann und „Einklang“ und „Bekehrung“ der Interpretation bedürfen.

So geht das Buch um Buch, Autor um Autor und den schlimmsten aller neuzeitlichen Weltverbesserer, den französischen Althistoriker Paul Veyne, mag man gar nicht zitieren. Sein in dieser Hinsicht besonders aufschlussreiches, zugleich ärgerliches Buch *Als unsere Welt christlich wurde (312-394)*[639] ist eine bekenntnisreiche, spekulationsüberladene Publikation, die den Durchbruch des Christentums als eine eschatologisch wie geschichtlich begründete Zwangsläufigkeit darstellt und Kaiser Konstantin zum „Präsidenten“ der christlichen Kirche hochmissioniert. Nun ist Veyne nicht irgendjemand, sondern Professor am Pariser Collège de France, einer der Forschung und Lehre gewidmeten Institution mit höchstem wissenschaftlichen Prestige. Umso unverständlicher, was Veyne dem Publikum zumutet. Schon die Überschrift irritiert, weil sie kurzerhand die buddhistisch, hinduistisch, jüdisch, islamisch gläubigen Erdteile in „unsere christliche Welt“ integriert.

Und dann legt Veyne „mit bangem Herzen“ richtig los: Konstantin sei ein „Retter der Menschheit“, das Christentum ein „Meisterwerk“, dessen „geistig-moralische Überlegenheit über das Heidentum erdrückend“ gewesen sei, die Heiden seien „im Irrtum befangen“ gewesen, andere Religionen liefern „billige Erklärungen“, Konstantin habe das Heidentum „entgiftet“, die Kirche sei „das andere Meisterwerk“ und Konstantin ein „hundertprozentig überzeugter Christ“, der das „Heidentum als minderwertig einstuft“. Diese apodiktischen Urteile über Konstantins Glauben, das Heiden- und

637 K.M. Girardet, Die Konstantinische Wende, 1998, S. 35.

638 Ausstellungskatalog Konstantin-Ausstellung in Trier, 2007, S. 77.

639 P. Veyne, Als unsere Welt christlich wurde (312-394), 2008. Zitate: S. 21-24, 187.

das Christentum verwundern ebenso (oder auch nicht mehr) wie die fehlende Bereitschaft, sich in die Problematik der Trinitätsformulierung und in den arianisch-trinitarischen Christenkonflikt des vierten Jahrhunderts einzuarbeiten. Weder legt Veyne eine kritische Elle an Eusebius' Panegyrik an, noch setzt er sich mit der Symbolforschung auseinander, noch fragt Veyne nach, wie Konstantins arianisch-ketzerische Taufe mit dem hohen Lied auf Konstantins edle christliche Gesinnung vereinbar ist und warum Konstantin sich mit dem Sonnengott als Comes abbilden lässt, wenn dessen Religion „minderwertig" ist. Das blamable Buch aus dem Beck-Verlag, in dem die Zahl der Bekenntnisse in einem umgekehrten Verhältnis zur Argumentionsdichte steht, das im Titel beansprucht, die Entwicklung des Christentums „von einer Sekte zur Weltmacht" bis 394 nachzuvollziehen und es schafft, Kaiser Theodosius (reg. 379-395), den eigentlichen Steigbügelhalter des Christentums, den Schöpfer der Staatskirche, nur am Rande zu erwähnen, das mit wunderbarer Treffsicherheit alles Nicht-Kirchliche diskriminiert, ist trotz des exzellenten Rufes des Autors und trotz des umfangreichen Fußnoten-Apparates ein irritierendes, schein-wissenschaftliches, emphatisches Glaubensbekenntnis und dabei wollen wir es belassen.

Das Ergebnis dieser qualvollen Bemühungen, Konstantin ein christliches Mäntelchen überzuziehen, sind Glaubenspostulate, schwammige Begriffe, Verstöße gegen alltägliche Lebenserfahrung und Inkonsistenzen zuhauf. Sie begleiten uns Seite um Seite: Zwölf Jahre lang überzieht Konstantin das Imperium Romanum mit Waffengeklirr und Bürgerkriegs-Gemetzel, lässt im Jahre 326 seine Familie töten, greift 332 die Goten in Mösien an, um anschließend einen Feldzug gegen die Perser zu planen. Krieg über Krieg, Mord über Mord. Und was schreiben die Historiker über den Kaiser? Er sei ein *Imperator Christianissimus*, ein allerchristlichster Herrscher gewesen.

Seit fünfzig Jahren weist die Symbolforschung nach, dass das Kreuz zur Zeit Konstantins kein anerkanntes christliches Symbol gewesen ist, wird sogar von der Theologie darin unterstützt und worüber diskutieren die Althistoriker? Nicht etwa, wann das himmlische Zeichen in die eusebischen Texten hineingeschmuggelt worden ist, sondern ob Konstantin das Kreuz-Zeichen im Traum oder *in realiter* gesehen hat. Im Jahre 315 lässt Konstantin eine Münze schlagen mit einem winzigen, praktisch nicht identifizierbaren, angeblich christlichen Symbol; die Münze strotzt von heidnischer Symbolik. Nahezu parallel wird eine Goldmünze aufgelegt, die in einem Doppelporträt Konstantin mit dem Sonnengott als seinem Gefährten zeigt. Im gleichen Jahr wird der Konstantinbogen in Rom eingeweiht, tausend Tonnen Stein übersät mit heidnischer Symbolik pur. Und was folgert der französische Althistoriker Veyne aus diesem Überfall heidnischer Allegorik? Konstantin sei „der geistliche Befreier der Welt“ gewesen mit einem „massiven, aber ehrlichen [christlichen] Glauben“.[640]

Nie ist das Christentum so zerstritten wie im vierten Jahrhundert. Der Streit zwischen Arianern und Trinitariern erreicht die Ausmaße eines Epochenkonflikts, der „beim Tode Konstantins 337 [...] die beiden Reichshälften auch kirchlich-theologisch zu spalten droht“, unter Kaiser Constantius II. (337-361) sei eine Ägide der Politisierung der Theologie angebrochen, „die zu Denunziationen, körperlichen und seelichen Folterungen, Schlägereien und Mordtaten in den Gemeinden geführt“ habe, schreibt der Kirchengeschichtler Manfred Jacobs,[641] ein halbes Jahrhundert lang sehen sich die Kaiser gezwungen, Synoden einzuberufen, Bischöfe zu exilieren und Glaubensedikte zu verkünden, um die Streithähne zu bändigen und was teilt uns der Althistoriker Alexander Demandt zu diesem Trauerspiel mit? Kaiser Konstantin habe sich an die Spitze der „unaufhaltsam [!] vordringenden Christianisierung“ gesetzt.[642]

Nie hat sich Kaiser Konstantin *expressis verbis* zum Christentum bekannt, im Jahre 330 lässt er sich auf dem Zentralplatz von Konstantinopel mit einer fünfzig Meter hohen Säule als sonnengöttlicher Herrscher verehren, auf dem Sterbebett wird er als Ketzer getauft, fährt im Wagen des Sonnengottes zum Himmel, und was weiß der Althistoriker Hartwin Brandt von Konstantin zu berichten? Er sei „der erste christliche Kaiser“ gewesen.

So klingt es aus fast jeder Konstantin-Biographie. Und es ist geradezu phänomenal zu beobachten, dass viele Historiker den Willen Konstantins betonen, das Reich auch religiös zu einen, ihm aber wenige Seiten später unterstellen, durch ein öffentliches Bekenntnis zu einer Minderheitenreligion, die radikal alle Andersgläubigen ausschließt, alles zu tun, dieses Ziel in Frage zu stellen. Und wenn die Logik keine Purzelbäume schlägt, dann wird Zuflucht in kaiserlicher Schizophrenie gesucht, um den nach bisherigen traditionellen Erklärungsmustern religiös nicht fassbaren Konstantin christlich festzunageln. So der Althistoriker Brandt: Trotz persönlicher Affinität zum christlichen Gott habe bei Konstantin „doch stets nüchternes

640 P. Veyne, Als unsere Welt christlich wurde, 2008, S. 70.

641 M. Jacobs, Die Reichskirche und ihre Dogmen, 1967, S. 33/37.

642 A. Demandt, Durch Mord zu Heil, in: Spiegel Geschichte 1/2009 vom 27.1.2009.

Kalkül und zweckrationale Erwägungen sein vornehmlich auf Macht-erwerb und Machtsicherung ausgerichtetes Handeln" dominiert.[643] Mit diesem nach anderthalb Jahrtausenden kaum mehr verifizierbaren und wissenschaftlich nicht nachweisbaren Psychogramm, mit dem semantischen Wieselwort „persönliche Affinität" löst sich zwar ein bisher von Brandt apostrophiertes „unzweifelhaft christliches" Bekenntnis in ein konturen- und bekenntnisloses Irgendetwas auf, aber die Widersprüche zwischen Christentum und den unchristlichen Handlungen Konstantins scheinen beigelegt und in ein konsistentes christlich-politisches Verhaltensmuster eingepasst zu sein: Der brave Christ Konstantin muss notgedrungen der politischen *raison d'État* folgen und versteckt seine religiöse Überzeugung wie ein Dieb in der Nacht vor der Öffentlichkeit.

In dieses Psychogramm eines gespaltenen Herrschers passt dann auch die Einberufung des Konzils von Nicäa, zu der sich – so Brandt – Konstantin als *Folge* seiner Konversion zum Christentum veranlasst gesehen habe. Das Konzil habe „demnach der Erfüllung der vornehmsten kaiserlichen Amtspflicht" gedient, „die durch innerkirchliche Kontroversen bedrohte Einheit des Christentums wiederherzustellen"; insoweit habe Konstantin im Rahmen der kaiserlichen Religionspolitik ganz konsequent in Erfüllung seiner wichtigsten Aufgabe als Kaiser agiert, die – neben dem Staatswohl – in der „einträchtigen Verehrung des für alles Irdische allein verantwortlichen *Christen*gottes" gelegen habe.[644] Mit diesem tiefschwarzen Bekenntnis steht Brandt allerdings ziemlich alleine in der althistorischen Riege, die übereinstimmend meint, die „vornehmste Amtspflicht" des Kaisers sei in dem seit einhundert Jahren von Krisen gebeutelten Reich die Sicherung der Einheit des Reiches gewesen und nicht die Verehrung des Christengottes.

Der Althistoriker Ernst Kornemann dichtet Konstantin ein „heißes Bemühen [...] vom ersten Augenblick seiner Bekehrung" an, mit dem dieser das Konzil von Nicäa geleitet habe und erkennt: „das schlimmste aber war,

643 H. Brandt, Konstantin der Große und die Grundlagen des christlichen Europas, 2007, S. 19.

644 H. Brandt, Konstantin der Große, 2006, S. 115/116 (Hervorhebung durch den Verf.). Von einer *Wieder*-Herstellung der christlichen Einheit kann nicht gesprochen werden. Diese Einheit hat es nie gegeben. Bereits mit Paulus, der sich im Streit mit den Jerusalemern von der urspünglich jüdisch-christlichen Kirche zu trennen begann, wurde die Einheit der urchristlichen Kirche in Frage gestellt. Solche Passagen erwecken den Eindruck, als habe es vor Arius eine „Einheit des Christentums" gegeben.

dass sich der rationalere Arianismus mit dem Germanentum verbündete" und das Mönchtum sei „das letzte Geschenk Ägyptens an die Welt" gewesen. Solche großartigen Erklärungen aus wissenschaftlichem Munde schmerzen vor allem wegen des Mangels an Logik. Wie kann das „Rationalere", das Vernünftigere also, das „Schlimmste" sein? Heißt das, dass eine Religion, die sich im Einklang mit der Vernunft zu orientieren sucht, minderwertiger ist als eine mit nicht mehr nachvollziehbaren himmlisch-irrationalen Dogmen? Wie kann der egomane Rückzug verirrter, an das *eigene* Seelenheil denkender Geister in die Einsamkeit der ägyptischen Wüste ein „Geschenk an die Welt" sein? Wie eigentlich soll das Zentralgebot des Christentums, die Nächstenliebe, in selbst gewählter Wüsten-Einsamkeit umgesetzt werden? Woher weiß der Historiker Kornemann, dass Konstantins Bemühen um die Einheit des Reiches nicht rationalen Aspekten folgt, sondern ein „heißes Begehren" nach dem christlichen Gott ist?

Klaus M. Girardet, in seiner Zweitrolle als studierter Theologe ein unverbesserlicher Verteidiger des christlichen Konstantins und des glorreichen Christentums, erkennt gar eine „höhere Stufe der Menschheit", die mit dem Christentum erreicht worden sei[645] und vergisst zu erwähnen, dass die „höhere Stufe der Menschheit" mit der Zerstörung der reichsten Kultur der Menschheitsgeschichte einhergeht. Als Althistoriker muss Girardet doch wissen, dass die Einführung der christlichen Staatsreligion vom Tod der Wissenschaften, vom Zwang zum Einheitsdenken, vom Untergang der öffentlichen Schulen und Bibliotheken und vom Analphabetismus begleitet wird. Nicht weil die Germanen wie die „Vandalen" gehaust haben, nicht weil die Römer „dekadent" gewesen sind , sondern vor allem weil ein bisher nicht erlebter Fanatismus alles Irdische als minderwertigen Tand einstuft. Zu diesem Kulturkollaps, von dem sich die abendländischen Völker nur langsam und vielfach gegen den Widerstand der christlichen Kirche erholen werden, haben sich seit Jahrzehnten doch alle Buchwissenschaftler von Rang geäußert! Wie kann ein Althistoriker angesichts solch traumatischer Begleitumstände von einer „höheren Stufe der Menschheit" schwadronieren?

Der Frankfurter Althistoriker und Numismatiker Konrad Kraft meint, der Kaiser sei weniger durch „die Reinheit des christlichen Gottesbegriffes" und „durch die hohe Qualität christlicher Ethik" zur positiven Haltung gegenüber der christlichen Religion bewogen worden, sondern „durch die

645 E. Kornemann, Geschichte der Spätantike, 1978, S. 33/51-52; K.M. Girardet, Die Konstantinische Wende, 2006, S. 41.

Erfahrung der Hilfe Gottes in einer Schlacht".[646] Aber Konstantin hat doch in Gallien und Oberitalien alle Schlachten mit Hilfe der *heidnischen* Götter gewonnen. Dies macht doch gerade die eusebischen Geschichtchen so unglaubwürdig, dass es damals keinen rational nachvollziehbaren Grund gab, im Oktober 312 den heidnischen Göttern Lebewohl zu sagen! Auch ist Konstantin nicht durch „die Erfahrung der Hilfe Gottes *in* einer Schlacht" bekehrt worden, sondern *vor* der Schlacht, also ohne vorhergehende militärische „Hilfe Gottes". Einfach so!

Im Übrigen ist die Behauptung, Konstantin sei „durch die Erfahrung der Hilfe Gottes in einer Schlacht" zum Christentum bekehrt worden, – theologisch gesehen – starker Tobak. Solche leichthin eingestreuten Sprüche unterstellen, dass der Gott der Feindesliebe Konstantins Schwert führt, um dessen Feinde zu massakrieren. Entgeistert fragt man, wann sich Christus erneut als „Schlachtenlenker bewähren" wird? In den Kreuzzügen? Oder im Ersten Weltkrieg, als Kaiser und Volk „Gott strafe England" lärmen? Oder sind wir schon wieder so weit, die himmlischen Schlachtenhelden erneut zur Hilfe zu rufen, um den Kreuzzug des frommen amerikanischen Präsidenten Bush gegen den Irak zu heiligen? Verödet der Terminus „Christ" bei einer derart schrankenlosen Interpretation nicht zu einer billigen, inhaltslosen Worthülse? Wird hier nicht der Entkernung des Christentums durch Gedankenlosigkeit Vorschub geleistet, wenn Wissenschaftler mit Siegeskranz-Pathos und ohne rot zu werden, von „Christus als Schlachtenlenker" sprechen?[647]

Und mit der „Reinheit des christlichen Gottesbegriffes", von der Kraft spricht, ist es auch nicht besser bestellt. Diese hat es vor dem Konzil von Konstantinopel im Jahre 381 nun weiß Gott nicht gegeben. Wer behauptet, Konstantin sei auch durch die „Reinheit des Gottesbegriffes" zum Christen geworden, hat weder die innerchristlichen Spannungen um das Wesen des christlichen Gottes, die erst im Jahre 451 mit der Einigung über die Zwei-Naturen-Lehre Jesu enden, noch die innenpolitischen Auswirkungen dieses Streites begriffen.

Gleichermaßen verdrießlich stimmt Krafts unreflekierte Jubel-Arie über die „hohe Qualität der christlichen Ethik". Woher hat der Historiker Kraft das? Aus dem Alten Testament, das nur so von Drohungen und Bösartigkeiten wimmelt? Aus dem Neuen Testament, das die Menschen –

646 K. Kraft, Das Silbermedaillon Konstantins des Großen mit dem Christogramm auf dem Helm, 1974, S. 331.

647 A. Demandt in: Katalog zur Konstantin-Ausstellung 2007 Trier, S. 76.

nicht nur, aber auffällig häufig – zu armen Sündern im irdischen Jammertal erniedrigt? Oder aus den Schriften der bedeutenden Kirchenschriftsteller des vierten und fünften Jahrhunderts? Wer deren Texte, von Eusebius über Ambrosius bis Augustinus, gründlich liest, ist erschrocken über die aggressive Bösartigkeit gegenüber Andersdenkenden. Wenn denn die christliche Ethik der aristotelischen und senecaischen so überlegen ist, wieso bedarf es dann rund sechzig Erlasse mit Strafandrohung, um die „überlegene Ethik" durchzusetzen?

In diesem Zusammenhang darf auch einmal die Frage an die Autoren der christlichfreundlichen Konstantin-Biographien gestellt werden, wie sie eigentlich „christlich" definieren? Was ist an einem Kaiser christlich, der das halbe römische Reich zwölf Jahre lang mit Bürgerkriegen überzieht, um Alleinherrscher zu werden, der seinen Schwiegervater hängen, seinen Schwager erwürgen, dessen Sohn Licinianus zum Sklaven degradieren und anschließend tot schlagen lässt, der 326 seine junge Ehefrau Fausta, wie zuvor Kaiser Nero,[648] im überhitzen Bad verschmachten und seinen 21-jährigen Sohn Crispus vergiften lässt,[649] der anschließend alle der *damnatio memoriae* unterwirft, der Namenstilgung in Münzprägung und auf Inschriften,[650] der 335 den übermütig gewordenen Verwalter der kaiserlichen Kamelherden in Zypern und Gegenkönig Calocaerus lebendig verbrennen lässt,[651] der noch nicht einmal „Taufscheinchrist" ist, der also offensichtlich ziemlich aus der christlichen Art schlägt? Was ist christlich

---

648 Tacitus, Annalen 14,64,1-2.

649 Diese erbamungslose Härte Konstantins im Stile eines Nero gegenüber der eigenen Familie schadet Konstantins Ansehen in der damaligen Öffentlichkeit sehr. Zu dieser Zeit kursiert ein Zweizeiler: „Saturni aurea saecula quis requirat? Sunt haec gemmea, sed Neroniana. Wer wünschte das goldene Zeitalter Saturns? Wir haben ein diamantenes, aber mit den Diamanten Neros". Zu Crispus vgl. Realenzyklopädie d. cl. Altertumswissenschaften „Crispus" 9, 1901, Sp. 1724, 21f. Zur Hinrichtung: Zosimos 2,24,3 u. 29; Ammanius Marcellinus 14,11,20; Sozomenos 1,5; Pohlsander, Historia 33, 1984, S. 79-106; Barnes, Konstantine and Eusebius, S. 220f. Zuletzt Herrmann-Otto, Konstantin der Große, 2007, S. 141-146 und Schmitt, Konstantin der Große, 2007, S. 221-229.

650 Konstantin hat die *damnatio memoriae* fünfmal ausgesprochen: Maximian (310), Maxentius (312), Licinius (324) und Crispus/Fausta (326). Die *damnatio* gegen Crispus ist nie widerrufen worden, was alle Theorien widerlegt, Konstantin habe sich anschließend in Reue dem Christentum zugewandt.

651 Aurelius Victor, Liber de Caesaribus 41,11f.

an einem Kaiser, der einen „Brief an die Kirchen“ schreibt, in dem er das „verhasste Volk“ der Juden anklagt, sie hätten ein „gottloses Verbrechen“ begangen und allen – nach seiner Interpretation – Nichtgläubigen vorwirft, sie seien „wahnsinnig“ und „von Sinnen“[652]?

Was eigentlich ist an diesem Kaiser christlich, von dem der Professor für römisches Recht, Detlef Liebs, berichtet, „in seinen Gesetzen begegnen uns erstmals Orgien der Brutalität, die das ganze Mittelalter hindurch Schule machen sollten“?[653] Liebs setzt sich mit dieser couragierten Anmerkung in Gegensatz zu Autoren, die bei Konstantin eine allgemeine christlich bedingte Humanisierung des Strafrechtes zu beobachten meinen. So konstatiert der Althistoriker Vogt: „Über jeden Zweifel erhaben erscheint der christliche Einfluß in zahlreichen Gesetzen Constantins“,[654] und der Münsteraner Kirchenhistoriker Wolf-Dieter Hauschild führt das Verbot der Brandmarkung von Verbrechern im Gesicht (Codex Theod. 9,40,2), die Abschaffung der Kreuzigungsstrafe, den Versuch, die Gladiatorenkämpfe einzuschränken (Codex Theod. 15,12,1), das Verbot, Neugeborene auszusetzen (Codex Theod. 11,27,1,2) und das Verbot eines Konkubinats bei Verheirateten auf christliche Einflüsse zurück.[655]

Schaut man aber in die einschlägigen Codices, dann kann von „Humanisierung“ keine Rede sein, dann beginnen die Leser zu ahnen, mit welcher Erbarmungslosigkeit der Kaiser sich durchzusetzen bereit ist. Schon wenige Tage nach der angeblichen „Konversion zum Christentum“ erlässt Konstantin am 1. Dezember 312 ein Gesetz, das in seiner Grausamkeit seinesgleichen sucht: Denunzianten soll beim ersten Versuch, die Anklage vorzubringen, die Kehle zugeschnürt und die Zunge herausgerissen werden, schließlich droht ihnen das Todesurteil (Codex Theod. 10,10,2). Im Jahre 315 verschärft Konstantin die Todesstrafe *ad bestias*, also den als Massenvergnügen veranstalteten Kampf Wehrloser mit wilden Tieren, droht im Oktober 315 den Juden mit dem Verbrennen und führt 318 für

652 Eusebius, Vita Constantini 3,17-20.

653 D. Liebs, Unverhohlene Brutalität in den Gesetzen der ersten christlichen Kaiser, in: O. Behrends (Hrsg.), Römisches Recht in der europäischen Tradition, 1985/2007, S. 89-116. Vgl. auch Tiziana J. Chiusi: „Erwartungshaltung, alle Gesetze [...] seien christlich beeinflußt, als trügerisch“ (Kaiser Konstantin der Große, hrsg. von K.M. Girardet, 2007, S. 64).

654 J. Vogt, Constantin der Große, 1949, S. 246.

655 W.D. Hauschild, Lehrbuch der Kirchen- und Dogmengeschichte, Bd. 1, 1995, S. 140/141.

Verwandtenmord die archaische Strafe des Säckens ein: „eingenäht in einen Sack soll er mit einer Schlange das Lager teilen und in einen Fluß oder in das Meer geworfen werden“.[656] Am 1. April 320 ergeht ein Edikt zur Bekämpfung der Mädchenentführung: Schuldigen solle Mund und Kehle durch flüssiges Blei verschlossen und die Gehilfen verbrannt werden.[657] Im Mai 329 verkündet Konstantin in einem Edikt, dass eine Frau, die eine Liaison mit einem Sklaven habe, mit dem Tode bestraft und der Sklave verbrannt werden soll (Codex Theod. 9,9,1) und im Jahre 331 droht der Kaiser scheidungswilligen Frauen an, „bis auf die kleinste Haarnadel“ enteignet und „auf eine Insel deportiert“ zu werden (Codex Theod. 3,16,1) und bestechlichen Beamten die Hände abzuhauen (Codex Theod. 1,16,7). Konstantin verschärft das Strafrecht gegen *coloni*, also freie Landpächter, und befiehlt, flüchtige Kolonen in Ketten gefesselt zu ihrem Dominus zurückzubringen. Will der Kolone nicht zurückkehren, so wird er versklavt. Die Brandmarkung im Gesicht wird zwar abgeschafft, stattdessen werden die Zeichen nun an Händen und Beinen eingebrannt (Codex Theod. 9,40,2). Die Kreuzigung schafft der Kaiser ab, stattdessen werden die Deliquenten nunmehr am Galgen erdrosselt.[658]

Also, was bewegt die Konstantin-Biographen angesichts dieses Schwarzbuches unchristlichen Verhaltens von einem „christlichen Kaiser“ zu sprechen und den Begriff des *Imperator Christianissimus* in konformistischer Wiederholung und unter gegenseitiger Verneigung vor den „verdienstvollen Arbeiten“ des Kollegen zu missbrauchen? Die meisten Konstantinforscher sind sich einig: Der Kaiser hat eine himmlische Erscheinung, träumt von seinem Sieg, lässt die neue Gottheit auf die Schilde der Soldaten malen und siegt in der Schlacht am 28. Oktober 312. Anschließend macht er sich auf, die „wahre“ christliche Religion zum Siege zu führen. Das heldenhafte Märtyrertum hat sich gelohnt und die verwegene Standhaftigkeit der Chris-

656 Codex Theod. 9,17,1. Diese archaische Strafe des Säckens war von Augustus, der einen Teil der Strafen aus dem Strafkatalog hatte herausnehmen lassen, zunächst teilweise ausgesetzt (Sueton Aug. 33,2 – Erlass des Säckens; 34,2 – Milderung des Strafkataloges) und unter den Kaisern Nero und Claudius offensichtlich erneut angewendet worden (Seneca, Über die Milde 1,23,1). Danach scheint diese Strafe in Vergessenheit geraten zu sein, bis Konstantin an dieser barbarischen Form der Hinrichtung erneut Gefallen findet.

657 Codex Theod. 9,24,1.

658 Die Abschaffung der Kreuzigung lag wohl in der Luft. So fordert der heidnische Historiker Aurelius Victor die Abschaffung aus Gründen der *pietas* (Sozomenos, Kirchengeschichte 1,8; Aurelius Victor, Liber de Caesaribus 41,4).

ten ausgezahlt. Nunmehr nimmt die Geschichte den von Gott bestimmten Lauf: Das Christentum marschiert unbeirrt und unaufhaltsam auf der *Via triumphalis* vorwärts und erobert die Welt dank seiner überlegenen Ethik. Eine schöne Geschichte im Stile geheimnisvoller Offenbarungslyrik, mystisch und peinlich unhistorisch. Aber der Geschichtsschreibung fügt dieser schwärmerisch-religiöse Aufstieg in wissenschaftsentrückte Wolkenhöhen nur Schaden zu, weil sie sich im Korsett des Glaubens selbst blockiert.

Wir blicken zurück auf die Anfänge der modernen Konstantinforschung und wundern uns: Eine solch schwärmerische Euphorie gab es vor einhundert Jahren nicht, und eine Verchristlichung Konstantins schon gar nicht. Der Kirchengeschichtler Theodor Brieger erkennt 1880: „Die uns vorliegenden Tatsachen reichen nicht aus, um ein sicheres, besonnenes Urteil [...] zu bilden. Wir können weder beweisen, dass Konstantin ein religionsloser, egoistischer Fatalist gewesen ist, noch dass er ein mehr oder weniger religiöses oder gar christliches Interesse gehegt hat.“[659] Sein Zeitgenosse Jacob Burckhardt meint, Konstantin sei vermutlich noch nicht einmal religiös gewesen, denn „der Ehrgeiz und die Herrschsucht habe ihm keine ruhige Stunde gegönnt, bei einem solchen Manne könne von Christentum und Heidentum, bewußter Religiosität und Irreligiösität gar nicht die Rede sein; ein solcher sei ganz wesentlich unreligiös, selbst wenn er sich einbilden sollte, mitten in einer kirchlichen Gemeinschaft zu stehen“.[660] Theodor Mommsen ergänzt, der Kaiser habe über und zwischen den Religionen gestanden, „treulos und unzuverlässig“ sei er gewesen, sein Religionsverständnis sei völlig offen gewesen, er habe die unheilige Allianz von Staat und Kirche eingeleitet.[661] „Er liebte den Zickzackkurs“, erklärt 1924 Victor Gardthausen, „wenn er in einem Jahr untrügliche Beweise seines christlichen Glaubens gegeben, so folgen in den nächsten Jahren ebenso untrügliche Beweise des Gegenteils.“[662] So haben damals die „Päpste“ der Altertumswissenschaften geurteilt. Und es waren beileibe keine drittklassigen Autoren.

659 T. Brieger, Konstantin der Große, 1880, ND in: H. Kraft (Hrsg.), Konstantin der Große, 1974, S. 61.

660 J. Burckhardt, Die Zeit Konstantins des Großen, ND 1989, S. 369.

661 T. Mommsen, Römische Kaisergeschichte, ^{2}2005, S. 515/532. Vgl. G. Wissowa, Religion und Kultus der Römer, ^{2}1912, S. 519.

662 V. Gardthausen, Das Alte Monogramm, 1924, ND 1966, S. 75.

Es geht nicht nur um Konstantin

Es geht ja nicht nur um Konstantin. Es geht vielmehr um die Rezeptionsgeschichte der christlichen Kirche, die sich im vierten Jahrhundert von einer Sekte zur Kirche mausert und um die Frage, wie sich diese erstaunliche Biographie auf Kosten der jüdischen, antiken und häretischen Religionen entwickeln konnte. Es geht um die Frage der Werte, ob diese eher antik-abendländischer oder christlicher Art sind und woher sie stammen. Es geht um die Ursprünge europäischer Kultur, wie sie vernichtet wurde, was an ihre Stelle trat und um vieles mehr.

Dazu haben die Althistoriker bisher wenig zu sagen gehabt. Stattdessen haben sie kampflos das Feld geräumt. Haben die weiße Fahne geschwenkt, zugelassen, dass Fremde mit eifriger Gesinnung, aber ohne streng wissenschaftliche Intentionen in ihren angestammten Fluren wildern, und sich nicht gegen die feindliche Übernahme gewehrt. Fünfhundert Jahre Geschichte der christlichen Kirche haben die Althistoriker, die jeden römischen Gott auf- und abwärts deklinieren können, einfach an die Kirche übertragen und sich willig den Ergebnissen von weltanschaulich justierten Kirchengeschichtlern gebeugt. Sie haben versäumt, zur Kirchengeschichte der Gläubigen das wissenschaftliche Korrektiv aufzubauen und damit unbeabsichtigt geholfen, eine ganze Epoche zu entstellen.

Kein Althistoriker hat bisher die Mesalliance von Staat und Kirche angeklagt, die seit dem Jahre 380 alles Geschehen der Monotonie religiöser Jenseits-Ausschließlichkeit unterworfen, die Antike als gottlosen Irrweg an den Pranger gestellt und das Übernommene nur noch als „äußerliches Formelgut" bewertet hat, „herangeschwemmt von dem blinden Gezeitengang der Geschichte", wie der Kunsthistoriker Bernhard Schweitzer erkennt.[663] Keiner hat bisher den Bogen gespannt von der Vernichtung der antiken Kultur zur Vernichtung der spanisch-maurischen Hochkultur und lateinamerikanischen Indiokultur. Nur wenige wagten den Aufstand der Vernunft gegen die „jenseitsfixierte Welt- und Freudenvermiesung" (der Philosoph Hermann Josef Schmidt): Der große Mommsen war einer von ihnen, aber das ist lange her.

Man muss die Philologen fragen, oder die Kunsthistoriker, aber nicht deutsche Althistoriker. Diese schweigen, umgehen bestenfalls das drin-

663 B. Schweitzer, Die spätantiken Grundlagen der mittelalterlichen Kunst, in: P. Hübinger, Kulturbruch oder Kulturkontinuität im Übergang von der Antike zum Mittelalter, 1968, S. 259.

gend zu Klärende oder lassen sich zu einem „ja, aber“ hinreißen, wie der Althistoriker Alexander Demandt im Januar 2009: „Dass [...] im Namen des Christentums schreiendes Unrecht begangen wurde, ist weder zu verschweigen noch zu beschönigen. Aber es entwertet keineswegs die beispiellosen kulturellen und sozialen Glanzleistungen des Christentums in der Geschichte des Abendlandes, weder die grandiosen Kathedralen noch die segensreichen Hospitäler, weder die h-moll-Messe Bachs noch die Franckesche Stiftung oder das internationale Kolpingwerk. Der moderne Sozialstaat ist aus christlicher Wurzel erwachsen. Licht und Schatten liegen in der Geschichte nebeneinander, ‘unvermischt und ungetrennt’ wie die beiden Naturen Christi im Credo.“[664]

Manches von dem, was Demandt zu sagen hat, ist richtig und vieles verführerisch einfach und eben deshalb so gefährlich. Licht und Schatten liegen in der Geschichte eben nicht einfach nebeneinander. So leicht bekömmlich läuft die Entschuldung Stalins oder Hitlers nicht. Da wird man schon mal nach Opfern fragen müssen, nach dem Strom von Tränen, nach unsäglichem Leid zerbrochener Mitmenschen und kann nicht einige Sozialstationen gegen Millionen Gedemütigter und Malträtierter aufrechnen. Einiges ist aber auch schlicht falsch. So ist der moderne Sozialstaat nicht aus der „christlichen Wurzel“ entstanden, sondern aus der Bismarckschen Sozialgesetzgebung zur Kranken-, Unfall- und Rentenversicherung und Bismarck war gewiss kein Anhänger der katholischen Kirche, der seine Impulse aus der Tiefe des urchristlichen Ursprungs holen musste. Es gibt auch andere Quellen, verehrter Alexander Demandt, aus dem sich humanes Denken speist! Und es gibt viele, die meinen, dass diese die wichtigeren seien.

Auch ist die kulturelle Leistung des Christentums keineswegs „beispiellos“. Demandt blickt in das späte Mittelalter von Tilman Riemenschneider und Lucas Cranach und verschweigt tausend Jahre kulturelle Einöde nach Übernahme der Macht durch die Kirche. Demandt verschweigt den Untergang einer überlegenen schöpferischen, vielschichtigen Kultur, in der überraschend viele Menschen Lesen und Schreiben konnten und die Gebildeten mehrsprachig erzogen wurden. Er verschweigt, dass die Etablierung der christlichen Religionskultur vom flächendeckenden Analphabetismus begleitet wird, dass die öffentlichen Bibliotheken der Antike mehrere hunderttausend Bücher betreuten, während die nicht-öffentlichen Klosterbi-

664 A. Demandt, Durch Mord zum Heil, in: Spiegel Geschichte 1/2009 vom 27.1.2009.

bliotheken Jahrhunderte lang mit jämmerlichen Beständen unter tausend Büchern ein kümmerliches Dasein fristen.

Er verschweigt, dass es bis tief in das Mittelalter hinein, also eine kleine Ewigkeit von tausend Jahren Christentum, außer Kathedralen und kirchlichem Kultgerät nichts mehr gab, was bewundernswert war. Keine Dramen, kein Theater, keine freistehende Skulptur. Auch keine öffentlichen Schulen, keine Thermen, keine Fernstraßen, keine Aquädukte. Er verschweigt, dass die europäische Menschheit tausend Jahre lang praktisch keinen wissenschaftlichen Fortschritt zu verzeichnen hat, dass die Medizin des Mittelalters auf den unveränderten Erkenntnissen antiker Medizinkenntnisse arbeitet und dass Mozart auch ohne christliche Kirche geboren worden wäre und in einem anderen säkularen Kulturklima, ohne das dumpfe Milieu des verhassten Fürsterzbistums von Salzburg vermutlich andere großartige Werke geschaffen hätte: anstatt der großen Messe in C-Moll weitere Symphonien.

Da gibt es einiges aufzuarbeiten. Das sind wir den Ahnen schuldig. Und uns. Damit wir wieder unbelastet vom unendlichen religiösen Getöse mit Stolz auf unsere Vergangenheit, auf unsere dreitausendjährige europäische Tradition schauen können. Und damit wir endlich wieder ethische Maßstäbe setzen können, die sich nicht an den verblichenen Grundsätzen einer uralten Priesterreligion orientieren, sondern am Menschen selbst. Direkt und ohne Schulmeister.

Exkurse

1 Der pagane und der christliche Monotheismus

Konstantin glaubt an *eine* höchste Macht. Und da der Monotheismus von den drei monotheistischen Religionen gepachtet ist, muss für den Monotheismus Konstantins ein neues Wort gefunden werden: Henotheismus. Ein Kunstwerk, das die Vielfalt himmlischer und halbgöttlicher Kräfte im Christentum verschleiert und dem Historiker wenig dienlich ist.

Der Monotheismus Konstantins (und seiner Vorgänger) speist sich seit Seneca (gest. 65 u.Z.) und der Theologie der Stoa[665] aus einer Reihe paganmonotheistischer Anschauungen. Seneca spricht vom „Ordner des Alls", „Schöpfer der Welt" und prägt die berühmte von Augustinus (gest. 430) und Anselm von Canterbury (gest. 1109) übernommene Beschreibung Gottes als einem, „zu dem nichts Größeres gedacht werden" könne.[666] Senecas Gottesverständnis wurzelt im griechisch-philosophischen Nachdenken über die „letzte Einheit" der Welt und ihre „erste Ursache" und kommt dem christlichen Gottesverständnis so nahe, dass im vierten Jahrhundert

---

665 Alfons Fürst weist zwar auf die Unterschiede zwischen der Theologie Senecas und der christlichen Theologie hin, arbeitet aber auch die Nähe beider Theologien heraus: „Je nach Perspektive und Schwerpunktsetzung fallen mehr die Unterschiede oder mehr die Gemeinsamkeiten [des paganen und christlichen Monotheismus] ins Auge" (Der apokryphe Briefwechsel zwischen Seneca und Paulus, 2006, S. 106).

666 Seneca, epistula 16,5; epistula 119,15; Seneca, Naturales Quaestiones, Buch 1, praef 13: „qua nihil maius cogitari posset"; Augustinus, de Trinitate, Buch 5, 10: „deo non est aliquid maius"; Anselm proslog 2: „Aliquid quo nihil maius cogitari possit".

ein (gefälschter) Briefwechsel zwischen Seneca und Paulus veröffentlicht wird, der die Nähe beider Männer und deren Ideen zeigen soll.[667]

Etwa einhundert Jahre nach Seneca zeichnen die heidnischen Philosophen Dion Chrysostomos und Maximos von Tyros weitere Parallelen zu der Morallehre des Apostels Paulus und verdichten damit die Vermutung, dass sich die frühen Christen auch auf die kynische und stoische Philosophie bezogen haben, als sie ihren christlichen Glauben entwickelten. Sie beschreiben einen paganen Monotheismus, der durch folgende Merkmale gekennzeichnet sei: Hinter der Vielfalt der göttlichen Wesen steht *ein* Gott; dieser *eine* Gott steht zu einer Vielzahl der Götter in einem friedlichen und unproblematischen Verhältnis, das durch einfache Nebenordnung gekennzeichnet ist; die Epitheta dieses *einen* Gottes sind „König“ und „Vater“.[668]

Im dritten Jahrhundert finden wir dann dezidiert ausgeprägte römisch-monotheistische Ansätze, zunächst im Elagabal-Kult und dann im Kult des Sonnengottes, der unter Aurelian (reg. 270-275) Hauptgott des römischen Kultes wird und dem auch der Vorgänger Konstantins, Kaiser Diokletian, nahe steht.[669] Der monotheistische Gedanke ist zu dieser Zeit so verbreitet, dass der christliche Kirchenhistoriker Laktanz (gest. 325) in seinen *Göttlichen Unterweisungen* den Spuren paganen Monotheismus nachgeht. Er fragt, ob die Welt von einem einzigen oder vielen Göttern regiert wird und zitiert eine Reihe antiker Dichter und Philosophen als Zeugen für einen lang bestehenden Monotheismus.[670]

---

667 Incipiunt Epistolae Senecae ad Paulum et Pauli ad Senecam, in: Der apokryphe Briefwechsel zwischen Seneca und Paulus, hrsg. von R. Feldmeier u. a., 2006.

668 Maximus Tyrius, Philosophumena. Diàlexeis, hrsg. v. Georg L. Koniaris, 1995, 11,5a-b. Chrysostomos stellt für die Zeit um 100 u.Z. eine ähnliche Einstellung bei „vielen“ fest (Die Bibliothek der Alten Welt, Dion Chrysostomos, Sämtliche Reden, übers./erläutert von Winfried Elliger, 1967, or. 31,11,9).

669 Nach seiner Ausrufung zum Augustus schwört Diokletian mit gezogenem Schwert und zur Sonne aufblickend (Aurelius Victor, Liber de Caesaribus 39,13: „cum educto gladio solem intuens“). Weitere Belege bei Berrens, Sonnenkult und Kaisertum, 2004, S. 139-143.

670 Laktanz, divinarum institutionum 1,2,1. In div.inst. 1 u. 3-4 listet Laktanz einen „monotheistisch“ denkenden Dichter- u. Philosophenkatalog auf: Thales, Pythagoras, Anaxagoras, Aristoteles, Platon u. a. Vgl. Jochen Walter, Pagane Texte und Wertvorstellungen bei Lactanz, Hypomnemata, Bd. 165, 2006.

Monotheismus, gleich ob jüdisch, christlich oder pagan, ist also im vierten Jahrhundert *en vogue*[671] und Kaiserhaus und Volk dürften in diesem Sinne den Sonnengott Sol als „höchste“ Gottheit verstanden haben. Dieser pagane *summus deus* ist nicht weniger monotheistisch als der christliche Dreifachgott, der – begleitet von Heiligen und einer Heerschar hierarchisch geordneter Engel – in einem metaphysischen Raum zum Wohle und Schutz der Menschen walten soll. Zwar verbietet die christliche Kirchenlehre, diese Armee von Wohltuern anzubeten, aber die Praxis sieht ganz anders aus: Vor den Statuen der Gottesmutter Maria fallen vermutlich mehr Christen auf die Knie als vor dem gestrengen und unnahbaren Gottvater. Der zur Rettung des „reinen“ christlichen Monotheismus gefundene Begriff des „Henotheismus“[672] oder die krampfhafte Differenzierung in „inklusiven“ und „exklusiven“ Monotheismus (MacMullen) verschleiern lediglich die Vielfalt halbgöttlicher Wesen im Umfeld des „dreieinigen“ christlichen Gottes zu Lasten ähnlich orientierter paganer monotheistischer Bewegungen und verraten die ungute Absicht der Diskriminierung: Gut ist nur der Monotheismus und den finden wir in reiner Form nur im Christen- und Judentum. Anrüchtig ist danach der Henotheismus und verwerflich der Polytheismus.

671 Zum paganen Monotheismus: Im Juli 2006 lud die englischen Universität Exeter zu einer Konferenz zum Thema „Pagan Monotheism in the Roman Empire (1st – 4th cent. AD)“ ein. Es trug u. a. A. Chaniotis vor: „Recent scholarship has established that the development of the idea of a supreme divine power was not monopolised by the ancient monotheistic religions (Judaism, Christianity), but can be observed in pagan religion as well. This is indeed one of the most influential religious trends in late Hellenistic and Roman religion, a trend which culminated in Late Antiquity. Ample evidence for this trend has been found in literary sources, in particular in the writings of philosophically educated authors, but also in theosophical texts (H. Erbse, Theosophorum Graecorum Fragmenta, 1995), some of which are transmitted through inscriptions“, zit. nach Huss.ex.ac.uk, Abstracts, 10.7.2009. Vgl auch: Images of God and Concepts of Social and Political Order. The Controversy between Celsos and Origen about Pagan and Christian Monotheism, in: Stephen Mitchell/Peter van Nuffelen (Hrsg.), Concepts of Pagan Monotheism in the Roman Empire, 2 Bde, 2008.

672 Alfons Fürst beobachtet einen „paganen Monotheismus“ und glaubt, man spreche besser vom Henotheismus (Christentum im Trend. Monotheistische Tendenzen in der späten Antike, in: Zeitschrift für Antikes Christentum, 2006, S. 496-523).

Mit dem Szenario eines seit Echnaton (Ägypten, 14. Jahrhundert v.u.Z.) nachweisbaren, synkretistisch generierten Monotheismus gerät das Bild von einem im Gegensatz zu den paganen Religionen stehenden Ausnahme-Christentum ins Wanken. Es ist einfach zu simpel. Denn der Glaube an den Sonnengott und an den christlichen Gott unterscheidet sich in zentralen Aspekten nicht: Beide kennen die Unsterblichkeit der Seele und die Wiederauferstehung nach dem Tode, beide nutzen die Taufe, ehren den Sonnentag und feiern am 25. Dezember den Geburtstag des Herrn. Die Grenzen sind fließend. Und da der komplexe Prozess der Akkulturation, des Kulturtausches und der synkretistischen Vereinigung von Sol und dem christlichen Gott in der althistorischen Literatur nur selten gebührend anerkannt wird, entstehen Bilder von Konstantin und der christlichen Religion, die ein ganzes Jahrtausend weltlicher und kirchlicher Geschichte entstellen.

Sieht man die Spätantike unter diesem Blickwinkel, als Teil und Ergebnis eines Prozesses, dann wundert es den Historiker nicht, dass Kaiser Konstantin als oberster heidnischer Priester eine christliche Konferenz leitet (325) und heidnische Symbolik und christliche Metaphorik noch lange Zeit parallel und gleichwertig auftreten. Münzdarstellungen aus der Mitte des vierten Jahrhunderts zeigen unverändert die Siegesgöttin Victoria, so beispielsweise auf Münzen der Söhne Konstantins, Konstans und Constantius II., aus dem Jahre 343/347, auf denen Victoria dargestellt ist, diese mit Kranz und Palmzweigen auf die Kaiser zueilend, um ihnen den Siegeskranz zu überreichen[673] oder ähnlich auf dem Goldmedaillon „Gloria Romanorum“ aus den Jahren 355-361. Ebenso selbstverständlich ist die Kombination heidnischer-christlicher Symbole, wie auf der „Silberschale aus Kertsch“, heute in der Eremitage in St. Petersburg, die Konstantius II. mit Victoria und einem begleitenden Gardesoldaten zeigt, auf dessen Schild ein „XP“ graviert ist.[674] Noch Anfang des fünften Jahrhunderts werden Münzen aufgelegt, die den römischen Kaiser mit der Siegesgöttin Victoria auf einem Globus oder mit Langkreuz zeigen.[675]

673 Abbildung und Erläuterungen bei: M.R. Alföldi, Bild und Bildersprache der römischen Kaiser, 1999, S. 174. Prägedaten in RIC anders als bei Alföldi.

674 ILS 694; vgl. M.R. Alföldi, Bild und Bildersprache der Römischen Kaiser, Mainz 1999, S. 175, Abb. 221.

675 Solidus RIC 1251 (um 404/408); Solidus RIC 9,76 (um 385); Maiorina RIC 8,316 (352); Solidus RIC 9,72 (um 385); Aes RIC 9,456 (um 388); Solidus RIC 1901 (um 425); Tremissis RIC 1289 (um 402/406); Solidus RIC 1287 (um 402/406); Solidus RIC 2010 (um 426/430); Solidus RIC 510 (um 450); Solidus RIC 605 (um 462/466); Solidus RIC 3713 (um 450). Daten aus dem

Diese Münzfunde belegen eine gänzlich andere Kirchengeschichte, als sie uns bisher erzählt worden ist. Sie und andere Funde weisen nach, dass sich mindestens bis zum Ende des vierten Jahrhunderts christliche und pagane Auffassungen, auch über Gott, teils in Konkurrenz, teils in schadlosem Nebeneinander und in weitgehend friedlichem Wettbewerb im römisch-religiösen Schmelztiegel mischen.[676] Anders ist auch kaum zu erklären, dass Kaiser Julian im Jahre 361 dem Imperium Romanum eine Rückkehr zum antiken Götterkult verordnet, ohne dass es Unruhen gibt.

Wenn jedoch die Religionsgeschichte des vierten Jahrhunderts ausschließlich aus der Perspektive des Christentums betrachtet und Monotheismus als ein vom Christentum gepachtetes Verhältnis zum höchsten Gott verstanden wird, dann gelangt man zu Schlussfolgerungen wie der des Althistorikers Hartwin Brandt, der aus einem Edikt aus dem Jahre 334, Konstantinopel sei die Stadt, welche Konstantin „auf göttliches Geheiß mit einem ewigen Namen beschenkt habe“, folgert, Konstantin sei ein „dezidierter Anhänger des Christentums“ gewesen.[677] Überlegungen, ob dieser Gott des Jahres 334, ähnlich wie die Gottheit des Konstantinbogens von 315 u.Z. (*instinctu divinitatis*), auf einen ganz anderen Gott hinweist als den christlichen, sucht man vergebens.

interaktiven Münzkatalog des Münzkabinetts, Staatliche Museen zu Berlin, 9-2009.

676 Im „Chronographus“ von 354 stehen pagane und christliche Feste friedlich nebeneinander. Noch eingangs des 6. Jahrhunderts nennt sich der *vir clarissimus* Astius Vindicianus zugleich Christ und *flamen perpetuus* (= heidnischer Priester, Inschriftenverzeichnis CIL 8,450). Weitere Beispiele bei: J. Straub, Romanitas-Christianitas, 1982, S. 663.

677 Codex Theod. 13,5,7. H. Brandt, Geschichte der römischen Kaiserzeit, 1998, S. 122.

2 Die „Religion der Nächstenliebe" im historisch-philosophischen Kontext

Gerne wird in der theologischen wie althistorischen Literatur die „Nächstenliebe" als Grund für die Durchsetzung des Christentums genannt. Der Altphilologe Wilhelm Nestle konstatiert im Jahre 1990, der Anstoß für den Sieg des Christentums sei in „einem in diesem Ausmaß nie wirksamen Element: [der] Liebe" zu suchen.[678] Bezeichnenderweise spielen Konstantin und Theodosius in seiner Studie über Christentum und antike Gesellschaft überhaupt keine Rolle, womit das Spielfeld von lästigen historischen Mitspielern freigeräumt und für metaphysische Weitschüsse freigegeben wäre.

Mit diesem Schlagwort von der „Religion der Nächstenliebe" setzt sich die christliche Kirche auf das höchste ethische Ross, das in einer weltfremden Jenseits-Utopie zu finden ist. Als Parole und geistiges Narkotikum ist es im Falle von Argumentationsnöten gut geeignet, unter Verdrängung sämtlicher historischer Scheußlichkeiten fundamentale Bibel- und Kirchenkritik erfolgreich zu paralysieren und die peinliche politische Tolpatschigkeit frommer Geister zu kamouflieren. Mit dem Schlagwort wird richtig theologischer und politischer Schindluder getrieben, wenn beispielsweise protestantische Rigoristen – zuletzt die ehemalige Ratsvorsitzende der evangelischen Kirche, Bischöfin Margot Käßmann[679] – fromm-arrogant es dem biblischen Nirwana überlassen, in einer in existentiellen Nöten darbenden und heillos überlasteten Erde in Frieden zu leben und moralinsauer von

678 W. Nestle, Die Haupteinwände des antiken Denkens gegen das Christentum, in: J. Martin/B. Quint (Hrsg.), Christentum und antike Gesellschaft, 1990, S. 17-80.

679 Im Dezember 2009 klärte die Ratsvorsitzende der evangelischen Kirche, Bischöfin Käßmann, in mehreren Interviews zum Thema Afghanistan Politiker, Alliierte und die vom Bundestag entsandten deutschen Soldaten auf: „Nichts ist gut in Afghanistan".

„politischen Lösungen“ schwafeln, so als hätten dies die Politiker vieler Länder nicht bis zum Abwinken versucht.

Die Nächstenliebe-Losung ist auch deshalb ärgerlich, weil die christliche Kirche als Institution im Laufe der Jahrtausende reichlich Gelegenheit gehabt hat, dieses hoch zu schätzende Liebes-Gebot mit Leben zu erfüllen, ohne jedoch den hehren Ansprüchen Genüge leisten zu können. Allzu häufig hat sich das missionarische „Schrift Gottes“-Dogma dem Gebot der bedingungslosen Liebe entgegengestellt und die Religion der Nächstenliebe in Verruf gebracht. Zur Vorsicht mahnt im Übrigen die kirchliche Lehre selbst, die an zahlreichen Stellen die Nächstenliebe rigoros außer Kraft setzt: „Wer den Herrn nicht liebt, sei verflucht“, meint Paulus (1 Kor 16,22) und es handelt sich hierbei nur um ein Beispiel, bevor sich unter den Worten des hochgeschätzten Augustinus der gütige Gott zu einem furchtbaren Verfolger der Menschen wandelt, der sogar Neugeborene ins ewige Feuer wirft.

Im Übrigen ist die viel zitierte Forderung von der Feindesliebe alltagsuntauglich und als nicht realisierbare Sollgröße eine leere Floskel. Die Katholiken des vierten und fünften Jahrhunderts haben ihre „häretischen“ Brüder und Schwestern ebenso mit Hass und Verwünschungen überzogen, wie die katholischen Kirchenführer heute Atheisten schmähen. Die Menschheitsgeschichte lehrt, dass sich die Evolution nicht im Gefolge der Feindesliebe vollzogen hat, sondern im Rahmen eines unerbittlichen Selektionsprozesses. Sympathie gegenüber dem Nächsten hat sich dabei als für das Überleben der Gruppe nützlich erwiesen[680] und vollzieht sich nach außen häufig im streitbaren Gegensatz zur nächsten Gruppe. Gerade die Unfriedlichkeit der monotheistischen Religionen verifiziert die empirisch und sozialwissenschaftlich untermauerte Erkenntnis, dass sich Feindesliebe vernachlässigbar selten und Nächstenliebe im Regelfall nur in überschaubaren sozialen Einheiten vollzieht. Feindesliebe ist ebenso wie die bedingunglose Nächstenliebe noch nicht einmal als *Ziel* moralischen Handelns tauglich, weil sie unerreichbar ist. Sie überfordert in ihrer idea-

680 David Hume, der sprachbegabte schottische Philosoph der Aufklärung, argumentiert, das Gute sei im Menschen angelegt, weil nur so, im Geben und Nehmen, eine soziale Gemeinschaft wachsen könne. Die Evolutionsbiologie ist inzwischen zu gleichen Ergebnissen gekommen: Das soziale Lebewesen sei zur *Empathie*, zum Mitgefühl fähig. Der Mensch könne sich, frei von Religion, mit anderen Menschen freuen und mit ihnen leiden. Vgl. auch F.M. Wuketits, Darwins Kosmos, 2009, S. 118f.

listischen Ausprägung ganz offenbar die menschliche Natur und verführt zur Kanzel-Heuchelei. Ehrlicher wäre es, von *Verantwortung* zu sprechen, wenn wir das humane Denken als eine wichtige Grundlage für das friedliche Zusammenleben aller Völker definieren wollen. Der Begriff bedarf keinerlei religiöser Untermalung, schließt ein Leben in Harmonie mit der Natur ein und verlagert die Begründung des Handelns dorthin, wo sie hingehört: in den Kopf.

Außerdem dürften vermutlich alle Kulturen den Wert der „Nächstenliebe", wenn auch weniger rigoros und unter verschiedenen Namen, hervorheben. Bereits die Philosophie Zarathustras (ca. 1.000-500 v.u.Z.) basiert auf den drei Grundsätzen „Gut Denken, Gut Reden und Gut Handeln": „Ich bin Zarathustra, wahrhaftiger Gegner der Lügner, und ich werde sie bis zu meiner letzten Kraft bekämpfen. Aber mit meiner ganzen Kraft werde ich den Aufrechten und Rechtschaffenen beistehen" (43/8. Strophe). Wenige Jahrhunderte später lässt Sophokles um 450 v.u.Z. seine Antigone rezitieren: „Nicht mitzuhassen, mitzulieben bin ich geschaffen." Der wegen Asebie zum Tode verurteilte Sokrates weist im Jahre 399 v.u.Z. alle Vorschläge seines Freundes Kriton zurück, aus dem Gefängnis zu fliehen, weil der Philosoph überzeugt ist, es sei besser Unrecht zu erleiden, als eine ungesetzliche Tat zu tun. Aristoteles diagnostiziert um 330 v.u.Z. im achten Buch seiner *Nikomachischen Ethik*, das Wesen der Freundschaft sei, mehr Liebe zu geben als zu nehmen.

Der römische Philosoph Seneca, der sein Hauptstadt-Leben parallel zum Landmann Jesus führt und im Jahre 65 u.Z. von Kaiser Nero die Aufforderung zum Freitod zugestellt bekommt,[681] schreibt ein ganzes Buch *Über die Wohltaten – De beneficiis* und bekennt: „Wodurch sind wir sicher, wenn nicht durch den Austausch von Wohltaten und dadurch, dass wir uns wechselweise gute Dienste leisten? Ahmen wir die Natur nach und geben wir, auch wenn vieles vergeblich gegeben wird". An anderer Stelle macht er sich Gedanken *Vom glückseligen Leben* und erkennt, das höchste Gut sei „ein ruhiges Handeln, reich an Menschenliebe und Rücksicht für die, mit denen man lebt". Keiner ist bisher auf den Gedanken gekommen, im Falle

681 Tacitus schildert in seinen Annalen (15,60-64) das Sterben Senecas in stoischer Ruhe und als Tod eines Weisen nach dem Vorbild des Sokrates. Demnach soll Seneca die Selbsttötung erst beim dritten Versuch gelungen sein: Zunächst habe er sich die Pulsadern und weitere Arterien an den Beinen geöffnet, dann soll er wie Sokrates einen Schierlingsbecher getrunken haben und sei schließlich in einem Dampfbad erstickt.

Senecas von einer „Philosophie der Liebe“ zu sprechen, obwohl ihr dieses Markenzeichen wahrlich zustände.

Im Übrigen ist das Gebot der Nächstenliebe ein mosaisches, also jüdisches Gebot (3 Mos. 19,18) und wird auch in den Evangelien als solches zitiert. Folglich hätte sich zunächst einmal die jüdische Überzeugung als „Religion der Liebe“ durchsetzen müssen. Was, wie wir wissen, nicht geschah.

Der Theologe und ehemalige Präsident der Humboldt-Universität Christoph Markschies irrt also, wenn er behauptet, das christliche Liebesgebot habe die Menschen des vierten Jahrhunderts zur Abkehr von den alten Göttern bewogen. In dieser Beziehung haben die klassischen Philosophen und Dramatiker schon Jahrhunderte vor der Schaffung des ersten Evangeliums gezeigt, dass „Gutes tun“ eine alle Kultur- und Zeitgrenzen sprengende, wenngleich selten erreichbare Tugend und Forderung ist. Im Übrigen ist auch im vierten Jahrhundert die maßlose Rachsucht des alttestamentarischen Gottes und die aggressive Streitbarkeit der christlichen Bischöfe bekannt. Dies dürfte die Attraktivität der christlichen Religion kaum erhöht haben.

3 Der Wandel der römischen Truppenfahne in ein christliches „Labarum"

Eusebius erwähnt in seiner *Vita Constantini* auch ein „Labarum", eine kaiserliche Kriegsstandarte im Range eines Feldzeichens mit einem Christogramm („XP") auf der Stangenspitze anstelle des seit Jahrhunderten geführten römischen Adlers: „Dieses heilbringende Zeichen gebrauchte nun der Kaiser stets als Schutzmittel gegen jede Macht, die sich ihm feindlich entgegenstellte, und er befahl, dass das Abbild desselben allen seinen Heeren vorangetragen werde."[682]

Eusebius ist der einzige zeitgenössische Autor, der behauptet, Konstantin habe ein Labarum mit christlicher Symbolik entwerfen lassen. Laktanz, obwohl näher am Zeitgeschehen, weiß davon nichts zu berichten. Die Schlagzeile liefert uns Eusebius auch nicht in seiner ereignisnahen *Kirchengeschichte*, sondern erst 25 Jahre später, nach dem Tode des Kaisers im Jahre 337. Die Frankfurter Numismatikerin Maria R. Alföldi vertraut dennoch Eusebius und zitiert „als offizielle Meinung seiner Zeit" den christlichen Schriftsteller Aurelius Prudentius (348-405), Christus selbst habe Labarum, Schilder und Helmbusch gemalt. Diese eher amüsante Vorstellung, der christliche Gott renne mit einem Farbtopf durch die römische Schlachten-Landschaft, mündet schließlich bei Maria R. Alföldi in der Schlussfolgerung, dass „das Labarum mit Constantins Sieg 312 [...] eingeführt wurde".[683]

---

682 Eusebius, Vita Constantini 1,31.

683 M.R. Alföldi (Hrsg.), Gloria Romanorum, Historia EZ 153, 2001, S. 271. M.R. Alföldi hat eine unrühmliche Rolle bei dem Versuch der katholischen Kirche gespielt, 1992 Karlheinz Deschners 10-bändige *Kriminalgeschichte des Christentums* im Rahmen eines Symposiums und mit Hilfe des katholischen Herder-Verlages zu diskriminieren. Ihre Entgegnung zu Deschners Kapitel „Konstantin" ist derart tendenziös, dass es Deschner in einer „Replik" (Bd. 5) leicht gelingt, die Kritik von M.R. Alföldi zu entzaubern. An dem Symposium in der katholische Akademie in Schwerte nahmen 22 akademi-

Die Mehrheit der Althistoriker widerspricht nicht und akzeptiert die eusebische Labarum-Geschichte.[684] Dabei müssten die Althistoriker als Experten der römischen Geschichte es besser wissen und Zweifel anmelden. Nicht nur, weil Eusebius seine Story erst sehr spät nachliefert, nicht nur, weil der Bericht des Aurelius Prudentius unter Wissenschaftlern nicht ernsthaft diskutiert werden kann, sondern auch wegen des Fehlens von archäologischen und epigraphischen Befunden aus der Zeit zwischen 312 und 327, die in irgendeiner Form bestätigen, dass die Kriegsfahnen der römischen Truppen nunmehr ein christliches Emblem tragen. Noch nicht einmal der gewaltige Konstantinsbogen, der im Jahre 315 zur Verherrlichung von Konstantins Sieg in der Schlacht an der Milvischen Brücke eingeweiht wird, zeigt irgendwelche Ansätze eines christlichen Labarums. Stattdessen sehen wir die Standarten des *Sol Invictus* und der Siegesgöttin Victoria.

Erst eine äußerst seltene Bronze-Kleinmünze „Spes Publica – Hoffnung der Allgemeinheit“ aus den Jahren 327/328[685] zeigt ein römisches Feldzeichen mit einem aufgesetzten XP-Symbol. Diese Münze kann – wie der Althistoriker Bruno Bleckmann belegt – nicht auf das Ereignis des Jahres 312 verweisen,[686] sondern platzt scheinbar völlig überraschend in die heidnische Münz-Szenerie hinein. Die zitierte Maria R. Alföldi interpretiert in die Münze eine nebulöse Beziehung zum Konzil von Nicäa hinein, „um den Versuch zu wagen, die verschiedenen Glaubensrichtungen der Zeit zu einen“,[687] aber diese Spekulation entbehrt jeder Grundlage, zumal sich Nicäa nicht mit den „verschiedenen Glaubensrichtungen der Zeit“, sondern nur mit den christlichen Konfessionen befasst. Die Münze bleibt also eine Überraschung, deren Effekt sich nur dann auflöst, wenn das „XP“ nicht als Christogramm, sondern als ein Symbol des Sonnengottes identifiziert wird.

---

sche Vertreter aus kirchlichem Umfeld teil. Hermann Gieselbusch, Lektor im Rowohlt-Verlag, wies in einer Stellungnahme darauf hin, dass nur wenige der Symposiumsteilnehmer „sich wenigstens der persönlichen Verunglimpfung enthielten“.

684 H. Brandt „bedeutsames [...] Zeichen einer Hinwendung Konstantins zum Christentum“ (Geschichte der römischen Kaiserzeit, 1998, S. 152) u. a. ähnlich.

685 RIC VII,19 (327/328). M.R. Alföldi nimmt das Jahr 325 als Prägedatum an (Bild und Bildersprache der Römischen Kaiser, 1999, S. 190).

686 B. Bleckmann, Konstantin der Große, ^{3}2007, S. 61. Das Labarum zeigt zwei Söhne, 312 hat Konstantin aber nur einen Sohn.

687 M.R. Alföldi, Bild und Bildersprache der Römischen Kaiser, 1999, S. 190.

Hierauf ist an anderer Stelle ausführlich eingegangen worden (vgl. Kapitel 14.2, Der größte anzunehmende Unfall der Konstantinforschung).

Irritierender als eine einzelne Münze ist allerdings das mangelnde Einfühlungsvermögen der Autoren in das Innenleben des römischen Heeres. Denn Truppenfahnen (Vexilla) werden nicht einfach ausgewechselt – schon gar nicht über Nacht –, sondern dienen den Legionären der militärischen Erkennung und einer mehr oder weniger religiösen Identifizierung mit *ihrem* Gott. „Die ganze Soldatenreligion“, schreibt Tertullian, „verehrt Feldzeichen, betet Feldzeichen an, schwört bei den Feldzeichen, zieht den Feldzeichen allen Göttern vor.“[688] Truppenfahnen sind also „heilig“. Sie werden von den Legionären verehrt und geschützt.

Auch die Tatsache, dass Konstantin bis zu seinem Tode *Pontifex Maximus*, oberster Priester der römischen Religion, bleibt, spricht gegen ein christliches Labarum zur Zeit Konstantins und für eine unverändert römisch-heidnische Truppenfahne. Anderenfalls würden wir Zeuge eines absurden Szenarios: Konstantin, der „Chefpriester“ der paganen Religion, lässt in den folgenden Kriegen beim Aufmarsch der heidnischen Legionen demonstrativ ein christliches Symbol vor den Soldaten hertragen, begleitet von einer „Heiligen Schar“ von fünfzig heidnischen Soldaten.[689] Ein solches Szenario ist ebenso wahrscheinlich wie der Aufmarsch eines HSV-Fanclubs hinter der Vereinsfahne von Borussia Dortmund.

Unter Berücksichtigung der Symbolforschung, der Bedeutung der Truppenfahnen für die heidnischen Truppen und der Abhängigkeit Konstantins von eben diesen Truppen scheint daher die Annahme stichhaltig zu sein, der Sonnengott Sol habe auch nach dem Jahre 312 weiterhin auf den konstantinischen Truppenfahnen in Form der alten heidnischen Stern-Symbolik mit oder ohne Halbdiskos weitergelebt. Nur so ist die widersinnige Annahme zu vermeiden, die Legionen seien unter der Herrschaft zweier sich gegenseitig ausschließender Gottheiten auf dem Gefechtsfeld herummarschiert. Dies sieht die *Theologische Realenzyklopädie* auch so, die – chapeau! – nicht zum ersten Mal eine unübersehbar vorurteilsfreiere Interpretation des konstantinischen Geschehens bietet als mancher Althistoriker: Das Labarum sei „ein geläufiges in der Verehrung des Sonnengottes verwurzeltes Siegeszeichen [gewesen], auch wenn Euseb und andere es als christlich ansahen“.[690]

---

688 Tertullian, apologeticum 16,8.

689 Eusebius, Vita Constantini 2,8.

690 Theologische Realenzyklopädie, Bd. 19, 1990, S. 492.

Die erwähnte Bronzemünze „Spes Publica“ mit aufgesetztem „XP“-Symbol aus den Jahren 327/328 zeigt übrigens eine weitere Besonderheit, die Anlass zu erneuten christlich-metaphorischen Deutungen gibt: Der Schaft des Labarum, so heißt es, durchbohre eine Schlange, Sinnbild des Bösen, die sich zu Füßen der Standarte windet. Dies jedenfalls meint Maria R. Alföldi und interpretiert die Darstellung: Es sei eine symbolhafte Darstellung aus dem Umfeld des Konzils von Nicäa (325), mit dem der Tod der Häresien gemeint gewesen sein könne.[691] Alföldis Deutung ist einmal mehr reine und ärgerliche Spekulation, da die Interpretation vom „Tod der Häresien“ überhaupt nicht in das Prägejahr der Münze 327 passt. Denn in diesem Jahr rehabilitiert Konstantin den Ober-Häretiker Arius und die kaiserliche Münzstätte in Konstantinopel wird wohl kaum gewagt haben, parallel dazu eine anti-häretische Münze zu schlagen.

691 M.R. Alföldi (Hrsg.), Gloria Romanorum, Historia EZ 153, 2001, S. 270. So auch R. Leeb, Konstantin und Christus, 1992, S. 46.

4 Dies Solis und Dies Dominicus. Vom Sonnentag zum Sonntag

Konstantin befiehlt im Jahre 321, den babylonisch-griechisch-römisch-urheidnischen Festtag *Dies Solis* als reichseinheitlichen Fest- und Ruhetag zu zelebrieren. Der Text des Erlasses ist in zwei Fassungen überliefert, im Codex Theodosianus aus dem fünften und im Codex Iustinianus aus dem sechsten Jahrhundert.[692]

Die frühe, konstantinnahe Textfassung des Codex Theodosianus liegt ganz auf der Linie der römischen Feriae-Ordnung: „Wie es als äußerst unwürdig erscheint, dass der durch seine Verehrung herausgehobene Tag der Sonne durch wechselweisen Streit [...] in Beschlag genommen wird, so ist es willkommen [...], am Feiertag Freilassungen und Mündigkeitserklärungen vorzunehmen." Der Festtag wird also unter ausdrücklichem Bezug auf die verehrungswürdige Sonne als ein gerichtsfreier Tag mit Ausnahmeregelung bestimmt, mehr sagt der Erlass nicht.[693] Eine Verbindung zum Christentum, zu den christlichen Gebräuchen[694] oder gar zu Christus, ist nicht auszumachen.

Die Fassung aus dem sechsten Jahrhundert erfährt eine Erweiterung gegenüber der des fünften Jahrhunderts: „Alle Richter, die städtische Bevölkerung und die Werkstätten aller Handwerke sollen am verehrungswür-

---

692 Codex Theod. 2,8,1 (publiziert 438); Cod.Iust. 3,12,2 (publiziert um 535). Der Codex Iustinianus darf nicht als ein getreues Abbild der jahrhundertelangen römischen Rechtstradition verstanden werden, sondern muss als der Versuch bewertet werden, ein großes christliches Gesetzbuch zu entwerfen. Von Selektionen und Veränderungen ist daher grundsätzlich auszugehen.

693 Zur römischen Ordnung, dass an staatlichen Feiertagen Rechtstreitigkeiten zu vermeiden seien und die Sklaven einen Ruhetag erhalten vgl. Cicero de legibus 2,29.

694 Justin der Märtyrer, 1. Apologie (um 150): „An dem nach der Sonne benannten Tage findet die Zusammenkunft von allen, die in Städten oder auf dem Lande weilen, an einem gemeinsamen Ort statt."

digen Tag der Sonne ruhen.“ Es folgt noch eine Ausnahmeregelung für die Bauern, die aber den Charakter dieser späten Fassung des Konstantin-Erlasses als einen heidnischen Fest- und Ruhetag nicht in Frage stellt. In der Literatur wird meist nur diese späte Fassung zitiert.[695]

Die Quellenlage ist also bis hierhin eindeutig: Konstantin verordnet im Jahre 321 *zum Gedenken an die verehrungswürdige Sonne* einen Feiertag. Dabei kann der Historiker von einer relativ großen Zuverlässigkeit des Textes ausgehen, da die (heidnische) Widmung in zwei antiken Gesetzestexten rekapituliert wird und in einer christlich orientierten Kulturlandschaft kaum Anlass für eine heidnische Kontaminierung bestanden haben dürfte. Damit ist schon alleine aufgrund dieses Sachverhaltes auszuschließen, dass Konstantin im Jahre 321 bekennender Christ gewesen ist.

Das sehen natürlich die antiken christlichen Kirchenschriftsteller ganz anders. Wozu hat schließlich der christliche Gott Konstantin im Jahre 312 bei der Schlacht an der Milvischen Brücke mit Weissagungen und himmlischen Truppen geholfen, wenn dieser zehn Jahre später einen Festtag zur Verehrung des Sonnengottes einrichtet? Das passt nicht zusammen, also muss der Sonnen-Tag-Erlass christianisiert werden und der antike Kirchenhistoriker Eusebius ist der erste, der sich daran versucht: „Darum erließ er ein Gesetz für alle Bürger des römischen Reiches, an den nach dem Erlöser benannten Tagen zu feiern, [...] wohl um des Gedächtnisses willen an all das, was der Heiland der Welt, wie überliefert ist, an diesem Tage vollbracht hat.“[696] Diesen Text können wir getrost vergessen. Er ist mit der damaligen Kirchenterminologie und mit der antiken Gesetzesüberlieferung inkonsistent, vermutlich nachträglich in klösterlichen Kopierstuben „hineinchristianisiert“.

Etwa einhundert Jahre nach Eusebius zieht der christliche Kirchenschriftsteller Sozomenos (gest. um 450) die Juden als Argumentenlieferanten heran und behauptet in seiner *Kirchengeschichte*, Konstantin habe den paganen Sonnen-Tag und den jüdischen Feiertag zu einem christlichen „Tag des Herrn“ umgeformt.[697] Diese Hypothese, die die Christlichkeit Konstantins unter Zuhilfenahme jüdischer Rituale retten soll, ist zwar weitgehend zur Gelehrtenmeinung geworden, macht aber ebenfalls wenig Sinn. Denn die Unterstellung ist weder mit den antiken Gesetzestexten vereinbar,

695 Zuletzt noch K. Piepenbrink, Konstantin der Große und seine Zeit, 2002, S. 109, und H. Brandt, Konstantin der Große, 2006, S. 83.

696 Eusebius, Vita Constantini 4,18.

697 Sozomenos, Kirchengeschichte 1,8.

noch sind Römer und Christen besonders gut auf die Juden zu sprechen, noch stimmen Sabbat und Sonntag kalendarisch überein. Außerden kann Konstantin als Westkaiser zu diesem Zeitpunkt nur über das Westreich bestimmen und das ist sicherlich zu neunzig Prozent noch heidnisch.

Aber die Behauptung eines antiken christlichen Eiferers reicht, um zukünftig in diese Richtung zu argumentieren. Und so behauptet Christoph Markschies, dass sich die Sonnen-Tag-Regelung des Jahres 321 aus der jüdischen Tradition ableiten lasse: Bereits die jüdische Exilgemeinde habe im sechsten Jahrhundert vor Christus in Alexandria einen solchen Ruhetag, den Sabbat, gefeiert. Die Christen hätten dann den Ruhetag als solchen übernommen und „Tag des Herrn" genannt.[698] Der Sachverhalt ist sicherlich zutreffend, hat aber wenig mit Konstantin und dessen Sonnen-Tag-Erlass zu tun. Denn dass die christliche Minderheit seit dem zweiten Jahrhundert den „Herrentag" feiert, ist ebenso hinreichend bekannt wie der Umstand, dass beide Nennungen, *Dies Solis* und *Dies Dominicus*, bis in das fünfte Jahrhundert hinein parallel verwendet werden.[699] Unabhängig von dieser Sonderentwicklung definiert Konstantin im Jahre 321 einen Tag zur Ehre der Sonne. Und ebenso wie die Christen im Laufe der weiteren Entwicklung des Christentums das Geburtsfest des *Sol Invictus* am 25. Dezember, seit den Kaisern Elagabal und Aurelian als *Dies natalis solis invicti* bekannt, als Geburtsfest Jesu entlehnen,[700] dürften sie auch den paganen Sonntag als Tag des Herrn übernommen haben.

---

698 C. Markschies, Das antike Christentum, 2006, S. 43-45.

699 Nach dem Tode Konstantins bleiben beide Termini, *Dies Solis* und *Dies Dominicus*, im Sprachgebrauch erhalten: Während in der christlichen Rhetorik vom *Dies Dominicus* gesprochen wird, hält sich in den offiziellen Texten des Staates der Begriff *Dies Solis*. Erst zu Beginn des fünften Jahrhunderts verdrängt die christliche Sprachregelung zunehmend die heidnische. Der Wechsel ist im Codex Theod. 2,8,18 (386) und 2,8,25 (409) nachvollziehbar. Im ersten Erlass wird von *Solis Die* gesprochen und im zweiten von *Dominica Die*. Die Parallelität wird noch im 6. Jahrhundert von Isidor von Sevilla bezeugt (Origines 5,30).

700 Der 25. Dezember ist seit ältester Zeit nicht nur ein Fest der Wintersonnenwende gewesen, sondern wird auch religiös untermalt gefeiert. So feiert man diesen Tag im vorderasiatischen Raum als Tag der Geburt des Lichtgottes Mithras, während man in Ägypten im Rahmen des Isiskultes die Geburt des Horus feierte. Im Tempel von Luxor kann der Besucher erklärende Bilder studieren: Von der Ankündigung, dass die Jungfrau Isis Horus empfangen wird und dass Nef, der heilige Geist, die Jungfrau geschwängert hat. Die Bilder-

Der Althistoriker Klaus M. Girardet erkennt dagegen im „Sonnen-Tag" eine grandiose Fortentwicklung des Christentums: Die Einrichtung eines Ruhetages sei ein absolutes Novum und der *Dies Solis* müsse in Verbindung mit weiteren christlichen Vergünstigungen gesehen werden. Ägyptische Papyri belegten, dass der christliche Name *Dies Dominus* seit 325 von der Administration gebraucht werde. Daher sei der *Dies Solis* als ein weiterer Schritt in Richtung Christianisierung zu bewerten.[701] Und der französische Althistoriker Paul Veyne erkennt gar eine „bemerkenswerte Durchtriebenheit des Kaisers", mit der Konstantin der antiken Welt Elemente des Kirchenjahres aufgezwungen habe.[702]

folge zeigt die unbefleckten Empfängnis, die Geburt und die Anbetung von Horus und der Betrachter ist eingeladen, sich seine Gedanken über Parallelen zur christlichen Mythologie und zur „Offenbarungsreligion" zu machen und darüber, dass Moses und die Israeliten noch im 13. Jahrhundert am Unterlauf des Nils siedelten. Bis in das 4. Jahrhundert hinein werden verschiedeneTermine für die Geburt Jesu diskutiert: Im Jahre 243 berechnet Pseudo-Cyprian in seiner Schrift *De pascha computus* den Geburtstag Jesu und kommt auf den 28. März, „1548 Jahre nach dem Auszug aus Ägypten". Markschies nennt diese auf schwankenden Grund gebaute Spekulation „gelehrte Berechnungen" (Das antike Christentum, 2006, S. 73). Andere Daten sind der 18. November, der 2. April und der 20. Mai (Epiphan. haer. 51,22,3-6; Cyprian, De pascha computus 18-20, 22). W. Hartke versucht zu belegen, dass bereits Hippolytos (ca. 170-235 u.Z.) den 25. Dezember als „Protestfest" gegenüber dem zeitgleichen Termin des Geburtsfestes des *Sol Invictus* und des Wintersonnenfest der ägyptischen Isis und der Geburt des Horuskindes eingeführt habe (Über Jahrespunkte und Feste insbesondere das Weihnachtsfest, 1956, S. 93). Der Versuch ist aber schon alleine wegen der verblüffenden Kongruenz der zahlreichen Göttergeburtstage wenig überzeugend und ändert nichts daran, dass der 25.12. bereits in vorjüdischer/vorchristlicher Zeit gefeiert wird (Vgl. W. Dittenberger, Orientis Graeci inscriptiones selectae, 2 Bde., 1903-1905, ND Hildesheim 1960, Bd. 1, S. 105-108. Auch: R. Merkelbach, Isisfeste in griechisch-römischer Zeit. Daten und Riten, 1963).

701 K.M. Girardet, Vom Sonnen-Tag zum Sonntag. Der „Dies Solis" in Gesetzgebung und Politik Konstantins d.Gr., in: Zeitschrift für Antikes Christentum, Bd. 11, 2007, S. 279-310. Ähnlich argumentiert ders. in: Die Konstantinische Wende und ihre Bedeutung für das Reich. Althistorische Überlegungen zu den geistigen Grundlagen der Religionspolitik Konstantins d.Gr., in: E. Mühlenberg (Hrsg.), Die Konstantinische Wende, 1998, S. 96f. mit Anm. 361f.

702 P. Veyne, Als unsere Welt christlich wurde, 2008, S. 95.

Girardet und sein Kollege Brandt[703] führen noch das höchst fragwürdige Gebet aus der *Vita Constantini* des Eusebius als weiteren Beleg für den christlichen Charakter des *Dies Solis* an: „Dich allein erkennen wir als Gott an, Dich bekennen wir als König, Dich flehen wir an als Helfer; von Dir haben wir die Siege erhalten [...]. Dir wissen wir Dank für die schon erhaltenen Wohltaten, Dir hoffen wir für die zukünftigen danken zu können. An dich wenden wir uns mit flehentlichen Bitten: Bewahre unsern Kaiser Konstantin und seine gottgeliebten Söhne recht lange und siegreich am Leben!“[704] Aber in diesem Gebet, das weder Konstantin sicher zugeordnet werden kann noch in dieser Form überhaupt glaubhaft ist, wird weder der Name Jesus noch Christus verwendet, sondern nur der unbestimmte, von fast allen Religionen der damaligen Welt benutzte Begriff „Gott“. Selbst die *Theologische Realenzyklopädie* räumt ein, dass das Gebet sich „an den den Sieg verleihenden einzigen Gott“ wende, „unter dem man ohne weiteres auch Sol Invictus verstehen konnte“.[705] Die fragwürdige, vermutlich manipulierte Gebetsaufforderung ist zudem nur für die Konstantinopler Garnison bezeugt (Eusebius, Vita 4,19-20), wendet sich ausdrücklich an die heidnischen Soldaten und Konstantin wird diesen kaum zugemutet haben, einen ihnen fremden Gott anzubeten.

Hartwin Brandt findet dennoch auch darin einen Beleg für ein christliches Bekenntnis Konstantins: Der Gebetstext – und der fehlende Bezug auf Christus – zeige die „politische Sensibilität“ des Kaisers, der die wichtigste Stütze seiner Herrschaft, die Loyalität der Soldaten, nicht habe gefährden wollen. Nach dieser erneuten Anwendung des Advokatentricks, in kritischer Beweislage, die „Sensibilität“ Konstantins zu zitieren, nach dieser zweifelhaften Logik, aus dem Fehlen eines christlichen Bezuges den Beweis für Christus abzuleiten, verordnet Brandt nunmehr, wie der Sonnen-Tag-Erlass und das Gebet zu verstehen seien: „Es ist daher nicht statthaft [!!], das konstantinische Sonntagsgesetz und den [...] Gebetstext als Indizien für eine noch nicht erfolgte religionspolitische Wende Konstantins zu

703 H. Brandt spricht nebulös von einer „indirekten christlichen Tendenz des Sonntagsruhegebotes“, die durch das „Sonntagsgebet“ belegt werde (Konstantin der Große, S. 83). Aber was ist eine „indirekte Tendenz“? Der Begriff „Tendenz“ alleine ist schon ein semantischer Weichspüler, in Verbindung mit „indirekt“ wird diese Begriffskombination zu einer inhaltsleeren Phrase.

704 Eusebius, Vita Constantini 4,19-20.

705 Theologische Realenzyklopädie, Bd. 19, 1990, S. 492.

interpretieren." Ob diese Anordnung im Befehlston der Wahrheitsfindung dient, mag dahin gestellt bleiben.

Ziehen wir einen Schlussstrich unter den Sonnen-Tag: Weder die erste noch die zweite Fassung des Erlasses lassen erkennen, dass der gerichts-/arbeitsfreie Tag Christus dediziert ist. Es handelt sich um den ersten Tag der Woche und dieser gehört dem Sonnengott.[706] Das ist römische Tradition. Der Basler Ordinarius für Kirchen- und Theologiegeschichte Martin Wallraff meint denn auch: Der Text mache klar, dass „der Wortlaut des Dekrets keinerlei spezifisch christliche Motive erkennen" lasse.[707] Diese Einschätzung korrespondiert mit der numismatischen Überlieferung: Die Sonnen-Tag-Entscheidung des Jahres 321 liegt mitten in der Edition einer Serie heidnischer Münzen. So zeigt eine Münze aus dem Jahre 319 auf der Rückseite gekreuzte Strahlen und in der Mitte den Sonnengott Sol mit Globus[708] und im Jahre 324 wird im ganzen Reich der goldene Solidus mit dem Schriftzug „Soli Comiti Aug N" eingeführt.[709] Es wäre schon recht merkwürdig, wenn in einer solchen Phase heidnischer Bekundungen plötzlich ein christlicher Feiertag eingeführt würde. So ist also der im ägyptisch-paganen Umfeld verwurzelte und im Mithraskult geheiligte *Dies Solis* das, was der Name aussagt: ein Tag zu Ehren der Sonne.

706 Vgl. Rüpke, Zeit und Fest, 2006, S. 57-60.
707 M. Wallraff, Christus versus Sol, 2001, S. 97.
708 RIC 7,66. Der Globus ist in der antiken Münzprägung als Attribut des Herrschers bekannt.
709 M.R. Alföldi, Die Sol-Comes-Münze vom Jahr 325, 1964, S. 10f.

5 Die rechtliche Privilegierung der Bischöfe zur Zeit Konstantins

Natürlich verändert sich die Welt in der Regierungszeit Konstantins und ebenso selbstverständlich berücksichtigt Konstantin die Veränderungen in seiner Politik. So räumt Konstantin den christlichen Konfessionen neue Bewegungsspielräume ein, wie wir dem Codex Theodosianus entnehmen können und aus dem Schreiben Konstantins an den nordafrikanischen Prokonsul Anullinus aus dem Jahre 313 wissen, in dem er den Prokonsul anweist, die Kleriker von „staatlichen Dienstleistungen ein für allemal völlig frei" zu stellen.[710] Solche Restitutionen und Befreiungen von Abgaben bekommen allerdings eine einseitig christliche Färbung, wenn verschwiegen wird, dass auch weitere Berufs- und Religionsgruppen von Lasten und Abgaben befreit sind, wie Ärzte, Professoren, Architekten, zahlreiche Handwerker, Rabbiner und Älteste der Synagogen sowie heidnische Priester in Africa.[711] Bereits Caesar räumt Ärzten und Professoren Sonderprivilegien ein,[712] die seit Vespasian zu einer gezielten Politik fiskalischer und dingli-

710 Eusebius, Kirchengeschichte 10,7,2. Der zunächst nur für Afrika gültige Erlass wird 319 auf alle westlichen Provinzen ausgedehnt (Codex Theod. 16,2,2). Kommentar in: H. Kraft, Kaiser Konstantins religiöse Entwicklung, S. 160-166. Vgl. auch K.M. Girardet, Die konstantinische Wende, 1998, S. 114f.; K. Piepenbrink, Konstantin der Große und seine Zeit, 2002, S. 110.

711 Codex Theod. 13,3,1-3; 4,1-2; 16,8,2 u. 4; 12,5,2. So auch richtig erkannt von Herrmann-Otto, Konstantin der Große, S. 80 und K. Piepenbrink, Konstantin der Große und seine Zeit, 2002, S. 110. Die von H. Brandt festgestellte „bemerkenswert früh erfolgte Privilegierung der katholischen Kleriker" (Konstantin der Große, S. 81) wird damit begründet, dass die paganen Priester weiterhin Mitglied der Stadträte hätten bleiben müssen. Dies sei eine Unterprivilegierung gegenüber den „katholischen Klerikern" gewesen. Das Argument ist nicht nachvollziehbar, da die Übernahme eines politischen Amtes im römischen Reich stets als eine Privilegierung galt.

712 Sueton, Caesar 42,2.

cher Vorrechte für bestimmte Berufsgruppen ausgebaut werden.[713] Die Bevorzugung bestimmter Personengruppen und die Befreiung von Lasten und Abgaben ist seit Augustus ein Privileg, das vielen Berufsgruppen eingeräumt wird. Dies erkennt auch Karen Piepenbrink, die im Vergleich mit der römischen Tradition und zur Herrschaft Diokletians keine betont christliche Gesetzgebung Konstantins erkennen kann[714] und damit gegenüber den Versuchen Widerstand leistet, viele Gesetze Konstantins als Gesinnungsgesetze zu interpretieren.

Dies gilt auch für ein Privileg, das Konstantin den christlichen Gemeinden einräumt, die *manumissio in ecclesia* – die Freilassung von Sklaven in „Gegenwart der Geistlichen“.[715] Mit der *manumissio in ecclesia* wird dem Freigelassenen das römische Bürgerrecht verliehen und das Verfahren dem staatlichen gleichgestellt. Der Erlass ist als ein Sympton für die wachsende Bedeutung des Christentums zu sehen, mehr nicht. Denn die Freilassungspraktiken sind in Rom schon seit republikanischer Zeit außerordentlich liberal gewesen, so dass die Sklaven spätestens mit dem Erreichen des 30. Lebensjahres regelmäßig auf eine Freilassung hoffen konnten.[716] Da Sklaven weitgehend wertloser „Besitz“ sind – aus dem Preisdiktat des Diokletian wissen wir, dass ein Sklave um 300 u.Z. halb so viel kostet wie ein Kamel (edictum Diocletiani 29/30,7) –, kann der Eigentümer mit ihnen nach Gutdünken verfahren. Einer Erlaubnis durch eine Institution bedarf es im Regelfall nicht. Freilassen kann jeder Herr, was zeitweise dazu führte, dass alters- und mengenmäßige Beschränkungen gegen eine allzu

713 Codex Theod. 13,3,16 (Befreiung der Professoren); 13,3,1 (Befreiung der Ärzte, Grammatiker, Professoren); 13,3,3 (Befreiung der Familien von Ärzten /Professoren); Digesten (Gesetzesbuch) 27,1,6,1-2 (Befreiung Lehrer, Rhetoren, Ärzte). Konstantins Kurs gegenüber den Klerikern ist von Zweckmäßigkeit bestimmt: 312 werden die Kleriker der Provinz Afrika von Abgaben befreit (Codex Theod. 16,2,1). 320 schränkt er das Recht wegen Missbrauchs wieder ein (Codex Theod. 16,2,3/6). 326 begrenzt er das Recht auf orthodoxe Kleriker (Codex Theod. 16,5,1). Weitere Ergänzungen/Einschränkungen folgen in den nächsten Jahren.

714 K. Piepenbrink, Konstantin der Große – wendet sich nicht dem Christentum zu, in: Schlange-Schöningen (Hrsg.), Konstantin und das Christentum, 2007, S. 245-261.

715 Codex Just. 1,13,1; 2,8,1; Codex Theod. 4,7,1 (321); Sozomenos, Kirchengeschichte 1,9,6-7.

716 Cicero spricht von der Hoffnung auf Freilassung wie von einer selbstverständlichen Praxis (pro C. Rabirio perduellionis reo, 15).

großzügige Freilassung erlassen werden müssen, die allerdings wenig bewirken.[717] Die *manumissio in ecclesia* setzt also im Gegensatz zu Brandts Auffassung kein „unverkennbar prochristlich zu bezeichnendes“[718] neues Recht, sondern führt eine alte Praxis fort und wertet die christlichen Gemeinden lediglich auf.

Bischöfe als Schiedsrichter: Die Audientia episcopalis

Als besonders bedeutsam wird in der Literatur das Privileg aus dem Jahre 318 hervorgehoben, das Bischöfen erlaubt, Zivilrechtsstreitigkeiten der Christen in Form der *audientia episcopalis* zu regeln.[719] Das Privileg ist in fünf Kaiserkonstitutionen aus den Jahren 318, 333, 398, 408 und 452 überliefert,[720] aus denen sich allerdings kein klares kohärentes Bild über Umfang und Kompetenz der bischöflichen Gerichtsbarkeit ergibt. Strittig ist vor allem, ob Konstantin den Bischöfen weitgehende Befugnisse eingeräumt hat oder ob es sich bei der *audientia episcopalis* lediglich um eine Fortführung des bereits bestehenden Schiedsgerichtsverfahrens ohne grundlegende Änderung der Rechtspraxis handelt.

Die Exponenten dieser beiden kontroversen Postitionen sind Guilio Vismara, der im Jahre 1937 die Auffassung vertritt, dass den Bischöfen eine wirkliche Gerichtsbarkeit zugestanden worden sei und Walter Selb,

717 Die Lex Fufia Caninia (2 v.u.Z.), Lex Aelia Sentia (4 u.Z.), Lex Iunia (19 u.Z.) führten Kontrollen und Beschränkungen der Manumissio ein. Siehe auch die Beschränkungen in Digesten 40,9,1f.; Codex. Just 7,11,1f. (Qui manumittere non possunt) und 7,12,1f. (Qui non possunt ad libertatem pervenire). Zu dem ganzen Komplex der Freilassung von Sklaven vgl. G. Alföldy, Die römische Gesellschaft, 1986, S. 285/336-331.

718 H. Brandt, Konstantin der Große, 2006, S. 82.

719 Codex Theod. 1,27,1. Der Titel stammt aus dem Codex Just. 1,4: „de episcopali audientia“. Dazu: W. Selb, Episcopalis audientia, in: Zeitschrift d. Savigny-Stiftung f. Rechtsgeschichte, Bd. 84, 1967, S. 162-217. P. Caspers, Der Güte- und Schiedsgedanke im kirchlichen Zivilgerichtsverfahren, 1953, S. 18ff. Gute Übersicht: Max Kaser/Karl Hackl, Das römische Zivilprozessrecht, ^{2}1997, S. 639-643. *Audientia* bedeutet das Anhören und Entscheiden in einem Rechtsfall.

720 Codex Theod. 1,27,1 (318) u. 1,27,2 (408); Constitutio Sirmondiana 1 (333); Codex Just. 1,4,7 (398).

der 1967 lediglich einen schiedsgerichtlichen Charakter erkennen will.[721] Der Althistoriker Heinz Bellen meint dazu: „Constantin hob damit die Gerichtsbarkeit der Bischöfe auf die gleiche Stufe wie die der *praefecti praetorio*, denn sie urteilten wie jene an Kaisers statt“ und sein Kollege Klaus M. Girardet ergänzt: „Jedenfalls wird hier von Konstantin der Kirche ein großes Privileg zuerkannt.“[722]

Die Quellen und die Forschungsliteratur zeigen allerdings ein komplexeres Bild.[723] Denn die *audientia episcopalis* ist keineswegs eine neue Rechtsinstitition, wie Karen Piepenbrink und Jochen Martin richtig erkennen: „Die *audientia episcopalis* hat es auch vor Konstantin gegeben, der Kaiser erkennt sie [jedoch] nicht als staatliche Gerichtsbarkeit an, ermöglicht [...] aber Parteien, die vor einem staatlichen Richter einen Prozeß führen, sich auf ein bischöfliches Schiedsgerichtsverfahren zu einigen. Der staatliche Prozeß wird solange ausgesetzt, der bischöfliche Spruch dann als staatliche Iudex übernommen.“[724]

Der englisch-niederländische Historiker Peter R.L. Brown ergänzt: „Constantin's legislation was not intended to set up a novel form of iurisdiction. As in Roman law, the bishop was treated as an arbiter [Schiedsmann]. He had to be chosen by the mutual consent of both parties. What Constantine did insist upon was that, once the case had been brought before the bishop, it should be terminated by him alone: no party was allowed to appeal to a further arbitrator.“[725]

721 G. Vismara, Episcopalis audientia, Mailand 1937; W. Selb, Episcopalis audientia, 1967, S. 162f.

722 H. Bellen, Grundzüge der Römischen Geschichte, 2003, S. 45; K.M. Girardet (Hrsg.), Kaiser Konstanin der Große, 2007, S. 57.

723 Im Reallexikon für Antike und Christentum 1 (1950), S. 915-917, wird die Entwicklung der Gesetze von 318 über die Konstitution von 333 bis zur Novelle Valerians III. im Jahre 452 beschrieben. Zuletzt O. Huck, La „creation“ de l`audientia episcopalis par Constantin, in: Empire chretien et eglise aux IV et V siecles, 2008, S. 295-315. Ders., A propos de Codex Theod. 1,27,1 et CSirm 1. Sur deux textes controversés relatifs à l'episcopalis audientia constantinienne, in: Zeitschrift d. Savigny-Stiftung f. Rechtsgeschichte, Bd. 120, 2003, S. 78-105.

724 J. Martin, Spätantike und Völkerwanderung, [4]2001, S. 22; K. Piepenbrink, Konstantin wendet sich nicht dem Christentum zu, 2007, S. 257.

725 P. R.L. Brown, Poverty and leadership in the later Roman Empire, New England, 2001, S. 67. Diese Erweiterung der bischöflichen Zuständigkeit wird auch in der Theologischen Realenzyklopädie, Bd. 19, S. 118, betont.

Unbestritten ist, dass das römische Recht eine solche Schiedsgerichtsbarkeit in Zivilsachen schon lange kennt. Jeder unbescholtene Privatmann kann als Schiedsrichter berufen werden, wenn die Konfliktparteien bereit sind, sich seiner Entscheidung zu beugen. Der *Arbitor* versucht, beide Parteien zu einem Vergleich zu bewegen. Stimmen die Parteien zu, dann ist der Vergleich verbindlich. Gelingt der Vergleich nicht, so können beide Seiten vereinbaren, dass der Schlichter ein vollstreckbares Urteil spricht. Dieses Privileg der Vollstreckbarkeit ist bereits seit langem der jüdischen Gerichtsbarkeit gewährt worden.[726] Die Maßnahme ist also keineswegs revolutionär, die Regelung nach Codex Theodosianus 1,27,1 schafft kein neues Rechtsinstitut, sie bewegt sich im Rahmen „der Normen des römischen Zivilprozeßverfahrens"[727] und lässt keine spezifisch religiöse Intention erkennen. Offenbar will Konstantin, wie seine Vorgänger, die staatlichen Gerichte von Berufungsverfahren entlasten.[728]

Die Frage ist, ob spätere Ergänzungen auf eine spezifische Privilegierung der Bischöfe abzielen oder ob sie als Ergänzungen eines sich ohnehin ständig anpassenden Systems von Normen und Rechtsvorschriften zu verstehen sind. In dieser Frage wird besonders auf die Ergänzung aus dem Jahre 333 rekurriert, die erlaubt, eine Zivilsache *auch gegen den Willen* eines Konfliktpartners vor den Bischof zu bringen und entscheiden zu lassen. Damit wird dem Bischof eine Jurisdiktion gegen den Willen des Beklagten und damit mehr Macht zugebilligt. Die Authentizität dieser Ergänzung ist allerdings hoch umstritten. Paul Caspers bezweifelt die Echtheit, da der Zusatz weder in der ursprünglichen Fassung des Codex Theodosianus noch im Codex Iustinianus enthalten ist.[729] Er vermutet eine Fälschung des 9. Jahrhunderts, da die Kirche ein großes Interesse gehabt habe, die Bevormundung seitens des karolingischen Staates abzuschütteln. Karl-H. Ziegler verneint ebenfalls eine besondere Privilegierungsabsicht und sieht in den

726 Origines, epistula ad Afros 14; vgl. Caspers, Der Güte- und Schiedsgedanke im kirchlichen Zivilgerichtsverfahren (Diss.), 1953, S. 30.

727 P. Caspers, Der Güte- und Schiedsgedanke im kirchlichen Zivilgerichtsverfahren, 1953, S. 18. So auch Selb, Episcopalis audientia, 1967, S. 214.

728 Vgl. Codex Theod. 16,2,16. Völlig richtig erkennt H. Bellen, dass die Förderung der kirchlichen Gerichtsbarkeit auch aus praktischen Gründen erfolgt.

729 P. Caspers, Der Güte- und Schiedsgedanke im kirchlichen Zivilgerichtsverfahren, 1953, S. 27.

Änderungen einen allgemein zu konstatierenden verstärkten Bedarf nach einer erweiterten Anwendung der Schiedsgerichtsbarkeit.[730]

Aber selbst wenn die Privilegierung keine Fälschung gewesen ist, so bleibt dennoch festzustellen, dass es keine Zeugnisse gibt, die die Anwendung in der Rechtspraxis beglaubigen.[731] Stattdessen wird offenbar weiterhin auf die Anwendung des alten Verfahrens gesetzt, den Streit *im Konsens* zu schlichten, was entweder bedeutet, dass die ordentlichen Gerichte kaum bereit sind, Appellationsverfahren zu verfolgen und die ganze Angelegenheit zurück auf den Tisch des Schiedsmannes verweisen oder dass es nie eine Änderung des traditionellen Verfahrens gegeben hat.

Insgesamt setzt sich der Eindruck durch, dass die Institution der *audientia episcopalis* im Rahmen der allgemeinen Schiedsgerichtsbarkeit bewertet werden muss. Das Verfahren unterliegt Veränderungen in Text und Praxis, ohne jedoch Rückschlüsse auf eine Privilegierung einer bestimmten religiösen Gruppe ziehen zu können.

Natürlich wandeln sich auch in der Regierungszeit Konstantins Rechtsvorstellungen und Interpretationen. Unbestritten versucht Konstantin im Sinne eines innenpolitischen Friedens auch die Religionen zu einen. Dies kann aber nicht über die Schaffung neuer ausgeprägter Bevorzugungen geschehen, sondern nur im Rahmen eines Prozesses der Gleichstellung. Alles andere würde dem Ziel der Einheit zuwiderlaufen. Konstantin ist Politiker und kein Missionar. Dies beweisen seine Bürgerkriege und die brutale Art, seinen Anspruch zu sichern, überdeutlich. Zum Missionar wird Konstantin erst durch Schlussfolgerungen der Art, wie sie Girardet zieht: „Jedenfalls wird hier von Konstantin der Kirche ein großes Privileg zuerkannt.“[732] Darüber wundern sich nicht nur die Juden, die in zwei Kriegen von Rom fast ausgerottet worden sind und dennoch das Privileg der eingeschränkten Gerichtsbarkeit besitzen.

730 K.-H. Ziegler, Das private Schiedsgericht im antiken römischen Recht, 1971, S. 176-177.

731 Vgl. C. Müller, Kurialen und Bischof, Bürger und Gemeinde, 2003, S. 313f.

732 K.M. Girardet (Hrsg.), Kaiser Konstantin der Große, 2007, S. 57.

6 Stumme Zeugen I: Münzen

Münzen haben in der althistorischen Forschung ein hohes Gewicht. Als „Zeitung des kleinen Mannes“ stellen sie einerseits *das* Propagandamittel des Herrschers schlechthin dar und bieten dem Forscher andererseits eine illustrierte Geschichte dieser Ära. In Verbindung mit der Tatsache, dass Münzen, im Gegensatz zu literarischen Texten, von Nachfolgern nicht manipuliert werden können, sind Münzen daher ein erstrangiges Überlieferungsmedium, das uns im Falle Konstantins zuverlässig Auskunft geben kann, was der Kaiser dem Volk mitzuteilen hat. Dies gilt natürlich auch hinsichtlich seiner religiösen Einstellung.

Nehmen wir das Wesentliche vorweg: In keiner Epoche ist die Angleichung des Kaisers an den Sonnengott so ausgeprägt wie unter Konstantin. Auf den Münzeditionen erscheint der Kaiser nicht nur in Form einer Zwillingsbüste Konstantin/Sol, sondern es findet auch eine physiognomische Angleichung des Herrscherporträts an das Porträt des Sonnengottes statt.[733] Die Botschaft ist: Konstantin ist nicht nur der von Gott eingesetzte irdische Herrscher, sondern ein Abbild Gottes, er ist wesensähnlich. Ganz in diesem Sinne bezeichnet im Jahre 310 ein Lobredner Konstantin als ein Ebenbild des Sol-Apollon, „dessen Gestalt ebenso schön wie seine Göttlichkeit unzweifelhaft ist“.[734]

Unmittelbar nach der Schlacht an der Milvischen Brücke am 28. Oktober 312, wenige Monate nach den sagenhaften Visionen Konstantins und seiner angeblichen „Bekehrung“ zum Christentum, legt Konstantin eine urheidnische Goldmünze auf, die das Brüderpaar Sol/Konstantin und die Siegesgöttin Victoria, die den Kaiser begleitet, zeigt. In der Umschrift übernimmt Konstantin das Attribut des Sonnengottes: „invictus“ (vgl.

733 RIC 7, S. 368, Nr. 53, 31. Vgl. Kolb, Herrscherideologie in der Spätantike, 2001, S. 36f./198f.

734 Panegyricus 6 (7) aus dem Jahre 310, 17,4.

Buchtitel).[735] Dieses unveränderbare Zeugnis aus der Zeit unmittelbar nach der Schlacht an der Milvischen Brücke korrespondiert nun ganz und gar nicht mit der „Bekehrung“ Konstantins und widerlegt in geradezu klassischer Form die Texte des Eusebius. Es folgen weitere Prägungen von Goldmünzen mit Sol-Darstellungen,[736] die ihrerseits erneut mit einer Schmeichelrede aus dem Jahre 321 (Nazarius) korrelieren.

Dabei ist eine Sol-Münze besonders erwähnenswert, weil sie im Jahre des Konzils von Nicäa (325) geschlagen worden ist, dem Jahr also, in dem Konstantin mit dem Anspruch eines obersten Bischofs in die Geschicke der christlichen Konfessionen eingreift. Es handelt sich um einen Solidus (also um die seit 309 u.Z. gültige Goldmünze), auf der der Sonnengott Konstantin eine Victoria-Statuette (Victoriola) überreicht.[737] Die Münze mit der Inschrift „für Sol, den Begleiter des Augustus“ wird von Maria R. Alföldi, einer mehrfach ausgezeichneten numismatischen Fachgelehrten, leider mit text- und ideologieunkritischen Interpretationen sowie einer symbolgeschichtlich unzulänglich aufgearbeiteten Gesamtsicht,[738] kommentiert. Sie

---

735 RIC 6, S. 296, Nr.111; vgl. Katalog der Konstantin-Ausstellung Trier 2007, S. 205.

736 Sirmium: RIC 6, S. 470f.; Ticinum: RIC 7, S. 374, Nr. 98f.; Aquileia: RIC 7, S. 397, Nr. 35. Vgl. auch: M.R. Alföldi, Die Sol Comes-Münze vom Jahre 325, in: Die constantinische Goldprägung in Trier, 1958/2001, S. 52-59. Die Häufung in den 20er Jahren wird gerne in einen zeitlichen Zusammenhang mit den Jubiläumsfeiern gebracht, könnte thematisch aber auch als ein „Münzkrieg“ zwischen dem Sol-Anhänger Konstantin und seinem Mit-Kaiser, dem Jupiter-Anhänger Licinius, interpretiert werden. Vgl. Berrens, der belegt, dass Licinius bis 324 Jupiter-Münzen hat prägen lassen (Sonnenkult und Kaisertum von den Severern bis zu Constantin I., 2004, S. 166).

737 Vgl. M.R. Alföldi, Gloria Romanum, 2001, S. 52-58.

738 M.R. Alföldi glaubt an Eusebius und lässt nicht erkennen, dass sie die Symbol- und Ariusforschung berücksichtigt. Sie fällt nicht nur durch arglose Gläubigkeit an die Zuverlässigkeit eusebischer Geschichten auf („Konstantin verdankt seinen Sieg über Maxentius [...] dem Gott der Christen“; „Mit dem gleichen Monogramm [...] läßt er die Schilde seiner Soldaten [...] ausstatten“, zit. nach: Bild und Bildsprache der Römischen Kaiser, S. 190), sondern auch durch eine besonders unsachliche Rezension. Alföldi versucht 1993 in einem hanebüchenen katholischen Aufwasch, die *Kriminalgeschichte des Christentums* von Karlheinz Deschner madig zu machen (vgl. M.R. Alföldi, Kaiser Konstantin: ein Großer der Geschichte?, in: Hans R. Seeliger [Hrsg.], Kriminalisierung des Christentums? Karlheinz Deschners Kirchengeschichte auf dem Prüfstand, 1993, S. 148-159. Erwiderung von K. Deschner in: Kriminal-

stellt zunächst mit Recht die Frage, ob mit der Münze belegt werde, dass „der Kaiser, wie seit eh und je, trotz allem an dem heidnischen Sol-Kult festgehalten“ habe.[739]

Was nun folgt, ist der krampfige Versuch, dem Sonnengott seinen göttlichen Charakter abzusprechen und den Herrscher des Lichtes zum reinen Exponaten imperialer Darstellung und als dekoratives Beiwerk eines christlichen Kaisers zu degradieren, so dass Alföldi zu dem gewünschten, logisch nicht nachvollziehbaren Ergebnis gelangt, anscheinend sei seit „Anfang des zweiten Jahrzehnts der Regierung Constantins eine Devotion an eine heidnische Gottheit [...] nicht mehr tragbar“ gewesen (S. 57). Es folgt noch ein kurzer argumentationsloser Behauptungs-Ausflug in Nebengefilde, wohl um der gewagten Konklusion die dringend benötigte Unterstützung zu geben: Der *Dies Solis*, der Ehrentag der Sonne, sei ein christlicher Ruhetag, das Weihnachtsfest falle mit dem *natalis invicti* zusammen und die „Hand Gottes“ auf der Konsekrationsmünze des Jahres 337 sei ein christliches Emblem, womit es der Autorin gelingt, allen in der Konstantinforschung meist als synkretistisch bewerteten Sachverhalten ein christlich-frommes Mäntelchen überzuziehen. Die Kleinigkeit, dass der Sonnen-Tag (= Sonntag) und der Fest/Geburtstag des Horus/Sol (= Weihnachtsfest) auch zu Konstantins Zeiten noch heidnische Feiertage sind, ein Großteil der christlichen Embleme und Riten im Laufe der Zeit der heidnischen Umwelt entliehen werden und Konstantin auf besagter Konsekrationsmünze im Vierspänner des Sonnengottes dem Himmel entgegenbraust, geht dabei ein wenig unter.

Zurück zu den konstantinischen Münzen. Ab Mitte der 20er Jahre ist eine Abnahme religiöser Symbole zu beobachten. Dies hat weniger mit einer Christianisierung des Kaisers zu tun, als mit der Tatsache, dass mit dem Sieg Konstantins über Licinius im Jahre 324 der Zwang erlischt, den Sonnengott als einen dem Jupiter-Gott des Gegners überlegenen Gott darzustellen. Der Sieg ist errungen und der Sonnengott hat seine Macht

geschichte des Christentums, Bd. 5, Replik, 1997. Ausführliche Kritik an dem von der katholischen Kirche subventionierten Gesamtwerk Seeligers durch den Philosophen Hermann Josef Schmidt, Das einhellige oder scheinheilige Urteil der Wissenschaft?, in: Clara und Paul Reinsdorf [Hrsg.], Drahtzieher Gottes, 1995, S. 141-172). Was wir hier an Kritik erleben dürfen, ist der unfeine Versuch, anstelle einer sachlichen, argumentationsreichen Auseinandersetzung die Person zu treffen.

739 M.R. Alföldi, Die constantinische Goldprägung in Trier, 1958, 2001, S. 55.

demonstriert. Nunmehr kann die allein regierende Kaiserfamilie in den Vordergrund der Münzprägung treten. So ist diese Phase bis zum Tod Konstantins (337) durch eine numismatische Verherrlichung der Kaiserfamilie und charismatische Überhöhung des Herrscheramtes und nicht etwa durch eine auffällige Zunahme christlicher Symbole geprägt, ohne allerdings auf die solare Symbolik oder gar auf die allgegenwärtige Siegesgöttin zu verzichten.

6.1 Das Silbermedaillon von 315

Diese durchgängig zu beobachtende heidnisch-numismatische Eindeutigkeit wird frühzeitig durch ein Medaillon unterbrochen, das – entgegen dem Trend – auf eine innere Bindung Konstantins an das Christentum hinweisen soll. Wir sprechen vom Silbermedaillon von Ticinum[740] (Pavia), eine offizielle Sonderprägung des Kaisers, der damit Beamte, Offiziere und Soldaten, also die militärische und politische Führungsschicht, auszeichnet.[741] Das Medaillon wurde um 313/315 geschlagen[742] und liegt in drei Ausfertigungen vor: In Petersburg, Berlin und München.

Die kaum zwei Zentimeter große Münze zeigt auf der Rückseite eine Ansprache Konstantins an sein Heer und auf der Vorderseite den Kaiser in voller Rüstung. Mit der rechten Hand hält Konstantin die Zügel eines Pferdes und in der Linken trägt er einen Schild mit altrömischer Symbolik. Hinter dem Schild ragt ein stabartiges Gebilde mit einer Querstange und einer großen und kleinen Kugel hervor.

---

740 Gute Abb. im Katalog der Konstantin-Ausstellung Trier 2007, S. 206. Vgl. auch K. Kraft, Das Silbermedaillon Konstantins des Großen mit dem Christogramm auf dem Helm. 1954/55, S. 151-178; ders. (Hrsg.), Konstantin der Große, 1977, S. 298f.; ders., Gesammelte Aufsätze zur antiken Geldgeschichte und Numismatik, Bd. 2, 1985, S. 95-142; Maria R. Alföldi, Die constantinische Goldprägung, 1963, S. 139-241; dies., Bild und Bildersprache der Römischen Kaiser, 1999, S. 172f. Zuletzt R. Leeb, Konstantin und Christus, S. 29-42.

741 Vgl. Josef Engemann, Deutung und Bedeutung frühchristlicher Bildwerke, 1997, S. 122f.

742 M.R. Alföldi nimmt ein früheres Datum (313) an (Die constantinische Goldprägung, 1963, S. 41).

Das Silbermedaillon von Ticinum (313/315), Vorderseite.

(Abbildung: Staatliche Münzsammlung München)

Die besondere Bedeutung erfährt das Medaillon dadurch, dass es mit einem kaum erkennbaren, wenige Millimeter großem, in der Literatur des 20. Jahrhunderts durchgehend als Christus-Monogramm (XP) gedeuteten Sinnbild am kaiserlichen Helmbusch ausgestattet sein soll. Die Behauptung einer christlichen Symbolik wurde erstmals in den 1930er Jahren durch den ungarischen Althistoriker und Numismatiker Andreas Alföldi[743] ins Gespräch gebracht. Der Frankfurter Numismatiker Konrad Kraft, der bei Andreas Alföldi in Bern studiert hatte, griff die Hypothese in den 50er Jahren auf und fand dann in den 60er Jahren in Maria R. Alföldi, die wiederum mit Konrad Kraft an der Frankfurter Universität lehrte und gemeinsam mit ihm

743 A. Alföldi, The Helmet of Konstantine with the Christian Monogramm, 1932, S. 9f.

publizierte (Römische Münzfunde in Schwaben), eine Partnerin, die die These vom Christogramm auf dem Silbermedaillon mehrfach und energisch wiederholte. Es gab also eine Art „Frankfurter Schule“, die einen der scheinbar wichtigsten Meilensteine in der Konstantinforschung setzte.

Und da dieses Medaillon die früheste numismatische Quelle mit einer christlichen Symbolik sein soll, steht es neben den Texten von der Vision vor der Schlacht am 28. Oktober 312 im Mittelpunkt der christenfreundlichen Konstantinforschung. In diesem Sinne spekuliert der schon erwähnte „Frankfurter“ Konrad Kraft, das Christogramm auf dem Helm spiele auf die Schlacht von 312 an und dies beweise, „dass die Verwendung des Christogrammes als magisches Zeichen auf den Waffen im Kampf gegen Maxentius [...] bereits formuliert war“.[744] Konstantin, so fährt Kraft in einer wunderlichen Mischung aus Historie, Phantasie und christlicher Lyrik fort, sei vor der Schlacht schlicht der Gedanke gekommen, den Beistand des Christengottes mit Hilfe seines Zeichens anzurufen. Es sei „bekehrt“ worden, zwar in Form der „unvollkommenen Bekehrung“ wie wir sie in den „kirchlichen Bußsakramenten“ fänden, aber „unvollkommen“ hieße nicht „unvollständig“. Denn das sei sicher: Konstantin sei „ganz und gar in das Lager des Christengottes übergetreten“.[745] Bernhard Overbeck, ehemals Leiter des staatlichen Münzkabinets München, ergänzt: Der hohe Wert dieses Medaillons rühre davon, dass es das „erste authentische Dokument aus der Zeit Konstantins [sei], das uns direkt einen Hinweis auf die Sympathie, Hinwendung zum oder den Glauben des Kaisers an das Christentum gibt“.[746] Und Rudolf Leeb meint 1992, weitgehend stellvertretend für die deutsche althistorische Literatur der Nachkriegszeit, das Christogramm auf dem Helm Konstantins sei „der älteste Beleg für eine christliche Verwendung dieses Zeichens als Christogramm [...] das Christogramm werde zum imperialen Siegeszeichen“.[747]

---

744 K. Kraft, Das Silbermedaillon Constantins d.Gr., in: H. Kraft, Konstantin der Große, 1974.

745 K. Kraft, Das Silbermedaillon Constantins d.Gr., in: H. Kraft, Konstantin der Große, 1974, S. 335.

746 B. Overbeck, Das Münchener Medaillon Constantins. Ein Beitrag zur Entwicklung des Christentums in spätrömischer Zeit, in: Vorträge zur Geldgeschichte 2004, 2006, S. 71. Ähnlich bereits 1989 in J. Garbsch/B. Overbeck, Spätantike zwischen Heidentum und Christentum, 1989, S. 107.

747 R. Leeb, Konstantin und Christus, 1992, S. 40. Ähnlich äußert sich Maria R. Alföldi (Die Constantinische Goldprägung, 1963, S. 139f.; Bild und Bildersprache der Römischen Kaiser, 1999, S. 172f.).

Zwar geht das besagte XP-Symbol als eine kaum erkennbare Winzigkeit im Dschungel heidnischer Symbole völlig unter – unter Hunderten von konstantinischen Münzen mit heidnischen Emblemen sind nur zwei weitere, inhaltlich identische Bronze-Münzen mit einem als Christogramm interpretierbaren „XP" bekannt[748] –, aber endlich, so scheint es, endlich wurde ein Beweis gefunden, dass Eusebius, Bischof von Caesarea, Autor und Dichter großer christlicher Dramen, nicht frei phantasiert hat. Konstantin, der das Symbol des christlichen Gottes sogar an seinem Helm führt, muss zweifelsfrei ab der Schlacht an der Milvischen Brücke im Oktober 312 christlich gewesen sein. Vielleicht ein wenig später, aber an der Konversion kann nun kein Zweifel mehr herrschen. Dieses Silbermedaillon ist ein Geschenk des Himmels!

Eilends wird die These zunächst gegen die wissenschaftliche Tradition des kritischen Denkens immunisiert. Das Symbol wird vergrößert, da es mit bloßem Auge kaum erkennbar ist, die augenfällige Übermacht heidnischer Symbolik auf der Münze wird an den Rand gedrängt, Forschungen, die das „XP" als ein frühes Sonnengott-Symbol identifizieren, werden nicht zur Kenntnis genommen und andere Zeugnisse aus den Jahren 313-315, die Konstantin als einen unbeirrten Heiden ausweisen, wie der mächtige Konstantinbogen oder Münzen mit einer provokant heidnischen Symbolik (Doppelporträt), werden ignoriert. Die Immunisierung gelingt vollständig: Zweifel an dem als Christus-Monogramm gedeuteten Symbol und daran, dass „Konstantin den Sieg über Maxentius mit dem Zeichen des Christogrammes in Verbindung gebracht wissen wollte",[749] werden seither als Verstoß gegen die *opinio communis* praktisch nicht zugelassen. Wer dennoch dagegen opponiert, ist ein Ketzer.

---

748 RIC 7,433f., Siscia 61. M.R. Alföldi wendet sich dagegen, auf „geschichtliche Fakten" statistische Auswertungen anzuwenden (Die Constantinische Goldprägung, 1963, S. 141). Der Grund ist recht einfach: Würden numismatisch-statistische Auswertungen als aussagekräftig zugelassen, dann würde Konstantin hoffnungslos heidnisch dastehen. Da dies nicht sein darf, fällt die weithin anerkannte Methode der Statistik unter den Tisch. Stattdessen, so meint sie, müsse eine „historische Kritik" angewendet werden. Was dies ist und wie sichergestellt wird, dass sie ohne subjektive, weltverbesserische Ansprüche angewendet wird, sagt Alföldi nicht. Im Übrigen ist nicht einzusehen, warum man aus dem geschichtlichen Faktum, dass Kaiser Wilhelm II. in seinem holländischem Exil jeden Tag Holz gehackt hat, nicht eine kaiserliche Vorliebe für Holzhacken ableiten darf.

749 K. Ehling, Katalog zur Konstantin-Ausstellung, Trier 2007, Begleit-CD.

Aber die Interpretation, das Medaillon belege die Hinwendung Konstantins zum Christentum, fordert schon alleine deshalb zum Widerspruch heraus, weil das Silbermedaillon eine Ausnahme seiner Zeit ist und nur dann auf eine Konversion Konstantins hindeuten könnte, wenn die Münze als Hauptmünze weit verbreitet gewesen wäre. Dies ist jedoch nicht der Fall, da die Auflage des Silbermedaillons vermutlich gering ist[750] und „bis 319 in Konstantins Reichsteil der Sol Invictus-Nummus [also eine Münze mit heidnischer Symbolik] das häufigste Kleingeld“ ist.[751] In der gesamten Diskussion wird also vernachlässigt, dass das Silbermedaillon mit seinem angeblich christlichen Bekenntnis „in der großen Zahl von traditionell heidnisch gestalteten Typen hoffnungslos untergeht“[752] und das Silbermedaillon eine *heidnische* Münze ist. Denn das angebliche Christus-Monogramm auf der Vorderseite des zweieinhalb Zentimeter großen Medaillons ist so klein gearbeitet, dass es in der Ornamentik des Helmbusches verschwindet und der Nutzer der Münze es praktisch nicht als Symbol erkennen kann. Dies ist um so bemerkenswerter, da die heidnischen Motive auf dem Silbermedaillon vergleichsweise groß gestaltet sind: Auf der Rückseite des Medaillons hält Konstantin eine Ansprache an sein Heer, hinter ihm steht die ihn bekränzende Siegesgöttin Victoria, mehrfach größer als das angebliche Christogramm auf der Vorderseite. Und auf der Vorderseite erkennen wir ein Prunkschild mit dem zentralen Emblem, der *lupa Romana*, der römischen Wölfin mit den Zwillingen, dem traditionellen heidnischen Symbol aus der Gründungssage Roms.[753] Das angeblich christliche Symbol geht

750 K. Kraft weist darauf hin, dass die drei derzeit bekannten Münzexemplare (München, Berlin, Petersburg) aus drei verschiedenen Münzstempeln stammen und folgert daraus auf eine „nicht zu geringe“ Verbreitung (Das Silbermedaillon Konstantins d.Gr., in: Jahrbuch für Numismatik und Geldgeschichte 5/6, 1954/55, zit. nach H. Kraft, Konstantin der Große, 1974, S. 311). Eine wenig hilfreiche, nebulöse Anmerkung: Was ist „nicht zu gering“? Vermutlich beträgt die Auflage wenige hundert Exemplare.

751 B. Overbeck, Das Münchener Medaillon Contantins. Ein Beitrag zur Entwicklung des Christentums in spätrömischer Zeit, in: Vorträge zur Geldgeschichte, 2004/2006, S. 83.

752 W. Kuhoff, Ein Mythos in der römischen Geschichte: Der Sieg Konstantins des Großen über Maxentius vor den Toren Roms am 28. Oktober 312 n.Chr., 1991, S. 146, Anm. 52.

753 Die capitolinische Bronzestatue der Wölfin wurde 65 v.u.Z. vom Blitz getroffen und nicht wieder hergestellt (Cicero Catilinam 3,19).

also als eine einsame christliche Schwalbe völlig unter und könnte bestenfalls ein Hinweis sein, dass der Sommer kommen wird.

Der Saarbrücker Althistoriker Klaus M. Girardet sieht zwar den Widerspruch zwischen der Winzigkeit des Symbols und der geringen Auflage der Silbermünze einerseits und dem Anspruch andererseits, daraus eine öffentliche Hinwendung zum Christentum ableiten zu wollen, meint aber, das versteckte Bekenntnis des Kaisers berühre die persönliche Religiosität des Kaisers nicht, sondern sei eine Folge seines „politischen Instinktes und des politischen Fingerspitzengefühl [...] angesichts der quantitativen Relation zwischen Christen und Nichtchristen" gewesen.[754] Lassen wir einmal die Frage beiseite, woher Girardet rund anderthalbtausend Jahre nach dem Tode Konstantins dessen „persönliche [!] Religiösität" kennt, und wenden uns der Argumentation zu, es handele sich um ein christliches Bekenntnis „im Stillen".

Diese Annahme, Konstantin habe sich – wie ein Dieb in der Nacht – sein Bekenntnis nur im kleinen Kreis zu offenbaren getraut, ist völlig weltfremd. Denn das Denken und Wollen eines römischen Kaisers des dritten und vierten Jahrhunderts ist nicht durch „religiöses Fingerspitzengefühl" geprägt und versteckt sich auch nicht hinter Münzen in geringer Auflage. Wenn die römischen Kaiser, die Söhne der Götter, neue Gottheiten ernennen wollen, dann verkünden sie dies per Dekret und versenken die Götter nicht hinter unscheinbarsten Symbolen. So haben es die Kaiser seit Augustus praktiziert und so sind Jupiter, Apollo, Elagabal und Sol Invictus zur höchsten Gottheit des Staates geworden. Und seither ist die Selbstherrlichkeit der Kaiser eher ins Byzantinische gewachsen. Im Übrigen hat Konstantin im Oktober 312 wenig „politischen Instinkt" bewiesen, als er sich raubeing und provokativ, mitten im heidnischen Rom, vor Hundertausenden von Bürgern, vor dem heidnischen Senat und dem ebenso heidnischen Offizierkorps durch die angeblich öffentliche Ablehnung des Götteropfers christlich offenbart haben soll.[755] Man kann Konstantin alles Mögliche andichten, aber sicherlich nicht politisches oder religiöses Fingerspitzengefühl. Wer ihm in die Quere kommt, hat schlechte Karten, gleich ob Mitkaiser, Bischof oder Familie.

754 K.M. Girardet, Die Konstantinische Wende, 1998, S. 45. Auch: ders. Die konstantinische Wende, 2006, S. 80.

755 K.M. Girardet schätzt selbst den Anteil der Christen auf etwa 10 Prozent und den in der Führungschicht als eine „quantité négligeable" (Die Konstantinische Wende, 2006, S. 82/83).

Unverständlich wäre auch die Tolpatschigkeit, die Konstantin unterstellt wird, wenn er das christlich geschönte Silbermedaillon verschenkt. Die Beschenkten, Offiziere und hohe Beamte, sind schon alleine aufgrund ihres Herkommens und ihres Bildungsweges heidnisch. Konstantin würde also unterstellt, eine mit christlicher Symbolik verzierte Münze an einen überwiegend heidnischen Kreis zu verschenken. Diese Unfreundlichkeit ist mit der Überreichung einer gerupften Gans als Beitrag zum Gastmahl auf einem Vegetariertreffen zu vergleichen. Eine etwas derbe Art, mit Hilfe von Geschenken Freunde an sich zu binden.

Dann irritiert, dass Konstantin im gleichen Zeitraum (313) eine Goldmünze schlagen lässt, die ihn im Doppelporträt mit dem Sonnengott zeigt. Falls also das Silbermedaillon mit dem „XP" christlich gedeutet wird, würde sich Konstantin folglich in der Öffentlichkeit mit zwei sich gegenseitig ausschließenden höchsten Gottheiten präsentieren: Sol und dem christlichen Gott. Da der Sonnengott mit Strahlenkranz nicht wegdiskutiert werden kann und die Münze sichtbar die Nähe Konstantins zum Sonnengott dokumentiert (*Comes*), sind wir Zeuge eines Götter-Konfliktes, der nur auflösbar ist, wenn davon ausgegangen wird, dass das Silbermedaillon von 315 eine heidnische Münze und das „XP" als ein Symbol des Sonnengottes zu interpretieren ist.

Außerdem hätten Konstantin und seine heidnische Verwaltung über ein bemerkenswertes Insiderwissen und über noch mehr Phantasie verfügen müssen, um ein derart kunstvolles XP-Monogramm aus den griechischen Anfangsbuchstaben Christus zu entwickeln und ineinander zu verschlingen, um es dann auf der Rückseite einer Münze zu platzieren. Und so fragt schließlich der amerikanische Historiker John Helgeland: „Who would place an emblem on a helmet with the intention of proclaiming your conversion and then locate it on the back?"[756] Im Übrigen scheint das christliche Bekenntnis an herausgehobener Stelle nicht von langer Dauer gewesen zu sein, da Konstantin im Jahre 324 das Diadem als kaiserlichen Kopfschmuck einführt, dieses ständig trägt und damit das angebliche Christogramm auf dem Helmbusch ins Abseits verweist.[757]

Trotz aller Unlogiken, ungeachtet der widersprüchlichen Unterstellungen geben sich die Befürworter eines christlichen „XP" auf dem Silbermedaillon aber nicht geschlagen. Und so gewinnt die christliche Fabulierkunst

756 J. Helgeland, Christians and the Roman Army, 1980, S. 803.
757 Diadem-Münzen werden geradezu massenweise geprägt: RIC 7,63/71/78/84/85/86/96..., aber keine XP-Münze!

in den 1990er Jahren durch Rudolph Leeb erneut an Aktualität, der in seiner Dissertation aus dem Jahr 1989 feststellt: „Zum christlichen Symbol wird das Christogramm offenbar erst, als Konstantin bzw. seine Beamten es für die imperiale Repräsentation vereinnahmen.“[758] Zu dieser Hypothese gelangt Leeb mit Hilfe einer umwerfenden Logik: Zunächst einmal stellt er fest, dass das „XP“ ein altes paganes (Sonnen)-Symbol sei und es „keinen einzigen Beleg für eine christliche Verwendung des Zeichens als Christogramm in vorkonstantinischer Zeit“ gegeben habe. Diese Feststellung ist durch die Symbolforschung, auf die sich Leeb bezieht, gesichert. Anschließend folgt seine zitierte Behauptung, zum christlichen Symbol werde das „XP“ offenbar erst, als Konstantin und seine Beamten es für die imperiale Repräsentation vereinnahmen. Dieser Wandel eines Sonnengott-Symbols zum Christogramm wird weder als solcher belegt noch hinsichtlich des Datums präzisiert. Es handelt sich also um eine pure Behauptung, auf die nun ein Dogma aufgesetzt wird, das keinen Widerspruch duldet und sich in ermüdender Redundanz durch alle Konstantin-Biographien zieht: „Das XP auf dem Helm Konstantins [...] ist somit der älteste Beleg für [...] ein Christogramm.“

Der Althistoriker Hartwin Brandt schließt sich wenige Jahre später dem Reigen frei schöpferischer Hypothesen an: Das Silbermedaillon könne „durchaus als Beleg dafür dienen, dass [...] in der christlichen Vision Konstantins zumindest insofern ein historischer Kern enthalten ist, als im Herbst 312 tatsächlich die entscheidende Hinwendung Konstantins zum Christentum stattgefunden“ habe.[759] Abgesehen von den vagen Konjunktiven dieser Hypothese bliebe die Frage zu beantworten, wie man aus einem Medaillon die „entscheidende Hinwendung zum Christentum“ ableiten kann, auf dem die Siegesgöttin Victoria mehrfach größer abgebildet wird als ein angeblich christliches Symbol? Und was ist ein „historischer Kern“ einer Vision? Ein wenig Vision? Fünf Prozent historische Wahrheit? Ein bisserl Kreuz?

Die Thesen von Leeb, Girardet und Brandt sind auch in anderer Hinsicht abzulehnen. Denn sie unterstellen den christlichen Gemeinden, ihre Symbole aus der Hand eines römischen Kaisers und seines heidnischen Hofstaates entgegengenommen zu haben („zum christlichen Symbol wird das Christogramm erst ...“), was in Zeiten unversöhnlicher Bekenntnis-

758 R. Leeb, Konstantin und Christus: Die Verchristlichung der imperialen Repräsentation unter Konstantin, 1992, S. 39/40.

759 H. Brandt, Geschichte der römischen Kaiserzeit, 1998, S. 137.

wut und aufopferungsvoller Märtyrergeschichten wohl auszuschließen ist. Denn eines kann man den christlichen Bischöfen sicherlich nicht absprechen: Eigenständigkeit und Mut, die eigenen Auffassungen zu vertreten und die Symbole ihrer Religion unter heilsgeschichtlichen Erwägungen selbst zu definieren.

Fassen wir zusammen: Die Wirbel und die Umtriebe, die um ein winziges Symbol auf dem Silbermedaillon (und um ein zepterähnliches Etwas hinter dem konstantinischen Schild[760]) veranstaltet werden, korrespondieren weder mit der Symbolforschung, noch mit den übrigen Belegen, noch mit der Logik. Die von einer Gruppe Numismatiker ins Gespräch gebrachte restriktiv-fachwissenschaftliche Hypothese hat von Anfang an paradoxe

760 Das Silbermedaillon wirbelt noch aus einem anderen Grund Staub auf: Es soll noch ein zweites christliches Symbol auf dem Silbermedaillon existieren. Konstantin soll ein „Kreuzszepter" führen. In Nachfolge von A. Alföldi („Symbol von grundstürzender Bedeutung", The Helmet of Konstantine with the Christian Monogramm, 1932; ders. in: Pisciculi, Studien zur Religion und Kultur des Altertums, 1939, S. 5f.; ders., Hoc signo victor eris, in: K. Kraft, S. 229.) und A. Piganiol (Historia 1, 1950, S. 91) sowie J. Vogt (Reallexikon für Antike und Christentum, Konstantine, Sp. 352) versucht Leeb, erneut ein solches „Kreuzszepter" auf dem Silbermedaillon zu begründen (1992, S. 29-39,110). Leeb meint, Konstantin habe den Globus mit dem „Zeichen Christi" verbunden. Zwar gibt er zu, dass „die unverhüllte, solitäre Darstellung des Kreuzes als ein Symbol des Staates [...] in dieser frühen Zeit" vermieden worden ist (1992, S. 37), meint aber dennoch, dass es sich bei dem angeblichen Kreuzszepter um einen ersten öffentlichen, allerdings wenig wirkungsvollen „Versuch" gehandelt habe, das christliche Kreuz öffentlich zu vermarkten. Und dann schlägt Leeb eine gewaltige Volte und erklärt, dass das Kreuz in der konstantinischen Zeit durch den Staat „über den Weg der spätrömischen imperialen Siegestheologie" usurpiert und „zum zentralen (!) Symbol der kaiserlichen Repräsentation" geworden sei. Diese Argumentation ist schon alleine deshalb angreifbar, weil das „Kreuz" seit Jahrhunderten als ein gebräuchliches Sieges- und Triumphzeichen ohne theologische Bedeutung in Gebrauch gewesen ist. Zieht man noch in Betracht, dass das Kreuz bis in die Mitte des 4. Jahrhundert als Symbol für eine demütigende Bestrafung Angehöriger niedriger Schichten steht und noch unter Konstantin Verbrecher/Sklaven durch Kreuzigung bestraft werden (Codex Theod. 9,5,1), dann wird deutlich, dass das Kreuz zu diesem Zeitpunkt unmöglich zur Kaiser-Insignie geworden sein kann. Siehe auch umfangreiche, überzeugende Gegenargumentation bei Maria R. Alföldi, Die Konstantinische Goldprägung, 1963, S. 146-153; dies. in: Gloria Romanorum, Historia, EZ 153, 2001. R. Göbel verteidigt dagegen „unvorstellbar emotionsgeladen" (M.R. Alföldi, 91) die Theorie.

Merkmale aufgewiesen und es irritiert, dass sich eine ganze Forschergeneration diesen widerspruchsvollen Analysen willig hingegeben hat. Selbst, wenn das „XP“ im Jahre 313/315 schon als christliches Symbol anerkannt gewesen wäre, was nach dem Urteil der Symbolforschung mit an Sicherheit grenzender Wahrscheinlichkeit auszuschließen ist, so könnte man aus der höchst sparsamen Verwendung dieses Zeichens – der Großteil der konstantinischen Münzen wird bis in das Todesjahr Konstantins 337 von den heidnischen Göttern Sol und Victoria dominiert und zeigt durchgehend heidnische Embleme und Inschriften – bestenfalls ein gewisses Wohlwollen gegenüber den Christen, aber keineswegs ein christliches Bekenntnis und die Abkehr Konstantins von der Religion seiner Väter ableiten. Genau dies aber tun die meisten Althistoriker und stürzen damit die gesamte Konstantinforschung in qualvolle, widersprüchliche weltanschauliche Bekenntnisse.

Es bleibt Außenseitern vorbehalten, das irrationale Gespinst zu durchstoßen und so atmet der Wissenschaftler bei der Lektüre einer Promotionsarbeit aus dem Jahre 2004 auf: Stephan Berrens folgert ohne ideologische Verrenkungen und mit anerkennenswerter Klarheit: „So spektakulär allerdings das [...] Silbermedaillon für die moderne Forschung sein [mag], eine Breitenwirkung wird ihm in der Antike nicht zugemessen werden können. Ein kleine Gruppe handverlesener Empfänger [...] dürften die Adressaten gewesen sein [...] Unberechtigterweise wird jedoch die in großem Umfang ausgebrachte Aes-Prägung Konstantins vernachlässigt, obwohl nur diese Münzen eine Breitenwirkung erzielen konnten. Und gerade innerhalb dieser Gruppe wird dem Sonnengott nun eine dominante Stellung eingeräumt, denn mit fast unerbittlicher Monotonie wird [...] der stehende Sonnengott [massenhaft in Umlauf gebracht].“[761]

6.2 Die Konsekrationsmünzen von 337

Richtig spannend werden die Klimmzüge der christlichen Althistoriker, wenn sie sich dem letzten Münztyp aus der Zeit Konstantins zuwenden: der Konsekrationsmünze. Sie ist der Höhepunkt der Präsentation dominantheidnischer Symbole und wird nach dem Tode Konstantins zwischen 337-

761 S. Berrens, Sonnenkult und Kaisertum von den Severern bis zu Konstantin I., 2004, S. 153. Ähnlich M. Clauss, Konstantin der Große, 2007, S. 102.

"Am verheerendsten aber wirkt sich die Austrocknung und Schließung der öffentlichen Schulen aus. Im sechsten Jahrhundert sind alle öffentlichen Schulen und Akademien geschlossen. Eine ganze Region von den Pyrenäen bis zum Bosporus, von Friesland bis Sizilien verlernt das Lesen und Schreiben. Während im Imperium Romanum Aristokratie, kuriale Staatsbedienstete, städtische Bürger, gebildete Sklaven - den epigraphischen und archäologischen Befunden nach deutlich mehr als die Hälfte der Bevölkerung - lesen und schreiben kann, wartet das Mittelalter mit mehr als neunzig Prozent Analphabeten auf. Und selbst diese Zahl spiegelt nicht die wahren Verhältnisse wider: Rechnet man die in Klosterschulen ausgebildeten Kleriker heraus, dann dürfte das Volk zu rund 95 Prozent lese- und schreibdumm gewesen sein".

340 in mehreren Ausfertigungen geschlagen. Die wichtigste Kupfermünze zeigt Konstantin „nach Art eines Wagenlenkers auf einem Viergespann" in den Himmel fahrend.[762] Vom Rand der Münze streckt sich ihm die „Hand Gottes" entgegen. Dieses Bild, das uns bereits 315 im Sol-Medaillon auf der Ostseite des Konstantinbogens begegnet, wird in der neuesten Forschung wie folgt kommentiert: „In Haltung und Gestus entspricht der zum Himmel auffahrende Kaiser der Konsekrationsmünze dem Typus des Sol Invictus im Sonnenwagen in allen Einzelheiten so genau, dass dies nicht zufällig zu sein scheint."[763] Rudolf Leeb stimmt 1992 zu: „Die Konsekrationsmünze kann deshalb als das letzte Glied einer Kette von Darstellungen Konstantins als Sol nach 325 bezeichnet werden".[764]

Damit droht die gesamte Christlichkeit Konstantins endgültig in eine kritische Schieflage zu geraten. Denn ein Kaiser, der im Angesicht des Todes im Triumphwagen des Sonnengottes ins Jenseits enteilt, kann zu Lebenszeiten kaum ein christlicher Herrscher gewesen sein, zumal die antiken Historiker Eutrop und Ammianus Marcellinus berichten, Konstantin habe es verdient *inter divos*, unter die heidnischen Götter, aufgenommen zu werden und diese Meinung von einer Reihe Inschriften geteilt wird.[765] Daher werden erneut Deutungen und Interpretationen gesucht, um dennoch die Christlichkeit Konstantins zu sichern.[766]

762 RIC 8, 446/7, Nr. 1. Nach Konstantins Tod werden von seinen Söhnen zwischen 337 und 348 weitere Münzen – RIC 8,12 (337-340); RIC 8,57 (347/348); RIC 8,54 (347/348) – im Gedenken an ihren Vater herausgegeben und in der Prägung der „divus Constantinus" hervorgehoben, eine Ehrung, die tief im römisch-heidnischen Raum wurzelt. Vgl. L. Koep, Die Konsekrationsmünzen Kaiser Konstantins und ihre religionspolitische Bedeutung, in: Jahrbuch für Antike und Christentum 1, 1958, S. 94-104. Beschreibung/Erklärung bei P. Brunn, The consecration coins of Constantine, Arctos 1, 1954, S. 19-31. Zur Münze selbst siehe Eusebius, Vita Constantini 4,73.

763 L. Kötzsche-Breitenbruch, Die Darstellung der Himmelfahrt Konstantins des Großen, in: Jenseitsvorstellungen in Antike und Christentum, 1982, S. 217. Die Himmelfahrt als Symbol der Auferstehung wird auch in der christlichen Symbolik verwendet (Irenäus, adv. haeres. 5,5).

764 R. Leeb, Konstantin und Christus, 1992, S. 22.

765 Eutrop. 10,8,3; vgl. auch Inschriftenverzeichnis CIL 11,6219 „Divo Augusto" für Augustus Pius Konstantin am Augustusbogen von Fanum Fortunae; weitere Inschriften bei: T. Grünewald, Constantinus Maximus Augustus. Herrscherpropaganda in der zeitgenössischen Überlieferung, S. 159-162.

766 Kötzsche-Breitenbruch, Die Darstellung der Himmelfahrt Konstantins des Großen, 1982,hält eine christliche Interpretation für verfehlt (S. 217).

Am einfachsten macht es sich der Mainzer Althistoriker Leonhard Schumacher, der die Apotheose ablehnt und kurzerhand sämtliche Inschriften mit einer Gottes-Titulierung zum Missverständnis erklärt.[767] Die Einzelmeinung ist schlecht begründet und wird auch in der Forschungsliteratur nicht weiter diskutiert. Beliebt ist dagegen der Verweis auf das Alte Testament als Bildlieferant für eine christlich-konstantinische Himmelfahrt.[768] In der Tat finden wir im zweiten Buch der Könige eine Himmelfahrt mit Pferden: Elias reitet in einem „feurigen Wagen mit feurigen Rossen im Sturmwind auf zum Himmel" (2 Könige 2,11). Woraus der Althistoriker Bruno Bleckmann folgert, eine „christliche Interpretation" sei möglich.[769] Nun kann nicht bezweifelt werden, dass vieles „möglich" ist, aber kaum eine Übernahme altjüdischer Symbole durch Konstantin. Denn eine christlichen Elias-Interpretation der Konsekrationsmünze würde eine ganz ungewöhnlich intime Vertrautheit des Kaiserhofes und der Münzpräger mit der Geschichte Israels und der jüdischen Lehre voraussetzen. Es bedarf schon einiger Realitätsferne anzunehmen, dass der kaiserliche Hof und die Münzmeister die altjüdischen „Bücher der Könige" im Detail kennen, um danach ein Münzbild zu modellieren. Zumal die Juden nicht wohlgelitten sind. Außerdem stimmen die Bilder nicht überein: Auf der Konsekrationsmünze sind weder Wagen noch Rösser „feurig" und von einem Vierspänner spricht die Bibel auch nicht.

Sein Kollege Heinz Bellen sekundiert, das Kaiserhaus habe „politisch geschickt" gehandelt, die Darstellung könne „auch im christlichen Sinne verstanden werden: Gott zog mit seiner Hand Constantin zu sich empor".[770] Auch diese Hypothese bewegt sich auf der Linie der „Möglichkeiten", die der Forschung nicht weiterhilft, da nur qualifizierte Thesen zu „Wahrscheinlichkeiten" aussagekräftig und verwertbar sind. Der Althistoriker Hartwin Brandt ist weniger zimperlich. Er erklärt die Konsekrationsmünze gewohnt christlich-metaphysisch-unverständlich: Zwar „erinnere" das Viergespann

767 L. Schumacher, Zur 'Apotheose' des Herrschers in der Spätantike, in: Atti dell'Accademia Romanistica Constantiana 10, 1995, S. 105-125. Dazu eine Erwiderung von M. Clauss, Kaiser und Gott, 1999, S. 204.

768 A. Kaniuth, Die Beisetzung Konstantins des Großen, 1941/1974, S. 8.

769 B. Bleckmann, Eusebius von Caesarea, 2007, S. 498, Fußnote 358. Auf die Darstellung der Himmelfahrt des Elias in einer Quadriga (Sarkophag, 2. Jahrhundert, Lateran-Museum) und die Entlehnung dieser Darstellung aus der paganen Welt wird hier nicht näher eingegangen. Vgl. dazu A. Kaniuth, 1941/1974, S. 8, Fußnote.

770 H. Bellen, Grundzüge der Römischen Geschichte, 2003, S. 50-51.

an den Sonnenwagen des Sonnengottes, aber das Bild verdichte geradezu den „Kern der Religiösität des Christen Konstantins, dessen christlicher Monotheismus in der Spätantike“ wurzele, welche wiederum durch den heidnischen Sonnenkult entscheidend mitgeprägt wurde.[771] Womit wir das Phänomen beobachten können, dass das Viergespann des Sonnengottes die Christlichkeit Konstantins „verdichtet“.

Frank Kolb war schon im Jahre 2001 zu einem ähnlichen Ergebnis gekommmen. Er anerkennt zunächst, dass das Motiv der kaiserlichen Himmelfahrt heidnischen Ursprungs und die Aufnahme in den Himmel mit Hilfe der rechten Hand Jupiters bereits vorher literarisch verarbeitet worden ist.[772] Folgert nun aber, die Darstellung einer *anonymen* Hand sei nur für monotheistische Religionen „eindeutig“,[773] folglich handele es sich um ein christliches Symbol. Diese Schlussfolgerung ist einfach aus der Luft gegriffen und logisch unzulässig. Denn auch die Sol-Religion ist eine monotheistische Religion. Wenn sich also dem himmelfahrenden Konstantin eine Hand entgegenstreckt, dann kann man lediglich die gewagte Vermutung anstellen, es mit einem monotheistischen Symbol zu tun zu haben. Ob dahinter eine Assoziation, mit wem auch immer, verborgen ist, muss mit Hilfe anderer Indizien, aus dem Umfeld und den übrigen Zutaten erschlossen werden.

Diese versucht Kolb auch beizubringen, jedoch nicht in Form einer positiven Belegführung, sondern durch Hinweise auf das Fehlen aller möglichen Dinge: Das Fehlen des Schriftzuges „consecratio“ und „zugeordneter Tiere“ habe dafür gesorgt, dass „für die Zeitgenossen kein Zweifel bestanden habe, welcher Gott hier gemeint war“. Erneut wird die Logik strapaziert: Aus dem Fehlen von Attributen wird ein positiver Schluss gezogen: Christliche Münze. Zu Ende gedacht lässt sich mit einer solchen Negativ-Logik jede beliebige Konklusion ziehen oder anders: Man kann aus nichts alles schließen und erspart sich die Mühe, aus einem Bündel von Ursachen zu bestimmen, was für den Bruch einer Kette verantwortlich ist.

Im Übrigen ist Kolbs Hypothese von der einsamen Hand als Kennzeichen eines christlichen Monotheismus aus zwei Gründen auch sachlich falsch. Erstens ist die „anonyme Hand Gottes“ bereits aus dem Jahre 330 überliefert: Auf einem Goldmultiplum werden Konstantin und seine bei-

771 H. Brandt, Konstantin der Große, 2006, S. 164.

772 Panegyricus 6 (7), 7,3: „vere enim profecto illi [...] Iove ipso dextram porrigente“.

773 F. Kolb, Herrscherideologie in der Spätantike, 2001, S. 254.

den Söhne dargestellt, die von einer „anonymen Hand Gottes" und von den heidnischen Göttern Virtus und Victoria, den göttlichen Personifikationen des Mutes und des Sieges, bekränzt werden.[774] Würde es sich in diesem Falle bei der „Hand Gottes" um eine christliche handeln, dann würden wir Zeuge einer synchronen heidnischen und christlichen Bekränzung der Herrscherfamilie. Eine solche christlich-heidnische Würdigung kann für das Jahr 330 grundsätzlich nicht ausgeschlossen werden, würde aber bedeuten, dass sich Christentum und Heidentum der 30er Jahre des vierten Jahrhunderts in einem Prozess der Akkulturation befinden, wobei das Übergewicht heidnischer Symbolik für einen noch bestehenden Vorrang des Heidentums sprechen würde. Der bekränzte (resp. mit einem Diadem ausgezeichnete) Konstantin könnte in diesem Falle selbstverständlich nicht einfach als „christlicher Herrscher" und die einsame Hand nicht als die Hand des christlichen Gottes vereinnahmt werden.

Zweitens gibt keine Belege für die Theorie, dass die „anonyme Hand Gottes" zu Konstantins Zeiten ein in den Gemeinden bekanntes christliches Bild-Symbol gewesen ist. Nachweisbar ist lediglich, dass die „Hand Gottes" sowohl in der paganen Darstellung wie auch an zahlreichen Stellen des Alten und Neuen Testamentes erwähnt wird (Apg 7,50 und 13,11; Lk 1,66; u. a.), jedoch ist nicht nachweisbar, dass die christlich-literarische Metaphorik bereits im vierten Jahrhundert in den Gemeinden bildlich umgesetzt worden ist. Dieser Schritt scheint erst ab dem fünften Jahrhundert zu erfolgen. Der wissenschaftliche Leiter der Konstantin-Ausstellung 2007 in Trier, der Salzburger Ordinarius Joseph Engemann glaubt jedenfalls, die Übertragung der Hand Gottes-Symbolik auf Christus sei erst Ende des vierten Jahrhunderts erfolgt.[775] Wenn aber die bildliche Darstellung erst am Ende des vierten Jahrhunderts erfolgt, dann ist die „Hand Gottes" auf den konstantinischen Konsekrationsmünzen die Hand des Sonnengottes.

Diese Interpretation der Konsekrationsmünze als *heidnische* Münze erklärt auch die überraschende Zurückhaltung des christlichen Schönschreibers Eusebius, der sonst kein Blatt vor den Mund nimmt, wenn er die Christlichkeit Konstantins rühmen kann. Eusebius beschreibt zwar in der *Vita Constanini* die Münze, aber eine christliche Symbolik vermag der Bischof offenbar nicht zu erkennen: „Es wurde sogar auf Münzen sein Bild geprägt; die Vorderseite stellte den Seligen mit verhülltem Haupte dar,

774 Abbildung im Katalog der Konstantin-Ausstellung Trier 2007, S. 207.

775 J. Engemann, Die imperialen Grundlagen der frühchristlichen Kunst, in: Ausstellungskatalog Spätantike und frühes Christentum, 1983/1984, S. 265.

während die Kehrseite zeigte, wie er nach Art eines Wagenlenkers auf einem Viergespann fahrend, von einer Hand, die von oben herab sich ihm entgegenstreckt, aufgenommen wird" (4,73).

So sprechen also die zurückhaltende Berichterstattung christlicher Zeitgenossen, die heidnisch orientierte Bildkomposition der Münze (Vergöttlichung, *divus* und Quadriga), die Größe der heidnischen Quadriga und die Symbolforschung dafür, dass die Hand, die Konstantin in den Himmel geleitet, dem Schatz paganer Motive entnommen ist und die Münze auf Konstantins letztes heidnisches Bekenntnis hindeutet. Später wird die christliche Kirche das Motiv „Hand Gottes" wie auch die Licht-Metaphern, den Nimbus, den Sonntag, den Tag der Geburt Jesu und vieles mehr übernehmen und die Spuren der gemeinsamen Vergangenheit zu tilgen suchen.

6.3 Fazit

Die Münzprägung der Jahre 310 bis 325 ist eindeutig von heidnischen Symbolen beherrscht. „Christliche" Ereignisse finden auf den Münzen keinen Platz, weder die Schlacht an der Milvischen Brücke, noch die Toleranz-Edikte von 311/313, noch der Sieg über den „Heiden" Licinius (324), noch das Konzil von Nicäa (325). Dafür herrschen in überwältigendem Einklang die heidnischen Symbole vor.

Die wenigen XP-Symbole, gleich ob sie heidnisch, christlich oder synkretistisch interpretiert werden, verlieren sich in der Unmenge heidnischer Symbolik. So auf dem Silbermedaillon aus dem Jahre 315, so auf einer Bronze-Münze, von Jochen Bleicken auf das Jahr 319 datiert,[776] die von der Siegesgöttin beherrscht wird, so auf der Labarum-Drachen-Münze aus dem Jahr 327, auf der Gloria-Exercitus-Münze aus dem Jahre 335/336 und auf der weitgehend gleichen Münze aus dem Jahre 337: Sie alle führen zwar ein XP-Monogramm im Feldzeichen, das aber im Wust paganer Zeichen und kaiserlicher Machtdarstellung untergeht. Typisch für diese Phase ist auch der Victoria-Solidus aus dem Jahr 336/337, der die Siegesgöttin Victoria in voller Pracht und Größe zeigt, während sich das XP-Monogramm auf der nur ca. 18 mm großen Münzen eher versteckt. Soweit die XP-Zeichen überhaupt als christliche Symbole zu deuten sind, wird ihre Wirkung also durch dominierende heidnische Symbole atomisiert.

776 J. Bleicken, Constantin der Große und die Christen, 1992, S. 41.

Das Urteil ist daher, von Ausnahmen abgesehen,[777] eindeutig: Die Münzfunde lassen keinerlei Präferenzen der christlichen Religion erkennen. In der Summe dokumentieren die Münzen eher einen heidnischen Kaiser als einen christlichen.[778] Der Schweizer Historiker Jacob Burckhardt merkt schon Ende des 19. Jahrhunderts dazu an: „Wer mit antiken Münzen zu tun gehabt hat, weiß, dass unter fünf konstantinischen Stücken wohl vier keine andere Rückseite haben als diese [mit der Inschrift soli invicto comiti], woraus mit überwiegender Wahrscheinlichkeit hervorgeht, dass dieser Stempel bis zum Tode des Kaisers beibehalten wurde [..]. Dagegen müssen die Münzen mit unzweideutigen christlichen Emblemen [...] überhaupt noch gefunden werden."[779]

Diesen Befund bestätigt der Numismatiker P.M. Brunn einhundert Jahre später: „The coins give no positive evidence of any conversion, but only of a gradually changing attitude towards the old gods"[780] und der Theologe und Kirchenhistoriker Hans G. Thümmel ergänzt 1998: „Dann muss gesagt werden, dass Christliches in der Konstantinischen Münzprägung sehr selten ist."[781] Und selbst die ob ihrer weltanschaulichen Prägung bisher mit Argwohn zitierte Numismatikerin Maria R. Alföldi bestätigt in ihrem Werk *Die constantinische Goldprägung in Trier* den Sachverhalt, wenngleich indirekt. Sie listet in ihrem Beitrag aus dem Jahre 1958 die Münz-Editionen der Trierer Prägestätte auf, die zwischen 306 und 337 geprägt worden sind. Das Ergebnis ist eindeutig: Keine der 118 Münzen weist einen irgendwie als christlich zu interpretierenden Hinweis auf.[782] Auch der Althistoriker Hartwin Brandt konstatiert, dass die Münzprägung „in der Tat zwischen 312 und 324 einen klaren und nicht kleinzuredenden Akzent auf die prominente Rolle des Sonnengottes erkennen" lasse und, so fährt Brandt wenig später

777 J. Vogt meint, „Die Münzen [...] zeigten einen langsamen, sorgfältig gelenkten Gestaltwandel der Götter und Symbole", sie ließen „Spuren der im Jahr 312/13 erfolgten Wende" und „bedeutsame Einschnitte in den Jahren 320, 324, 326, 330..." erkennen (Konstantin der Große, 1949, S. 246).

778 Das staatliche Münzkabinett Berlin verzeichnet für das gesamte 4. Jahrhundert 362 römische Münzen, davon etwa ein Dutzend mit meist verstecktem „XP" (Stand November 2007). Die wenigen Kreuzsymbole wurden nicht mitgezählt (Begründung im Text).

779 J. Burckhardt, Die Zeit Konstantins des Großen, 1898, S. 371

780 P.M. Brunn, RIC 7,1966, 61, zit. nach T. Mommsen, Römische Kaisergeschichten, S. 518.

781 H.G. Thümmel, Die Wende Konstantins und die Denkmäler, 1998, S. 152.

782 M.R. Alföldi, Die constantinische Goldprägung in Trier, 2001, S. 1-43.

fort, „bis in die 330er Jahre hinaus [... besteht] eine offenbar vom Kaiser Konstantin [...] favorisierte Nähe seiner Person zum Sonnengott“.[783]

Damit, so könnte man meinen, sei das Thema „Konstantin der christliche Kaiser“ erledigt, wenigstens, soweit die Jahre zwischen 312 und 330 betroffen sind. Aber weit gefehlt. Denn Brandt schafft es, in schönster Konstantinforschungs-Lyrik Konstantin doch noch in ein christliches Mäntelchen zu zwängen: Konstantin habe den Sonnengott „*möglicherweise* [...] nicht als paganen Widerpart des Christengottes“ begriffen, sondern dieser sei „Teil der Herrschaftideologie des *christlichen* Kaisers Konstantin“ gewesen [Hervorhebungen vom Verf.]. Aus dem windelweichen, nicht weiter qualifizierten „möglicherweise“ wird in beeindruckend stringenter Logik die Tatsache eines „christlichen Kaisers“. Womit, für Brandt, die Sache mit der „ favorisierten Nähe zu Sol“ vom Tisch wäre.

Eine ähnlich überraschende Kausalakrobatik vollzieht Stephan Berrens in seiner Dissertation *Sonnenkult und Kaisertum* im Jahre 2004. Nachdem Berrens in mühevoller Kleinarbeit ein „Fortleben der solaren Symbolik“ und eine „Angleichung des Kaisers an den Sonnengott“ dokumentiert und auf die korrespondierende Konstantinsäule, auf die Tricennalien-Rede und auf die Konsekrationsmünze verwiesen hat, nachdem Berrens also alle Register gezogen hat, um nachzuweisen, dass Konstantin bis zum Lebensende heidnisch orientiert gewesen ist, kommt er – wie der berühmte Reitergeneral Ziethen, der den Überraschungsangriff „aus dem Busch“ liebte – mit der Schlussfolgerung „dennoch ist letztendlich, trotz aller Einschränkungen, eine Zuwendung Konstantins zum Christengott [...] unverkennbar“.[784] Basta. Statt einer Kaskade von Gegenargumenten werden dem Leser also Freiluftbehauptungen einfachster Art und vage Undeutlichkeiten angeboten, die für viele Konstantin-Biographien so kennzeichnend sind; und wir ahnen, was nun kommen wird: Konstantin sei eben politisch klug gewesen,

783 H. Brandt, Konstantin der Große, 2006, S. 95/96. Die Aussage von P. Barceló „Nach dem Sieg über Licinius [...] taucht eine Reihe von allgemeinen Begriffsinhalten auf, die durchaus christliche Deutung erlauben. Seit 315 lassen sich christliche Symbole auf seinen Münzen beobachten“, ist – abgesehen von der nebulösen Verschwommenheit der Aussagen – wenig hilfreich, da sie angesichts der Fülle heidnischer Symbole eine falsche Diagnose provoziert (Konstantin II. und seine Zeit, 2004, S. 202, Anm. 7).

784 S. Berrens, Sonnenkult und Kaisertum von den Severern bis zu Constantin I. (193-337 u.Z.), 2004, S. 168-169.

habe seinen Untertanen nicht zu viel zumuten wollen. Daher seine verdeckte Christlichkeit, im Inneren überzeugt, nach außen geschmeidig.

Von solchen Kaisern also soll das römische Reich im vierten Jahrhundert geführt worden sein, von byzantinischen Herrschern, die zwar nach Belieben Bischöfe einsetzen und exilieren, sich aber scheuen, sich zu ihrem Gott zu bekennen. Da sind die Kaiser Julian (361-363) und Theodosius (379-395) doch aus einem ganz anderen Holz geschnitzt. Der erste räumt die ganze Religionslandschaft um und rehabilitiert die alten Götter, der zweite setzt die jüdischen und antiken Götter außer Kraft und den christlich-trinitarischen ein. Das waren eben noch Kerle und keine religiösen Weicheier wie Konstantin, der den öffentlichen Druck fürchtet.

7 Stumme Zeugen II: Bauten

Konstantin ist, wie wir schon gesehen haben, ein einzigartiger Baumeister. Ein ganze Stadt mit Hippodrom, Palast, Thermen, Kapitol, einer gewaltigen Mauer und vielem mehr lässt er nach Erringung der Gesamtherrschaft (324) bauen. Der heidnische Charakter dieser Stadt wurde bereits in Kapitel 18, „Konstantinopel. Das Neue Rom. Stadt zwischen Kaiser und Sol", belegt. Darüber hinaus soll Konstantin zahlreiche christliche Kirchen gebaut haben. In der *Theologischen Realenzyklopädie* (Bd. 19, S. 492-493) heißt es dazu unter Bezug auf Eusebius, Vita Constantini 2,45-46 und 3,54: „Während viele Tempel verfielen, wurden Kirchen wieder hergestellt, erweitert oder neu gebaut [...] Gold und Silber wurden aus dem Inneren der Heiligtümer herausgerissen. Es floß dem Staatsschatz zu und trug zur Errichtung von Kirchen bei." Die nicht-kirchliche Überlieferung gibt jedoch an keiner Stelle einen Anhalt, diese Behauptungen zu verifizieren oder gar den Verfall „vieler Tempel" zu bestätigen, noch passen die Behauptungen in das Gesamtbild Konstantins, der u. a. noch 335 einen Tempel bauen lässt (Hispellum).

7.1 Rom: Die Lateranbasilika und die Kolossalstatue (312/313)

Auch in Rom soll Konstantin christliche Kirchen – und wer wundert sich, dass vor allem diese erwähnt werden – gebaut haben: Die Kirche S. Pietro in Vaticano im Westen der Stadt, jenseits des Tibers auf dem vatikanischen Hügel gelegen und die Basilika S. Giovanni in Laterano (früher Basilica Salvatoris) am äußersten östlichen Stadtrand.[785] Letztere soll 312/313 von

785 Maria Andaloro listet folgende Kirchen auf, die angeblich von Konstantin gegründet worden seien: Lateran, St. Peter, St. Paul, Heilig Kreuz, S. Agnese, S. Lorenzo, S. Marcellino (in: Römisches Mittelalter. Kunst und Kultur in

Konstantin, nach seinem Sieg über Maxentius auf dem Gelände des (zerstörten) Palastes des Maxentius, damals Standort der Elitetruppen *equites singulares* des Kaisers Maxentius, „gleichsam als *ex voto* für die im Zeichen des Christengottes gewonnene Schlacht an der Milvischen Brücke" gestiftet worden sein.[786]

Der angebliche Stiftungsgrund für die Lateran-Basilika, der Dank Konstantins für die gewonnene Schlacht, bewegt eine Reihe Historiker. Rudolf Leeb glaubt, die Lateran-Basilika sei „dem siegreichen Gott gewidmet ... und [habe] den Ruhm des Siegers verkündet".[787] Und der Althistoriker Heinz Bellen meint, dass Konstantin die Lateran-Basilika in Rom „seinem Rettungsgott" (Salvator) geweiht habe.[788] Leeb und Bellen bewegen sich allerdings auf schwankendem Boden. Denn die historische Quellen machen keine genauen Angaben über den Grund, den Zeitpunkt der Errichtung und über den Bauherrn der Lateran-Basilika. Selbst Eusebius, der ausführlich die Kirchenbaupolitik Konstantins beschreibt, weiß nichts von einer Lateran-Basilika zu berichten. Die Erwähnung von Optatus von Mileva, ein Konzil habe im „domum Faustae in Laterno" stattgefunden, lässt angesichts der fehlenden Präzisierung keine Rückschlüsse auf Konstantin als Bauherrn oder als Donator einer Laterankirche zu. Erst aus dem *Liber Pontificalis* des sechsten Jahrhunderts erfahren wir, dass die Basilika unter dem Pontifikat Silvesters (314-335) errichtet und von Konstantin alimentiert worden sein soll. Diese Quelle steht aber in hagiographischer Tradition und ist in Fragen der christlichen Kirche wenig zuverlässig. Es ist also angesichts der dürftigen Quellenlage nicht so recht nachvollziehbar, woher die modernen Autoren ihre Gewissheit beziehen, Konstantin habe ein „Gelübde" abgelegt (*Theologische Realenzyklopädie*) oder sei der Bauherr der Lateran-Basilika.

Eher zutreffend scheint ein etwas profanes Bild zu sein, das aber den Vorteil hat, mit den politischen Umständen zu korrespondieren: Vermutlich hat Konstantin lediglich den kaiserlichen Grund und Boden zur Verfügung gestellt und ist nicht selbst als Bauherr in Erscheinung getreten. Für diese

Rom von der Spätantike bis Giotto, 2002, S. 199, Fußnote 12). Keine dieser „Gründungen" ist wissenschaftlich ausreichend belegbar. Alle „Belege" stammen aus kirchlichen Quellen, vor allem dem korrumpierten *Liber pontificalis*, auf den sich auch Richard Krautheimer abstützt.

786 Theologische Realenzyklopädie, Bd. 18, S. 423, „Kirchenbau".

787 R. Leeb, Konstantin und Christus, 1992, S. 78.

788 H. Bellen, Grundzüge der Römischen Geschichte, 2003, S. 21.

Vermutung spricht der eigentliche Anlass: Die Zerstörung des kaiserlichen Palastes seines Kontrahenten Maxentius und die Auflösung der dort ansässigen Elitetruppen im Stile einer *damnatio memoriae* des besiegten Gegners, die – nach der Schleifung der Gebäude – Raum für die Anlage neuer Bauten gibt. Ob anschließend auf dem frei gemachten Gelände eine Kirche, Thermen oder eine Bibliothek errichtet wird, dürfte Konstantin zu diesem Zeitpunkt vermutlich noch ziemlich egal gewesen sein. Anderenfalls hätte er kaum im gleichen Jahr die Genehmigung gegeben, den kolossalen Konstantinbogen mit einer Fülle heidnischer Symbole zu bauen. Und so erhält der Bischof von Rom die Erlaubnis, eine dringend benötigte großräumige Kirche hochzuziehen. Eine innere Beteiligung Konstantins kann daraus kaum abgeleitet werden und ist auch aus den politischen Umständen heraus sehr unwahrscheinlich: Denn Konstantin muss mitten in den Auseinandersetzungen um die Alleinherrschaft und im Zentrum des heidnischen Rom einen unnötigen Affront gegenüber Senat, Aristokratie und Bevölkerung vermeiden. Und auch die späte Weihe der Basilika am 9. November 318[789] deutet auf einen anderen Bauherrn als Konstantin hin, so dass die Lateran-Basilika nur schwerlich als ein Werk Konstantins zitiert werden kann.

Statt der Laterankirche stellt Eusebius dem Leser eine überdimensionierte, etwa 10-12 Meter hohe Konstantin-Sitzstatue vor. Konstantin soll sie 312/313, also unmittelbar nach seiner Schlacht an der Milvischen Brükke, angeblich mit dem „rettenden [Kreuz] Zeichen" in der Hand, wie der Althistoriker Girardet berichtet, mit „einer christlichen Inschrift und einem christlichen Siegeszeichen" versehen, in Auftrag gegeben und in der Apsis der riesigen, von Kaiser Maxentius im Jahre 308 errichteten Basilika an der *Via Sacra* aufgestellt haben.[790] Während der dazu gehörige eusebische Text in seiner Kirchengeschichte noch mit ähnlichen Textpassagen zur Schlacht an der Milvischen Brücke korrespondiert und offen lässt, was ein „rettendes Zeichen" gewesen sein mag, wandelt sich das „rettende Zeichen" zwei Jahrzehnte später in Eusebs *Vita Costantini* in eine „Lanze in Form eines Kreuzes" und wird damit zum christlichen Symbol: „So ließ er alsbald seinem eigenen Standbild, das an einem der belebtesten Plätze Roms errichtet wurde, eine lange Lanze in Form eines Kreuzes in die Hand geben."[791]

789 Der Münchner Kunsthistoriker J. Deckers setzt die Entstehung zwischen 318 und 324 an (Die frühchristliche und byzantinische Kunst, 2007, S. 58).

790 Eusebius, Kirchengeschichte 9,9,10-11.

791 Eusebius, Vita Constantini 1,40.

Die sich hieran anknüpfende Diskussion erinnert an die „Christogramm"- und „Kreuzszepter"-Diskussion rund um das Silbermedaillon von 315 und ist angesichts der Fülle ungesicherter Spekulationen und der fehlenden Nutzung der Ergebnisse der Symbolforschung gleichermaßen irritierend. Obwohl Inschrift und Zeichen/Lanze der Konstantin-Statue nicht erhalten sind, meinen die Althistoriker Schumacher und Girardet unter Referenz auf den christlichen Kirchenhistoriker Rufinus (ca. 345-412) die „Kreuzlanze" bestätigen zu können.[792] Rufinus bezieht sich aber auf Eusebius, so dass sein Zeugnis wenig gelten kann. Damit bleibt als Zeitzeuge lediglich der späte Eusebius übrig, der seine frühen, zeitnahen Aussagen zum späteren „Kreuz" ausmalt. Auch der Althistoriker Frank Kolb findet an der eusebischen Mutation eines „Zeichens" zum „Kreuz" nichts auszusetzen und erkennt, dass damit „das Vorkommen des Kreuzzeichens bestätigt" wird.[793] Zwar zitiert Kolb nur die eusebische Kirchengeschichte, in der kein Wort von einem „Kreuz" steht, zwar interpretiert er die Textpassage lediglich als eine „Anspielung Eusebs", auch ist Eusebius nun gerade keine vertrauenswürdige Quelle, aber der Historiker Kolb erkennt, dass das „Kreuz" als „offizielle bildliche Repräsentation des Herrschers" dient.

Dabei muss der „Kreuzlanzen"-Beschreibung nicht nur deshalb misstraut werden, weil das Kreuz zu dieser Zeit noch kein allgemein anerkanntes christliches Symbol gewesen ist, sondern weil Konstantin auf einem zur gleichen Zeit geprägten Goldmultiplum (Ticinum, 313), das den Kaiser gemeinsam mit Sol in einem brüderlichen Doppelprofil zeigt, in der rechten Hand einen Speer (und nicht etwa eine „Kreuzlanze") trägt. Im Übrigen fehlt der Konstantin-Statue jegliche christliche Bescheidenheit: Sie stellt Konstantin als entrückten und vergöttlichten Kaiser dar, der „in überhöhter Thronnische dem gesamten Volk als Autokrator gegenübertritt",[794] so dass ein Panegyriker im Jahre 313 meint, „der Senat habe neulich eine Götter-

792 K.M. Girardet, Die Konstantinische Wende. Voraussetzungen und geistige Grundlagen der Reichspolitik Konstantins d.Gr., 2006, S. 44, Fußnote 11; ders., Die Konstantinische Wende, 1998, S. 13. Ähnlich L. Schumacher, Christianissimus Imperator. Zur Christianisierung der römischen Kaiserideologie von Konstantin bis Theodosius, 1997, S. 154/155. Schumacher nimmt Eusebius' Angaben als gegeben an und folgert daraus, dass sich Konstantin als „Retter besonderer Art" gefühlt habe (S. 155).

793 F. Kolb, Herrscherideologie in der Spätantike, 2001, S. 75.

794 F. Gerke, Spätantike und frühes Christentum, 1967, S. 51.

statue“ für Konstantin geweiht.[795] Der „im Typus des sitzenden Jupiters“[796] dargestellte Kaiser ist in Maßen und Präsentationsart mit der berühmten aus Gold und Elfenbein hergestellten Zeus-Statue im Tempel von Olympia aus dem fünften Jahrhundert v.u.Z. vergleichbar, was nicht unbedingt zu einer christlichen Interpretation einlädt. (Da der Innenraum des damaligen Zeustempels nur wenige Meter höher war als die etwa zwölf Meter hohe Zeus-Statue, konnte der antike Geograph Strabon spotten, wenn Zeus aufstünde, dann würde er das Dach des Tempels abdecken.)

Der Althistoriker Bruno Bleckmann versucht, eine heidnisch-christliche Brücke zu bauen und verweist darauf, dass zwei rechte Hände aufgefunden worden seien, die der Statue zugeordnet werden könnten. Ein Problem sei dies und die Tatsache könne dahingehend interpretiert werden, dass noch während der Regierungszeit Konstantins „die rechte Hand und damit auch die Insignie, die von dieser Hand getragen wurde, ausgetauscht worden“ sei.[797] Bleckmann greift damit eine bereits 1984 von L’Orange, einem norwegischen Archäologen, breit ausgearbeitete, höchst spekulative Hypothese auf, ohne den Vater dieser Idee im Text oder in der Bibliographie preiszugeben.[798] Wer sich allerdings mit den Werken von L’Orange befasst, stellt ohne Mühen die weltanschauliche Sehstörung des Autors samt eines weitgehend emphatischen Glaubens an die Zuverlässigkeit der eusebischen Berichterstattung fest. Und so führt L’Orange als Beleg auch nur entsprechende Aussagen des Eusebius an und folgert daraus, „die Sache sei klar“, es sei der „ausdrückliche Wille“ des Kaisers gewesen, ein Kreuz und nicht ein Szepter in der rechten Hand zu führen.

Aber selbst wenn die zweite Hand kein Duplikat für eine andere Statue, kein Prototyp und kein Abfallprodukt gewesen ist, so können wir aus der Tatsache zweier Hände keinerlei Rückschlüsse auf die Art der Insignie

795 Panegyricus 12 (9) aus dem Jahre 313, 25,4.

796 C.P. Presicce, Konstantin als Iuppiter, in: Katalog der Konstantin-Ausstellung Trier, 2007, S. 130. Im Text heißt es: „Der Typus der Statue als sitzender Jupiter [...] ist gut dokumentiert und folgt dem thronenden Zeus des Phidias in Olympia“. Von der Konstantin-Statue sind lediglich der 2,60 Meter hohe Kolossalkopf und einige Fragmente erhalten, die im Hofe des Konservatorenpalastes in Rom aufgestellt sind. Beschreibung der Statue bei R. Delbrueck, Spätantike Kaiserporträts von Constantinus Magnus bis zum Ende des Westreichs, 1978, S. 121ff.

797 B. Bleckmann, Konstantin der Große, 2007, S. 62.

798 H.P. L’Orange, Das spätantike Herrscherbild von Diokletian bis zu den Konstantin-Söhnen 284-361 n.Chr., 1984, S. 71-74.

ziehen. Selbst ein künstlerisch begabter Ingenieur ist nicht in der Lage zu beurteilen, ob ein antikes Handfragment einen Stab, ein Kreuz, ein Szepter oder einen Kochlöffel geführt hat. Dies könnte, wenn überhaupt, nur aus dem gesamten Verhalten der Person zu dieser Zeit ermittelt werden. Es verwundert folglich auch nicht, dass Hans von Schönebeck schon Jahrzehnte vor der L'Orange-Publikation erkannt hat: „die Statue Konstantins auf dem Forum Romanum mit dem christlichen Zeichen in der Hand [ist] aufgrund vielfacher archäologischer Sicherungen in den Bereich der Fabel zu verweisen".[799] Weder Bleckmann noch L'Orange erwähnen den bedeutenden klassischen Archäologen, der an der damaligen Friedrich-Wilhelm-Universität, Berlin lehrte.

7.2 Der Konstantinbogen (315) und das vertrackte „instinctu divinitatis"

Unmittelbar nach seinem Sieg an der Milvischen Brücke im Oktober 312 reifen die Pläne für den obligatorischen Triumpbogen zur Verherrlichung des Siegers. Nach zweijähriger Bauzeit wird der mit heidnischen Gottheiten und Opferszenen überladene Ehrenbogen neben dem Kolosseum eingeweiht. Eine Inschrift verkündet: „Für den Imperator Caesar Flavius Konstantinus, den größten, frommen und glückbringenden Augustus, haben Senat und Volk von Rom diesen durch Triumphe ausgezeichneten Bogen geweiht, weil er durch die Eingebung einer Gottheit (*instinctu divinitatis*) mit der Größe seines Geistes und seinem Heer den Staat sowohl an dem Tyrannen als auch zugleich an dessen gesamter Anhängerschaft mit gerechten Waffen gerächt hat."[800]

Dieses *instinctu divinitatis* hat Generationen von Althistorikern beschäftigt, um die Frage zu klären, warum die Inschrift so unverbindlich ist und wer mit diesem Terminus gemeint sein könne.[801] Eine in diesem Zu-

799 H.v.Schönebeck, Beiträge zur Religionspolitik des Maxentius und Konstantin, 1939/1967, S. 27.

800 Inschriftenverzeichnis CIL 6,1139. Frank Kolb zweifelt die Übersetzung „Eingebung einer Gottheit" an. Er meint, damit sei eine Konstantin innewohnende Macht gemeint (Herrscherideologie in der Spätantike, 2001, S. 65-66).

801 Auf ältere Formulierungen: „Instinctu Deorum" in Florus' *Epitome* (Flor. Epit. 1.3.9.1-2, hrsg. von E. Forster, 1995, S. 26) und „Instinctu Divino" in Ciceros *De Divinatione* (1.11-12) wird hier nicht eingegangen.

Der Konstantinsbogen, Rom, 315 u.Z.

(Foto: Alexander Z., Wikimedia Commons, lizenziert unterCreativeCommons-Lizenz Namensnennung-Weitergabe unter gleichen Bedingungen 3.0 Unported (http://creativecommons.org/licenses/by-sa/3.0/deed.de)

sammenhang häufig zitierte zeitnahe Quelle ist eine Rede aus der Sammlung der Panegyrici Latini, die 313 wahrscheinlich in Trier gehalten wurde. Konstantin habe, dem anonymen Redner zufolge, die Schlacht an der Milvischen Brücke gewonnen, weil ihm einmal sein persönlicher Mut, zum zweiten die Gerechtigkeit der Sache und drittens „eine göttliche Eingebung“ den Sieg garantiert habe: „Welcher Gott also, welche so gegenwärtige Hoheit hat dir Mut gemacht, dass du selbst [...] gegen die Ratschläge der Menschen, gegen die Ermahnungen der Opferschauer, [...] von dir aus fühltest, die Zeit zur Befreiung der Stadt war gekommen? Gewiss hast du, Constantin, irgendein Geheimnis mit jenem göttlichen Geist, der allein dir sich zu offenbaren geruht, während er die Sorge um uns den niederen Gottheiten übertragen hat.“[802]

802 Panegyricus 12 (9) aus dem Jahre 313, 2, 4-5.

Über die näheren Umstände oder die Natur der göttlichen Manifestation erfahren wir nichts. Sie ist das Geheimis des Herrschers. Nur eines weiß der Redner: Es handelt sich bei der geheimnisvollen Gottheit nicht um einen der niederen Götter, denen die Sorge um die übrigen Menschen anvertraut ist, sondern um die göttliche Intelligenz (*mens divina*) und Willenskraft (*vis mensque divina*) des höchsten Schöpfers des Alls, den alle Völker anerkennen und der mit verschiedenen Namen bezeichnet wird. Eine wie auch immer geartete Festlegung auf eine bestimmte Gottheit lassen diese Formulierungen des Festredners, der mit Sicherheit über das, was der Kaiser denkt, unterrichtet ist, nicht zu. Noch nicht einmal der Hauch einer Annäherung Konstantins an den neuen Christengott schimmert in dem Panegyricus durch. Stattdessen ist die Rede ein unübersehbares rhetorisches Zeugnis für den damals herrschenden allgemeinen und abstrakten Monotheismus, den viele gebildeten Heiden seit Mitte des dritten Jahrhunderts vertreten.

Ist schon der Panegyricus aus dem Jahre 313 verdächtig unchristlich, so muss nunmehr der gewaltige Konstantinbogen voll heidnischer Embleme herhalten, um mit Hilfe des dortigen Begriffes *instinctu divinitatis* eine frühe Festlegung Konstantins auf den christlichen Gott zu belegen und die von den Historikern apostrophierte „Wende" Konstantins vor der Schlacht an der Milvischen Brücke zu retten.

Dieses Vorhaben, angesichts von tausend Tonnen heidnischer Symbolik von vornherein zum Scheitern verurteilt, erfordert, wie im Falle des Panegyricus des Jahres 313 und des Silbermedaillons von 315, die vorsätzliche Verdrängung des damaligen heidnischen Monotheismus durch die unlautere Einführung eines neuen Begriffes „Henotheismus" zugunsten eines „einzig wahren" christlichen Monotheismus, einen christlich geschärften Tunnelblick für Nichtigkeiten und jede Menge sophistischer Wortklauberei. So unterstellt der Historiker Thomas Grünewald dem Kaiser zunächst ein noch unklares monotheistisches Religionsverständnis, in dem die „höchste Gottheit" verschiedene Ausprägungen habe annehmen können. Nach 312, so Grünewald, habe sich Konstantin dann allerdings immer mehr dem Christengott angenähert, was Grünewald an einigen christenfreundlichen Indizien festmacht, so beispielsweise an Konstantins Aufforderung an Maximinus Daia, die Christenverfolgung einzustellen.[803] Eine öffentliche Hinwendung zum Christentum vermag Grünewald allerdings nicht zu erkennen. Ähnlich sein Kollege Hartwin Brandt, der meint, Konstantin

803 T. Grünewald, Constantinus Maximus Augustus. Herrschaftspropaganda in der zeitgenössischen Überlieferung, 1990, S. 82.

und Senat hätten beide gewusst, von welchem Gott die Rede sei. Vor allem die Stiftung von christlichen Kirchen durch Konstantin sei ein Beweis, dass Konstantin voll und ganz Christ gewesen sei. Da der Kaiser aber ein zweckrationaler Machtpolitiker gewesen sei, habe er bewusst die neutrale Form *instinctu divinitatis* und vorwiegend heidnischen Bildschmuck am Bogen anbringen lassen, um den Betrachter nicht „zu befremden". Die oberste Göttlichkeit sei der Christengott gewesen, denn der Kaiser habe sich „unzweideutig als Christ zu erkennen geben".[804]

Der Augsburger Althistoriker Wolfgang Kuhoff, Schöpfer eines tausendseitigen, detailreichen, in der Argumentation geradezu vorbildlich wertfreien Werkes über *Diokletian und die Epoche der Tetrarchie*, betont Konstantins politisches Kalkül, das „dem Grundsatz einer allmählichen Heranführung der Untertanen an die neue Religion des Kaisers" gefolgt sein soll.[805] Senat und Kaiser, so vermutet Kuhoff, seien sich über die Formulierung *instinctu divinitatis* einig gewesen, damit es jedem selbst überlassen bliebe, welchem Gott der Sieg zuzuschreiben sei.

Otto Seeck wählt im Jahre 1921 ein anderes Argumentationsfeld: Der Konstantinbogen mit den heidnischen Symbolen sei als reines Auftragswerk des Senates zu betrachten und widerspreche daher nicht einer grundsätzlich christlichen Haltung Konstantins, da der Auftraggeber der Senat und nicht Konstantin gewesen sei.[806] Kurt Aland schließt sich fünfzig Jahre später Seeck an: Der heidnische Konstantinbogen sei ein Werk des römischen Senates und daher seien die Aussagen ganz anders zu bewerten.[807] Ebenso Wolfgang Haase: Es handele sich um „eine Aussage des Senates", deren gäbe es viele und unterschiedliche. Folglich könne die heidnische Inschrift auf dem Konstantinbogen nichts über Konstantins wahre Gesin-

804 Vgl. H. Brandt, Konstantin der Große, 2006, S. 60-61. Der Althistoriker Klaus M. Girardet setzt die waghalsigen Hypothesen seiner Kollegen fort: „Mag im Bildprogramm des Bogens noch so oft der Sonnengott vorkommen", für christliche Deutungen sei die Formel offen gewesen (K.M. Girardet [Hrsg.], Konstantin der Große, 2007, S. 42).

805 W. Kuhoff, Ein Mythos in der römischen Geschichte: Der Sieg Konstantins des Großen über Maxentius vor den Toren Roms am 28. Oktober 312 n.Chr., 1991, S. 168.

806 O. Seeck, Geschichte des Untergangs der antiken Welt, 1921/2000, Bd. 1, S. 126.

807 K. Aland, Das Verhältnis von Kirche und Staat in der Frühzeit, 1979, S. 60f.

nung sagen.[808] Diese, die „wahre Gesinnung", hat nunmehr, so können wir schlussfolgern, Haase erkannt.

Das unterstellte Szenario eines ahnungslosen Konstantin, der sich vom Senat ein ihm gewidmetes Bauwerk blauäugig aufs Auge drücken lässt, ist ähnlich wirklichkeitsfremd wie die Unterstellung eines Kaiser-Senat-Komplottes zugunsten der christlichen Religion. Man stelle sich vor: Der römische Senat beginnt 312/313 ein zentrales Monument zu Ehren seines Kaisers Konstantin zu planen und kümmert sich geradezu provokativ nicht um dessen angeblich christliche Weltanschauung. Diese ist dem Senat bekannt, vermutlich auch sauer aufgestoßen, denn Konstantin soll ja am Tag nach der Schlacht bei der Milvischen Brücke den Göttern nicht mehr geopfert haben. Der heidnische, erzkonservative Senat lässt nunmehr alte Baudenkmäler abreißen, um deren heidnischen Schmuck für den neuen Triumphbogen im Zentrum Roms zu nutzen. Konstantin, anlässlich der Decennalienfeiern zur Einweihung des Triumphbogens am 21. Juli 315 eingeladen, wird vor tausend Tonnen Stein gestellt, der angeblich seiner innersten Überzeugung in keiner Weise entspricht. Der Kaiser schaut sich die ganze Sache vermutlich missbilligend, auf jeden Fall etwas verdattert an und lobt anschließend *senatus populusque* für die gelungene Arbeit. Das Volk und einige Legionen, offenbar zu schlicht, um Zusammenhänge zu begreifen, jubeln und alle sind happy. Lediglich Konstantin dürfte missmutig sein, weil *sein* Triumphbogen daneben geraten ist. Ein solches abenteuerliches Szenario bedarf keiner weiteren Kommentierung und man kann wohl ausschließen, dass die römische Aristokratie Konstantin gegen dessen Willen eine religiöse Demonstration aufzwingen kann und der Kaiser die Planung und Bauausführung *seines* Triumphbogens mitten im Herzen Roms in das Belieben des Senates stellt.

Im Übrigen verpflichtet eine halbwegs konsistente Logik, den Konstantinbogen nicht nur als ein Werk des Senates, sondern als ein Anliegen Konstantins zu betrachten. Anderenfalls müsste auch das angebliche Christogramm auf dem im gleichen Jahr geschlagenen Silbermedaillon als eine Eigenwilligkeit des Münzmeisters grundsätzlich in Zweifel gezogen werden. Denn wenn schon gewaltige Triumphbögen nicht mehr den Willen des Herrn repräsentieren, dann erst recht zwei Zentimeter große Münzen nicht. Der römische Kaiser wäre dann in seiner Außenpräsentation als ziemlich

808 W. Haase, Kirche und Staat in der Frühzeit, in: Aufstieg und Niedergang der römischen Welt, Bd. 23/1, Teil 2 „Principat", 1979, S. 125/126.

naiv einzuschätzen, denn jeder – Senat wie Münzmeister – kann anscheinend machen, was er will.

In diesem weltfremden, ideologieüberfrachtetem Meinungsspektrum, das mit weiteren illustren Namen angereichert werden könnte, ist bisher ein interessanter Hinweis von Jacob Burckhardt aus dem ausgehenden 19. Jahrhundert untergegangen. Burckhardt weist auf eine bisher nicht widerlegte frühere Lesart hin: Anstelle des *instinctu divinitatis* habe dort ursprünglich „auf den Wink des höchsten und besten Jupiters" (*nutu I.O.M.*) gestanden: „Man entdeckte die Korrektur, als zur französischen Zeit der Bogen mit Gerüsten umgeben wurde, um die Bildwerke abzuformen."[809] Diese Inschrift sei möglicherweise erst später überschrieben worden. Burckhardt zitiert als Quelle den damals mit Mommsen befreundeten Wilhelm Henzen (1816-1887), einen renommierten, vor Ort tätigen Inschriftenspezialisten[810] und folgert aus dem Hinweis, dass Volk und Senat 315 keinen Zweifel gehabt hätten, dass der siegreiche Kaiser römischer Heide gewesen sei. Diese Inschriftenkorrektur, die alle Spekulationen um eine christliche Interpretation des *instinctu divinitatis* endgültig hinfällig macht, wird von den modernen Konstantin-Biografen weder kommentiert noch widerlegt.

Wie dem auch sei, gleich ob „instinctu divinitatis" oder „nutu I.O.M", der gesamte Ehrenbogen ist ein einziger traditionsgeladener, heidnischer Aufschrei und ein steinernes Zeugnis gegen die Christlichkeit Konstantins. Wie bereits der Panegyricus des Jahres 313 verkündet der Triumphbogen den heidnischen Monotheismus. Nur so lassen sich alle religiösen Signale, die aus dem Umfeld Konstantins ausgestrahlt werden, in ein konsistentes Bild zusammenführen.

Jochen Bleicken gelangt daher nach Abwägen aller Argumente zu dem Ergebnis: „Der [Konstantin]Bogen gibt [...] nicht den geringsten Hinweis auf das Christentum."[811] Und L'Orange schlussfolgert: „Das instinctu divi-

809 J. Burckhardt, Die Zeit Konstantins des Großen, ^{3}1898, S. 344. So auch J. Bleicken, Konstantin der Große und die Christen. Überlegungen zur konstantinischen Wende, 1992, zit. nach: H. Schlange-Schöningen, Konstantin und das Christentum, 2007, S. 77.

810 Henzen war erster Sekretär des deutschen Archäologischen Instituts in Rom. Er war mit Mommsen und de' Rossi Mitglied der Hauptredaktion für das von der Berliner Akademie herausgegebene *Corpus inscriptionum latinarum* und hat die *Fasti consulares* bearbeitet.

811 J. Bleicken, Konstantin der Große und die Christen. Überlegungen zur konstantinischen Wende, 1992, zit. nach: H. Schlange-Schöningen, Konstantin und das Christentum, 2007, S. 77.

nitatis ist demnach nicht etwa christlich zu interpretieren, sondern geht, im Einklang mit der in den Reliefs angesprochenen Religion Konstantins, auf Sol Invictus“ zurück.[812] Der Konstantinbogen, so fährt L'Orange an anderer Stelle fort, „ist wie kein anderes Denkmal das große Monument des staatlichen Sonnenkultes [...] Mitten in einer Welt, die von solcher göttlicher Macht beherrscht ist, steht nun der Kaiser selbst im Gestus des Sonnengottes, als Sol Invictus Imperator da“.[813]

812 L'Orange, Der spätantike Bildschmuck des Konstantinbogens, 1939.
813 L'Orange, Sol Invictus imperator, 1935, S. 107.

Bibliographie

1 Antike Quellen und Textausgaben

AMBROSIUS VON MAILAND

-- De fide ad Gratianum Augustum, ed. O. Faller, CSEL 78, Wien 1962.

-- Epistula Gratiani imperatoris, ed. O. Faller, CSEL 74 .

-- De obitu Theodosii oratio (Trauerrede auf Theodosius), ed. O. Faller, CSEL 73, 371-401, Wien 1955.

-- De obitu Valentiniani, ed. O. Faller, CSEL 73, 327-367

AMMIANUS MARCELLINUS

-- Ammiani Marcellini Rerum gestarum libri qui supersunt, hrsg. von Wolfgang Seyfarth, Leipzig 1978; dt. Das römische Weltreich vor dem Untergang, übers. von Otto Veh, eingeleitet und erläutert von Gerhard Wirth, München/Zürich 1974.

ARISTOTELES, Philosophische Schriften, 6 Bde., Hamburg 1995.

ATHANASIUS VON ALEXANDRIA

-- Urkunden zur Geschichte des arianischen Streites, Werke III/1: Urk. 1-34, hrsg. von Hans Georg Opitz, Berlin/Leipzig 1934-1941. ND: (1) Patristische Arbeitsstelle Bochum der Akademie der Wissenschaften (NRW), Berlin/New York 1996, Bd. 3,1. Friedrich-Alexander-Universität, Arbeitsstelle Erlangen, Berlin/New York 2007.

-- Contra Arianos, I-III, PG 26, 12-468,

-- De decretis Synodi Nicaenae, in Opitz II/1, Berlin 1935ff.

AUGUSTINUS, C. AURELIUS, De civitate dei, 2 Bd., hrsg. von E. Hoffmann CSEL 40; übers. von W. Thimme, Vom Gottesstaat, 2 Bde., München [4]1997.

AUGUSTUS, Res Gestae Divi Augusti, hrsg. von Hans Volkmann, Berlin 1957, übers. von Marion Giebel, Stuttgart 2002.

AURELIUS, VICTOR, Die römischen Kaiser. Liber de Caesaribus, hrsg. von Kirsten Groß-Albenhausen/Manfreed Furhrmann, Darmstadt [2]2002.

BASILIUS VON CAESAREA, Briefe, 3 Bde., übers. von W.-D. Hauschild, Stuttgart 1973-1993.

Cassius Dio, Historia romana-Römische Geschichte, übers. von Otto Veh, Zürich/ München 1986.

Celsus, Gegen die Christen. Älteste Streitschrift gegen das Christentum vom Jahre 178 u.Z. übers. und erläutert von Th. Keim, Zürich 1873, ND München 1984.

Cicero, De re publica, übers. von Karl Büchner, Stuttgart 2001.

Clemens Alexandrinus, Stromateis, hrsg. von Otto Stählin, Clemens von Alexandreia I-V, Leipzig 1906, mit Nachträgen von Ursula Treu, Berlin [4]1985.

Clemens von Rom, Epistola ad Corinthios. Brief an die Korinther, hrsg. von Gerhard Schneider, Freiburg u.a., 1994.

Cyprianus, Epistulae, CSEL 3,1 (ed. G. Haertel), Wien 1868; neue Übersetzung bei: www.unifr.ch/bkv/kapitel1941.htm.

Cyrill von Alexandrien, Über den rechten Glauben, Memorandum an den Kaiser. Drei Briefe, München, 1984.

Didache, Zwölf-Apostel-Lehre/Traditio Apostolica. Apostolische Überlieferung, hrsg. von Georg Schöllgen/Wilhelm Geerlings, Freiburg 1991.

Diodor, Griechische Weltgeschichte, hrsg. von Peter Wirth/Adalbert Keller, übers. von Otto Veh, Stuttgart 1996-2007.

Epitome de Caesaribus (Kaiserbiographien bis 395)

-- hrsg. von Franz Pichlmayr, Sexti Aurelii Victoris Liber de Caesaribus, Leipzig 1911; mehrmals nachgedruckt, zuletzt Stuttgart 1993.

-- Jörg Schlumberger, Die Epitome de Caesaribus, München 1974.

Eunapius Sardianus: Vita sophistarum – Leben der Sophisten, hrsg. von R.C. Blockley, The Fragmentary Classicising Historians of the Later Empire, Liverpool 1981-1983.

Eusebius von Caesarea

-- Historia ecclesiastica – Kirchengeschichte, hrsg. von Eduard Schwartz, GCS Bd. 9, 1-3, Leipzig 1903/08/09, ND hrsg. von Heinrich Kraft, übers. von Ph. Haeuser, München [3]1989.

-- Vita Constantini, hrsg. von Paul Draeger, Eusebios. Über das Leben des glückseligen Kaisers Konstantin, Oberhaid 2007. Im gleichen Jahr hrsg./übers./komm. von Horst Schneider, Eusebius von Caesarea. Die Vita Constantini, mit einer Einl. von B. Bleckmann, o.O. 2007.

-- Neueste Übersetzung der Historia und Vita in der Bibliothek der Kirchenväter (BKV) Universität Fribourg (Schweiz), griech./orient. Sprachen, www.unifr.ch/bkv, März 2009.

-- Laus Constantini: Die Tricennalienrede des Euseb von Caesarea, hrsg. von I.A. Heikel, Eusebius Werke I 1, Leipzig, 1902, engl. übers. von H.A. Drake, In Praise of Konstantine, Berkeley 1976.

Eutropius, Eutropii breviarium ab urbe condita – Eutropius, Kurze Geschichte Roms seit Gründung (753 v.u.Z.–364 u.Z.), hrsg. von Friedhelm L. Müller, Stuttgart 1995.

FESTUS, Breviarium of Festus, (University London Classical Study) ed. by J.W. Eadie, London 1967.

FLAVIUS, JOSEPHUS

-- Antiquitates Iudaicae, übers. von Heinrich Clementz „Jüdische Altertümer", 2 Bde., Berlin/Wien 1923.

-- De Bello Iudaico, übers. von Otto Michel/Otto Bauernfeind, 3 Bd., Darmstadt ^{3}1982.

GELASIUS CYZICENUS, Anonyme Kirchengeschichte, hrsg. von Günther Chr. Hansen, Berlin 2002.

HERODIAN, Geschichte des römischen Kaisertums seit Marc Aurel, übers. von Adolf Stahr, Stuttgart 1858.

HERODOT, 9 Bücher zur Geschichte, übers. von Christian Bähr, nach der Ausgabe Berlin-Schöneberg 1898, Wiesbaden 2004.

HIERONYMUS

-- Chronicon – Die Chronik des Hieronymus in: „Eusebius Werke" VII, GCS ed. R. Helm, Berlin 1984.

-- Epistolae, lat./dt., übers. u. hrsg. von Erika Bauer, Heidelberg 1984.

HILARIUS VON POITIERS

-- Collectanea antiariana Parisina in: CSEL A IV 65, 72 (ed. A. Feder).

-- De Synodis, CSEL 1919, ND ed. A.L. Feder New York 1966.

HISTORIA AUGUSTA, Scriptores historiae Augustae, übers. von Ernst Hohl, 3.-5. Aufl. Leipzig 1971. ND von Gerhard H. Waldherr (Hrsg.)/Adolf Lippold, Die Historia Augusta, Stuttgart 1998.

IRENÄUS, Contra haereses-Gegen die Häresien, übers. von E. Klebba, Kempten-München, 1912.

ISIDOR VON SEVILLA, Etymologiae (Origines), übers. von Stephan A. Barney, Cambridge, 2006.

JULIANUS

-- Briefe, hrsg. von B.K. Weis, München 1973.

-- Juliani imperatoris librorum contra Christianos quae supersunt, hrsg. von F.C. Hertlein, Bd. I, Leipzig 1875, übers. von K.J. Neumann Kaiser Julians Bücher gegen die Christen, Leipzig 1880.

-- Juliani imperatoris epistulae, leges, poematia fragmenta varia, ed. J.Bidez / F.Cumont, Paris 1922.

JUSTIN DER MÄRTYRER, Apologien, München 1913.

LACTANTIUS (LAKTANZ)

-- De mortibus persecutorum – Die Todesarten der Verfolger, hrsg. von S. Brandt/G. Laubmann CSEL 27, lat.-dt. übers. von Alfons Städele, Turnhout London 2003.

-- Divinae institutiones, hrsg. von Samuel Brandt/Georg Laubmann in: „Lactanti opera omnia", Teil I, Prag u.a. 1890 (CSEL 19).

-- De ira dei in: ÑDes Lucius Caelius Firmianus Lactantius Schriftenì, übers. von Aloys Hartl (BKV, 1. Reihe, Band 36) München 1919.

LIBANIOS, Oratio Libanii opera, hrsg. von R. Foerster, 12 Bde., Leipzig 1903-1927, ND Hildesheim 1963. Ausgewählte Briefe, griech.-dt, hrsg. von G. Fatouros/T. Krischer, München 1980.

LUCANUS, Bellum civile. Der Bürgerkrieg, hrsg. und übers. von Wilhelm Ehlers, München 1973.

MARIUS VICTORINUS

-- Adversus Arium I-IV, hrsg. von P. Henry/P. Hadot, Wien 1971, 54-277 (CSEL 83,1).

-- Christlicher Platonismus. Die theologischen Schriften des Marius Victorinus, übers. von P. Hadot/U. Brenke, Zürich 1967.

NOTITIA DIGNITATUM, Otto Seeck Notitia dignitatum. Accedunt notitia urbis Konstantinopolitanae et laterculi provinciarum, Berlin 1876, ND Frankfurt a. M. 1962.

OPTATUS VON MILEVE

-- Contra Parmenianum Donatistam in: H. v. Soden „Urkunden zur Entstehungsgeschichte des Donatismus“ (Kleine Texte für Vorlesungen und Übungen 122), Bonn 1913.

-- Libri VII de schismata Donastistarum in CSEL, Bd. 26.

ORIGENES

-- Commentarii in Epistulam ad Romanos – Römerbriefkommentar, hrsg. von Theresia Heither, Freiburg 1999.

-- Homilien zum Lukasevangelium, 1./2. Teilband, hrsg. von Hermann-Josef Sieben, Freiburg 1992.

-- Vier Bücher von den Prinzipien (De principiis). Zweisprachige Ausgabe, Herwig Görgemanns und Heinrich Karpp, Darmstadt 1992.

-- Acht Bücher gegen Celsus, übers. von Paul Koetschau, München 1927.

OROSIUS, Paulus, hrsg. und übers. von Adolf Lippold Orosius.Die antike Weltgeschichte in christlicher Sicht, 2 Bde. 1985/86.

PANEGYRICI LATINI XII (12 Lobreden auf Kaiser)

-- R.A. B. Mynors (Hrsg.): In Praise of Later Roman Emperors. The Panegyrici Latini. Introduction, Translation, and Historical Commentary, übers. von Charles Nixon/Barbara S. Rodgers, Berkeley/Los Angeles/Oxford 1994.

PAULINUS VON NOLA, Pontius Meropius Paulinus Epistulae/Briefe, übers. und eingeleitet von Matthias Skeb, Freiburg u.a. 1998 (Fontes Christiani, Bd. 25, Teilbände 1–3).

PHILO VON ALEXANDRIEN Die Werke in deutscher Übersetzung, hrsg. von L. Cohn/ I. Heinemann/M. Adler, 6 Bde, 1938, ND Berlin 1964.

PHILOSTORGIUS, Kirchengeschichte, hrsg. von Joseph Bidez, bearb. von F. Winkelmann, ND Berlin ^{3}1981 (GCS 21).

PHOEBADIUS, Contra Arianos, übers. von Jörg Ulrich, Freiburg 1999 (Fontes Christiani Bd. 38).

PHOTIUS, Josef Hergenröther Photius, Patriarch von Konstantinopel: Sein Leben, seine Schriften und das griechische Schisma nach handschriftlichen und gedruckten Quellen, 3 Bd., Regensburg 1867–69, ND Darmstadt 1966.

PLINIUS

-- Epistulae, Liber X, übers. und hrsg. von Marion Göbel, Stuttgart 2005.

-- Naturalis historia, übers. und hrsg. von Marion Göbel, Stuttgart 2005.

POLYBIOS, Historiae, hrsg. von Th. Büttner-Wobst, 4 Bd, 1893/95; ND Berlin 1998.

SEXTUS EMPIRICUS, Grundriß der pyrrhonischen Skepsis, übers. von M. Hossenfelder, Frankfurt 1985.

SOKRATES SCHOLASTICUS, Historia ecclesiastica, ed. J.-P. Migne, 1859, dt.: Kirchengeschichte, hrsg. von Günther Christian Hansen, Berlin 1995.

SOZOMENOS, Historia ecclesiastica-Kirchengeschichte, hrsg. von J. Bidez/G. Ch. Hansen, Berlin 1960, ND Turnhout, London 2004.

SUETON C.SUETONIUS TRANQUILLUS, De vita Caesarum – Leben der Caesaren, eingel./ übers. von A. Lambert, Zürich/Stuttgart, 1955.

TACITUS

-- Annales, hrsg. und übers. von E. Heller, Zürich/ München, 1982.

-- Agricola, übers. von Robert Feger, Stuttgart 2004.

TERTULLIAN

-- Ausgewählte Schriften, übers. von H. Kellner, Kempten 1871.

-- de idololatria (Über die Götzenverehrung), hrsg. von J.H. Waszink/J.C.M. van Winden, Leiden 1987.

-- Apologeticum, in: Die römische Literatur, hrsg. von M.v. Albrecht, München ²1994.

THEODORET, Historia eclesiastica, hrsg. von L. Parmentier/F. Scheidweiler, Berlin ²1954.

THOMAS V. AQUIN, Summe gegen die Heiden/Summe der Theologie, hrsg. von Horst Seidl, Hamburg, ³1996.

VELLEIUS PATERCULUS, Historia Romana-Römische Geschichte, hrsg. und übers. von Marion Giebel, Stuttgart 1989.

ZOSIMOS, Neue Geschichte, übers. von Otto Veh, kommentiert von St. Rebenich, Stuttgart 1990.

2 Kompendien und Nachschlagewerke

Acta conciliorum oecumenicorum, hrsg. von Eduard Schwartz, Bd. I-IV (431/451/533), Straßburg, Berlin, Leipzig 1914-1940, fortgef. von J. Straub, Berlin/New York, ND 1990, derzeit in 2. Auflage durch die Bayerische Akademie der Wissenschaften, München.

Bibliothek der griech. Literatur, hrsg. von Peter Wirth/ Adalbert Keller, Stuttgart 2005.

Bibliothek der Kirchenväter. Eine Auswahl patristischer Werke in deutscher Übersetzung, 1869-88, hrsg. von O. Bardenhewer u.a., 83 Bd., München ²1911ff. (BKV).

Cambridge History of Christianity: Origins to Konstantine, ed. by Margaret Mary Mitchel, Bd 1, Cambridge 2006.

Christen und Heiden. Quellentexte zu ihrer Auseinandersetzung in der Antike, hrsg. von Michael Fiedrowicz, Darmstadt 2004.

Codex Sinaiticus, hrsg. von Baader, Fritz Henning/Hans J. Grieser Schömberg-Langenbrand ²1993.

Codex Theodosianus, hrsg. von Theodor Mommsen, Berlin 1905, ND Hildesheim 2006.

Codices Palatini Latini: Probst Veit „Die historischen und philosophischen Handschriften der Codices Palatini Latini in der Vatikanischen Bibliothek“, Wiesbaden 1999.

Corpus Inscriptionum Latinarum (CIL) hrsg. von Th. Mommsen u.a., 16 Bde., Berlin 1863 ff.

Corpus Iuris Civilis

-- Institutiuonen, hrsg. v. Okko Behrends/R. Knütel/B.Kupisch/H.H. Seiler, Heidelberg ²1997.

-- Digesten 1-10, hrsg. v. Okko Behrends/R. Knütel/B.Kupisch/H.H. Seiler, Heidelberg 1955.

-- Digesten 11f., hrsg. von K.E. Otto/B. Schilling/K.F.Sintensis, Bd. 1-4, Leipzig ²1839 und 1831-1832, ND Aalen 1984.

-- Codex Justinianus, hrsg. von K.E. Otto/B. Schilling/K.F.Sintensis, Leipzig 1832, ND Bd.1-4, Heidelberg 1990-2005.

Corpus Sciptorum Ecclesiasticorum Latinorum (CSEL), hrsg. von der Wiener Akademie der Wissenschaften, Wien 1866ff.

Dekrete der ökumenischen Konzilien (Concilium Oecumenicum Decreta), hrsg. von Josef Wohlmuth, Band 1: Konzilien des ersten Jahrtausends: vom Konzil von Nizäa (325) bis zum Vierten Konzil von Konstantinopel (869/870), Paderborn u.a. ³1998.

Der Kleine Pauly, 5 Bde., hrsg. von Konrad Ziegler u.a., München 1979.

Fragmente der griechischen Historiker (FGrHist), hrsg. von F. Jacoby, Berlin 1923 ff.; Leiden 1954ff.

GCS: Die griechischen christlichen Schriftsteller der ersten drei Jahrhunderte, hrgs. von der Kirchenväter-Kommission der preußischen Akademie Berlin/Leipzig 1897f.

Gründliches-mythologisches Lexikon, hrsg. von Benjamin Hederich, ND Ausgabe Leipzig 1770, Gleditsch, Fürstlich-Fürstenbergische Hofbibliothek, Donaueschingen, 1996.

Handbuch der Bibliothekswissenschaft, hrsg. von Georg Leyh, Wiesbaden 1955.

Handbuch der Kirchengeschichte, 10 Bde., Bd. 2 „Die Reichskirche nach Konstantin dem Großen", 1. Halbband „Die Kirche von Nikaia bis Chalkedon", hrsg. von Karl Baus/Eugen Ewig, Freiburg u.a. 1985.

Histoire des conciles d`après les documents originaux 1-9, hrsg. von Charl. J. Hefele-Leclercq, Paris 1907-1931.

Inscriptiones Latinae Selectae (ILS), hrsg. von H. Dessau, 3 Bd., Berlin 1892-1916, Dublin/Zürich ^{4}1974.

Kirchen- und Theologiegeschichte in Quellen, Bd. 1 „Alte Kirche", hrsg. von Adolf M. Ritter, Neukirchen ^{2}1982.

Lexikon antiker Autoren, hrsg. von Oliver Schütz, Stuttgart 1997.

Lexikon der antiken Literatur, hrsg. von Rainer Nickel, Düsseldorf u.a. 1999.

Lexikon der Religionen, hrsg. von H. Waldenfels, Freiburg, 1988.

Lexikon der Symbole und Attribute in der Kunst, hrsg. von Hildegard Kretschmer, Stuttgart 2008.

Lexikon für Theologie u. Kirche, Freiburg u.a. ^{3}1993ff.

Liber Pontificales (Papst-Biographien), 2 Bde, hrsg. von L. Duchesne, Paris 1886-92, ND Paris 1955; Bd. 3 (Additions et Corrections) Paris 1957.

Neues Lexikon des Judentums, hrsg. von J. Schoeps, Gütersloh, 1992.

Patrologiae cursus completus, Series latina (PL), hrsg. von Jacques Paul Migne, 217 Bde. und 4 Reg.Bde., Paris 1844-1855.

Patrologiae cursus completus, Series graeca (PG), hrsg. von Jacques Paul Migne, 161 Bde., Paris 1857-1866, ND Athen 1987.

Patrum Nicaenorum Nomina Latine Graece Codice Syriace Arabice Armeniace, societa opera ediderunt (Teilnehmer der Synode von Nicäa) von H. Gelzer/H. Hilgenfeld/O. Cuntz 1898, ND Stuttgart/Leipzig 1995.

Reallexikon für Antike und Christentum (RAC), Sachwörterbuch zur Auseinandersetzung des Christentums mit der antiken Welt, hrsg. von Th. Klauser (u.a.), Stuttgart 1941f.

Regesten der Kaiser und Päpste für die Jahre 311 bis 476 u.Z. Vorarbeit zu einer Prosopographie der christlichen Kaiserzeit, hrsg. von Otto Seeck, Stuttgart 1919; ND Frankfurt a.M. 1964.

Roman Imperial Coinage (RIC), Bd. 6 (294-313), ed. C.H.V. Sutherland, London 1967. Bd. 7 (313-337), ed. P.M. Bruun, London 1966.

Römische Kaisertabellen, hrsg. von Dietmar Kienast, Darmstadt, [3]2004.

Sacrorum conciliorum nova et amplissima colectio I-XXXI, hrsg. G. D. Mansi, Florenz/Venedig 1759-1798; ND ebd. 1974.

Scriptores Historiae Augustae (30 Kaiser-Biographien bis 285), dt. von E. Hohl, 1976-1985 (BAW).

The Cambridge Ancient History, Bd. 12 „The Crisis of Empire, AD 193-337", hrsg. von Alan K. Bowman u.a., Cambridge 2005.

Theologische Realenzyklopädie, hrsg. von G. Krause/G. Müller, Berlin 1976ff.

Theologisches Wörterbuch zum Neuen Testament, hrsg. von G. Kittel, Stuttgart 1932ff.

Urkunden zur Geschichte des arianischen Streites bis 328, in: Athanasius-Werke, Bd. 3, hrsg. von H.G. Opitz, Berlin/Leipzig 1934.

Urkunden zur Entstehunggeschichte des Donatismus, hrsg. von H.v. Soden, Bonn 1913, ND hrsg. von H.v. Campenhausen, Berlin [2]1950.

3 Literatur

Aland, Kurt

-- Die Säuglingstaufe im Neuen Testament und in der alten Kirche, Theolog. Existenz heute, NF 86, München 1961.

-- Bemerkungen zum Alter und zur Entstehung des Christogrammes anhand von Beobachtungen bei P66 und P75 in: Ders., „Studien zur Überlieferung des Neuen Testaments und seines Textes", Berlin 1967.

-- Die Stellung der Kinder in den frühen christlichen Gemeinden – und ihre Taufe, Theolog. Existenz heute, NF Nr. 138, München 1967.

-- Taufe und Kindertaufe, Gütersloh 1971.

-- Das Verhältnis von Kirche und Staat in der Frühzeit, in: ANRW 23/1, 1979, S. 60-246.

-- Geschichte der Christenheit, Bd. 1: Von den Anfängen bis an die Schwelle der Reformation, Gütersloh [2]1991.

Alberigo, Guiseppe (Hrsg.), Geschichte der Konzilien. Vom Nicaenum bis zum Vaticanum II, Wiesbaden 1998.

Albrecht, M.v., Geschichte der römischen Literatur, 2 Bde., München 1994.

Alföldi, Andreas,

-- The Helmet of Konstantine with the Christian Monogramm in: JRS 22 (1932), London, S. 9ff.

-- A Festival of Isis in Rome under the Christian Emperors of the IVth Century, Budapest 1937.
-- On the Foundation of Konstantinople: A Few Notes in: JRS 37 (1947), London, S. 10-16.
-- The Conversion of Konstantin the Great and Pagan Rome, Oxford 1948.
-- Studien zur Geschichte der Weltkrise des 3. Jahrhunderts nach Christus, Darmstadt 1967.
-- Die monarchische Repräsentation im römischen Kaiserreiche, Darmstadt 1980.
-- Hoc signo victor eris. Beiträge zur Geschichte der Bekehrung Konstantins des Großen; Festschrift für F.J. Dölger in: „Antike und Christentum", ErgBd. 1; 1939, 1-18. ND in: H. Kraft (Hrsg.), Konstantin der Große, Darmstadt, 1974, S. 224-246.

ALFÖLDY, GEZA
-- Historisches Bewußtsein während der Krise des 3. Jahrhunderts, in: G. Alföldy u.a. (Hrsg.), Krisen in der Antike – Bewußtsein und Bewältigung, Düsseldorf 1975.
-- Die Krise des Imperium Romanum und die Religion Roms in: W. Eck (Hrsg.), Religion und Gesellschaft in der römischen Kaiserzeit, Köln 1989, S. 53-102.
-- Die römische Gesellschaft, Stuttgart 1986.

ALFÖLDI, MARIA R.
-- Die Konstantinische Goldprägung. Untersuchungen zu ihrer Bedeutung für Kaiserpolitik und Hofkunst, Mainz 1963.
-- Bild und Bildersprache der Römischen Kaiser, Mainz 1999.
-- Gloria Romanorum. Schriften zur Spätantike, Historia EZ 153, Stuttgart 2001.
-- Die Sol Comes-Münze vom Jahre 325, in: Die constantinische Goldprägung in Trier, 1958, Historia EZ 153, 2001, S. 52-59.

ALTHEIM, FRANZ
-- Die Krise der Alten Welt im 3. Jahrhundert n.Zw. und ihre Ursachen. Band 3 „Götter und Kaiser", Berlin 1943.
-- Der unbesiegte Gott. Heidentum und Christentum, Hamburg 1957.

AMERISE, MARILENA, Il battesimo di Costantino il Grande. Storia di una scomoda eredità in: Hermes EZ 95, Stuttgart 2005.

ANDRESEN, CARL / KLEIN, GÜNTHER (Hrsg.)
-- Theologia Crucis – Signum Crucis. Festschrift für Erich Dinkler, Tübingen 1979.

ANDRESEN, CARL/ RITTER, ADOLF MARTIN: Geschichte des Christentums I/1 „Altertum", Stuttgart u.a. 1993.

ANTON, H., Kaiserliches Selbstverständnis in der Religionsgesetzgebung der Spätantike und päpstliche Herrschaftsinterpretation im 5. Jahrhundert, in: ZKG 88, 1977, S. 38-84.

B

BAIGENT, MICHAEL u.a., Verschlußsache Jesus, München 1991.

BARCELÓ, PEDRO

-- Constantins Visionen: Zwischen Apollo und Christus in: Humanitas – Beiträge zur antiken Kulturgeschichte, Festschrift für Gunther Gottlieb zum 65. Geburtstag, hrsg. von Pedro Barceló/Veit Rosenberger, Sonderdruck der Philosophischen Fakultät der Universität Augsburg, Bd. 65, München 2001, S. 45-62, erneut in: Schlange-Schöningen, Konstantin und das Christentum, 2007, S. 133-149.

-- Constantius II. und seine Zeit. Die Anfänge des Staatskirchentums, Stuttgart 2004.

-- Die Religionspolitik Kaiser Konstantins des Großen vor der Schlacht an der Milvischen Brücke (312) in: Hermes 1988, S. 76-94.

-- Trajan, Maxentius und Konstantin. Ein Beitrag zur Deutung des Jahres 312, Boreas 14/15, 1991/92, S. 145-156.

-- Zur Begegnung, Konfrontation und Symbiose von religio Romana und Christentum, in: ders./G. Gottlieb (Hrsg.), Christen und Heiden in Staat und Gesellschaft des zweiten bis vierten Jahrhunderts. Gedanken und Thesen zu einem schwierigen Verhältnis, München 1992, S. 151-208.

-- Das Glaubensedikt des Kaisers Theodosius vom 27. Februar 380: Adressaten und Zielsetzung, in: Klassisches Altertum, Spätantike und frühes Christentum, Festschrift für Lippold, hrsg. von K. Dietz u.a., Würzburg 1993, S. 409-423.

-- Warum Christus? Überlegungen zu Konstantins Entscheidung für das Christentum, in: C. Batsch/U. Egelhaaf-Gaiser/R. Stepper (Hrsg.), Zwischen Krise und Alltag. Antike Religionen im Mittelmeerraum, Potsdamer Altertumswiss. Beiträge 1, 1999, S. 255-267.

-- Die Macht des Kaisers – Die Macht Gottes: Alleinherrschaft und Monotheismus in der römischen Kaiserzeit, in: Contra quis ferat arma deos? Vier Vorträge zur Religionsgeschichte der römischen Kaiserzeit, München 1996.

BARDENHEWER, O., Geschichte der altkirchlichen Literatur Bd. 3, Freiburg i.B. 1912.

BARNES, T., DAVID

-- The Victories of Konstantine, in: Zeitschrift für Papyrologie und Epigraphik 20, 1976, S. 149-155.

-- Konstantine and Eusebius. Theology and Politics in the Konstantinian Empire, Cambridge/Mass. 1981.

-- The New Empire of Diokletian and Konstantine, Cambridge/London 1982.

-- The Conversion of Konstantin, in: Classical Views 29, 1985, S. 126-136.

-- Athanasius and Constantius, Cambridge/London 1993, ND 1994.

BARTH, GERHARD, Die Taufe in frühchristlicher Zeit, Neukirchen [2]2002.

BAUDLER, GEORG, Das Kreuz, Düsseldorf 1997.

Bauer, F.A./Zimmermann, N., Epochenwandel? Kunst und Kultur zwischen Antike und Mittelalter, Mainz 2001.

Bauer, Franz Alto, Stadt, Platz und Denkmal in der Spätantike, Mainz 1996.

Bauer, Walter, Rechtgläubigkeit und Ketzerei im ältesten Christentum, Tübingen 1934, ND ²1964.

Baur, Ferdinand Christian

-- Das Christenthum und die christliche Kirche der ersten drei Jahrhunderte, Tübingen ²1860.

-- Geschichte der christlichen Kirche, Tübingen ³1863.

Baus, Karl/ Ewig, Eugen, Die Reichskirche nach Konstantin dem Großen: Die Kirche von Nikaia bis Chalkedon, Hubert Jedin (Hrsg.), Handbuch der Kirchengeschichte, Bd. II/1, Freiburg u.a. 1985.

Baynes, Norman H., Konstantine the Great and the Christian Church, in: Proceedings of the British Academy, XV, 1929, 341-368, London ²1972, ND übers. v. Ulrich Bracher in: H. Kraft (Hrsg.), Konstantin der Große, Darmstadt 1974, S. 145-174.

Beatrice, P. Franco, The Word „Homoousios" from Hellenism to Christianity, in: American Society of Church History 71, 2002, S. 243-272.

Beck, Hans georg, Überlieferungsgeschichte der byzantinischen Literatur, in: H. Hunger, Geschichte der Textüberlieferung der antiken und mittelalterlichen Literatur, Bd. 1, Zürich 1961.

Beck, Roger, The Religion of the Mithras Cult in the Roman Empire: Mysteries of the Unconquered Sun, Oxford 2006.

Becker, J., Die Anfänge des Christentums, Stuttgart, 1987.

Bellen, Heinz

-- Studien zur Sklavenflucht im Römischen Kaiserreich, Wiesbaden 1971.

-- Grundzüge der römischen Geschichte, die Kaiserzeit von Augustus bis Diokletian, Darmstadt 1998.

-- Grundzüge der römischen Geschichte. Die Spätantike von Konstantin bis Justinian, Darmstadt 2003.

Bengtson, Hermann, Grundriß der Römischen Geschichte, Bd. 1 „Republik und Kaiserzeit bis 284", München ³1982.

Berger, Albrecht, Konstantinopel, die erste christliche Metropole? in: Schlange-Schöningen, Konstantin und das Christentum, 2007, S. 204-215.

Bergmeier, Rolf, Die spätantiken Literaturquellen. Bestand und Verfall der antiken Literatur im 4. und 5. Jahrhundert, 2008.

Berkhof, Hendrick

-- Die Theologie des Eusebius von Caesarea, Amsterdam 1939.

-- Kirche und Kaiser. Eine Untersuchung der Entstehung der byzantinischen und der theokratischen Staatsauffassung im vierten Jahrhundert, Zürich 1947.

BERRENS, STEPHAN, Sonnenkult und Kaisertum von den Severern bis zu Konstantin I. (193-337 n.Chr.), Historia EZ 185, Stuttgart 2004.

BIGELMAIER, ANDREAS, Allgmeine Einführung in Eusebius (v. Cäsarea). Das Leben Konstantins, übers. von J.M. Pfättisch in: Eusebius, ausgewählte Schriften, Kempten/München 1913.

BLECKMANN, BRUNO

-- Konstantin der Große, Hamburg ³2007
-- Die Reichskrise des III. Jahrhunderts in der spätantiken und byzantinischen Geschichtsschreibung, München 1992.
-- Der Bürgerkrieg zwischen Konstantin II. und Constans (340 n.Chr.), in: Historia 52, 2003, S. 225-250.
-- Ein Kaiser als Prediger: Zur Datierung der Konstantinischen „Rede an die Versammlung der Heiligen“, in: Hermes 125, 1997, S. 183-202.
-- Zwischen Panegyrik und Geschichtsschreibung. Praxagoras und seine Vorgänger, in: Martin Zimmermann (Hrsg.), Geschichtsschreibung und politischer Wandel im 3. Jh. n. Chr, Stuttgart 1999, S. 203–228.
-- Bemerkungen zum Scheitern des Mehrherrschaftssystems: Reichsteilung und Territorialansprüche, in: A. Demandt/A. Goltz/H. Schlange-Schöningen, Diokletian und die Tetrarchie, Millenium-Studien, Split 2003, S. 74f.
-- Die Chronik des Johannes Zonaras und eine pagane Quelle zur Geschichte Konstantins, in: Historia 40, 1991, S. 343-365.
-- Konstantin in der Kirchengeschichte Philostorgs, in: Millennium. Jahrbuch zu Kultur und Geschichte des ersten Jahrtausends n.Chr., 2004, S. 185-231.
-- Die Vita BHG. 365 und die Rekonstruktion der verlorenen Kirchengeschichte Philostorgs. Der Kampf zwischen Konstantin und Licinius, in: JAC 46, 2003, S. 7-16.
-- Eusebius von Caesarea. Die Vita Constantini, hrsg. und übers von Horst Schneider; Einleitung B. Bleckmann, Turnhout 2007.

BLEICKEN, JOCHEN

-- Verfassungs- und Sozialgeschichte des Römischen Kaiserreiches, München u.a. ³1994,
-- Konstantin der Große und die Christen. Überlegungen zur Konstantinischen Wende, HZ, Beiheft 15, München 1992.

BORNKAMM, GÜNTHER

-- Studien zur Antike und Ur-Christentum. Gesammelte Aufsätze, Bd. 2, München 1959.
-- Paulus, Stuttgart ⁷1993.

BRANDENBURG, HUGO, Die frühchristlichen Kirchen Roms, Darmstadt 2004.

BRANDT, HARTWIN

-- Geschichte der römischen Kaiserzeit. Von Diokletian und Konstantin bis zum Ende der Konstantinischen Dynastie (284-363), Studienbücher Geschichte und Kultur der Antiken Welt, Berlin 1998.

-- Konstantin der Große. Der erste christliche Kaiser, München 2006.

-- Konstantin der Große und die Grundlagen des christlichen Europas, in: Mischa Meier (Hrsg.), Sie schufen Europa. Historische Portraits von Konstantin bis Karl dem Großen, München 2007.

-- Das Ende der Antike, München 2007.

BRECHT, STEPHANIE, Die römische Reichskrise von ihrem Ausbruch bis zu ihrem Höhepunkt in der Darstellung byzantinischer Autoren, Rahden/Westf. 1999.

BRENK, BEAT

-- Propyläen Kunstgeschichte, Suppl.1 „Spätantike und frühes Christentum", Frankfurt 1977.

-- Die Christianisierung der spätrömischen Welt, Wiesbaden 2003.

BRENNECKE, H.CH., Hilarius von Poitiers und die Bischofsopposition gegen Constantius II, Berlin/New York 1984.

BRIEGER, THEODOR

-- Konstantins Religionspolitik, in: Zeitschrift für Kirchengeschichte 4, 1881.

-- Konstantin der Große-Kirchengeschichtlicher Essay, Gotha 1880, 5-33, ND in: H. Kraft, Konstantin der Große, Darmstadt 1974.

BRINGMANN, KLAUS

-- Kaiser Julian – der letzte heidnische Herrscher, Darmstadt 2004.

-- Die konstantinische Wende. Zum Verhältnis von politischer und religiöser Motivation, in: HZ 260, München 1995, S. 21-47; zuletzt in: Schlange-Schöningen (Hrsg.), Konstantin und das Christentum, 2007, S. 109-132.

BROWN, PETER ROBERT L.

-- Die letzten Heiden. Eine kleine Geschichte der Spätantike, Berlin 1986.

-- Poverty and leadership in the later Roman Empire, New England 2001.

BROX, NORBERT, Falsche Verfasserangaben, Stuttgart 1975.

BRUCE, F.F., Ausserbiblische Zeugnisse über Jesus und das frühe Christentum, Gießen-Basel 1991.

BRUUN, PATRICK

-- The consecration coins of Constantine, Arctos 1, 1954, S. 19-31.

-- Studies in Konstantinian Chronology. Numismatic Notes and Monographs 146, New York 1961.

-- The Christian Signs on the Coins of Konstantine, in: Arctos 3, 1962, S. 5-35.

-- Roman Imperial Coinage VII: Konstantine and Licinius, A.D. 313-337, London 1966.

BULTMANN, RUDOLF, Das Ur-Christentum im Rahmen der antiken Religionen, Zürich/Darmstadt 1998.

BURCKHARDT, JACOB, Die Zeit Konstantins des Großen, Leipzig ^{3}1898, ND München ^{8}1982.

C

CAMERON, AVERIL
-- Das späte Rom, München 1994.
-- Eusebius, Life of Konstantine. Introduction, translation and commentary, Oxford 1999.
-- The Reign of Konstantine 306-337, in: The Cambridge Ancient History, Bd. 12 „The Crisis of Empire, A.D. 193-337", hrsg. von Bowman, Alan K./ Garnsey, Peter/ Cameron, Averil, Cambridge ²2005.

CAMPENHAUSEN, H. VON
-- Griechische Kirchenväter, Stuttgart 1967.
-- Die ersten Konflikte zwischen Kirche und Staat und ihre bleibende Bedeutung, in: Ruhbach, G. (Hrsg.), Die Kirche angesichts der konstantinischen Wende, Darmstadt 1976, S. 14-21.
-- Das Bekenntnis Eusebs von Caesarea (Nicaea 325), in: ZNW 57, 1976, S. 123-139.

CASPAR, ERICH
-- Geschichte des Papsttums, 2 Bd., Tübingen 1930.
-- Kleine Beiträge zur älteren Papstgeschichte IV-V, in: ZKG 47 (NF 10), 1928, S. 162/188.

CASPERS, PAUL, Der Güte- und Schiedsgedanke im kirchlichen Zivilgerichtsverfahren, Diss., Düsseldorf 1953.

CASSON, L., Bibliotheken in der Antike, Düsseldorf 2002.

CHADWICK, HENRY, Die Kirche in der antiken Welt, übers. von G. May, Berlin/New York 1972.

CHANTRAINE, HEINRICH
-- Die Nachfolgeordnung Konstantins des Großen, in: Akademie der Wiss. und der Literatur, Geistes- und Sozialwissenschaftliche Klasse, Nr. 7, Mainz 1992.
-- Konstantinopel – Vom Zweiten Rom zum Neuen Rom, in: Geschichte in Wissenschaft und Unterricht 43, 1992, S. 3-15.

CHAPEAUROUGE DE, DONAT, Einführung in die Geschichte der christlichen Symbole, Darmstadt ²1987.

CHRIST, KARL
-- Geschichte der römischen Kaiserzeit, München ⁴2002.
-- Antike Numismatik. Einführung und Bibliographie, Darmstadt ³1991.

CHRIST, KARL/KERN, ANTON, Das Mittelalter, in: Georg Leyh (Hrsg.), Handbuch der Bibliothekswissenschaft. Bd. 3,1. (Geschichte der Bibliotheken), Wiesbaden 1955.

CHRISTENSEN, A.S., Lactantius the Historian. An Analysis of the De Mortibus Persecutorum, Copenhagen, 1980.

CLAUSS, MANFRED
-- Konstantin der Große und seine Zeit, München ³2007.

-- Kaiser und Gott. Herrscherkult im römischen Reich, München/Leipzig 2001.

-- Der Kaiser und sein wahrer Gott. Der spätantike Streit um die Natur Christi, Darmstadt 2010.

CLERCQ DE, VICTOR C., Ossius of Cordova, Washington 1954.

COHN, CHAIM, Der Prozess und Tod Jesu aus jüdischer Sicht, Frankfurt 2001.

CREED, J.L., Lactantius De mortibus persecutorum, Oxford 1984.

CURRAN, JOHN, Pagan City and Christian Capital. Rome in the fourth Century, Oxford 2000, S. 70-115.

CUVIN, P., A Chronicle of the Last Pagans, Cambridge (Mass.)/London 1990.

D

DAHLHEIM, WERNER

-- Geschichte der Römischen Kaiserzeit, München 2003.

-- Die Antike, Paderborn ^{6}2002.

DANIELE, IRENEO, I documenti constantiniani della „Vita Constantini“ di Eusebio di Cesarea, (Diss. Gregorianum), Rom 1938.

DANIEL-ROPS, HENRI, Die Umwelt Jesu. Der Alltag in Palästina vor 2000 Jahren, 2001.

DASSMANN, ERNST, Kirchengeschichte II/1, Konstantinische Wende und spätantike Reichskirche, Stuttgart/Berlin/Köln 1996.

DAUT, W., Die halben Christen unter den Konvertiten und Gebildeten des 4. und 5. Jahrhunderts, in: Zeitschrift für Missions- und Religionswissenschaften 55, 1971, S. 171-188.

DECKERS, JOHANNES G.

-- Göttlicher Kaiser und kaiserlicher Gott, in: Bauer/Zimmermann, Epochenwandel? Kunst und Kultur zwischen Antike und Mittelalter, Mainz 2001, S. 1-16.

-- Die frühchristliche und byzantinische Kunst, München 2007.

DELBRUECK, RICHARD, Spätantike Kaiserporträts. Von Konstantinus Magnus bis zum Ende des Westreichs, Berlin u.a. 1933 (Studien zur spätantiken Kunstgeschichte 8); ND Berlin 1978.

DEMANDT, ALEXANDER

-- Die Spätantike. Römische Geschichte von Diocletian bis Justinian 284-565 n.Chr, München ^{2}2007.

-- Konstantin der Große in seiner Zeit, Ausstellungskatalog anlässlich der Konstantin-Ausstellung 2007 in Trier (Hrsg.von A. Demandt/ J. Engemann).

-- Geschichte der Spätantike, München 2008.

-- Durch Mord zum Heil, in: Spiegel Geschichte 1/2009 vom 27.1.2009.

DESCHNER, KARLHEINZ, Kriminalgeschichte des Christentums, 9 Bde., Reinbek 1986f.

DIESNER, HANS-JOACHIM, Kirche und Staat im ausgehenden vierten Jahrhundert, Berlin 1964.

DIGESTER DEPALMA, ELIZABETH
-- Lactantius, Constantine an the Roman Res publica, Santa Barbara 1996.
-- Lactantius and Constantine`s Letter to Arles: Dating the Divine Institutes, in: Journal of Early Christian Studies, Vol. 2, Number 1, 1994, S. 32-52.

DIMAUO, MICHAEL
-- Smoke in the Wind: Zonaras' Use of Philostorgius, Zosimus, John of Antioch and John of Rhodes in his Narrative on the Neo-Flavian Emperors, in: Byzantion 58, 1988, S. 336ff.
-- Per Vim, Per Caedem, Per Bellum: A Study of Murder and Ecclesiastical Politics in the Year 337 A.D., in: Byzantion 62, 1992, S. 198ff.

DINKLER, ERICH, Älteste christliche Denkmäler, in ders., „Signum Crucis: Aufsätze zum neuen Testament und zur christlichen Archäologie", Tübingen 1967.

DÖLGER, FRANZ JOSEPH
-- Profane und religiöse Brandmarkung der Tiere in der heidnischen und christlichen Antike, in: „Antike und Christentum", Bd. 3, Münster 1932.
-- Beiträge zur Geschichte des Kreuzzeichens I, JAC 1, 1958, S. 5-19.
-- Kaiser Konstantin und der Sonntag, in: ders. „Antike und Christentum" Bd 6, Münster ^{2}1950, S. 228-238.
-- Sonne und Sonnenstrahl als Gleichnis in der Logostheolgie des christlichen Altertums, in: ders. „Antike und Christentum" Bd. 1, Münster 1929, S. 271-290.
-- Die Sonne der Gerechtigkeit und der Schwarze, Münster 1918.
-- Die Taufe Konstantins und ihre Probleme, in: Konstantin der Große und seine Zeit. Gesammelte Studien. Festgabe zum Konstantins-Jubiläum 1913 und zum goldenen Priesterjubiläum von Mgr. Dr. A. de Waal, Römische Quartalschrift für christliche Altertumskunde und Kirchengeschichte, Suppl. 19, Freiburg 1913, S. 377-447.

DÖLLINGER, IGNAZ VON, Die Papstfabeln des Mittelalters, ein Beitrag zur Kirchengeschichte, München 1863.

DÖRING, OSCAR, Christliche Symbole, Freiburg i.B. 1940.

DÖRRIES, HERMANN
-- Konstantin der Große, Stuttgart 1958.
-- Das Selbstzeugnis Kaiser Konstantins, in: Abhandlung der Akademie der Wissenschaften in Göttingen (Phil-Hist. Klasse), dritte Folge, Nr. 34, Göttingen 1954, 397-412, ND in: H. Kraft (Hrsg.), Konstantin der Große, Darmstadt 1974, S. 273-296.
-- Die christliche Intoleranz und die theodosianische Reichskirche, in: Wort und Stunde. Gesammelte Studien zur Kirchengeschichte des 4. Jahrhunderts, Göttingen 1966, S. 46-65.
-- Das antike Rom und der Osten. Festschrift für Klaus Parlasca, hrsg. von Ch. Börker/M. Donderer, Erlanger Forschungen, Reihe A – Geisteswissenschaften 56, 1990.

DONASZEWSKI, V., Die Fahnen im römischen Heer, Wien 1885.

DRAEGER, PAUL, Eusebios. Über das Leben des glückseligen Kaisers Konstantin, Oberhaid 2007.

DRAKE, H.A., In Praise of Konstantine. A Historical Study and New Translation aof Eusebius' Tricennial Orations, Univ. of California Publ., Classical Studies 15, Berkeley 1976.

DUCHESNE, L.

-- Histoire ancienne de l'Eglise, 4 Bde, Paris 1910-1925.

-- Le Liber pontificales (Papst-Biographien), 2 Bde, ed. von L. Duchesne, Paris 1886-92; ND Paris 1955; Bd. 3 (Additions et Corrections) Paris 1957.

DURANT, WILL, Caesar und Christus. Eine Kulturgeschichte Roms und des Christentums von den Anfängen bis zum Jahre 325 n.Chr., Bern 1949.

E

EGGER, RUDOLF, Das Labarum, die Kaiserstandarte der Spätantike, in: Österreichische Akademie der Wissenschaften., Phil.-Hist. Klasse, Sitzungsberichte, Bd. 234, Wien 1960, S. 3-26.

EHRHARD, ALBERT, Das Christentum im Römischen Reiche bis Konstantin, in: Das Stiftungsfest der Kaiser-Wilhelm-Universität Strassburg am 1. Mai 1911, Strassburg 1911.

EHRHARDT, ARNOLD, Konstantin d.Gr. Religionspolitik und Gesetzgebung, in: ZRG 72, 1955, 127-190, ND in: H. Kraft (Hrsg.), Konstantin der Große, Darmstadt 1974, S. 388-456.

EISEMANN, ROBERT u.a., Jesus und die Urchristen, München 1993.

ENGELS, JOHANNES, Funerum sepulcrorumque magnificentia. Begräbnis- und Grabluxusgesetze in der griechisch-römischen Welt mit einigen Ausblicken auf Einschränkungen des funeralen und sepulkralen Luxus im Mittelalter und in der Neuzeit, Hermes EZ 78, 1998, Stuttgart, S. 176-188.

ENGEMANN, JOSEF, Deutung und Bedeutung frühchristlicher Bildwerke, Darmstadt 1997.

ENSSLIN, WILHELM

-- Zur Ostpolitik des Kaisers Diokletian, Sitzungsbericht der Bayerischen Akademie der Wissenschaften, Heft 1, 1942, S. 1-83.

-- Die Religionspolitik des Kaiser Theodosius d.Gr., München 1953 (Sitzungsbericht der Bayerischen Akademie der Wissenschaften, 1953, Heft 2).

-- Der Kaiser in der Spätantike, in: HZ 177, 1954, S. 449-468.

ERBSE, HARTMUT, Überlieferungsgeschichte der griechischen klassischen und hellenistischen Literatur, in: H. Hunger u.a., Geschichte der Textüberlieferung der antiken und mittelalterlichen Literatur, Zürich [2]1988, S. 207-283.

ERNESTI, JÖRG, Princeps christianus und Kaiser aller Römer. Theodosius der Große im Lichte zeitgenössischer Quellen, Paderborn u.a. 1998.

ERNSTE, STEFAN, Kein Markustext in Qumran, Göttingen 2001.

F

Falck, M.v. (Hrsg.), Ägypten: Schätze aus dem Wüstensand, Wiesbaden 1996.

Feuerbach, Ludwig, Das Wesen des Christentums, 2 Bd, Berlin 1956.

Fiedrowicz, Michael

-- Christen und Heiden. Quellentexte zu ihrer Auseinandersetzung in der Antike, Darmstadt 2004.

-- Konstantin im Urteil der Kirchenväter, in: A. Demandt/J. Engemann (Hrsg.), Konstantin der Große, Katalog anlässlich der Konstantin-Ausstellung Trier, 2007, S. 258-262.

-- Konstantin der Große. Der Kaiser und die Christen. Die Christen und der Kaiser, hrsg. von M. Fiedrowicz/ G. Krieger/ W. Weber, mit einem Vowort von R. Marx, Bischof von Trier, Trier ^{2}2007.

Fowler, W.Warde, Roman Ideas of Deity, London 1914.

Frateantonio, Christa, Religiöse Autonomie der Stadt im Imperium Romanum. Öffentliche Religionen im Kontext römischer Rechts- und Verwaltungspraxis, Diss., Tübingen 2003.

Frend, W. H. C.

-- The Rise of Christianity, London, 1984.

-- The Early Church London, ^{2}1968.

-- A. Kee Konstantine versus Christ, Rezension, in: JEH 33 (1982), S. 590-595.

Friedländer, Ludwig, Darstellungen aus der Sittengeschichte Roms, 2 Bde., Leipzig ^{10}1922.

Fuhrmann, M., Die Romidee in der Spätantike, in: HZ 207, 1968.

Fürst, Alfons, Christentum im Trend. Monotheistische Tendenzen in der späten Antike, in: ZAC, Bd. 9, Heft 3, 2006, S. 496-523.

G

Garbsch, Jochen/Oberbeck, Bernhard, Spätantike zwischen Heidentum und Christentum, (Ausstellungskatalog der Prähistorischen Staatssammlung München i.V. mit der Staatlichen Münzsammlung München Dezember 1989 – April 1990), München 1989.

Gardthausen, Victor, Das Alte Monogramm, Leipzig 1924, ND Wiesbaden 1966.

Geffcken, J., Der Ausgang des griechisch-römischen Heidentums, Heidelberg 1920, ND Darmstadt 1963.

Gehrke, Hans Joachim, Kleine Geschichte der Antike, München 2003.

Gemeinhardt, Peter, Das lateinische Christentum und die antike pagane Bildung, Studien und Texte zu Antike und Christentum, Bd. 41, Tübingen 2007.

Geppert, F., Die Quellen des Kirchenhistorikers Sokrates Scholasticus, Leipzig 1898.

Gerke, Friedrich, Spätantike und frühes Christentum (Kunst der Welt), Baden-Baden 1967.

GERSTINGER, HANS, Bestand und Überlieferung der Literaturwerke des griechisch-römischen Altertums, Graz 1948.

GIBBON, EDWARD, The Decline and Fall of the Roman Empire, 6 Bd. 1776-1788, hrsg. und übers. von J. Sporschil, Leipzig 1837; ND: Verfall und Untergang des Römischen Reiches, Frankfurt 2004.

GIORDANO, BRUNO, Über das Unendliche, das Universum und die Welten, 1584, Stuttgart 2004.

GIRARDET, KLAUS M.

-- Kaiser Konstantin d. Gr. als Vorsitzender von Konzilien. Die historischen Tatsachen und ihre Deutung, in: Gymnasium 98, 1991, S. 548-560.

-- Der Vorsitzende des Konzils von Nicaea (325) – Kaiser Konstantin d. Gr., in: K. Dietz/D. Hennig (Hrsg.), Klassisches Altertum, Spätantike und frühes Christentum. Festschrift für A. Lippold, Würzburg 1993, S. 331-360.

-- Die Konstantinische Wende und ihre Bedeutung für das Reich. Althistorische Überlegungen zu den geistigen Grundlagen der Religionspolitik Konstantins d. Gr. in: E. Mühlenberg (Hrsg.), Die Konstantinische Wende, Veröffentlichungen der Wissenschaftlichen Gesellschaft für Theologie 13, Gütersloh 1998, S. 9-122.

-- Die Teilnahme Kaiser Konstantins am Konzil von Nicaea (325) in byzantinischen Quellen. in: Bizantinistica 5, 2003 (erschienen 2004), S. 13-51.

-- Die Konstantinische Wende. Voraussetzungen und geistige Grundlagen der Reichspolitik Konstantins d.Gr., Darmstadt 2006.

-- Konstantin – Wegbereiter des Christentums als Weltreligion, in: Alexander Demandt (Hrsg.), Konstantin der Große, Ausstellungskatalog anlässlich der Konstantin-Ausstellung in Trier, Mainz 2007, S. 232-243.

-- Das christliche Priestertum Konstantins d.Gr., in: Chiron 10, 1980, S. 569-592.

-- Vom Sonnen-Tag zum Sonntag. Der „Dies Solis" in Gesetzgebung und Politik Konstantins d. Gr., in: ZAC, Bd. 11, Heft 2, 2007, S. 279-310.

-- Kaiser Konstantin der Große. Historische Leistung und Rezeption in Europa (Hrsg.), Bonn 2007.

GÖBL, ROBERT, Signum Crucis oder Lanzenschaft? Die Kaiserinsignien auf dem Münchener Silbermultiplum Konstantins des Großen aus 315 Ticinum, in: Litterae Numismaticae Vindobonensis 3, 1987, S. 77-94.

GOETHERT KLAUS P./ KIESSEL M., Trier-Residenz in der Spätantike, in: Ausstellungskatalog Konstantin der Große, Trier 2008, S. 304f.

GOTTLIEB, GUNTHER

-- Ambrosius von Mailand und Kaiser Gratian, aus der Reihe Hypomnemata-Untersuchungen zur Antike und zu ihrem Nachleben, Heft 40, Göttingen 1973.

-- Christentum und Kirche im 4. und 5. Jahrhundert, aus der Reihe „Heidelberger Studienhefte zur Altertumswissenschaft", hrsg. von G. Alföldy u.a., Heidelberg 2002.

-- Christentum und Kirche in den ersten drei Jahrhunderten, aus der Reihe „Heidelberger Studienhefte zur Altertumswissenschaft“, hrsg. von G. Alföldy u.a., Heidelberg 1991.

GRANT, ROBERT M.

-- Christen als Bürger im Römischen Reich, Göttingen 1981.

-- Gods and the One God, Philadelphia 1986.

GRÉGOIRE, HENRI

-- L'Etymologie de „Labarum“, in: Byzantion, 1927/1928, S. 477f.

-- La „conversion“ de Konstantin, Rev. de l'univ. de Bruxelles, Tome 36, 1930/31; dt. unter dem Titel Die „Bekehrung“ Konstantins des Großen, übers. von Herta Lazarus, in: H. Kraft (Hrsg.), Konstantin der Große, Darmstadt 1974, S. 175-223.

-- La vision de Constantin „liquidée“, in: Byzantion 14, 1939, S. 341-351.

GRIMM, BERNHARD, Untersuchungen zur sozialen Stellung der frühen Christen in der römischen Gesellschaft (Diss.), Bamberg 1975.

GRÜNEWALD, THOMAS, Constantinus maximus Augustus. Herrschaftspropaganda in der zeitgenössischen Überlieferung, in: Historia EZ 64, Stuttgart 1990; erneut bei: H. Schlange-Schöningen (Hrsg.), Konstantin und das Christentum, Darmstadt 2007, S. 33-63.

GUYOT, PETER, Das frühe Christentum bis zum Ende der Verfolgungen, komm. von Richard Klein, 2 Bde., Darmstadt 1994.

H

HAASE, FELIX, Die koptischen Quellen zum Konzil von Nicäa, Paderborn 1920.

HAASE, WOLFGANG, Kirche und Staat in der Frühzeit, in: ANRW Bd. 23/1, Teil 2 „Principat“, 1979, S. 125/126.

HAEHLING VON, R., Die Religionszugehörigkeit der hohen Amtsträger des römischen Reiches seit Konstantins I. Alleinherrschaft bis zum Ende der Theodosianischen Dynastie (324-450 bzw. 455 n.Chr.), Bonn 1978.

HAERTEL, GOTTFRIED, Bemerkungen zur Religionspolitik Konstantins I., in: Klio 71, 1989, S. 374-382.

HAFNER, GERMAN, Cassiodor, ein Leben für kommende Zeiten, Stuttgart 2002.

HANSEN, GÜNTHER CHR., Gelasius, Anonyme Kirchengeschichte, Berlin 2002.

HANSON, RICHARD P.C.

-- The Search for the Christian Doctrine of God: The Arian Controversy, 1988, S. 318-381.

-- The Oratio ad Sanctos attributed to the Emperor Constantine and the Oracle at Daphne, in: Journal of Theological Studies 24, 1973, S. 505-511.

HARIG, G., Zum Problem „Krankenhaus“ in der Antike, in: Klio 53, 1971, S. 179f.

HARNACK VON, ADOLF

-- Marcion. Das Evangelium vom fremden Gott, Leipzig 1921, Beil. III, 2.

-- Die Mission und Ausbreitung des Christentums in den ersten drei Jahrhunderten, Leipzig 1924, Neudruck o.J.

-- Lehrbuch der Dogmengeschichte, 3 Bde. (1886-1890) ⁴1909/1910.

HARTKE, WILHELM

-- Römische Kinderkaiser, Berlin 1951.

-- Über Jahrespunkte und Feste insbesondere das Weihnachtsfest, Berlin 1956.

HAUSCHILD, WOLF-DIETER, Lehrbuch der Kirchen- und Dogmengeschichte, Bd. 1 „Alte Kirche und Mittelalter", Gütersloh 1995.

HEFELE, CARL JOSEPH VON

-- Conciliengeschichte, Freiburg ²1873.

-- Die Akten der ersten allgemeinen Synode zu Nicäa, in: Theologische Quartalschrift 33, Tübingen 1851, S. 41f.

HEICHELHEIM, F., Zur Währungskrise des römischen Imperiums im 3. Jahrhundert n.Chr., in: Klio 26, 1933.

HEIKEL, I.A., Eusebius-Werke, Bd. 1, Leipzig 1902.

HEINE, HEINRICH, Zur Geschichte der Religion und Philosophie in Deutschland, hrsg. von J. Ferner, Stuttgart 1997.

HEINZE, TAUDEL, Konstantin der Große und das konstantinische Zeitalter in den Urteilen und Wegen der deutsch-italienischen Forschungsdiskussion, München 2005.

HEISENBERG, AUGUST, Grabeskirche und Apostelkirche, zwei Basiliken Konstantins, Leipzig 1908.

HELGELAND, JOHN, Christians and the Roman Army, ANRW Bd. 23, 2. Halbband, Berlin 1980.

HERRMANN-OTTO, ELISABETH, Konstantin der Große, Darmstadt 2007.

HERTLING, L., Die Zahl der Christen zu Beginn des 4. Jahrhunderts, in: ZKTh 62, 1934, S. 243-253.

HOEPFNER, W. (HRSG.)

-- Antike Bibliotheken, Mainz 2002.

-- Zu griechischen Bibliotheken und Bücherschränken, Berlin/New York 1996.

HORST, EBERHARD, Konstantin der Große, Düsseldorf ²1985.

HUCK, OLIVER

-- La „creation" de l'audientia episcopalis par Constantin, in: Empire chretien et eglise aux IV et V siecles, 2008, S. 295-315.

-- A propos de Codex Theod. 1,27,1 et CSirm 1. Sur deux textes controversés relatifs à l'episcopalis audientia constantinienne, in: ZRG (Romanistische Abteilung), Bd. 120, 2003, S. 78-105.

HÜBINGER, PAUL E., Kulturbruch oder Kulturkontinuität im Übergang von der Antike zum Mittelalter, Darmstadt 1968.

Hume, David
-- Eine Untersuchung über die Prinzipien der Moral, übers. von Gerhard Streminger, Stuttgart, [3]2002.
-- Die Naturgeschichte der Religion-Über die Unsterblichkeit der Seele, 1777, Hamburg [2]2000.
-- Dialoge über natürliche Religionen, 1779, Hamburg [6]1993.

Hunger, Herbert, Geschichte der Textüberlieferung der antiken und mittelalterlichen Literatur, Bd. 1 „Antikes und mittelalterliches Buch- und Schriftwesen", Zürich 1961.

Huntington, Samuel P., Kampf der Kulturen, Hamburg [6]1997.

Hurtado, Larry W., The earliest Christian Artifacts, Cambridge 2006.

J

Jachmann, Günther, Gefälschte Daten, in: Klio 35, 1942, S. 86.

Jacobs, Manfred
-- Das Christentum in der antiken Welt – Von der frühkatholischen Kirche bis zu Kaiser Konstantin, Göttingen 1987.
-- Die Reichskirche und ihre Dogmen, Göttingen 1987.

Jeep, Ludwig, Zur Geschichte Constantins des Großen, Historisch-Philologische Aufsätze, Ernst Curtius zu seinem 70. Geburtstag, Berlin 1884, S. 79-96.

Jeremias, Joachim
-- Die Kindertaufe in den ersten vier Jahrhunderten, Göttingen 1958.
-- Nochmals: Die Anfänge der Kindertaufe, Eine Replik auf Kurt Alands Schrift: Die Säuglingstaufe im Neuen Testament und in der alten Kirche, Theologische Existenz heute, N.F. 101, München 1962.

Jones, A.H.M.
-- The Later Roman Empire, Oxford 1964.
-- (Gemeinsam mit T.C. Skeat) Notes on the Genuiness of the Constantinian Documents in Eusebius' „Life of Constantine", in: JEH 5, 1954, S. 196-200.

Just, Patricia, Imperator et Episcopus – Zum Verhältnis von Staatsgewalt und christlicher Kirche zwischen dem 1. Konzil von Nicaea (325) und dem 1. Konzil von Konstantinopel (381), Wiesbaden 2003.

K

Kaiser-Minn, Helga, Die Entwicklung der frühhristlichen Sarkophagplastik bis zum Ende des 4. Jahrhunderts, in: Spätantike und frühes Christentum, Ausstellungskatalog Frankfurt 1983-84, S. 318-338.

Kaniuth, Agathe, Die Beisetzung Konstantins des Großen, Diss., Breslau 1941 (Breslauer Historische Forschung 18), ND Aaalen 1974.

KARAYANNOPULOS, JOHANNES
-- Konstantin der Große und der Kaiserkult, in: A. Wlosek (Hrsg.), Römischer Kaiserkult, Darmstadt 1978.
-- Konstantin der Große und der Kaiserkult, in: Historia 5, 1956, S. 341-357.

KATECHISMUS
-- evangelischer, Gütersloh [6]2000.
-- katholischer, München 1993.

KEE, A., Konstantine versus Christ. The Triumph of Ideology, London 1982.

KEHNSCHERPER, GÜNTHER, Die Stellung der Bibel und der alten christlichen Kirche zur Sklaverei. Eine biblische und kirchengeschichtliche Untersuchung von den alttestamentlichen Propheten bis zum Ende desRömischen Reiches, Halle 1957.

KEIL, KARL FRIEDRICH, Lehrbuch der historisch-kritischen Einleitung in die kanonischen Schriften des Alten Testamentes, Frankfurt a.M./Erlangen 1853.

KEIL, VOLKMAR (Hrsg.), Quellensammlung zur Religionspolitik Konstantins des Großen, Darmstadt 1989.

KEIM, THEODOR, Der Übertritt Konstantins des Großen zum Christenthum, Zürich 1862.

KIERDORF, W., Laudatio funebris. Interpretationen und Untersuchungen zur Entwicklung der römischen Leichenrede, Meisenheim, 1980.

KLEIN, RICHARD
-- Das frühe Christentum bis zum Ende der Verfolgungen. Eine Dokumentation, Bd. 1: Der Staat. Bd. 2: Die Gesellschaft, übers. von P. Guyot, Darmstadt 1993/94.
-- Das frühe Christentum im römischen Staat, Darmstadt 1971.
-- Der Streit um den Victoriaaltar, Darmstadt 1972.
-- Julian Apostata, Darmstadt 1978.
-- Roma versa per aevum. Ausgewählte Schriften zur heidnischen und christlichen Spätantike, in: Spudasmata Bd. 74, Hildesheim u.a. 1999.
-- Theodosius und die christliche Kirche, in: Spudasmata Bd. 74, Hildesheim [2]2002 S. 234-283.
-- Das Kirchenbauverständnis Konstantins d.Gr. in konstantinischer Zeit, in: Spudasmata Bd. 74, Hildesheim [2]2002, S. 156-204.

KLOPSCH, PAUL, Die Überlieferung der lateinischen Literatur im Mittelalter, in: E. Pöhlmann, Einführung in die Überlieferungsgeschichte und in die Textkritik der antiken Literatur, Darmstadt 2003.

KNIPFING, I.R., Das angebliche Mailänder Edikt v.J. 313 im Lichte der neueren Forschung, in: ZKG 40, 1922, S. 206-218.

KOCH, HUGO, Konstantin der Große und das Christentum, München 1913.

KOEP, LEO, Die Konsekrationsmünzen Kaiser Konstantins und ihre religionspolitische Bedeutung, in: JAC 1, 1958, S. 94-104.

KOESTERMANN, ERICH
-- Ein folgenschwerer Irrtum des Tacitus, Historia 16, 1967.
-- Cornelius Tacitus Annalen, Heidelberg 1968.

KOHLBACHER, MICHAEL, Die Taufe Konstantins und ihr geheimer Held – Anmerkung zu einem Memra des Jakob von Batnan in Sarug, in: Martin Tamcke (Hrsg.), Syriaca, Studien zur orientalischen Kirchengeschichte, Münster u.a. 2002.

KOLB, FRANK
-- Herrscherideologie in der Spätantike, Berlin 2001.
-- Diocletian und die Erste Tetrarchie", Berlin u.a. 1987.

KORNEMANN, ERNST
-- Römische Geschichte, 2 Bde., Stuttgart [5]1963.
-- Geschichte der Spätantike, Sonderdruck, München 1978.

KÖNIG, DANIEL, Bekehrungsmotive. Untersuchungen zum Christianisierungsprozess im römischen Westreich und seinen romanisch-germanischen Nachfolgern (4.–8. Jahrhundert), (Diss) 2008.

KÖTZSCHE-BREITENBRUCH, LIESELOTTE, Die Darstellung der Himmelfahrt Konstantins des Großen, in: Jenseitsvorstellungen in Antike und Christentum. Gedenkschrift für Alfred Stuiber, JAC Erg.Bd. 9, Münster 1982, S. 215-224.

KRAFT, HEINRICH
-- Kaiser Konstantins religiöse Entwicklung, Beiträge zur historischen Forschung 20, Tübingen 1955.
-- (Hrsg.), Konstantin der Große, Darmstadt 1974.
-- Gesammelte Aufsätze zur antiken Geldgeschichte und Numismatik, Bd. 2, Darmstadt 1985, S. 95-142.

KRAFT,KONRAD, Das Silbermedaillon Konstantins des Großen mit dem Christogramm auf dem Helm, in: Jahrbuch für Numismatik 5/6, 1954/55, S. 151-178, ND in: H. Kraft (Hrsg.), Konstantin der Große, Darmstadt 1974, S. 297-344.

KRAUSE, JENS-UWE, Kriminalgeschichte der Antike, München 2004.

KRAUTHEIMER, RICHARD, Rom – Schicksal einer Stadt, München [3]2004.

KRETSCHMAR, G., Der Standort des Kirchengebäudes als städtebauliches und geistesgeschichtliches Problem in Antike und Mittelalter, in: Ders., Kirchenbau und Ökumene, Hamburg 1962, S. 128 f.

KRÜCKE, ADOLF, Der Nimbus und verwandte Attribute in der frühchristlichen Kunst (Diss.), Erlangen, 1905.

KÜNG, HANS, Das Christentum. Wesen und Geschichte, München u.a. 1994.

KUHN, HEINZ-WOLFGANG, Zur Grausamkeit der Kreuzesstrafe, in: ANRW II, 25/1, 751-752.

KUHOFF, WOLFGANG
-- Ein Mythos der römischen Geschichte: Der Sieg Konstantins des Großen über Maxentius vor den Toren Roms am 28.Oktober 312 n.Chr., in: Chiron 21, 1991, S. 127-174.

-- Buchbesprechung zu Rudolf Leeb, Konstantin und Christus, in: HZ 261, 1995, S. 859-863.

-- Diokletian und die Epoche der Tetrarchie, Frankfurt/M. 2001.

L

LADNER, GERHARD. B., Handbuch der früchristlichen Symbolik: Gott, Kosmos, Mensch, Stuttgart u.a. 1992.

LATTE, KURT, Römische Religionsgeschichte, München 1960.

LEEB RUDOLPH

-- Konstantin und Christus: Die Verchristlichung der imperialen Repräsentation unter Konstantin, (Diss., Theolog. Fakultät Wien), Berlin 1992.

-- Die Konstantinische Wende, in: Verkündung und Forschung 47, 2002, S. 4-27.

LEGGEWIE, O. (Hrsg.), Die Welt der Römer, Münster ^{6}1991.

LEHMEIER, EVA/GOTTLIEB, GUNTHER, Kaiser Konstantin und die Kirche, in: H. Schlange-Schöningen, Konstantin und das Christentum, Darmstadt 2007, S. 150-170.

LEIGHTON, REYNOLDS D. (Hrsg.), Texts and transmission. A survey of the latin classics, Oxford 1990.

LEPPIN, HARTMUT

-- Von Konstantin dem Großen zu Theodosius II. Das christliche Kaisertum bei den Kirchenhistorikern Sokrates, Sozomenos und Theodoret, Göttingen 1996.

-- Die Kirchenväter und ihre Zeit. Von Athanasius bis Gregor dem Großen, München 2000/^{2}2006.

-- Theodosius der Große, Darmstadt 2003.

-- Zum deutschen Diokletianbild im 19. Jahrhundert, in: Diokletian und die Tetrarchie – Aspekte einer Zeitenwende, hrsg. von A. Demandt/A. Goltz/H. Schlange-Schöningen, Millenium Studies, Berlin/New York 2004.

LEPELLY, CLAUDE, Rom und das Reich 44 v.Chr. – 260 n.Chr. Die Regionen des Reiches, Hamburg 2006.

LEWIS, BERNARD, Der Untergang des Morgenlandes, Bergisch-Gladbach 2002.

LEWIS, NAPHTALI, Papyrus in Classical Antiquity, Oxford 1974.

LIEBS, DETLEF, Unverhohlene Brutalität in den Gesetzen der ersten christlichen Kaiser, in: Okko Behrends (Hrsg.), „Römisches Recht in der europäischen Tradition". Symposium aus Anlass des 75. Geburtstages von Franz Wieacker, Ebelsbach 1985, überarbeitet 2007, S. 89-116.

LIETZMANN, HANS

-- Das Muratorische Fragment und die Monarchianischen Prologe zu den Evangelien, Berlin ^{2}1933.

-- Geschichte der alten Kirche 3, ^{2}1953, ND, Berlin u.a. 1999.

-- Der Glaube Konstantins des Großen, Sitzungsbericht der Preußischen Akademie Nr. 29, 1937.

-- Die Anfänge des Problems Kirche und Staat, Kleine Schriften I, Berlin 1958, S. 202-214 (Reprint der Sitzungsberichte der Preuß. Ak. der Wissenschaften 1938, XXXVIII-XLVI).

LINKE, BERNHARD/STEMMLER, MICHAEL (Hrsg.), Mos maiorum – Untersuchungen zu den Formen der Identitätsstiftung und Stabilisierung in der römischen Republik, Historia-EZ 141, 2000.

LIPPOLD ADOLF, Die Historia Augusta, hrsg. von Gerhard H. Waldherr, Stuttgart 1998.

L'ORANGE, HANS PETER

-- Der spätantike Bildschmuck des Konstantinbogens, in: Studien zur spätantiken Kunstgeschichte, Bd. 10, Berlin 1939.

-- Sol Invictus imperator: Ein Beitrag zur Apotheose, in: Symbolae Osloenses 14, 1935, S. 86-114.

-- Das spätantike Herrscherbild von Diokletian bis zu den Konstantin-Söhnen 284-361 n.Chr., Berlin 1984.

LORENZ, RUDOLF

-- Das vierte Jahrhundert (Osten), Göttingen 1992 (Die Kirche in ihrer Geschichte, hrsg. von Kurt D. Schmidt/ R. Lorenz/ B. Müller).

-- Das vierte bis sechste Jahrhundert, Göttingen 1970 (Die Kirche in ihrer Geschichte, hrsg. von Kurt D. Schmidt/ R. Lorenz/ B. Müller).

LOWE, E.A., Handwriting, in: The Legacy of the Middle Ages, Oxford 1926.

M

MACMULLEN, RAMSEY

-- Constantine, New York 1969.

-- Christianizing the Roman Empire: AD 100-400, New Haven 1984.

-- Paganism in the Roman Empire, New Haven 1981.

MAIER, GIDEON, Amtsträger und Herrscher in der Romanica Gothica (Diss.), Historia EZ Bd. 181, Stuttgart 2005.

MANSO, JOHANN KASPAR FRIEDRICH, Das Leben Konstantin d.Gr., Breslau 1817.

MARASCO, GABRIELE, Greek and Roman Historiography in Late Antiquity. Fourth to Sixth Century A.D., Leiden/Boston 2003.

MARKSCHIES, CHRISTOPH

-- Zwischen den Welten, Frankfurt 1997, ND: Das antike Christentum. Frömmigkeit, Lebensformen, Institutionen, München 2006.

-- Ganz Italien zum Glauben bekehren. Kirchen- und theologiegeschichtliche Studien zu Arianismus und Neunizänismus bei Ambrosius und im lateinischen Westen (364-381), Habil., Tübingen 1993, inhaltlich weitgehend ident. mit: Ambrosius von Mailand und die Trinitätstheologie, Tübingen 1995.

MARROU, HENRI I., Über die historische Erkenntnis, Freiburg/München 1973.

MARTIN, JOCHEN, Spätantike und Völkerwanderung, München ^{4}2001.

MAURICE, JULES, Numismatique Konstantinienne, Paris 1908, ND Bruxelles 1965.

MAZAL, OTTO, Griechisch-römische Antike, Bd. 1-3,2, Graz 1999-2003.

MAYEUR, JEAN-MARIE/ LUCE PIETRI/ ANDRE VAUCHEZ, Die Geschichte des Christentums. Altertum, 3 Bde., Freiburg u.a. 2005.

MEHL, ANDREAS, Römische Geschichtsschreibung, Stuttgart u.a. 2001.

MEYER, EDUARD

-- Urgeschichte des Christentums, 3 Bde., 1921/25, ND Essen 1967.

-- Ursprung und Anfänge des Christentums, 2 Bde., 1923/25, ND Essen 1967.

MEYER, ERNST, Römischer Staat und Staatsgedanke, Darmstadt ²1961.

MILKAU, F./LEYH, G. (Hrsg.), Handbuch der Bibliothekswissenschaft. 2. Aufl., Wiesbaden 1952–1961, Bd. 3,1. Geschichte der Bibliotheken, Wiesbaden 1955.

MILMAN, HENRY HART, The History of Christianity, 3 Bde., London 1840.

MITCHELL, STEPHEN / VAN NUFFELEN, PETER (Hrsg.), Concepts of Pagan Monotheism in the Roman Empire, 2 Bde, Oxford 2008.

MODÉRAN, YVES, Afrika und die Verfolgung durch die Wandalen, in: Die Geschichte des Christentums – Altertum, Bd. 3, Paris 1998, dt. Freiburg 2005, S. 265f.

MÖHLER, JOHANN A.: Athanasius der Große und die Kirche seiner Zeit besonders im Kampf mit dem Arianismus, Tübingen 1827.

MÖLLER, WALTER O., The Mithraic origin and meanings of the rotas-sator square, Leiden 1973.

MOMMSEN, THEODOR

-- Das römische Militärwesen seit Diokletian, in: Hermes 24, 1889, S. 195-279.

-- Römische Geschichte, Berlin ¹⁰1907.

-- Gesammelte Schriften, Bd. 10, Berlin 1913.

-- Römische Kaisergeschichte, nach den Vorlesungs-Mitschriften von Sebastian und Paul Hensel 1882/86, hrsg. von Barabara und Alexander Demandt, München ²2005.

MOREAU, JACQUES, Zum Problem der Vita Konstantini, in: Historia 4, 1955, S. 234-245.

MOSTAFA EL-ABBADI, Life and Fate of the Ancient Library of Alexandria, Paris 21992.

MÜHLENBERG, EKKEHARD (Hrsg.), Die konstantinische Wende, Gütersloh 1998, Veröffentlichungen der Wissenschaftlichen Gesellschaft für Theologie, 13.

MÜLLER, KARL, Konstantin der Große und die christliche Kirche, in: HZ 140, 1929, S. 261-278.

MÜLLER-RETTIG, BRIGITTE, Der Panegyricus des Jahres 310 auf Konstantin den Großen, Stuttgart 1990.

N

NESTLE, WILHELM, Die Haupteinwände des antiken Denkens gegen das Christentum, in: Christentum und antike Gesellschaft, hrsg. von J. Martin/Barbara Quint, Darmstadt 1990.

NOETHLICHS, KARL-LEO

-- Die gesetzgeberischen Maßnahmen der christlichen Kaiser des vierten Jahrhunderts gegen Häretiker, Heiden und Juden (Diss.), Köln 1971.

-- Die Juden im christlichen Imperium Romanum (4.-6. Jahrhundert), Berlin 2001.

-- Revolution from the Top?, in: Clifford Ando/J. Rüpke (Hrsg.), Religion and Law in Classical and Christian Rome, Potsdamer Altertumswiss. Beiträge 15, Stuttgart 2006, S. 115-125.

NORWICH, JOHN JULIUS, Byzantium-The Early Centuries, New York 1988.

O

ODAHL, CHARLES MATSON, Konstantin and the Christian Empire, London/New York 2004, ND 2006.

OGILVIE, R.M.

-- The Romans and their gods, London 1969

-- ...und bauten die Tempel wieder auf. Religion und Staat im Zeitalter des Augustus, München 1982.

OPELT, ILONA, Die Polemik in der christlichen lateinischen Literatur von Tertullian bis Augustin, Winterthur 1980.

OPITZ, HANS GEORG, Athanasius Werke, Berlin/Leipzig 1935-1941, ND (1) Patristische Arbeitsstelle Bochum der Akademie der Wissenschaften (NRW), Berlin/New York 1996, Bd. 3,1 und (2) Friedrich-Alexander-Universität, Arbeitsstelle Erlangen, Berlin/New York 2007.

ORTIZ DE URBINA, IGNACIO, Nizäa und Konstantinopel, Mainz 1964, in: Gervais Dumeige/Heinrich Bacht (Hrsg.), Geschichte der ökumenischen Konzilien, Bd. 1.

OTTO, WALTER F., Der Geist der Antike und die christliche Welt, Bonn 1923.

OVERBECK, BERNHARD

-- Christliche Symbolik auf spätrömischen Münzen, in: G. Gottlieb/P. Barceló (Hrsg.), Christen und Heiden in Staat und Gesellschaft des zweiten bis vierten Jahrhunderts, München 1992, S. 131-149.

-- Das Münchener Medaillon Contantins. Ein Beitrag zur Entwicklung des Christentums in spätrömischer Zeit, in: Vorträge zur Geldgeschichte 2004, Deutsche Bundesbank, Frankfurt 2006.

OVERBECK, F., Über das Verhältnis der alten Kirche zur Sklaverei im römischen Reiche, Chemnitz 1875, S. 158-230.

P

PARSONS, EDWARD A., The Alexandrian Library. Glory of the hellenic world. Its rise, antiquities, and destructions, New York 1967.

PARTSCH, SUSANNA, Frühchristliche und byzantinische Kunst, Stuttgart 2004.

PESCHLOW, U. / SCHMALZBAUER, G., Die Kreuzeslegende, in: Katalog der Konstantin-Ausstellung, Trier 2007, S. 425-430.

PETER, H., Die römischen sogenannten 30 Tyrannen, Abhandlung der Ges. d. Wiss. 27,6, Leipzig 1909.

PIEPENBRINK, KAREN

-- Konstantin der Große wendet sich nicht dem Christentum zu, in: K. Brodersen (Hrsg.), Virtuelle Antike. Wendepunkte der Alten Geschichte, Darmstadt 2000; wieder in: H. Schlange-Schöningen (Hrsg.), Konstantin und das Christentum, Darmstadt 2007, S. 245-261.

-- Konstantin der Große und seine Zeit, Darmstadt 2002.

-- Das römische Kaisertum und das Verhältnis von Kaiser und Kirche bei Athanasius von Alexandrien, in: Klio 86, 2004, S. 398-414.

-- Christliche Identität und Assimilation in der Spätantike. Probleme des Christseins in der Reflexion der Zeitgenossen, Frankfurt 2005.

-- Antike und Christentum, Darmstadt 2007.

PIÉTRI, CHARLES und LUCE (Hrsg.), Die Geschichte des Christentums-Altertum, Bd. 2 „Das Entstehen der einen Christenheit“, Paris 1955, Freiburg 2005.

PIÉTRI, CHARLES, Christianisierung der kaiserlichen Repräsentation, der staatlichen Gesetzgebung und der römischen Gesellschaft, übers. von Chr. Markschies in: Die Geschichte des Christentums-Altertum, Bd. 2, hrsg. von Charles/Luce Piétri, Freiburg u.a. 2005.

PIGANIOL, A., L'empereur Konstantin, Paris 1932.

PITT-RIVERS, GEORGE HENRY, The Riddle of the Labarum and the Origin of Christian Symbols, London 1966.

PÖHLMANN, EGERT, Einführung in die Überlieferungsgeschichte und in die Textkritik der antiken Literatur, Bd. 1 „Altertum“, Bd. 2 „Mittelalter und Neuzeit“, Darmstadt 1994/2003.

PREGER, TH., Konstantinos Helios, in: Hermes 36, 1901.

PRESICCE, CLAUDIO PARISI, Konstantin als Iuppiter, in: Ausstellungskatalog anlässlich der Konstantin-Ausstellung in Trier 2007, Mainz 2007, S. 130.

PRINZ, FRIEDRICH, Von Konstantin zu Karl dem Großen, Entfaltung und Wandel Europas, Düsseldorf 2000.

PUDILL, RAINER, Die Götter Roms und der Weg zum Christentum, Köln 2006 (eine Veröffentlichung der Kreissparkasse Köln, Thema 169).

Q/R

QUEDNAU, ROLF, Silvesterlegende und Konstantinische Schenkung; in: Ausstellungskatalog anlässlich der Konstantin-Ausstellung in Trier, Mainz 2007, S. 435-444.

RAECK, WULF, Ankunft an der Milvischen Brücke. Wort, Bild und Botschaft am Konstantinsbogen in Rom, in: Psyche-Seele-Anima. Festschrift für Karin Alt zum 7. Mai 1998, hrsg. von Jens Holzhausen, Stuttgart/Leipzig 1998, S. 345-354.

RAFF, THOMAS, Die Sprache der Materialien, Habil. Münchner Beiträge zur Volkskunde, Bd. 37, München 2008.

RASSIAS, VLASSIS, Zerstört sie, Athen ^{2}2000.

RAUSCHEN, GERHARD, Jahrbücher der christlichen Kirche unter dem Kaiser Theodosius dem Großen. Versuch einer Erneuerung der Annales Ecclesiastici des Baronius für die Jahre 378-395, Freiburg 1897.

REBENICH, STEFAN, Vom dreizehnten Gott zum Apostel? Der tote Kaiser in der christlichen Spätantike, in: ZAC, Bd. 4, Berlin 2000, S. 300-324.

REES, ROGER, Diocletian and the Tetrarchy (Debates and Documents in Ancient History), Edinburgh 2004.

REYNOLDS LEIGHTON D./WILSON, NIGEL G., Scribers and scholars. A guide to the transmission of Greek and Latin literature, Oxford ^{3}1991.

RICHARDSON, JOHN, Roman Provincial Administration, London 2001

RICHTER, HEINRICH, Das weströmische Reich besonders unter den Kaisern Gratian, Valentinian II. und Maximus (375-388), Berlin 1865.

RITTER, ADOLF MARTIN

-- Alte Kirche. Kirchen- und Theologiegeschichte in Quellen, Neukirchen ^{2}1982.

-- Charisma und Caritas, Göttingen 1993.

-- Arianismus, in: Theologische Realenzyklopädie 3, S. 692-719.

ROSEN, KLAUS

-- Cor regum inscrutabile. Eine quellenkritische Untersuchung zur Bekehrung Konstantins des Großen, in: Barceló, Pedro / Rosenberger, Veit (Hrsg.), Humanitas – Beiträge zur antiken Kulturgeschichte. Festschrift für Gunther Gottlieb zum 65. Geburtstag, München 2001, S. 247-281.

-- Studien zur Darstellungskunst und Glaubwürdigkeit des Ammianus Marcellinus, Mannheim 1968.

ROSTOVTZEFF, MICHAEL

-- Geschichte der Alten Welt, ND Wiesbaden 1942.

-- Vexillum and Victory, in: JRS 32, 1942, S. 92f.

RÜPKE, JÖRG, Zeit und Fest, München 2006.

RUHBACH, GERHARD, Die Kirche angesichts der Konstantinischen Wende, Darmstadt 1976.

S

SALVATORELLI, LUIGI, Constantino il Grande, Roma 1928.

SAUER, EBERHARD, The archaeology of religious hatred in the Roman and early medieval world, Stroud 2003.

SCHÄFERDIEK, K, Der gotische Arianismus, in: Theolog. Literaturzeitung 129, 2004, 587-594.

SCHENKE, R., Die Urgemeinde. Geschichtliche und theologische Entwicklung, Köln u.a. 1990.

SCHLANGE-SCHÖNINGEN, HEINRICH

-- Konstantin der Große und der Kulturkampf, in: Gymnasium 104, 1997, S. 385-397.

-- Konstantin und das Christentum, Darmstadt 2007 (Hrsg.).

-- Kaisertum und Bildungswesen im spätantiken Konstantinopel, Historia EZ 94, Berlin 1995.

SCHMALZBAUER, GUDRUN, Die Kreuzeslegende, in: Ausstellungskatalog anlässlich der Konstantin-Ausstellung in Trier, Mainz 2007, S. 425-427.

SCHMIDT, LUDWIG, Geschichte der deutschen Stämme bis zum Ausgang der Völkerwanderung, München 1940/1941.

SCHMITT, OLIVER, Konstantin der Große (275-337), Stuttgart 2007.

SCHMITZ, ULRICH (Hrsg.), Suus cuique mos, Studien zur paganen Kultur des lateinischen Westens im 4. Jahrhundert n.Chr., Göttingen 2006.

SCHNEEMELCHER, WILHELM, Urchristentum, Stuttgart u.a. 1981.

SCHÖNEBECK, HANS VON, Beiträge zur Religionspolitik des Maxentius und Konstantin, in: Klio, Beiheft 43, Neue Folge Heft 30, Leipzig 1939, ND Aalen ^{2}1967.

SCHOO, GEORG, Die Quellen des Kirchenhistorikers Sozomenes, Berlin 1911, ND Aalen 1973.

SCHREINER, PETER, Konstantinopel. Geschichte und Archäologie, München 2007.

SCHRÖRS, HEINRICH, Konstantins des Großen Kreuzerscheinung, Bonn 1913.

SCHULTZE, VICTOR

-- Geschichte des Untergangs des griechisch-römischen Heidentums, 2 Bde., Jena 1887-1892.

-- Untersuchungen zur Geschichte Konstantins des Großen, in: ZKG 7, 1885.

-- Quellenuntersuchungen zur Vita Konstantini, in: ZKG 14, 1893.

SCHUMACHER, LEONHARD

-- Christianissimus Imperator. Zur Christianisierung der römischen Kaiserideologie von Konstantin bis Theodosius, in: Heinz Bellen, Politik-Recht-Gesellschaft, Studien zur Alten Geschichte, hrsg. von L. Schumacher, Stuttgart 1997, S. 167f.

-- Zur 'Apotheose' des Herrschers in der Spätantike, in: Atti dell'Accademia Romanistica Constantiana 10, 1995, S. 105-125.

SCHWARTZ, EDUARD
-- Eusebius Werke: Die Kirchengeschichte (GCS 9/1-3), Leipzig 1903-1909, ND Berlin [2]1999.
-- Kaiser Konstantin und die christliche Kirche, Leipzig 1913 (Fünf Vorträge); ND Leipzig/Berlin 1936/Darmstadt 1969.
-- Von Nicäa bis zu Konstantins Tod, in: Nachrichten von der königlichen Gesellschaft der Wissenschaften zu Göttingen (Phil.-histor. Klasse), 1911, S. 367-426, ND Berlin 1959.
-- Zur Geschichte des Athanasius. Der Aufstieg Konstantins zur Alleinherrschaft, in: Nachrichten von der königlichen Gesellschaft der Wissenschaften zu Göttingen (Phil.-histor. Klasse 5), 1904, S. 518-547, ND in H. Kraft (Hrsg.), Konstantin der Große, Darmstadt 1974, S. 109-144.
-- Über die Reichskonzilien von Theodosius bis Justinianus, in: ZSRG 42 K. 11, 1921, S. 208-253.
-- Über die Bischofslisten der Synoden von Chalkedon, Nicaea und Konstantinopel, Bayerische Akademie der Wissenschaften, Phil.-hist. Abtlg., NF 13, München 1937.

SCHWARZ-WINKLHOFER, INGE, Das Buch der Zeichen und Symbole, München/Zürich 1978.

SCHWARZ-WINKELHOFER, INGE / BIEDERMANN, HANS (Hrsg.), Das Buch der Zeichen und Symbole, Graz 1972, ND 2004.

SCHWEITZER, BERNHARD, Die spätantiken Grundlagen der mittelalterlichen Kunst, in: P. Hübinger, Kulturbruch oder Kulturkontinuität im Übergang von der Antike zum Mittelalter, Darmstadt 1968.

SEECK, OTTO
-- Geschichte des Untergangs der Antiken Welt, 6 Bde, 1910-1921, ND Darmstadt 2000.
-- Regesten der Kaiser und Päpste für die Jahre 311 bis 476 n.Chr. Vorarbeit zu einer Prosopographie der christlichen Kaiserzeit, Stuttgart 1919, ND Frankfurt a.M 1964.
-- Das sogenenannte Edikt von Mailand, in: ZKG 12, 1891, S. 381-386.
-- Die Urkunden der Vita Konstantini, in: ZKG 18, 1898.
-- Notitia dignitatum. Accedunt notitia urbis Konstantinopolitanae et laterculi provinciarum, Berlin 1876, ND Frankfurt/M. 1962.

SEGAL, ALAN F., Rebecca's Children. Judaism and Christianity in the Roman World, Cambridge (Mass.) 1986.

SELB, WALTER, Episcopalis audientia von der Zeit Konstantins bis zur Nov. XXXV Valentinians III., in: ZRG (Romanistische Abteilung), Bd. 84, 1967, S. 162-217.

SEYFARTH, WOLFGANG, Ammianus Marcellinus. Römische Geschichte, 4 Bde., Berlin 1968f.

SOFFEL, JOACHIM, Die Regeln Menanders für die Leichenrede in ihrer Tradition, Meisenheim, 1974.

SODEN, H.V., Urkunden zur Entstehungsgeschichte des Donatismus, Kleine Texte 122, Bonn 1913.

SPECK, PAUL, Urbs, quam deo donavimus. Konstantin des Großen Konzept für Konstantinopel, in: Boreas, Münstersche Beiträge für Archäologie, 18, 1996, S. 142-173.

SPEYER, WOLFGANG

-- Literarische Fälschung, in: RAC VII, 1969.

-- Die literarische Fälschung im heidnischen und christlichen Altertum, München 1971.

-- Büchervernichtung und Zensur des Geistes bei Heiden, Juden und Christen, Stuttgart 1981.

SPENGLER, OSWALD, Der Untergang des Abendlandes. Umrisse einer Morphologie der Weltgeschichte, Sonderausgabe, München 1979.

STADE, KURT, Der Politiker Diokletian und die letzte große Christenverfolgung, Diss., Krautheim/Jagst 1926.

STEGEMANN, HARTMUT, Die Essener, Qumran, Johannes d. T. und Jesus, Freiburg 1993.

STEIN, E., Geschichte des spätrömischen Reiches I, Wien 1928.

STEINHAUSEN, JOSEF, Hieronymus und Lactanz in Trier, in: Trierer Zeitschrift für Geschichte und Kunst 20, 1951.

STEPPER, RUTH, Augustus et sacerdos – Untersuchungen zum römischen Kaiser als Priester, Potsdamer Altertumswissenschaftliche Beiträge Bd. 9, Stuttgart 2003.

STRAUB, JOHANNES

-- Vom Herrscherideal in d. Spätantike, Stuttgart 1939.

-- Konstantins Verzicht auf den Gang zum Kapitol, in: Historia 4, 1955, S. 297-313.

-- Die Himmelfahrt des Julianus Apostata, in: Gymnasium 69, 1962, S. 310ff.

STRAUSS, DAVID FRIEDRICH, Das Leben Jesu , für das deutsche Volk bearbeitet, Leipzig ^{3}1874.

STREMINGER, GERHARD, David Hume – Sein Leben und Werk, München u.a. ^{2}1994.

STROBEL, KARL, Das Imperium Romanum im 3. Jahrhundert. Modell einer historischen Krise?, Stuttgart 1993 (Historia Einzelschriften 75).

SULZBURGER, MAX, Le symbole de la Croix et les monogrammes de Jésus chez les premiers Chrétiens, in: Byzantion II, 1925, S. 337-448.

SZIDAT, JOACHIM

-- Konstantin 312 n.Chr. Eine Wende in seiner religiösen Überzeugung oder die Möglichkeit, diese öffentlich erkennen zu lassen und aus ihr heraus Politik zu machen?, in: Gymnasium 92, 1985, S. 514-525.

-- Die Usurpation des Eugenius, in: Historia 1979, S. 487-508.

T

THEISSEN, GERD, Die Religion der ersten Christen. Eine Theorie des Ur-Christentums, Gütersloh 2000.

THIEL, A., Epistolae Romanorum Pontificum, Braunsberg 1868.

THRAMS, PETER, Christianisierung desRömerreiches und heidnischer Widerstand, Heidelberg 1992.

THÜMMEL, HANS GEORG, Die Wende Konstantins und die Denkmäler, in: Veröffentlichungen der Wissenschaftlichen Gesellschaft für Theologie, Bd. 13, hrsg. von E. Mühlenberg, Gütersloh 1998, S. 144-185.

TOYNBEE, ARNOLD J., The Crucible of Christianity: Judaism, Hellenism and the Historical Background to the Christian Faith, New York 1969.

TREITINGER, OTTO, Die oströmische Kaiser- und Reichsidee nach ihrer Gestaltung im höfischen Zeremoniell, Jena 1938, ND Darmstadt ²1956.

TÜCHLE, H., Kirchengeschichte, Teil 1, Das Christliche Altertum, ¹⁶1958.

U/V

ULRICH, JÖRG, Die Anfänge der abendländischen Rezeption des Nizänums. Patristische Texte und Studien, Berlin/New York 1994.

VEYNE, PAUL, Als unsere Welt christlich wurde (312-394), Paris 2007, übers. von Matthias Grässlin, München 2008.

VISMARA, GULIO, Episcopalis audientia, Mailand 1937.

VITTINGHOFF, FRIEDRICH, Eusebius als Verfasser der „Vita Constantini", in: Rheinisches Museum für Philologie 96, 1953, S. 330-372.

VOELKL, LUDWIG, Der Kaiser Konstantin. Annalen einer Zeitenwende, München 1957.

VOGT, JOSEPH

-- Constantin der Große und sein Jahrhundert, München 1949.

-- Die Bedeutung des Jahres 312 für die Religionspolitik Konstantins des Großen, in: ZfK, Bd. 61, 1942, ND in: H. Kraft (Hrsg.), Konstantin der Große, Darmstadt 1974, S. 247-272.

-- Die Constantinische Frage, in: Relazioni del X Congresso Internationale di Scienze Storiche, Vol. II, Firenze 1955, S. 377-423, ND in H. Kraft (Hrsg.) in: Konstantin der Große, Darmstadt 1974, S. 345-387.

-- Kaiser Julian über seinen Oheim Konstantin d.Gr., in: Historia 4, 1955, S. 339-352.

-- Der Erbauer der Apostelkirche in Konstantinopel, in: Hermes 81, 1953, S. 111-117.

VOLLENWEIDER, SAMUEL, Neuplatonische und christliche Theologie bei Synesios von Kyrene, Göttingen 1985, S. 203-205.

VOUGA, FRANCOIS, Geschichte des frühen Christentums, Tübingen 1994.

W

WALLRAFF, MARTIN, Christus versus Sol. Sonnenverehrung und Christentum in der Spätantike, JAC ErgBd. 32, Münster 2001.

WALSER, GEROLD/PEKARY, THOMAS, Die Krise des römischen Reiches. Bericht über die Forschungen zur Geschichte des 3. Jahrhunderts (193-284 n.Chr.) von 1939 bis 1959, Berlin 1962.

WALTER, JOCHEN, Pagane Texte und Wertvorstellungen bei Lactanz, Göttingen 2006.

WEBER, GREGOR, Kaiser, Träume und Visionen in Prinzipat und Spätantike (Habil.), Historia EZ 143, Stuttgart 2000.

WEBER, WILHELM, ... Nec Nostri saeculi est. Bemerkungen zum Briefwechsel des Plinius und Trajan über die Christen, in: Richard Klein (Hrsg.), Das frühe Christentum im römischen Staat, Darmstadt 1971, S. 1-32.

WEISS, PETER, Die Vision Konstantins, in: Jochen Bleicken (Hrsg.), Colloquium zum Anlass des 80. Geburtstages von Alfred Heuss, Kallmütz 1993, S. 143-169

WIEMER, HANS-ULRICH, Libanios und Zosimos über den Rombesuch Konstantins im Jahre 326, in: Historia 43, 1994, S. 469-494.

WINKELMANN, FRIEDHELM

-- Zur Geschichte des Authentizitätsproblems der Vita Konstantini, in: Klio 40, 1962, 178-243.
-- Untersuchungen zur Kirchengeschichte des Gelasios von Kaisarea, Sitzungsbericht der Akademie der Wissenschaften, Berlin 1963.
-- Charakter und Bedeutung der Kirchengeschichte des Gelasios von Kaisarea, in: Byzantinische Forschung 1, 1966, S. 346-385.
-- Die Textbezeugungen der Vita Konstantini des Eusebius v.C., Berlin 1962.
-- Euseb von Kaisareia. Der Vater der Kirchengeschichte, Berlin 1991.
-- Die konstantinische Wende und ihre Bedeutung für die Kirche, in: Ekkehard Mühlenberg (Hrsg.), „Die Konstantinische Wende“, Gütersloh 1998, 123-143 (Wissensch.Gesellschaft f. Theologie, Bd. 13).
-- Die Historiographie in der Epoche des Kaisers Konstantin, in: Jürgen Dummer/ Meinolf Vielberg (Hrsg.), Zwischen Historiographie und Hagiographie. Ausgewählte Beiträge zur Erforschung der Spätantike, Altertumswissenschl. Kolloquium, Bd. 13, Stuttgart 2005.

WINTER, ENGELBERT/DIGNAS, BEATE, Rom und das Perserreich – Zwei Weltmächte zwischen Konfrontation und Koexistenz, Berlin 2001.

WIRTH, PETER/KELLER ADALBERT, Athanasius – Zwei Schriften gegen die Arianer, Stuttgart 2006.

WISCHMEYER, WOLFGANG, Christogramm und Staurogramm in den lateinischen Inschriften altkirchlicher Zeit, in: C. Andresen/G. Klein (Hrsg.), Theologia Crucis – Signum Crucis. Festschrift für Erich Dinkler, Tübingen 1979.

WISSOWA, GEORG
-- Religion und Kultus der Römer, München ²1912.
-- Bestehen und Vergehen in der römischen Literatur. Rede zum Antritt des Rektorats der Vereinigten Friedrichs-Universität Halle-Wittenberg am 12. Juli 1908, Halle 1908.

WITTGENSTEIN, LUDWIG, Tractatus logico-philosophicus, Frankfurt 1984.

WITTIG, J., Das Toleranzreskript von Mailand 313, in: Römischen Quartalschrift, 20. Suppl., 1913, S. 40-65.

WLOSOK, ANTONIE
-- Die Rechtsgrundlagen der Christenverfolgungen der ersten zwei Jahrhunderte, in: Richard Klein (Hrsg.), Das frühe Christentum im Römischen Staat, Darmstadt 1971.
-- Römischer Kaiserkult, Darmstadt 1978.
-- L.Caecilius Firmianus Lactantius Restauration und Erneuerung. Die lateinische Literatur von 284 bis 374 n.Chr., München 1989.

WOHLMUTH, JOSEF (Hrsg.), Dekrete der ökumenischen Konzilien (Concilium Oecumenicum Decreta). Band 1: Konzilien des ersten Jahrtausends: vom Konzil von Nizäa (325) bis zum Vierten Konzil von Konstantinopel (869/870), Paderborn ²1998.

Z

ZAHN, THEODOR, Konstantin der Große und die Kirche, in: Skizzen aus dem Leben der Alten Kirche, Erlangen/Leipzig 1894, S. 241-266, ND in: H. Kraft (Hrsg.), Konstantin der Große, Darmstadt 1974.

ZIEGLER, KARL-HEINZ, Das private Schiedsgericht im antiken römischen Recht, Münchener Beiträge zur Papyrusforschung und antiken Rechtsgeschichte 58, München 1971.